Allgemeine
Deutsche Wappenrolle

Verlag für Deutsche Familienwappen und -chroniken

Allgemeine Deutsche Wappenrolle

geführt und herausgegeben

vom

Wappen-HEROLD

DEUTSCHE HERALDISCHE GESELLSCHAFT E.V.

BAND VIII

1986

Abdruckrechte: PRO HERALDICA®, Verlag für Deutsche Familienwappen und -chroniken, Stuttgart
Wissenschaftliche Betreuung: Barbara Potzka
Graphische Betreuung: Wolf-Dieter Heyne
Redaktion und Herstellung: Rolf Eike Sutter
Satz und Druck: Jacob Druck GmbH, Konstanz
Printed in Germany
Buchbinderische Verarbeitung: G. Lachenmaier, Reutlingen

ISBN 3-924131-09-0

Wappen-HEROLD
Deutsche Heraldische Gesellschaft e.V.

dies ist der Name eines Zusammenschlusses von Personen, die sich für die Heraldik als allgemeine Kulturerscheinung interessieren und engagieren. Das Interesse erwächst oft aus der Beschäftigung mit der eigenen Familiengeschichte, aber auch aus der positiven Anteilnahme an der Politik, die sich in dem zunehmenden Interesse an der öffentlichen Heraldik, also dem Wappenwesen der Städte und Gemeinden manifestiert. Diese Zunahme erklärt auch die geradezu explosionsartige Entwicklung der Vexillologie, das ist der Fahnen- und Flaggenkunde. Dieser Interessenbereich ist allerdings thematisch beschränkt und sollte nicht ohne enge Verbindung mit der Heraldik gepflegt werden, weswegen unsere Gesellschaft im internationalen Konzert keine eigene vexillologische Gesellschaft ins Leben gerufen hat, sondern die Vexillologie ganzheitlich mit vertritt und pflegt.

Das Interesse an der eigenen Familiengeschichte bildet aber weiterhin den Hauptantrieb, sich der Heraldik zuzuwenden. Liegt hier doch das Haupttätigkeitsfeld innovativer Kräfte bereit. Der Zugang zu diesem Studiengebiet eröffnet sich zwar für jedermann ziemlich leicht; jeder Mensch kennt doch – gemeinhin – die Personalien seiner Eltern, Geschwister und Kinder; und es ist also normalerweise ziemlich einfach, sich diese Daten zu beschaffen und beglaubigen zu lassen. Dabei bleibt es aber nicht immer, denn sogar schon der nächste Schritt bedeutet die Überwindung von möglicherweise unerwarteten Hindernissen. Wenn sich Hindernisse ergeben oder gar auftürmen, wird mitmenschliche Hilfe vonnöten, Hilfe, die dann nur erfahrene Personen bieten können. So mancher Amateur hat sich durch angesammelte Erfahrung zum Profi gemausert. Diesem Personenkreis Kontakte und auch Rückhalt zu bieten, ist die Aufgabe von zweckorientierten Personenvereinigungen, wie sie sich in allen Ländern der zivilisierten Welt gebildet haben und unter wechselnden Aspekten immer noch bilden. Manche berufen sich auf ihr hohes Alter, z.T. weit über 100 Jahre, manche betonen die kameradschaftliche Atmosphäre und Korrespondenz unter kollegial eingestellten Fachleuten.

Unter diesen hat sich die im November 1963 gegründete Deutsche Heraldische Gesellschaft auf dem internationalen Parkett ein hohes Ansehen verschafft. Neben den forscherischen Verflechtungen und dem ununterbrochenen Austausch werden aber die nationalen Interessen nicht außerachtgelassen. So wie in jeder westlichen Nation immer wieder neue Orts- und Familienwappen entstehen, so auch im deutschen Sprachraum.

Das daraus erwachsende Wappenwesen unterliegt, soweit es die politischen Gruppen der Bürger, also Staat, Städte, Gemeinden u. dgl. angeht, der staatlichen Aufsicht, bzw. was die Staaten selbst betrifft, dem gesetzlichen, dabei auch strafrechtlichen Schutz. In die private Sphäre greift der Staat nicht regulierend, in gewisser Weise aber doch schützend ein. Um diesen, in Deutschland durch Reichsgerichtsurteile garantierten Schutz rechtswirksam werden zu lassen, bedarf es autonomer Prüfstellen, welche die Sicherstellung unter dem Namen Wappenrollen – ein dem Wort Warenzeichenrolle entliehenen Begriff – organisiert haben.

Die Entwicklung nach dem Zweiten Weltkrieg hat im Rahmen der deutschen bundesstaatlichen Kulturvielfalt auch regionale Wappenrollen entstehen oder wieder entstehen lassen; den gesamtdeutschen Aspekt aber pflegt die mit Bedacht so genannte

ALLGEMEINE DEUTSCHE WAPPENROLLE.

Deren Satzung verpflichtet zur Pflege einer Wappenregistrierung, die sie erfolgreich betreibt. So sind im Verlauf von acht Jahren etwa 4000 Familienwappen zur Registrierung gebracht und durch die Publikation in Druck vor der Vergessenheit bewahrt worden.

Die wesentliche Funktion eines Wappens ist nämlich, spezifisches und unverwechselbares Kennzeichen eines Geschlechtes, Landes, Unternehmens usw. zu sein. Als solches unterliegt es dem vom Gesetzgeber in § 12 BGB, § 30 HGB, § 5, 6, 31 Warenzeichengesetz vom 9. 5. 1961 (BGBl., S. 574) niedergelegten Grundsätzen, daß jedes Individualzeichen wie Familienname, Firmenname, Warenzeichen, Hausmarken, Notarsignete usw. sich von anderen schon existierenden Zeichen gleicher Art hinreichend unterscheiden muß.

Zur Wahrung dieses rechtlich gebotenen Ausschließlichkeitsgrundsatzes sind bei der Schaffung eines Familienwappens folgende Richtlinien zu beachten:

1. Die praktische Durchführung des Ausschließlichkeitsprinzips macht es nötig, die vom Gesetzgeber anerkannten Zeichen zu registrieren und zu veröffentlichen. Dieser Öffentlichkeitsgrundsatz erst ermöglicht es, festzustellen, ob ein Zeichen, dessen Annahme beabsichtigt oder erfolgt ist, schon von anderer Seite belegt wird und ob eine Führung desselben Rechte Dritter verletzt. Hier gilt der juristische Grundsatz, daß der jüngere Führungsanspruch dem nachgewiesenen älteren Führungsanspruch zu weichen hat. In der Heraldik wird das Öffentlichkeitsprinzip für Familienwappen durch die veröffentlichende Literatur (Wappenrollen, Wappenbilderkarteien usw.) gewahrt.

Daher werden bei der Schaffung eines Familienwappens die in der heraldischen Literatur veröffentlichten Wappen zum systematischen Vergleich herangezogen, um zu garantieren, daß bei der Annahme eines Familienwappens eine Kollision mit Rechten Dritter nach Möglichkeit ausgeschlossen ist, damit dem neuen Familienwappen selbst die Schutzfähigkeit zugesichert werden kann.

2. Insbesondere ist darauf zu achten, daß

a) entgegen allgemeiner Laienansicht eine unterschiedliche zeichnerische Darstellung zweier inhaltlich gleicher Wappen keine Unterscheidungskraft besitzt. Die Unterschiedlichkeit zweier Wappen muß alleine auf die durch die Wappenbeschreibung festgelegte Aussage und Symbolkombination bezogen werden.

b) die unterschiedliche Gestaltung der Helmzier allein einem neu zu schaffenden Wappen noch keine ausreichende Unterscheidungskraft verleihen kann.

c) der Ausschließlichkeitsgrundsatz dann verletzt wird, wenn beide Wappen einander so ähnlich sind, daß Verwechslungsgefahr zu befürchten ist. Dies trifft vor allen Dingen für solche Wappen zu, die mit in der Heraldik bereits stark besetzten und häufig gebrauchten Elementen und Symbolen gestaltet werden, die daher als abgegriffen gelten müssen, sowie erst recht für die Fälle, daß Wappen von Adelsfamilien mit nur unwesentlichen Änderungen von gleichnamigen bürgerlichen Familien beansprucht werden.

Analog zum Warenzeichenrecht sind verwechslungsfähige Wappen logischerweise ebenso zu beurteilen, wie völlig übereinstimmende: Das jüngere Wappen kann aber durch unterscheidungskräftige Modifikationen registrierungsfähig gemacht werden.

Der Wappen-HEROLD hat sich für die Durchführung von Familienwappen-Registrierungen die folgenden Richtlinien gesetzt:

1. Die ALLGEMEINE DEUTSCHE WAPPENROLLE wird vom Verein Wappen-HEROLD, Deutsche Heraldische Gesellschaft e.V., Mainz und Berlin geführt.

2. Über die Eintragungsfähigkeit vorgelegter Familienwappen entscheidet ein vom Vorstand des Vereins eingesetztes Gremium.

3. Zur Eintragung können überlieferte und neugestiftete Familienwappen angemeldet werden. Die Voraussetzung für die Durchführung der Eintragung ist, daß die Familienwappen dem Wappenrecht und den allgemein anerkannten Regeln der Heraldik entsprechen.

4. Der Anmeldung überlieferter Wappen sind diejenigen Urkunden im Original oder in Kopie beizufügen, aus denen sich

– die Gestaltung des Wappens

– die Berechtigung des Antragstellers zur Führung des vorgelegten Wappens, insbesondere seine Abstammung von dem ersten nachweisbaren Inhaber des Wappens ergibt.

5. Der Anmeldung neugestifteter Wappen ist die Verfügung des Stifters beizufügen, die festlegt, welche Familienmitglieder oder -zweige im Mannesstamm außer dem Stifter zur Führung des Wappens berechtigt sein sollen.

Die modernen Gepflogenheiten der Namensgebung eröffnen flexiblere Möglichkeiten.

6. Zur genealogischen Fixierung des Geschlechts ist dem Antrag eine Stammreihe der Familie des Antragstellers beizufügen, die bis zum ältesten bekannten Vorfahren im Mannesstamm zurückführt.

7. Dem Antrag auf Eintragung ist eine Begründung der Wappengestaltung beizufügen, die die Wahl der Motive und den Sinnbezug zur Familiengeschichte des Antragstellers angibt.

8. Die veröffentlichten Teile der Registrierungsakten enthalten

– eine heraldisch einwandfreie Blasonierung (Wappenbeschreibung)

– Namen, Berufsstand, Geburtsdatum und -ort des Antragstellers

– den Wortlaut der Verfügung über Führungsberechtigung

– den Zeitpunkt der Annahme oder der Eintragung des Wappens.

9. Die Veröffentlichung des Familienwappens in der Druckreihe der ALLGEMEINEN DEUTSCHEN WAPPENROLLE können darüberhinaus folgende Hinweise enthalten:

– Angaben über die Stammheimat des Geschlechts

– die väterliche Stammreihe der Familie des Antragstellers

– Aussagen über die gegenwärtige Organisation des Geschlechts (Familien- bzw. Sippenverband).

10. Bei Neustiftungen ist der geistige Urheber der Wappengestaltung zu nennen. Sein Name wird bei Drucklegung mit veröffentlicht. Der Zeichner der veröffentlichten Wappendarstellung hat das Recht auf Anbringung seines Signets.

11. Die eingetragenen Familienwappen werden in einer vom Verlag für Deutsche Familienwappen und -chroniken, Stuttgart, in Jahresbänden herausgegebenen Buchreihe veröffentlicht. Herausgeber der Buchreihe ist der Wappen-HEROLD, Deutsche Heraldische Gesellschaft e.V.

12. Von der Eintragung in die ALLGEMEINE DEUTSCHE WAPPENROLLE sind ausgeschlossen:

– auf Grund internationaler Verträge (Pariser Verbandsübereinkunft zum Schutz des gewerblichen Eigentums vom 20. 3. 1883) Staatswappen oder andere staatliche Hoheitszeichen sowie auf Grund der in der Bundesrepublik Deutschland gültigen Gemeindeordnungen Wappen eines deutschen Ortes, Gemeinde- oder sonstigen Kommunalverbandes

– Wappen, die nachweislich bereits von einem anderen Geschlecht rechtmäßig geführt wurden oder gegenwärtig geführt werden

– Wappen, die gegenüber den vorgenannten nur so unwesentlich abweichen, daß trotz dieser minimalen Abweichungen die Gefahr einer Verwechslung nicht ausgeschlossen werden kann

– Wappen, die den allgemein gültigen Regeln der Heraldik widersprechen

– Wappengestaltungen, die offensichtlich gegen die Grundsätze der Symbolik und der Ästhetik oder des guten Geschmacks verstoßen.

13. Widerspricht ein zur Anmeldung vorgelegtes Familienwappen den vorgenannten Bestimmungen, so ist der Antragsteller darauf aufmerksam zu machen und ihm Gelegenheit zu geben, die Beanstandung auszuräumen. Macht der Antragsteller hiervon keinen Gebrauch, so ist der Antrag schriftlich mit entsprechender Begründung zurückzuweisen.

14. Über die vollzogene Eintragung des Familienwappens enthält der Antragsteller eine Urkunde (Wappenbrief) mit dem Wortlaut der wesentlichen Inhalte der Eintragung.

15. Personen, die in der Eintragung nicht als führungsberechtigt genannt sind oder den Nachweis direkter Abstammung vom Stifter nicht führen können, darf eine Ausfertigung der

Urkunde nur mit Zustimmung des Antragstellers oder eines Führungsberechtigten erteilt werden.

16. Die Registrierung des Wappens in der ALLGEMEINEN DEUTSCHEN WAPPENROLLE hat keine rechtsbegründende Wirkung. Sie sichert jedoch den Beweis, von wann an und in welcher Form ein Familienwappen geführt wird, und bietet somit die Rechtsbasis für den Schutz nach § 12 des BGB.

17. Familienwappen ausgestorbener Geschlechter werden grundsätzlich nicht für eine andere Familie eingetragen, es sei denn, daß Adoption vorliegt oder der letzte Führungsberechtigte im Rahmen letztwilliger Verfügung eine entsprechende Erklärung abgegeben hat.

18. Für die heraldische, genealogische und wappenrechtliche Überprüfung sowie die Eintragungs- und Vorbereitungsarbeiten zur Veröffentlichung wird eine Gebühr erhoben, die jährlich neu aus Verwaltungs- und Drucklegungskosten errechnet wird.

Dr. phil. Ottfried Neubecker

Präsident des Wappen-HEROLD, Deutsche Heraldische Gesellschaft
Direktor der ALLGEMEINEN DEUTSCHEN WAPPENROLLE
Vorstandsmitglied der Internationalen Akademie der Heraldik
Ehren- und Korrespondierendes Mitglied mehrerer in- und ausländischer Fachvereine
Inhaber des Bundesverdienstkreuzes am Bande
Comendador de Número des spanischen Ordens Raimundo de Peñafort

Familienwappen-Registrierung rechtlich gesehen

Von seiner Entstehung her ist das Wappen eine Erscheinung unseres Kulturlebens; es hatte die Funktion eines Kennzeichens des wappenführenden Geschlechtes.
Insoweit hatte es große Bedeutung im Mittelalter erlangt; so konnte auch das Rechtsleben hieran nicht vorbeigehen. Schon aus dem Mittelalter sind Verträge über Wappenkauf, Mitbenutzung und Rechtsstreitigkeiten über solche Fragen überliefert.
Noch das Preußische Allgemeine Landrecht von 1794 enthielt einige Grundregeln zum Recht am Familienwappen, jedoch fehlen solche Hinweise in unserem 1896 verkündeten Bürgerlichen Gesetzbuch (BGB). Dies ist darauf zurückzuführen, daß spätestens seit dem Inkrafttreten des Reichspersonenstandsgesetzes vom 6. 2. 1875 aufgrund der standesamtlich geführten Personenstandsbücher der damalige Gesetzgeber davon ausgehen konnte, daß jeder Deutsche einen festen Familiennamen führt, der kraft zwingenden Rechtes erworben wurde durch blutsmäßige Abstammung, Legitimation infolge nachfolgender Eheschließung der Eltern oder Ehelichkeitserklärung, durch Adoption u.s.w..
Insofern bedurfte es einer Kennzeichnung der wappenführenden Geschlechter durch Wappen im rechtlichen Bereich nicht mehr. Dies änderte jedoch nichts daran, daß selbstverständlich das Recht zur Wappenführung unangetastet blieb.
Da jedoch die Gesetzesväter bei Schaffung eines Bürgerlichen Gesetzbuches Ende des 19. Jahrhunderts hinsichtlich der Führung von Wappen keine Gesetzesgrundlagen in das Bürgerliche Gesetzbuch aufnahmen, hat die Rechtssprechung der deutschen Gerichte dadurch diese Gesetzeslücke ausgefüllt, daß sie die grundlegende Vorschrift über das Recht am Namen, den § 12 BGB, entsprechend auch auf das Recht am Wappen anwendet.
So kann jeder berechtigte Träger eines Familiennamens einem anderen, der den gleichen Namen unberechtigt führt, die Weiterführung untersagen und insoweit die Beseitigung sonstiger Beeinträchtigungen seines Rechtes am eigenen Namen verlangen.
Dies gilt entsprechend bei der unberechtigten Führung eines Wappens, an welchem ein anderer das Führungsrecht besitzt.
Diese von den Gerichten entwickelte Gleichsetzung des Namensrechtes mit dem Wappenrecht ist heute gefestigte Rechtsüberzeugung.
Darauf folgert, daß der Inhalt des Rechtes am Wappen seinem Inhaber die ausschließliche Befugnis zur Führung dieses heraldischen Zeichens gibt; er kann jedem anderen nicht Berechtigten die Führung des Wappens untersagen.
Die Verfügungsbefugnis des Berechtigten darf jedoch die Führungsberechtigung seiner Agnaten nicht beeinträchtigen.
Der Inhalt dieses Rechtes bezieht sich allerdings nur auf ein solches heraldisches Zeichen, welches den herkömmlichen heraldischen Regeln entspricht und die entsprechende Kennzeichenfunktion hat.
Um das Recht an der Führung eines Wappens auch nach außen zu dokumentieren, ist eine gewisse Publizität des Wappens erforderlich.

Dies wird in der Regel mit einer Veröffentlichung des Wappens erreicht, wie z.B. der Registrierung in einer Wappenrolle.
Durch eine solche Veröffentlichung wird das Wappen publiziert mit dem Hinweis auf die Führungsberechtigung des entsprechenden Geschlechtes. Damit wird dokumentiert, daß dieses Geschlecht zur Führung dieses Wappens berechtigt ist.
Inhaber des Rechtes am Wappen können sowohl natürliche als auch juristische Personen sein. So führen auch Körperschaften wie Städte und Länder eigene Wappen.
Das Recht am Familienwappen wird erworben durch Abstammung im Mannesstamm. Das Führungsrecht steht allen lebenden Nachkommen im Mannesstamm zu. Töchter sind weibliche Nachkommen im Mannesstamm. Wappen können erworben werden aufgrund solcher Abstammung oder aber durch Neustiftung.

Jürgen Wachter
Rechtsanwalt

Farben und Schraffuren

Jede heraldische Farbe wird bei der Schwarz-Weißwiedergabe eines Wappens durch eine seit Jahrhunderten festgelegte Schraffurart ausgedrückt. Nur das Metall Silber wird nicht gekennzeichnet. Die folgende Tabelle diene der Orientierung:

Metall	Gold	Silber					
Farbe			rot	blau	schwarz	grün	
Schraffur							
Metall/Farbe Ihres Wappens							

Um immer wieder aufkommenden Mißverständnissen und sich daraus ergebenden Mißstimmungen vorzubeugen, weisen wir darauf hin, daß die Druckfarbe »Gelb« der heraldischen Farbbezeichnung »Gold« entspricht; was in heraldischen Texten »silbern« genannt ist, wird hiermit übereinstimmend im Farbdruck stets weiß gelassen.

ABÉE

Abe, Abbe, Arve, Awee

Johannes (Hans)	lebte um 1550 zu Salzungen	
Johannes	† Salzungen 18. 10. 1599	
Georg (Dietrich?)	* Juni 1593 † Obersuhl b. Bebra 15. 10. 1679	Bader in Herleshausen
Georg	* Herleshausen um 1620 † Eisenach 5. 11. 1661	Bürger, Bader
Georg	* Eisenach 24. 4. 1652 † Hessisch Lichtenau 19. 4. 1732	Bürger, Bader (1683)
Johann Heinrich	* Hessisch Lichtenau 27. 2. 1683 † Melsungen b. Kassel 26. 8. 1743	Bader, Wundarzt
Johann Conrad	~ Melsungen 1. 3. 1708 † Langenstein b. Kirchhain 10. 4. 1741	Chirurg
Johann Martin	* Langenstein 22. 2. 1735 † Wolfhagen 17. 11. 1789	Stadt- und Amts-Chirurg
Johann Christoph Wilhelm	* Wolfhagen 17. 4. 1765 † 3. 12. 1819	Stadt- und Amts-Chirurg
Conrad	* Wolfhagen 23. 6. 1806 † Marburg/Lahn 8. 11. 1873	Kurfürstl. Hessisch-Kasselscher Gerichts-Präsident, Staatsminister d. Justiz und des Auswärtigen
Ernst August	*Kassel 16. 9. 1843 † Gießen 18. 1. 1913	Geheimer Medizinalrat in Bad Nauheim
Konrad Gottlieb	* Bad Nauheim 14. 10. 1878 † Nassau/Lahn 30. 11. 1922	Praktischer Arzt
Guntram Ernst	* München 6. 10. 1909	Zahnarzt in Garmisch-Partenkirchen
Claus-Peter	* Garmisch-Partenkirchen 13. 2. 1935	Zahnarzt in München

Abée

aus Salzungen

In Silber ein schwebendes schwarzes Kleeblattkreuz.
Auf dem Bügelhelm mit schwarz-silbernen Decken ein schwarz-silbern gespalten – mit Kragen in verwechselten Farben – gekleideter barhäuptiger Mannesrumpf, anstelle der Arme Flügel, der rechte silbern, der linke schwarz.

Eingetragen am 6. Oktober 1984 anläßlich des 75. Geburtstages von Guntram Ernst Abée, Zahnarzt in Garmisch-Partenkirchen, * München 6. 10. 1909, auf Antrag seines Sohnes Claus-Peter Abée, Zahnarzt in München, * Garmisch-Partenkirchen 13. 2. 1935, für ihn und seine ehelichen Nachkommen sowie zugunsten der übrigen ehelichen Nachkommen im Mannesstamm seines obengenannten elffachen Urgroßvaters Johannes Abe.

Eingereicht von PRO HERALDICA®, Stuttgart.

Eingetragen unter Nr. 85094.

AVERDUNG

von Averdunck

Henricus von Averdunck	⚭ vor 1518	Schöffe des Hohen Gerichts in Köln
Johann von Averdunck	* 1518 † Köln 30. 1. 1594	Hofrat in Köln
Adolf von Averdunk auf der Schwarte Mollen	⚭ 1612	
Wilhelm Gebhard von Averdunk	gen. zu Schwarzmühle 1657	
Johannes Arnold	~ Gelsenkirchen 6. 7. 1666	
Heinrich Hermann	~ Gelsenkirchen 20. 2. 1689	
Henricus	~ Gelsenkirchen 4. 9. 1715 † Gelsenkirchen vor 1748	
Alexander Engelbert	~ Gelsenkirchen 1. 10. 1740 † Buer 19. 8. 1802	
Henricus	~ Buer 6. 7. 1793 † Marl 15. 10. 1831	Schneider
Johann Heinrich Adolf	* Marl 25. 1. 1822 † Langenbochum 10. 6. 1896	Schreiner
Hermann Heinrich	* Langenbochum 29. 6. 1852 † Langenbochum 11. 11. ?	Zimmermann
Hermann	* Westerholt 29. 12. 1884 † 9. 8. 1960	Zimmermann, Oberbrandmeister
Hermann Bernhard	* Waltrop 14. 4. 1918	Selbständiger Kaufmann
⚭ seit 13. 1. 1943 mit: Gretel, geb. Fischer	* Papenburg 13. 11. 1921	selbständige Kauffrau
deren Kinder:		
Hermann Josef	* Papenburg 17. 3. 1944	Kaufmann
Heinz Martin	* Papenburg 20. 10. 1948	Kaufmann
Theodor	* Papenburg 21. 1. 1950	Kaufmann
Norbert Joseph	* Papenburg 19. 10. 1952	Diplom-Ingenieur
Johannes	* Papenburg 24. 12. 1959	Kaufmann

Averdung

aus Köln

In Silber ein mit zwei eine schwebende goldene Krone einschließenden schwarzen Flügeln besetztes rotes Herz.

Auf dem rot-silbern bewulsteten Helm mit rot-silbernen Decken das geflügelte Herz wie im Schilde.

Neu angenommen am 17. Mai 1985 von Hermann Bernhard Averdung, selbständiger Kaufmann, * Waltrop 14. 4. 1918, für sich und seine ehelichen Nachkommen im Mannesstamm sowie zugunsten der übrigen ehelichen Nachkommen im Mannesstamm seines obengenannten zehnfachen Urgroßvaters Henricus von Averdunck.

Entwurf: PRO HERALDICA®, unter Leitung von Dr. Ottfried Neubecker und Barbara Potzka.

Eingereicht von PRO HERALDICA®, Stuttgart.

Eingetragen unter Nr. 85232.

BECHT

Christian	* Diedesfeld	Ackersmann
Johann Adam	* Diedesfeld 18. 3. 1714	Ackersmann
Johann Jakob	* Diedesfeld 1. 9. 1738 † Hohenecken 12. 7. 1795	Schullehrer
Heinrich	* Hohenecken 18. 12. 1766 † Flomersheim 30. 4. 1842	Schullehrer
Friedrich	* Flomersheim 25. 12. 1796 † Flomersheim 15. 2. 1848	Ackersmann
Friedrich	* Flomersheim 10. 8. 1835 † Flomersheim 14. 10. 1923	Ackersmann
Johann	* Flomersheim 1. 12. 1862 † Mannheim 4. 11. 1924	Schullehrer, Kaufmann
Otto Hieronymus	* Steinfeld 30. 8. 1890 † Karlsruhe 15. 1. 1985	Rektor
Gerhard Franz Anton	* Karlsruhe 15. 1. 1926	Forstdirektor
⚭ mit: Marcia Margarete Gisela Rauch	* Baden-Baden 9. 12. 1925	
deren Kinder: Wolfgang Herbert Werner Michael Georg Hubert	 * Karlsruhe 8. 1. 1960 * Karlsruhe 15. 2. 1967	

Becht

aus Hohenecken, Stadt Kaiserslautern

In Gold innerhalb einer anstoßenden roten Eggenraute mit nach innen gerichteten Nägeln pfahlweise ein am Griff beiderseits mit je einem grünen Eichenblatt bestecktes rotes Rebmesser. Auf dem rot-golden bewulsteten Helm mit rot-goldenen Decken ein grünberiemtes goldenes Jagdhorn, das Schalloch rechts.

Neu angenommen am 23. November 1984 von Gerhard Franz Anton Becht, Forstdirektor, * Karlsruhe 15. 1. 1926, für sich und seine ehelichen Nachkommen.

Entwurf: PRO HERALDICA®, unter Leitung von Dr. Ottfried Neubecker und Barbara Potzka.

Eingereicht von PRO HERALDICA®, Stuttgart.

Eingetragen unter Nr. 85082.

BEINHAUER

Joannes	* Jantsch, Krs. Troppau	Erbrichter in Jantsch
Johannes	* Jantsch 9. 2. 1767	Landwirt
Johann	* Jantsch 19. 6. 1801	Landwirt
Liborius	* Jantsch 18. 11. 1846 † Fulnek	Lebzelter
Adolf	* Fulnek 27. 5. 1877 † Neu Titschein, Reg. Bez. Troppau 25. 11. 1932	Steuerdirektor
Kurt	* Neu Titschein 26. 10. 1917 † Köln-Lövenich 16. 12. 1983	Medizinaldirektor a. D.
⚭ mit: Ilse-Marie Kronsbein	* Höxter 25. 6. 1926	Hausfrau
deren Kinder: Karin	* Höxter 30. 3. 1951	Verlagsbuchhändlerin, Hausfrau
⚭ mit: Robert Peters		
Hans Joachim	* Köln-Lindenthal 22. 5. 1952	Versicherungskaufmann
⚭ mit: Gudrun Kerwitz		
deren Sohn: Michael Torsten	* Köln-Lindenthal 2. 11. 1973	

ARCHIV: DEUTSCHES MUSEUM FÜR FAMILIENWAPPEN, STUTTGART.

Beinhauer

aus Jantsch, Krs. Troppau

Innerhalb silbernen Zinnenbordes in Rot zwei silberne Beile, die Schneiden nach innen und das rechte gestürzt, an der Herzstelle schräg versetzt zwei goldene Eberzähne, der rechte mit der Spitze abwärts, der linke mit der Spitze aufwärts gerichtet.
Auf dem Helm mit rot-silbernen Decken ein roter Bergfried.

Neu angenommen am 16. September 1983 von Dr. med. Kurt Beinhauer, Medizinaldirektor a. D., * Neu Titschein 26. 10. 1917, für sich und seine ehelichen Nachkommen im Mannesstamm sowie zugunsten der übrigen ehelichen Nachkommen im Mannesstamm seines obengenannten dreifachen Urgroßvaters Joannes Beinhauer.

Entwurf: PRO HERALDICA®, Dr. Ottfried Neubecker
in Verbindung mit Barbara Potzka.

Eingereicht von PRO HERALDICA®, Stuttgart.

Eingetragen unter Nr. 85131.

DR. H. C. KARL FRIEDRICH MICHAEL BENZ

VÄTERLICHE STAMMREIHE

BENZ, BENTZ

Hans Adam	* err. 1694 † Pfaffenrot 13. 12. 1747	Huf- und Wagenschmied, Vogt in Pfaffenrot 1747
Jakob	* Pfaffenrot 1724 † Pfaffenrot 14. 11. 1784	Schmied, Vogt in Pfaffenrot 1753–1765
Johann Michael	* Pfaffenrot 20. 1. 1751	Schmied
Johann Michael	* Pfaffenrot 27. 9. 1778	Schmiedemeister, Bürgermeister in Pfaffenrot 1821–1839
Johann Georg	* Pfaffenrot 7. 1. 1809 † Karlsruhe 21. 7. 1846	Lokomotivführer
Karl Friedrich Michael, Dr. h. c.	* Mühlburg/Karlsruhe 25. 11. 1844 † Ladenburg 4. 4. 1929	Ingenieur

ARCHIV: DEUTSCHES MUSEUM FÜR FAMILIENWAPPEN, STUTTGART.

DR. H. C. KARL FRIEDRICH MICHAEL BENZ

NACHFAHREN

Karl Friedrich Michael, Dr. h. c.	* Mühlburg/Karlsruhe 25. 11. 1844 † Ladenburg 4. 4. 1929	Ingenieur
⚭ mit: Berta Ringer	* Pforzheim 3. 5. 1849 † Ladenburg 3. 5. 1944	
Kinder dieser Ehe: Eugen	* Mannheim 1. 5. 1873 † Ladenburg 9. 3. 1958	Ingenieur
Richard	* Mannheim 21. 10. 1874 † Ladenburg 19. 9. 1955	Ingenieur
Klara	* Mannheim 1. 8. 1877 † Ladenburg 8. 2. 1968	
⚭ mit: Heinrich Unger	* Mannheim 24. 5. 1869 † Frankenthal 12. 11. 1922	
Thilde	* Mannheim 2. 2. 1882 † Rottenburg 7. 1. 1974	
⚭ mit: Karl Volk, Prof.	* Straßburg 20. 4. 1876 † Freiburg i. Br. 8. 4. 1933	
Ellen	* Mannheim 16. 3. 1890 † Frankenthal 21. 4. 1973	
⚭ mit: Heinrich Perron	* Frankenthal 28. 5. 1881 ⚔ Frankreich 29. 6. 1918	Bankdirektor

ARCHIV: DEUTSCHES MUSEUM FÜR FAMILIENWAPPEN, STUTTGART.

DR. H. C. KARL FRIEDRICH MICHAEL BENZ

NACHFAHREN

Eugen	* Mannheim 1. 5. 1873 † Ladenburg 9. 3. 1958	Ingenieur
⚭ mit: Marie Hettesheimer	* Mannheim 4. 7. 1877 † Ladenburg 21. 12. 1953	
Kinder dieser Ehe: Anneliese	* Ladenburg 6. 3. 1913	
⚭ mit: Wolfgang Elbe	* Ilmenau/Thüringen 14. 2. 1909	Diplom-Kaufmann
Sohn dieser Ehe: Dieter	* Heidelberg 8. 11. 1935	
⚭ mit: Gertrud Stahl	* Heidelberg 11. 1. 1937	
Karl	* Mannheim 29. 11. 1916	Ingenieur
⚭ mit: Gertrud Grimmig	* Mannheim 1. 3. 1918	
Tochter dieser Ehe: Jutta	* Mannheim 1. 10. 1942	

ARCHIV: DEUTSCHES MUSEUM FÜR FAMILIENWAPPEN, STUTTGART.

Benz

aus Pfaffenrot, heute Ortsteil von Marxzell bei Karlsruhe

In Gold ein silberngefülltes schwarzes fünfspeichiges Wagenrad, an der Herzstelle überdeckt von einer goldenbespitzten und -bebutzten roten Rose.
Auf dem Helm mit schwarz-goldenen Decken ein wachsender goldenbewehrter schwarzer Eber mit goldenen Rückenborsten, in den Läufen ein goldenes Lilienszepter, überdeckt von einer schwarzen Schmiedezange mit rotem Eisenstück zwischen den Backen, pfahlweise haltend.

Eingetragen auf Antrag der Daimler-Benz AG zugunsten der Nachkommen im Mannesstamm des Gründers der Benz-Werke in Mannheim Dr. h. c. Karl Friedrich Michael Benz, Ingenieur, * Mühlburg 25. 11. 1844, † Ladenburg 4. 4. 1929.

Entwurf: PRO HERALDICA®, unter Leitung von Dr. Ottfried Neubecker und Barbara Potzka.

Eingereicht von PRO HERALDICA®, Stuttgart.

Eingetragen unter Nr. 85582.

BERKENFELD

Auf der Becke (Op der Beck)	* um 1675	
Johannes Henrich Berckfeld (Op der Beck)	~ Bottrop 24. 2. 1704	
Johannes Petrus Berkfeld	* um 1739 † Bottrop 28. 6. 1801	
Bernhard Johannes Berkfeld/Birkenfeld, gen. Kusenbom	~ Bottrop 27. 9. 1782 † Oberhausen-Osterfeld/ Vonderot 27. 2. 1858	Tagelöhner, Holzschuhmacher
Johannes Berkfeld/ Berkenfeld	* Von der Ort/Oberhausen 1. 4. 1829 † Mülheim/Ruhr-Styrum 4. 11. 1905	
Bernhard	* Mülheim/R. 9. 10. 1873 † Bochum-Stiepel 27. 6. 1954	Gendarmeriemeister
Reinhold	* Ickern 17. 5. 1912	Baukaufmann, Polizeibeamter
Rainer Maria	* Weimar 16. 5. 1938	Zahntechniker
⚭ mit: Margarethe Nicklas, Dr. med. dent.	* Darmstadt 22. 7. 1930	Zahnärztin
deren Kind: Borris	* Darmstadt 2. 4. 1972	

ARCHIV: DEUTSCHES MUSEUM FÜR FAMILIENWAPPEN, STUTTGART.

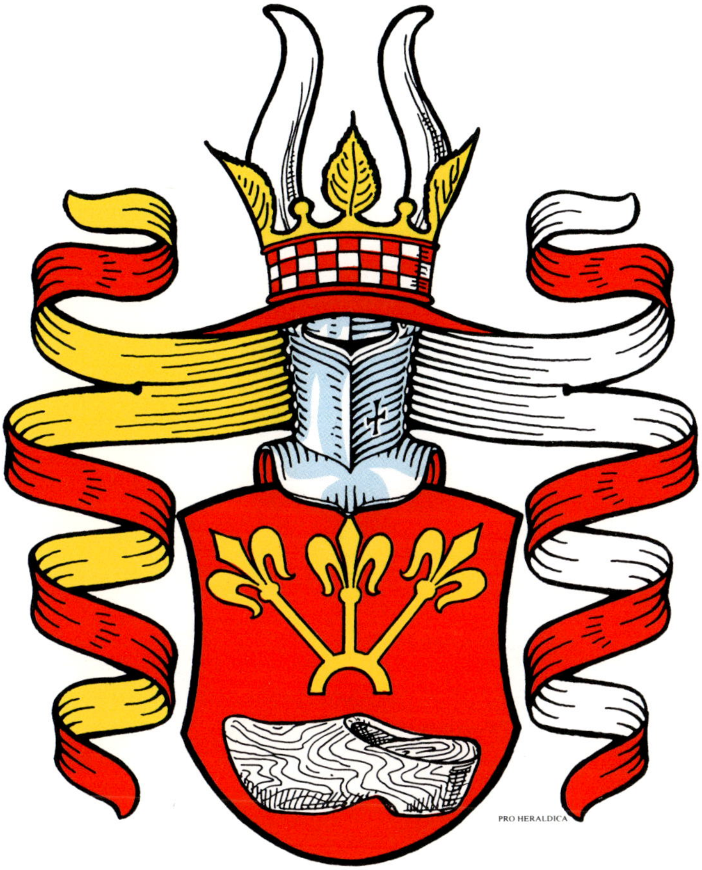

Berkenfeld

aus Bottrop

In Rot ein silberner Holzschuh, überhöht von einem aus drei Stäben gebildeten Hauptviertel eines goldenen Glevenrades.
Auf dem Helm mit rechts rot-goldenen und links rot-silbernen Decken zwei silberne Stierhörner, umschlossen von einer goldenen, mit drei Birkenblättern besetzten Laubkrone mit in drei Reihen rot-silbern geschachtem Stirnreif.

Neu angenommen am 25. Januar 1985 von Rainer Maria Berkenfeld, Zahntechniker, * Weimar 16. 5. 1938, für sich und seine ehelichen Nachkommen im Mannesstamm sowie zugunsten der übrigen ehelichen Nachkommen im Mannesstamm seines obengenannten fünffachen Urgroßvaters Auf der Becke.

Entwurf: PRO HERALDICA®, unter Leitung von
Dr. Ottfried Neubecker und Barbara Potzka.

Eingereicht von PRO HERALDICA®, Stuttgart.

Eingetragen unter Nr. 85124.

BORDEWISCH

Rudolph	† Wehdem 15. 4. 1681	Landwirt
Johann Heinrich	† Wehdem 13. 11. 1719	Landwirt
Cordt Heinrich	* Wehdem 1694 † Wehdem 24. 1. 1755	Landwirt
Cordt Hermann Heinrich	* Wehdem um 1716 † Wehdem 7. 12. 1780	Landwirt
Gerdt Hermann	* Wehdem 15. 2. 1750 † Wehdem 11. 8. 1818	Landwirt
Gerd Heinrich	* Wehdem 27. 2. 1792 † Wehdem 9. 5. 1848	Landwirt
Johann Friedrich	* Wehdem 29. 6. 1818 † Wehdem 5. 4. 1904	Landwirt
Hermann Heinrich Wilhelm	* Wehdem 29. 7. 1859 † Wehdem 10. 4. 1927	Landwirt
Hermann Wilh. Theodor	* Wehdem 1. 11. 1901	Landwirt
Heinrich	* Wehdem 30. 6. 1929	Landwirt
Heinz	* Rahden 21. 3. 1958	Industriekaufmann

ARCHIV: DEUTSCHES MUSEUM FÜR FAMILIENWAPPEN, STUTTGART.

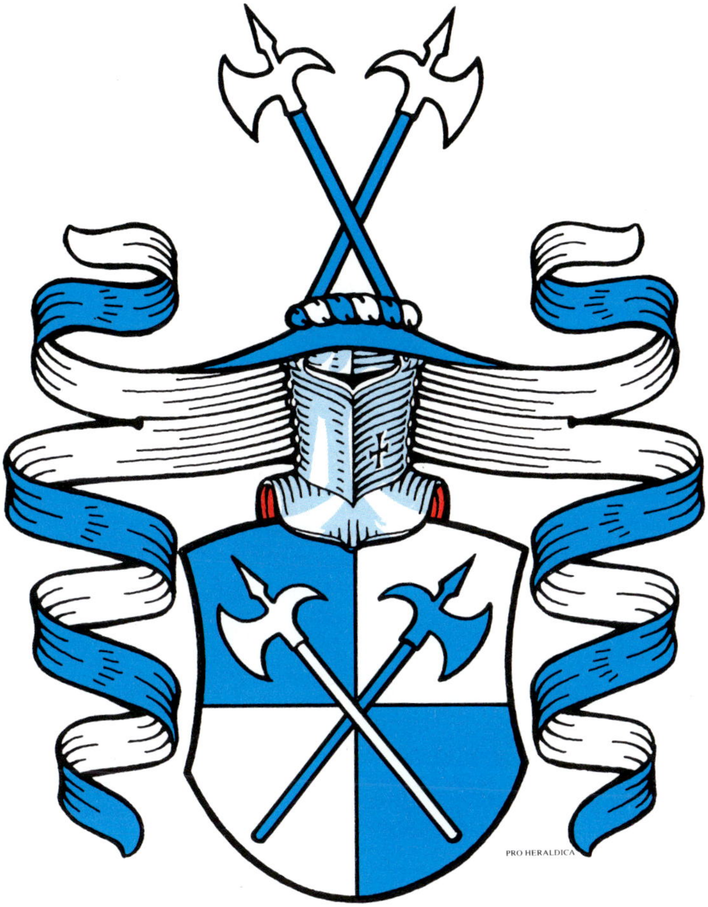

Bordewisch

aus Wehdem, Gem. Stemwede, Krs. Minden-Lübbecke

In blau-silbern geviertem Schilde zwei gekreuzte Hellebarden in verwechselten Farben. Auf dem blau-silbern bewulsteten Helm mit blau-silbernen Decken zwei gekreuzte blaugestielte silberne Hellebarden.

Eingetragen auf Antrag von Heinz Bordewisch, Industriekaufmann, * Rahden 21. 3. 1958, für sich und seine ehelichen Nachkommen im Mannesstamm sowie zugunsten der übrigen ehelichen Nachkommen im Mannesstamm seines obengenannten achtfachen Urgroßvaters Rudolph Bordewisch.

Richtiggestellt von PRO HERALDICA®,
Dr. Ottfried Neubecker in Verbindung mit Barbara Potzka.

Eingereicht von PRO HERALDICA®, Stuttgart.

Eingetragen unter Nr. 85437.

BRAHM

Wilhelm Doerfert	* 1790	Bauer, Häusler
Johann Karl Gottfried Doerfert	* Wildenhagen-Bottschow 17. 5. 1818	
Karl Ludwig Wilhelm Abraham	* Drenzig/Prov. Brandenburg 1. 2. 1840	
Albert Paul Brahm	* Reppen b. Frankfurt an der Oder 19. 1. 1868	Hufschmied
Heinrich Friedrich Wilhelm Albert	* Blomberg b. Detmold 22. 5. 1891	Wirtschaftsprüfer
Walter Wilhelm Albert	* Düsseldorf 19. 12. 1926	Physiotherapeut
⚭ mit: Magdalene Schmidtpott	* Etz-Appen 15. 2. 1928	
deren Kinder: Wolfgang	* Etz-Appen 13. 9. 1953	Zahnarzt
dessen Kinder: Alexander	* Düsseldorf 8. 4. 1981	
Mareike	* Hattingen 10. 1. 1984	
Hans-Peter	* Düsseldorf 18. 7. 1958	Heilpraktiker

ARCHIV: DEUTSCHES MUSEUM FÜR FAMILIENWAPPEN, STUTTGART.

Brahm

aus Drenzig, Prov. Brandenburg

Ältester bekannter Vorfahr im Mannesstamm: Ältester bekannter Vorfahr im Namensstamm: Wilhelm Doerfert, Bauer und Häusler, * um 1790, Vater des Johann Karl Gottfried Doerfert, * Wildenhagen-Bottschow bei Reppen bei Frankfurt a.d. Oder, 17. 5. 1818, ⚭ Drenzig bei Reppen 29. 11. 1840 Wilhelmine Abraham, * Drenzig, 7. 12. 1818. Der vor der Ehe geborene Sohn behält den Namen Abraham bei. Ab 1936 nennt sich die Familie Brahm.

In Silber rechts ein roter Klauflügel, links ein gestürzter grüner Eichenzweig mit goldenen Eicheln. Auf dem Helm mit grün-silbernen Decken ein grüner Eichbaum mit goldenen Eicheln, der Stamm umwunden von einer silbernen Schlange.

Neu angenommen am 21. Juni 1985 von Walter Wilhelm Albert Brahm, Physiotherapeut, * Düsseldorf 19. 12. 1926, für sich und seine ehelichen Nachkommen im Mannesstamm.

Entwurf: PRO HERALDICA®, unter Leitung von
Dr. Ottfried Neubecker und Barbara Potzka.

Eingereicht von PRO HERALDICA®, Stuttgart.

Eingetragen unter Nr. 85280.

BRODEN

Johann	* Ratingen † Ratingen 19. 11. 1842	Köther
Joh. Heinrich	* Ratingen 25. 3. 1810 † Ratingen 20. 8. 1869	Bäcker, Wirt
Johann	* Ratingen 20. 3. 1855 † Ratingen 2. 2. 1901	Kupferschmied
Karl Josef	* Ratingen 25. 11. 1896 † Ratingen 12. 11. 1981	Kfm. Angest.
Hansjosef	* Düsseldorf 9. 12. 1926	Dipl.-Ing.
⚭ mit: Sigrid Krahé	* Bonn 7. 6. 1942	Lehrerin
deren Tochter: Kathrin	* Düsseldorf 31. 1. 1973	Schülerin

ARCHIV: DEUTSCHES MUSEUM FÜR FAMILIENWAPPEN, STUTTGART.

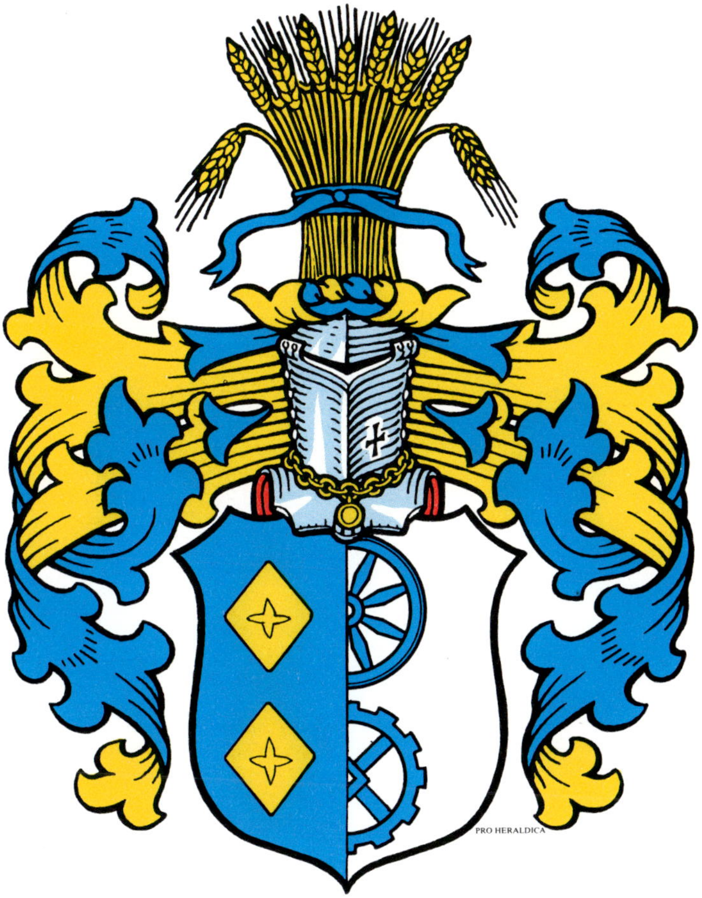

Broden

aus Ratingen

In blau-silbern gespaltenem Schilde rechts zwei rautenförmige Brötchen, links am Spalt oben ein halbes Richtrad, unten ein halbes Zahnrad, diese Figuren golden im blauen und blau im silbernen Platz. Auf dem blau-golden bewulsteten Helm mit blau-goldenen Decken eine goldene, mit einem blauen abfliegenden Band gebundene Ährengarbe mit abwechselnd Weizen-, Gersten- und Roggenähren, die beiden äußeren mit herabhängenden Fruchtständen.

Neu angenommen am 21. Juni 1985 von Hansjosef Broden, Diplom-Ingenieur, * Düsseldorf 9. 12. 1926, für sich und seine ehelichen Nachkommen im Mannesstamm.

Entwurf: PRO HERALDICA®, unter Leitung von Dr. Ottfried Neubecker und Barbara Potzka.

Eingereicht von PRO HERALDICA®, Stuttgart.

Eingetragen unter Nr. 85290.

BUCHNER

Johann Paul(us)	* um 1651 † Niederroßbach 15. 5. 1726	
Johann Jacob	~ Niederroßbach 21. 3. 1686 † Nister 10. 6. 1734	
Johann Christian	~ Möhrendorf 14. 3. 1727 † Möhrendorf 13. 10. 1796	Landmann
Johann Christian	* Möhrendorf-Nassau 28. 8. 1778 † Möhrendorf-Nassau 3. 12. 1829	Ackerer, Schultheiß, Municipalrath
Karl	* Möhrendorf-Nassau 13. 12. 1819 † Ohligs 10. 9. 1894	Schreiner
Gustav	* Hilden 15. 2. 1851 † Ohligs 15. 11. 1927	Schreinermeister
Paul	* Ohligs 8. 11. 1886 † Solingen 5. 10. 1957	Schreiner
Heinz	* Elberfeld 17. 10. 1914 † Solingen 25. 9. 1984	Bestatter
Ernst-Günther	* Bensheim/Bergstraße 13. 11. 1944	Bestatter
⚭ mit: Marion	* Solingen 3. 9. 1951	Bestatterin
deren Kinder:		
Kerstin	* Solingen 6. 2. 1973	
Markus	* Solingen 27. 2. 1975	
Andrea	* Solingen 20. 8. 1978	
Christina	* Solingen 10. 12. 1982	

ARCHIV: DEUTSCHES MUSEUM FÜR FAMILIENWAPPEN, STUTTGART.

Buchner

aus Niederroßbach/Westerwaldkreis

In Rot ein von drei (2,1) Tatzenkreuzchen überhöhter, zwei Buchenschößlinge mit je vier Blättern treibender, bewurzelter Baumstumpf, alle Figuren golden.
Auf dem rot-golden bewulsteten Helm mit rot-goldenen Decken zwischen zwei roten Flügeln pfahlweise eine goldene Fuchsschwanzsäge, die Zähnung rechts.

Neu angenommen am 23. November 1984 von Ernst-Günther Buchner, Bestatter, * Bensheim-Bergstraße 13. 11. 1944, für sich und seine ehelichen Nachkommen im Mannesstamm.

Entwurf: PRO HERALDICA®, unter Leitung von Dr. Ottfried Neubecker und Barbara Potzka.

Eingereicht von PRO HERALDICA®, Stuttgart.

Eingetragen unter Nr. 85022.

BÜSCH

Christian	* um 1790	
Wilhelm	* Thebenberg bei Asbach, Krs. Neuwied 9. 11. 1820	Schneider
Johann Matthias	* Drinhausen 10. 7. 1851	Schmiedemeister
Wilhelm	* Heide, Krs. Neuwied, 11. 3. 1884 † Köln 4. 12. 1949	Lokomotivführer
Johann	* Köln-Nippes 19. 6. 1912	Ingenieur
Ingo Oskar Wilhelm	* Berlin 9. 5. 1940	Beamter
⚭ mit: Bärbel Leopold	* Berlin 4. 4. 1942	Kinderkrankenschwester
deren Kinder: Dirk Ingo Hans Marc Ulrich	 * Berlin 27. 9. 1963 * Berlin 22. 12. 1964	

ARCHIV: DEUTSCHES MUSEUM FÜR FAMILIENWAPPEN, STUTTGART.

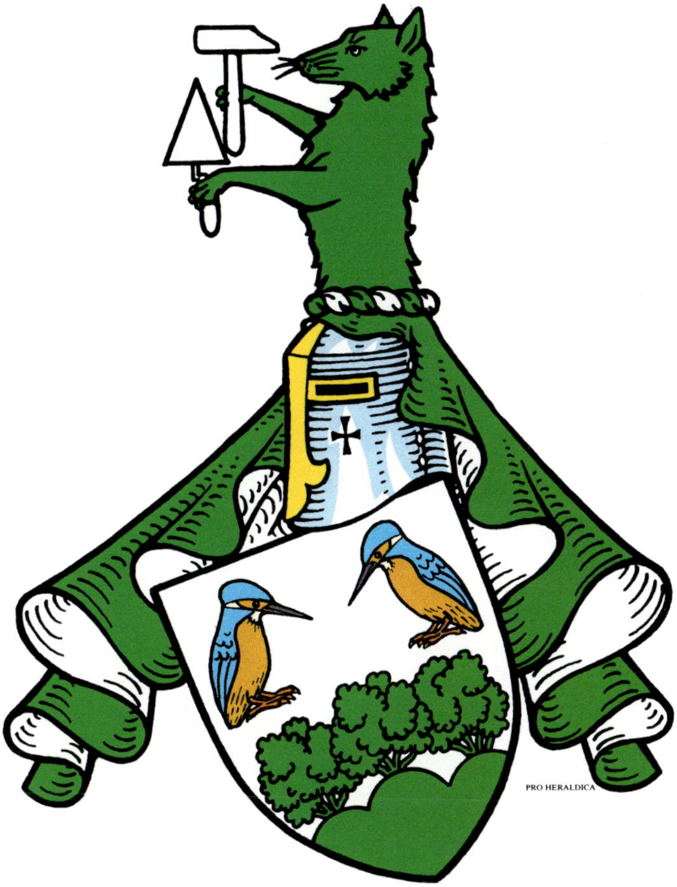

Büsch

aus Thebenberg bei Asbach, Krs. Neuwied

In Silber auf grünem Dreiberg drei grüne Büsche, überhöht von zwei zugewandten natürlichen Eisvögeln.
Auf dem grün-silbern bewulsteten Helm mit grün-silbernen Decken ein wachsender grüner Fuchs, in der rechten Brante einen silbernen Hammer, in der linken eine silberne Maurerkelle haltend.

Neu angenommen am 17. Mai 1985 von den Eheleuten Bärbel Büsch, geb. Leopold, Kinderkrankenschwester, * Berlin 4. 4. 1942, und Ingo Oskar Wilhelm Büsch, Beamter, * Berlin 9. 5. 1940, für sich und ihre ehelichen Nachkommen im Mannesstamm.

Entwurf: PRO HERALDICA®, unter Leitung von Dr. Ottfried Neubecker und Barbara Potzka.

Eingereicht von PRO HERALDICA®, Stuttgart.

Eingetragen unter Nr. 85412.

CLAUDIUS

Claus Paulsen	* Ripen/Jütland 1571 † Emmerleff/Nordschleswig 10. 9. 1650	Pastor
Johannes	* Emmerleff 13. 11. 1601 † Süderlügum, Krs. Südtondern 1649 (1657)	Pastor
Peter	* Süderlügum 16.. (?) † Süderlügum 1682	Pastor
Claus (Nicolaus)	* Süderlügum 8. 5. 1656 † Süderlügum 18. 9. 1720	Pastor
Matthias	* Süderlügum 3. 9. 1703 † Reinfeld 4. 12. 1773	Pastor
Matthias	* Reinfeld 15. 8. 1740 † Hamburg 21. 1. 1815	Dichter
Johannes	* Wandsbek 8. 5. 1783 † Sahms i. Lauenburg 7. 3. 1859	Pastor
Hermann August	* Sahms 4. 8. 1825 † Hamburg 3. 8. 1901	Landmann, Bahnmeister
Matthias Theodor Oskar	* Altona 12. 2. 1881 † Gr. Meinsdorf, Krs. Eutin 12. 3. 1945	Buchbinder
Heinz Hermann Matthias	* Hamburg 25. 2. 1909	Bibliothekar
Matthias	* Hamburg 6. 4. 1936	Graphiker
⚭ I. mit: Christa Margarete Wittlake	* Hamburg 24. 8. 1938	
deren Sohn: Stephan Matthias	* Lübeck 18. 5. 1959	
⚭ II. mit: Susanne Tiedke	* Lüneburg 6. 4. 1954	Graphikerin

ARCHIV: DEUTSCHES MUSEUM FÜR FAMILIENWAPPEN, STUTTGART.

Claudius

aus Ripen/Jütland

In Blau ein von drei (2,1) Adlern begleiteter erniedrigter Sparren, alle Figuren silbern. Auf dem Helm mit rechts blau-silbernen und links rot-silbernen Decken eine auf einem roten breitkrempigen Hut sitzende silberne Eule.

Eingetragen auf Antrag von Matthias Claudius, Graphiker, * Hamburg 6. 4. 1936, für sich und seine ehelichen Nachkommen im Mannesstamm sowie zugunsten der übrigen ehelichen Nachkommen im Mannesstamm seines obengenannten achtfachen Urgroßvaters Claus Paulsen Claudius.

Richtiggestellt von PRO HERALDICA®,
Dr. Ottfried Neubecker in Verbindung mit Barbara Potzka.

Eingereicht von PRO HERALDICA®, Stuttgart.

Eingetragen unter Nr. 85024.

CLÜVER

Bahrdt Dirks	* vermutl. um 1760	Kleidermacher
Martje Bahrdts	* 29. 9. 1797	Arbeiterin in Pewsum/Ostfriesland
Eilt Bahrdts (Baarts)	* Pewsum/Ostfriesland 12. 7. 1825 † Pewsum 16. 12. 1892	
Behrend Peters	* Eilsum/Ostfriesland 10. 10. 1851 † Pewsum 1929	Landarbeiter
Jürgen	* Pewsum 15. 11. 1888 † Pewsum 1949	Maurer, Gastwirt
Berend Peters	* Pewsum 2. 7. 1914	Steuerbevollmächtigter
⚭ mit: Lotte Roth	* Sonneberg/Thüringen 28. 11. 1922	Verkäuferin
deren Kinder:		
Bernd Uwe	* Sonneberg 23. 7. 1943	Steuerbevollmächtigter
Friedlinde	* Ernstthal/Thüringen 5. 6. 1946	Büroangestellte
Rüdiger	* Sonneberg 7. 12. 1948	Steuerberater

ARCHIV: DEUTSCHES MUSEUM FÜR FAMILIENWAPPEN, STUTTGART.

Clüver

aus Pewsum/Ostfriesland

In Blau zwischen einem in vier Spatenblätter ausgezogenen Schildhaupt und einem Zinnenschildfuß eine aus dem linken Schildrand balkenweise hervorkommende Bärenpranke, alle Figuren golden. Auf dem Helm mit blau-goldenen Decken ein mit je vier goldenen Scheiben belegter blauer Flug.

Neu angenommen am 28. Juni 1985 von Berend Peters Clüver, Steuerbevollmächtigter, * Pewsum 2. 7. 1914, für sich und seine ehelichen Nachkommen im Mannesstamm.

Entwurf: PRO HERALDICA®, unter Leitung von Dr. Ottfried Neubecker und Barbara Potzka.

Eingereicht von PRO HERALDICA®, Stuttgart.

Eingetragen unter Nr. 85282.

GOTTLIEB WILHELM DAIMLER

VÄTERLICHE STAMMREIHE

DAIMLER,
THEUMLER, TEIMBLER, TÄUMLER,
DEUMLER, DEUMBLER, DEMLER,
DÄUMLER

Erhart	ab 1580 in Pottiga ansässig † Pottiga vor 1627	Bauer und Handwerker
Wolfgang	* Pottiga 1587 † Pottiga 10. 4. 1653	Maurer
Friedrich	* Pottiga 23. 8. 1633 † Schorndorf 17. 2. 1697	Zimmermann, ab 9. 8. 1660 Bürger von Schorndorf
Johann Friedrich I.	* Schorndorf 1. 11. 1677 † Schorndorf 29. 8. 1750	Kertzenmeister (1731), Obermeister des Bäckerhandwerks (1749)
Johannes	* Schorndorf 6. 9. 1708 † Schorndorf 21. 4. 1776	Hutmacher
Johann Friedrich III.	* Schorndorf 11. 6. 1732 † Schorndorf 22. 7. 1805	Bäckerobermeister
Johann Friedrich IV.	* Schorndorf 5. 3. 1757 † Schorndorf 11. 8. 1825	Bäckermeister
Johannes	* Schorndorf 21. 12. 1801 † Schorndorf 27. 12. 1875	Bäckermeister und Wirt
Gottlieb Wilhelm	* Schorndorf 17. 3. 1834 † 6. 3. 1900	Erfinder, Gründer der Daimler-Werke in Untertürkheim

ARCHIV: DEUTSCHES MUSEUM FÜR FAMILIENWAPPEN, STUTTGART.

GOTTLIEB WILHELM DAIMLER

NACHFAHREN

Gottlieb Wilhelm	* Schorndorf 17. 3. 1834 † 6. 3. 1900	Erfinder, Gründer der Daimler-Werke in Untertürkheim
⚭ I. mit: Emma Kurz	* 29. 4. 1843 † 23. 1. 1889	
Kinder dieser Ehe: Paul	* 13. 9. 1869 † 15. 12. 1945	
Adolf	* 8. 9. 1871 † 24. 3. 1913	
Emma	* 11. 4. 1873 † 29. 8. 1954	
Martha	* 22. 10. 1878 † 17. 11. 1955	
Wilhelm	* 4. 7. 1881 † 6. 3. 1896	
⚭ II. mit Lina Schwend verw. Hartmann	* 16. 5. 1855 † 14. 6. 1932	
Kinder dieser Ehe: Gottlieb	* 4. 9. 1894 † 4. 6. 1916	
Emilie	* 18. 4. 1897 † 30. 5. 1973	
Kinder von Paul: Paul Gottlieb	* 8. 1. 1909	Diplom-Ingenieur
Gerhard	* 24. 10. 1915	
Leni	* 16. 5. 1917	

ARCHIV: DEUTSCHES MUSEUM FÜR FAMILIENWAPPEN, STUTTGART.

GOTTLIEB WILHELM DAIMLER

VÄTERLICHE STAMMREIHE DER MUTTER

FINSTERER FENSTERER

Stephan	⚭? 1648	Färber in Schorndorf, Bauernsohn aus Ransbach
Hans Georg	* Schorndorf 1649 † Schorndorf 1694	Färber
Philipp Jacob	* Schorndorf 1679 † Schorndorf 1764	Färber
Georg Philipp	* Schorndorf 1708 † Schorndorf 1788	Färber und Blaicher
Johannes I.	* Schorndorf 1740 † Schorndorf 1821	Färber
Johannes II.	* Schorndorf 1770 † Schorndorf 1826	Färbermeister
Wilhelmine Friedrica	* Schorndorf 1803 † Schorndorf 1864	
⚭ Schorndorf 3. 5. 1831: Johannes Daimler	* Schorndorf 1801 † Schorndorf 1875	Bäckermeister

ARCHIV: DEUTSCHES MUSEUM FÜR FAMILIENWAPPEN, STUTTGART.

Daimler

aus Pottiga bei Lobenstein

In Schwarz die goldene Innenseite einer rechten Hand.
Auf dem schwarz-golden bewulsteten Helm mit schwarz-goldenen Decken die Hand zwischen zwei schwarz-golden übereckgeteilten Büffelhörnern.

Eingetragen auf Antrag der Daimler-Benz AG, zugunsten der ehelichen Nachkommen im Mannesstamm obengenannten Stammvaters Erhart Teumbler, sechsfachen Urgroßvaters von Gottlieb Wilhelm Daimler, Erfinder, Gründer der Daimler-Werke in Untertürkheim.

Richtiggestellt von PRO HERALDICA®,
Dr. Ottfried Neubecker in Verbindung mit Barbara Potzka.

Eingereicht von PRO HERALDICA®, Stuttgart.

Eingetragen unter Nr. 85583.

ESCHENAUER

Philipp Jakob	* Langenschwalbach 17. 9. 1695 □ Langenschwalbach 20. 4. 1752	Gerichtsmann, Kirchenältester, Schmiedemeister
Johann Adam	* Langenschwalbach 16. 11. 1722 † Langenschwalbach 3. 12. 1793	Schmiedemeister
Johann Melchior	* Langenschwalbach 21. 11. 1751 † Langenschwalbach 19. 9. 1825	Schmiedemeister
Johann Martin	* Langenschwalbach 1. 11. 1794 † Langenschwalbach 3. 10. 1833	Schmiedemeister
Johann Martin	* Langenschwalbach 10. 7. 1828 † Langenschwalbach 19. 4. 1878	Schmiedemeister
Philipp Christian	* Langenschwalbach 11. 12. 1859 † Langenschwalbach 11. 6. 1935	Bäckermeister
Wilhelm Karl	* Langenschwalbach 13. 12. 1891 † Freiburg im Breisgau 27. 8. 1973	Bäcker
⚭ mit: Pauline Herr	 * Unterprechtal 10. 6. 1903 † Emmendingen 7. 5. 1983	
deren Töchter: Johanna Berta	 * Freiburg 2. 7. 1930	 Sachschadenreguliererin
Irene Haeßler	* Freiburg 4. 4. 1942	Hausfrau
deren Söhne: Alexander Markus Philipp	 * Elzach 28. 8. 1966 * Elzach 18. 12. 1975	

ARCHIV: DEUTSCHES MUSEUM FÜR FAMILIENWAPPEN, STUTTGART.

Eschenauer

aus Langenschwalbach, heute Bad Schwalbach, Untertaunuskreis

Über rotem Wellenschildfuß, darin pfahlweise ein silbernes Eschenreis, in Gold eine rote Brezel in Gestalt einer Theatermaske, besetzt mit einer flugbereiten natürlichen Schwalbe.
Auf dem Helm mit rechts schwarz-goldenen und links rot-silbernen Decken ein grünes bewurzeltes Eschenbäumchen.

Neu angenommen am 27. Juli 1984 von Johanna Berta Eschenauer, Sachschadensreguliererin, * Freiburg im Breisgau 2. 7. 1930, für sich und die ehelichen Nachkommen im Mannesstamm ihrer Schwester Irene Haeßler, geb. Eschenauer, * Freiburg 4. 4. 1942.

Entwurf: PRO HERALDICA®, Dr. Ottfried Neubecker
in Verbindung mit Barbara Potzka.

Eingereicht von PRO HERALDICA®, Stuttgart.

Eingetragen unter Nr. 85477.

FREESE

Johann Johanssen Westerbur	1556 und 1600 genannt Wkf.-Prot. des Amtes Esens	Bauer
Johann Westfriese, auch Johann Imker oder Friese	1599, 1604 u. 1613 genannt in Wkf.-Prot. Esens u. in Moor- und Deichregistern der Höfe Westbense und Westerbur	
Johann Friese (der Ältere)	* 1575? † um 1635 – 1655	Bauer
Johann Friese (der Jüngere)	* Südenburg 1605 † Südenburg vor 1669	Bauer
Paul Johanssen Frese	* Westerbur (K.B. Esens) 28. 1. 1642 † Südenburg (K.B. Westerbur) 5. 4. 1700	Bauer
Ihmel Pauls Freese	* 1672 † Westerbur 4. 12. 1729	Bauer
Ufke Ihmels Freese	* Westerbur 17. 12. 1700 † Nesse 19. 1. 1780	Bauer
Ufke Ihmels Ufken Freese	* Nesse 20. 6. 1751 † nach 1811	Bauer
Jan Uden Freese	* Nesse 3. 5. 1781 † Norden 24. 6. 1841	Schiffskapitän
Casjen Berends Freese	* Norden/Ostfriesland 29. 11. 1838 † Norden 14. 6. 1899	Schmiedemeister
Carl Behrends Freese	* Norden 12. 4. 1875 † Hage/Ostfriesland 10. 1. 1923	Schlossermeister
Hermann Behrends, Dr. med.	* Norden 1. 7. 1910	Arzt
⚭ Braunschweig 3. 10. 1936: Adelheid Klehmet	* Diedenhofen 1. 6. 1909	Hausfrau
deren Kinder:		
Berend	* Hannover 6. 12. 1937	Ingenieur für Landbau
Elke	* Hannover 5. 12. 1938	Fachlehrerin, Schneidermeisterin
Hartmut	* Hannover 7. 3. 1940	Graphiker
Eckhard	* Hannover 3. 9. 1941	Tierarzt
Hajo	* Hannover 17. 5. 1943	Kaufmann
Harald	* Celle 24. 9. 1945	Postbeamter
Almuth	* Celle 24. 9. 1945	med. techn. Assistentin

ARCHIV: DEUTSCHES MUSEUM FÜR FAMILIENWAPPEN, STUTTGART.

Freese

aus Südenburg bei Westerbur im alten »Amt Esens«, heute Kreis Aurich

Ältester bekannter Vorfahr im Mannesstamm: Johann Friese zu Schjudenburg, erscheint 1624 als Ehemann der Eye, Tochter des Focko Apken.

In Blau gekreuzt eine goldene Deichsticknadel, diese schrägrechts, und ein goldener Deichspaten, verschränkt mit einer sich pfahlweise windenden silbernen Schlange.
Auf dem Helm mit blau-goldenen Decken ein blauer Flug, die Flügel je mit einem goldenen Eichenblatt bezeichnet.

Neu angenommen am 26. Oktober 1984 von Dr. med. Hermann Behrends Freese, Arzt, * Norden/Ostfriesland 1. 7. 1910, für sich und seine ehelichen Nachkommen im Mannesstamm sowie zugunsten der übrigen ehelichen Nachkommen im Mannesstamm seines neunfachen Urgroßvaters Johann Friese zu Schjudenburg.

Entwurf: PRO HERALDICA®, unter Leitung von
Dr. Ottfried Neubecker und Barbara Potzka.

Eingereicht von PRO HERALDICA®, Stuttgart.

Eingetragen unter Nr. 85083.

FRESENIUS

Fresen

Daniel	* Dorf Itter, Krs. Frankenberg/ Hessen-Nassau um 1612 † Niederense 19. 8. 1669	Küster, Schulmeister
Franz Wolrad	* Niederense 30. 11. 1645 † Langen 8. 1. 1716	Pfarrer
Johann Wilhelm	* Darmstadt 26. 2. 1677 † Niederwiesen, Krs. Alzey 25. 5. 1727	Pfarrer
Johann Friedrich	* Niederwiesen 27. 1. 1717 † Schlitz/Hessen 12. 2. 1783	Oberpfarrer
Friedrich Anton	* Erbach 25. 9. 1745 † Schlitz 10. 6. 1815	Pastor
Friedrich	* Schlitz 19. 7. 1791 † Berleburg, Krs. Wittgenstein 25. 3. 1868	Kataster-Kontrolleur, Bürgermeister
Robert	* Berleburg 23. 4. 1819 † Alfeld/Leine 30. 9. 1900	Landvermesser (Geometer)
Reinold	* Dortmund 24. 12. 1852 † Alfeld 14. 5. 1908	Kgl.-Preußischer Amtgerichtsrat
Hans	* Alfeld 4. 1. 1888 † Berka 14. 1. 1971	Arzt
Hansjürgen Georg Joachim, Dr.	* Göttingen 30. 9. 1928	Arzt
⚭ mit: Ruth Göthe	* Swinemünde (Pommern) 8. 4. 1933	Med.-techn. Assistentin
deren Töchter: Oda	* 6. 5. 1962	Krankenschwester
Ulrike	* 27. 11. 1963	Kinderkrankenschwester

ARCHIV: DEUTSCHES MUSEUM FÜR FAMILIENWAPPEN, STUTTGART.

Fresenius

aus Dorf Itter, Krs. Frankenberg (Hessen)

Gespalten, rechts in Blau ein naturfarbener Bügelhelm, besetzt mit drei in je einer silbernen Kugel steckenden silbernen Straußenfedern, links am Spalt in Gold die linke Hälfte einer grünen Palme auf grünem Hügel.
Auf dem Helm mit blau-silbernen Decken drei in je einer blauen Kugel steckende silberne Straußenfedern.

Mittels Erweiterung des seit 1727 durch den Grabstein des Johann Wilhelm Fresenius, Pfarrers in Nieder-Wiesen, Kreis Alzey, fünffachen Urgroßvaters des Antragstellers, bekannten Wappens mit einer Palme (vgl. sogenannter Neuer Siebmacher, Bürgerliche, Teil 3, Seite 23, Tafel 25 und Teil 11, Seite 4, Tafel 5) um eine Hälfte mit dem Helmwappen des uradeligen Geschlechts von Frese, vermutlich um 1780 gebildet, eingetragen auf Antrag von Dr. med. Hansjürgen Fresenius, Arzt, * Göttingen 30. 9. 1928, für sich und seine ehelichen Nachkommen im Mannesstamm sowie zugunsten der übrigen ehelichen Nachkommen im Mannesstamm seines siebenfachen Urgroßvaters Daniel Fresenius.

Eingereicht von PRO HERALDICA®, Stuttgart.

Eingetragen unter Nr. 85478.

FREYTAG

Freitag

Johann Christian	* um 1750 † Serrahn/Mecklenburg 2. 1. 1830	Bauer, Kirchenvorsteher
Carl Johann Friedrich	* Serrahn 8. 3. 1778 † Schwerin/Mecklenburg 18. 1. 1876	Gärtner zu Schwerin
Joachim Christian Johann	* Schwerin 4. 6. 1816 † Schwerin 4. 6. 1891	Kunsthändler, Vergolder
Carl Heinrich Eduard	* Schwerin 2. 5. 1840 † Schwerin 3. 4. 1925	Pastor zu Gammelin/Meckl.-Schw.
Gustav Johannes	* Gammelin 12. 4. 1877 † Wildeshausen 15. 2. 1948	Mittelschuldirektor
Karl August, Dr. med.	* Rodenkirchen/Wesermarsch 29. 5. 1913	Facharzt für Chirurgie
⚭ I. mit: Irmgard Auguste Adler	* München 16. 2. 1924 † München 28. 2. 1968	Hausfrau
deren Kinder:		
Gerd	* Delmenhorst 6. 10. 1946	Arzt
Irmgard, Dr. Wolf	* Delmenhorst 25. 5. 1948	Ärztin
Wolfgang	* Wildeshausen 5. 4. 1953	Kfz-Elektriker
Erhard	* Wildeshausen 5. 1. 1955	
⚭ II. mit: Berta Adler	* München 24. 11. 1922	Hausfrau

ARCHIV: DEUTSCHES MUSEUM FÜR FAMILIENWAPPEN, STUTTGART.

Freytag

aus Serrahn/Mecklenburg

In golden-schwarz geviertem Schild eine Glocke, rot in den goldenen und golden in den schwarzen Plätzen.
Auf dem schwarz-golden-rot-golden bewulsteten Helm mit rechts schwarz-goldenen und links rot-goldenen Decken drei Straußenfedern, eine goldene zwischen einer schwarzen rechts und einer roten links.

Eingetragen auf Antrag von Dr. med. Karl August Freytag, Facharzt für Chirurgie, * Rodenkirchen/Wesermarsch 29. 5. 1913, für sich und seine ehelichen Nachkommen im Mannesstamm sowie zugunsten der übrigen ehelichen Nachkommen im Mannesstamm seines obengenannten dreifachen Urgroßvaters Johann Christian Freitag.

Richtiggestellt von PRO HERALDICA®, unter Leitung von Dr. Ottfried Neubecker und Barbara Potzka.

Eingereicht von PRO HERALDICA®, Stuttgart.

Eingetragen unter Nr. 85051.

FRÖHLICH

Johann-Georg	* 1508	Müller
Johann-Nikolaus	* 1540 † 1603	Müller
Jacob-Georg	* Aschbach 1574	Müller
Michael-Peter	* 1603 † 1659	
Georg	* 1634 † 1685	Müller
Johann-Nikolaus	* Bubach 1656 † 1698	Müller
Nikolaus	* 1681 † 1715	Müller
Peter-Friedrich	* 1709 † 1761	
Johann-Georg	* 1739 † 1794	Müller
Johann-Friedrich	* 1766	
Johann-Georg	* Düppenweiler 1793 † Lebach-Bubach 28. 1. 1852	Müller
Jakob	* Lebach-Bubach 18. 3. 1826 † 14. 9. 1892	Zimmermann
Peter	* Düppenweiler 16. 5. 1865 † Freimengen 23. 12. 1911	Bergmann
Johann-Nikolaus	* Düppenweiler 29. 1. 1897 † Berlin 20. 1. 1966	Offizier
Werner Georg	* Altenkessel 3. 7. 1930	Kaufmann

ARCHIV: DEUTSCHES MUSEUM FÜR FAMILIENWAPPEN, STUTTGART.

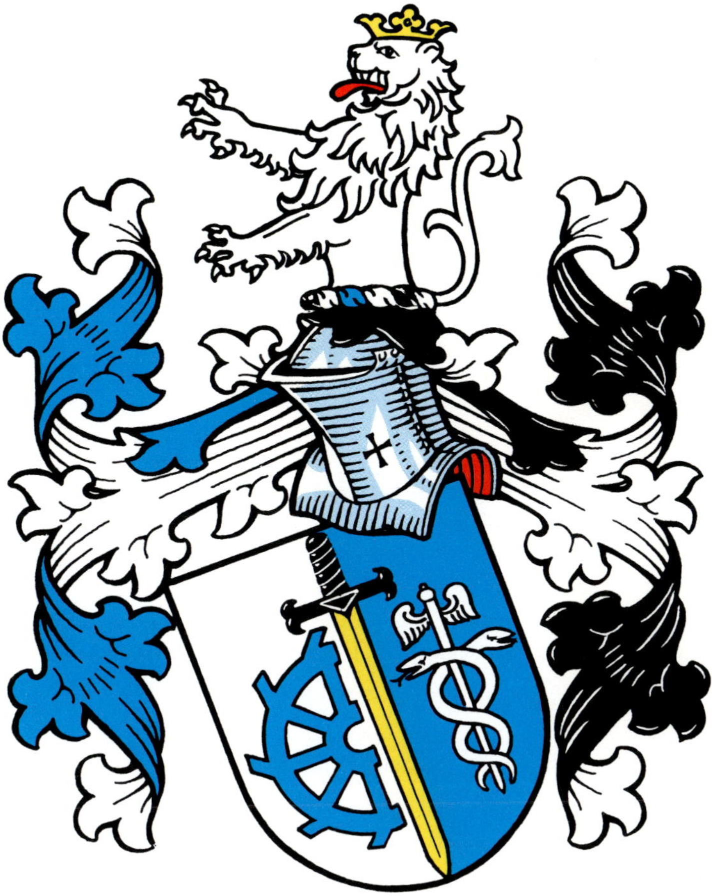

Fröhlich

aus Aschbach-Gersweiler, Krs. Saarbrücken

In silbern-blau gespaltenem Schilde auf dem Spalt ein anstoßendes schwarzgegrifftes goldenes Schwert, der Griff oben, begleitet rechts von einem blauen halben Wassermühlrad und links von einem silbernen Merkurstab.
Auf dem schwarz-silbern-blau-silbern bewulsteten Helm mit rechts blau-silbernen und links schwarz-silbernen Decken ein wachsender goldengekrönter, rotgezungter silberner Löwe mit Schwanz.

Neu angenommen am 16. April 1977 von Werner Georg Fröhlich, Kaufmann, * Altenkessel 3. 7. 1930, für sich und seine ehelichen Nachkommen im Mannesstamm.

Entwurf: Deutsches Wappenmuseum, Berchtesgaden.

Eingereicht von PRO HERALDICA®, Stuttgart.

Eingetragen unter Nr. 85052.

GEISELER

Christian Friedrich	in Landsberg seit 1701 † Landsberg 1734	medicus practicus
Christian Friedrich	† Landsberg 1771	Braueigner
Christian Friedrich	* Landsberg 5. 10. 1736 † Landsberg 1807	Senator
Georg Friedrich	* Landsberg 12. 1. 1765 † Königsberg/Neumark 25. 7. 1819	Apotheker
Friedrich Heinrich Theodor, Dr. phil. und Dr. phil. hc.	* Königsberg 9. 9. 1799 † Königsberg 3. 7. 1885	Apotheker, Mitglied der Stadtverordnetenversammlung und des Magistrats von Königsberg/Neumark und des Provinziallandtages
Alexander Theodor	* Königsberg 7. 2. 1832 † Straßburg 2. 10. 1910	Geh. Oberregierungsrat, Direktor der Steuerverwaltung von Elsaß-Lothringen
Ernst Walter Theodor, Dr. jur.	* Metz 11. 4. 1875 † Joeuf/Lothringen 21. 8. 1918	Regierungsrat
⚭ mit: Hilda Maria Valkonen	* Viipuri/Finnland 29. 11. 1884 † Neckarelz 5. 3. 1970	
deren Kinder: Irja Editha Monse	* Berlin 16. 3. 1915	Lehrerin
Ursula Ottilie, Dr. phil.	* Bonn 29. 11. 1916	Studiendirektorin
Nils-Gernot Walter	* Ban Saint Martin/Lothringen 29. 6. 1918 † Löwenstein 8. 6. 1984	Diplomvolkswirt

ARCHIV: DEUTSCHES MUSEUM FÜR FAMILIENWAPPEN, STUTTGART.

Geiseler

aus Landsberg/Warthe

In Blau über einem auf zwei gekreuzten silbernen Knochen ruhenden silbernen Totenschädel ein von einer silbernen Schlange umwundenes goldenes Tatzenhochkreuz, begleitet in den Oberecken von einer goldenen Sonne rechts und einem silbernen zunehmenden Mond links sowie von zwei aus silbernem Gewölk aus den seitlichen Schildrändern hervorkommenden, je einen silbernen Leuchter mit goldenbrennender silberner Kerze haltenden goldenen Armen.
Auf dem Helm mit blau-goldenen Decken drei (1,2) silberne Sterne zwischen einem blauen Flug.

Auf Antrag von Dr. phil. Ursula Ottilie Geiseler, Studiendirektorin, * Bonn 29. 11. 1916, für sich und ihre ehelichen Nachkommen im Mannesstamm sowie zugunsten der übrigen ehelichen Nachkommen im Mannesstamm ihres Urgroßvaters Friedrich Heinrich Theodor Geiseler eingetragen.

Richtiggestellt von PRO HERALDICA®, unter Leitung von Dr. Ottfried Neubecker und Barbara Potzka.

Eingereicht von PRO HERALDICA®, Stuttgart.

Eingetragen unter Nr. 85197.

KEYSER / KAISER, GEN. HAGEN / HAGEN

Goswin	Suddinker um 1675	Bauer
Christian	* Suddinker 14. 10. 1700 † Suddinker 21. 9. 1775	Bauer
Johann Christian	* Suddinker 20. 1. 1721 † Suddinker 13. 2. 1803	Bauer
Johannes Eberhard	* Suddinker 7. 1. 1740 † Niederbergstraße 6. 1. 1805	Bauer
	⚭ 1764 Anna Theresia Hagen * Niederbergstraße 12. 3. 1740 † Niederbergstraße 19. 1. 1810	Hoferbin

KAYSER GEN. HAGEN

Kaspar Melchior Balthasar	* Niederbergstraße 23. 2. 1782 † Niederbergstraße 31. 3. 1844	Bauer
Franz Heinrich	* Niederbergstraße 9. 4. 1819 † Niederbergstraße 12. 4. 1883	Bauer
Heinrich	* Niederbergstraße 15. 5. 1870 † Westönnen, Kr. Soest 9. 1. 1955	Bauer
Franz	* Westönnen 2. 9. 1898 † Westönnen 23. 1. 1979	Bauer
Egbert Franz Wilhelm	* Hamm/Westfalen 30. 6. 1947	Zahnarzt
⚭ mit: Marita Kramberg	* Hagen 9. 2. 1950	Apothekerin

Namensänderung laut Urkunde des Regierungspräsidenten in Arnsberg vom 8. 2. 1974: Kaiser gen. Hagen = Hagen.

ARCHIV: DEUTSCHES MUSEUM FÜR FAMILIENWAPPEN, STUTTGART.

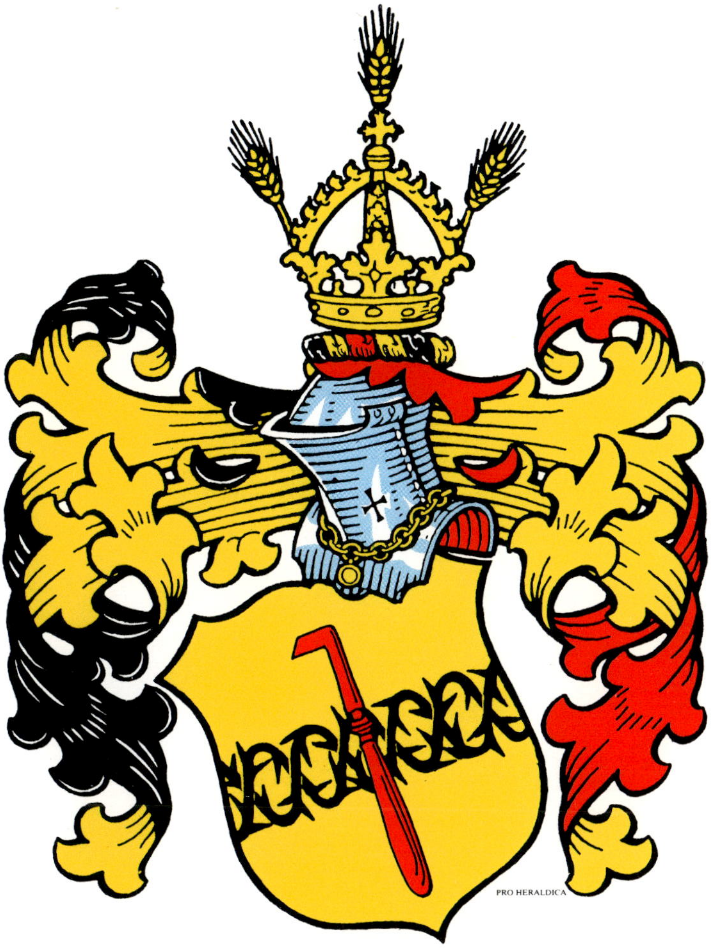

Hagen

aus Suddinker, Krs. Hamm

In Gold an der Balkenstelle zwei ineinander verschlungene schwarze Dornenranken, pfahlweise überdeckt von einem roten Zahnhaken.

Auf dem schwarz-golden-rot-golden bewulsteten Helm mit rechts schwarz-goldenen und links rot-goldenen Decken eine goldene mittelalterliche Kaiserkrone, besteckt mit drei goldenen Ährenfruchtständen.

Neu angenommen am 23. September 1983 von Egbert Franz Wilhelm Hagen, Zahnarzt, * Hamm/Westfalen 30. 6. 1947, für sich und seine ehelichen Nachkommen im Mannesstamm.

Entwurf: PRO HERALDICA®, Dr. Ottfried Neubecker
in Verbindung mit Barbara Potzka.

Eingereicht von PRO HERALDICA®, Stuttgart.

Eingetragen unter Nr. 84193.

HALBACH

Peter »Vormann« auf der Halbach	* um 1540 † 1612	Schöffe 1584 – 1603
Martin	* 1580 † 1654	Schöffe 1612 – 1617
Matthias gen. Theiss	* 1600 † 1674	Schöffe 1658
Johannes	* 1627 † 1712	
Peter	* 1658 † 1733	
Johannes	* 1699 † 1785	
Johannes	* 1737 † 1812	
Johann Arnold Eduard	* 1781 † 1844	
Johann Arnold Eduard	* Eisernstein 18. 3. 1817 † Vosholz 14. 6. 1867	Ackerer, Bäcker
Otto	* Vosholz 7. 10. 1855 † Elberfeld 26. 2. 1910	Kaufmann, Fabrikant
Otto Walter	* Elberfeld 4. 5. 1883 † Remscheid-Lüttringhausen 3. 1. 1950	Kaufmann, Fabrikant
Wolfgang Adolf	* Elberfeld 13. 4. 1921 † Wuppertal 30. 5. 1985	Direktor
⚭ mit: Hildegard Gabler	* Elberfeld 29. 5. 1922	Heilpädagogin
deren Kinder: Wulf Ute Klaus	 * Hückeswagen 14. 8. 1944 * Wuppertal-Elberfeld 20. 9. 1945 * Wuppertal-Elberfeld 28. 5. 1947	 Rechtsanwalt Diplom-Ingenieur Pharma-Referent

ARCHIV: DEUTSCHES MUSEUM FÜR FAMILIENWAPPEN, STUTTGART.

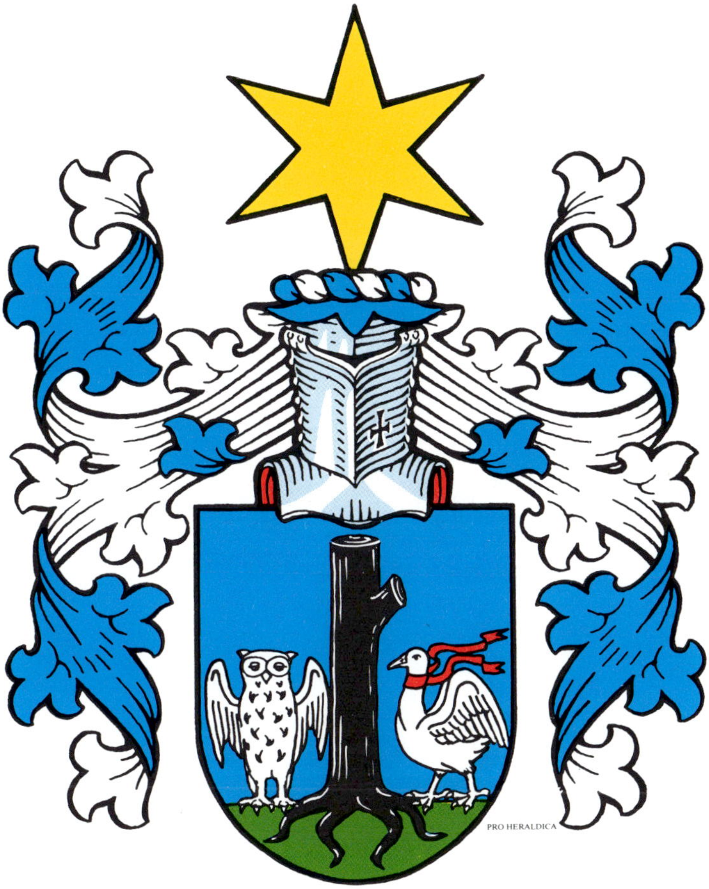

Halbach

aus Eisernstein, Krs. Lennep

Ältester bekannter Vorfahr im Mannesstamm: Peter »Vormann« auf der Halbach, genannt seit 1575, 1584–1603 als Schöffe, * um 1540, † 1612.

In Blau auf grünem Boden ein schwarzer Baumstumpf, begleitet rechts von einer hersehenden silbernen Eule, links von einer silbernen Gans mit einer roten Bandschleife um den Hals. Auf dem blau-silbern bewulsteten Helm mit blau-silbernen Decken ein goldener Stern.

Eingetragen auf Antrag von Wolfgang Adolf Halbach, Direktor, * Elberfeld 13. 4. 1921, für sich und seine ehelichen Nachkommen im Mannesstamm sowie zugunsten der übrigen ehelichen Nachkommen im Mannesstamm seines obengenannten neunfachen Urgroßvaters Peter »Vormann« auf der Halbach.

Ergänzt von PRO HERALDICA®, unter Leitung von Dr. Ottfried Neubecker und Barbara Potzka.

Eingereicht von PRO HERALDICA®, Stuttgart.

Eingetragen unter Nr. 85136.

HECKMANN

Curt	* um 1620 † Reichensachsen 14. 6. 1664	
Michael	* Reichensachsen 16. 2. 1651 † Reichensachsen 28. 7. 1707	
Joh. George	* Reichensachsen 20. 8. 1691 † Reichensachsen 20. 10. 1753	
Joh. Jacob Friedrich Christoph	* Eschwege 3. 5. 1737 † Eschwege 19. 1. 1814	Kupferschmiedemeister
Joh. Friedrich	* Eschwege 4. 9. 1768 † Eschwege 10. 1. 1840	Kupferschmiedemeister
Joh. George	* Eschwege 27. 11. 1813 † Eschwege 5. 4. 1883	Kupferschmiedemeister
Joh. Friedrich	* Eschwege 31. 8. 1861	Gymnasialoberlehrer
Ernst	* Kassel 21. 9. 1896 † Hildesheim 7. 5. 1957	Oberingenieur
Gisela Münch, geb. Heckmann	* München 8. 3. 1931	Med. techn. Assistentin
deren Töchter:		
Sabine	* Göttingen 6. 8. 1957	Studentin
Bettina	* Kassel 20. 1. 1962	Studentin

ARCHIV: DEUTSCHES MUSEUM FÜR FAMILIENWAPPEN, STUTTGART.

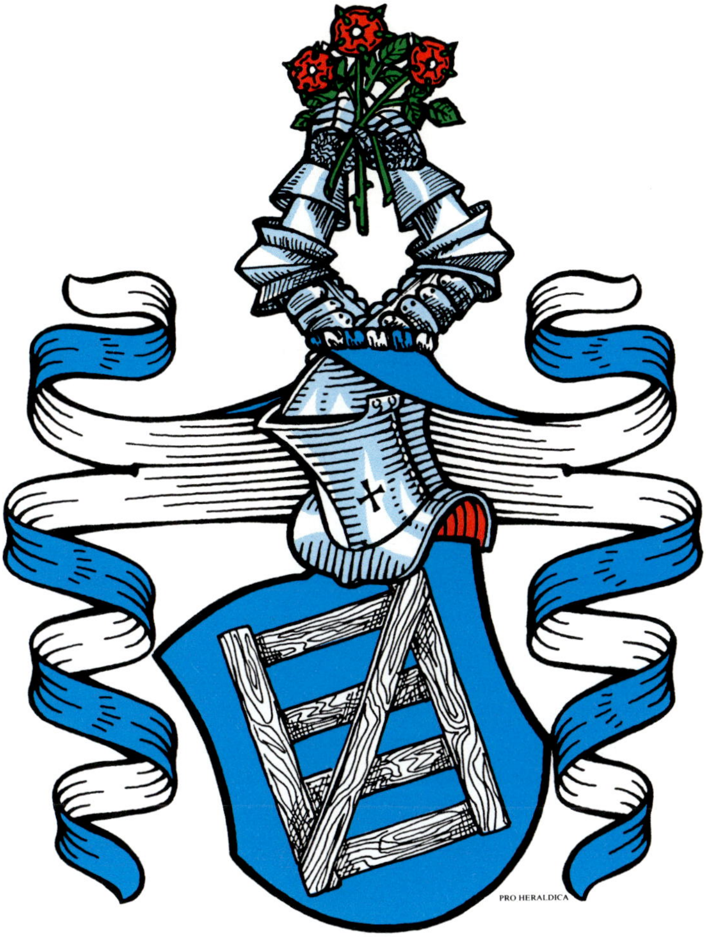

Heckmann

aus Reichensachsen, Gem. Wehretal, Werra-Meißner-Kreis

In Blau eine silberne Heckentüre.
Auf dem blau-silbern bewulsteten Helm mit blau-silbernen Decken zwei geharnischte Arme, drei grüngestielte und -beblätterte silbernbesamte rote Rosen emporhaltend.

Eingetragen auf Antrag von Gisela Münch, geb. Heckmann, Medizinisch technische Assistentin, * München 8. 3. 1931, für sich sowie zugunsten der übrigen ehelichen Nachkommen im Mannesstamm ihres obengenannten sechsfachen Urgroßvaters Curt Heckmann.

Eingereicht von PRO HERALDICA®, Stuttgart.

Eingetragen unter Nr. 85119.

HEIDELMEIER

Michael	* um 1750	Bauer
Bernhard	* Wernarz 13. 1. 1774	Zinngießer
Konrad Josef	* Wernarz 18. 3. 1803	Spengler
Johann Maurus	* Wernarz 16. 1. 1838	Spenglermeister
Konrad	* Bad Brückenau 27. 2. 1873	Spenglermeister
Hans	* Bad Brückenau 9. 11. 1907	Spenglermeister
Karl	* Bad Brückenau 18. 12. 1926	Kaufmann
⚭ mit:		
Elke Rensch	* 14. 5. 1940	
deren Kinder:		
Hans-Jörg	* Fulda 13. 6. 1961	
Astrid	* Fulda 23. 1. 1963	

ARCHIV: DEUTSCHES MUSEUM FÜR FAMILIENWAPPEN, STUTTGART.

Heidelmeier

aus Wernarz, heute Bad Brückenau-Wernarz

In golden-blau schräglinksgeteiltem Schilde oben fünf anstoßende aneinanderstoßende blaue Rauten, unten auf silbernem Wasser schwimmend eine rotbewehrte silberne Ente.
Auf dem Helm mit blau-goldenen Decken ein wachsender blaugekleideter Mann in vielfach goldengeschlitzter Tracht mit goldenem Kragen und goldenaufgeschlagenem blauen Spitzhut, in der Rechten ein grünes Heidelbeerreis haltend, die Linke in die Seite gestützt.

Auf Antrag von Karl Heidelmeier, Kaufmann, * Bad Brückenau 18. 12. 1926, für sich und seine ehelichen Nachkommen im Mannesstamm sowie zugunsten der übrigen ehelichen Nachkommen im Mannesstamm seines vierfachen Urgroßvaters Michael Heidelmeier eingetragen.

Richtiggestellt von PRO HERALDICA®, unter Leitung von Dr. Ottfried Neubecker und Barbara Potzka.

Eingereicht von PRO HERALDICA®, Stuttgart.

Eingetragen unter Nr. 85267.

HEINZERLING

Curt Henrich	* Wichte um 1670/1675 † Wichte um 1728/1730	Ackermann, Gerichtsschöffe, Kirchenältester
Johann Wilhelm	* Wichte 26. 10. 1705 † Wichte 21. 1. 1753	Ackermann, Grebe, Gerichtsschöffe
Johannes I	* Wichte 5. 2. 1746 † Wichte 10. 1. 1809	Ackermann, Grebe, Kirchenältester
Johannes II	* Wichte 10. 9. 1776 † Wichte 15. 10. 1831	Ackermann
Johann Georg	* Wichte 17. 2. 1815 † Wichte 14. 4. 1892	Ackermann
Johann Michael	* Wichte 13. 10. 1842 † Altmorschen 23. 11. 1917	Ackermann
Johann Heinrich	* Altmorschen 16. 4. 1867 † Altmorschen 13. 7. 1942	Straßenarbeiter
Johann Christian	* Altmorschen 6. 5. 1903 † Altmorschen 25. 2. 1963	Arbeiter
Heinrich Martin Christoph	* Altmorschen 2. 12. 1934	Maschinenbauingenieur, Schiedsmann, Mitglied des Gemeindevorstands
⚭ mit: Anneliese Gertrud Elisabeth Bolte	* Köln 27. 2. 1938	Kaufmännische Angestellte
deren Kinder: Christine Waltraud	* Kassel 22. 4. 1965	techn. Zeichnerin
Eva Marie Irmgard	* Rothenburg/F. 24. 4. 1970	
Katrin Waltraud	* Rothenburg/F. 6. 7. 1976	

ARCHIV: DEUTSCHES MUSEUM FÜR FAMILIENWAPPEN, STUTTGART.

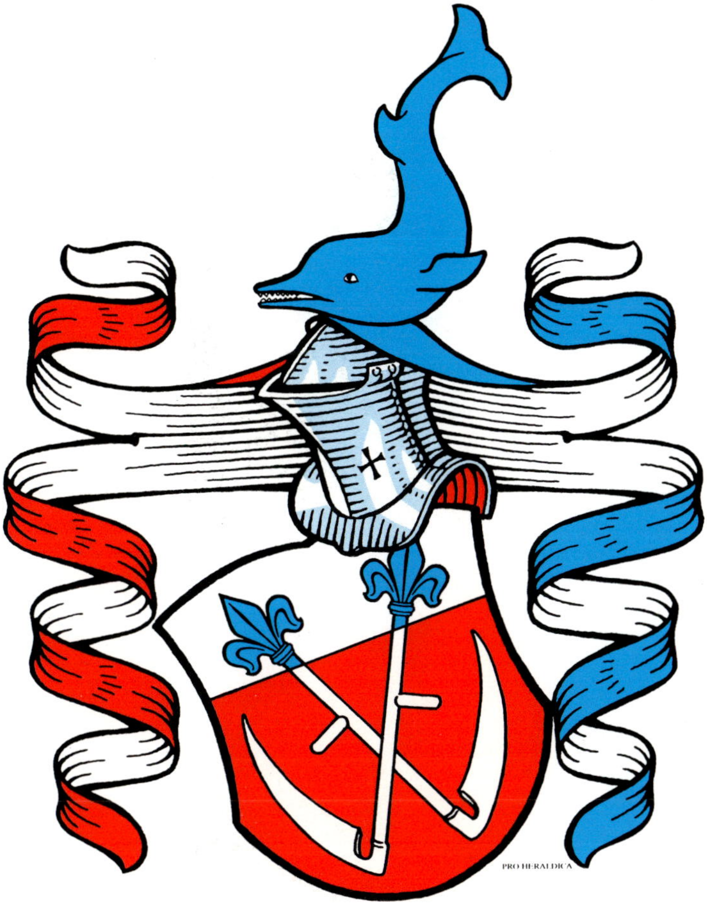

Heinzerling

aus Wichte, heute Morschen in Hessen

In silbern-rot erhöht geteiltem Schilde zwei mit den Stielen gekreuzte Sensen, die Klingen nach unten gerichtet, die Stiele zu Gleven ausgezogen, alle Figuren blau in silbernen und silbern im roten Platz. Auf dem Helm mit rechts rot-silbernen und links blau-silbernen Decken ein den Schwanz nach oben reckender blauer natürlicher Delphin.

Neu angenommen am 28. Juni 1985 von Heinrich Martin Christoph Heinzerling, Maschinenbauingenieur, * Altmorschen, heute Morschen, 2. 12. 1934, für sich und seine ehelichen Nachkommen im Mannesstamm sowie zugunsten der übrigen ehelichen Nachkommen im Mannesstamm seines obengenannten sechsfachen Urgroßvaters Curt Henrich Heinzerling.

Entwurf: PRO HERALDICA®, unter Leitung von
Dr. Ottfried Neubecker und Barbara Potzka.

Eingereicht von PRO HERALDICA®, Stuttgart.

Eingetragen unter Nr. 85419.

HEMEYER

Wilhelm		Eisenbahnschaffner
Heinrich	* Strickherdicke 24. 6. 1874 † Schwerte 22. 6. 1957	Lokführer
Heinrich	* Schwerte 7. 8. 1900 † Wattenscheid 6. 1. 1969	Gastwirt
Karl-Heinz, Dr.	* Schwerte 1. 6. 1935	Dipl.-Kfm.
⚭ mit: Ursula Schneider	* Rastatt 11. 12. 1938	Hausfrau
deren Söhne: Andreas Martin	 * Köln 6. 7. 1962 * Köln 1. 7. 1964	 Student Lehrling

ARCHIV: DEUTSCHES MUSEUM FÜR FAMILIENWAPPEN, STUTTGART.

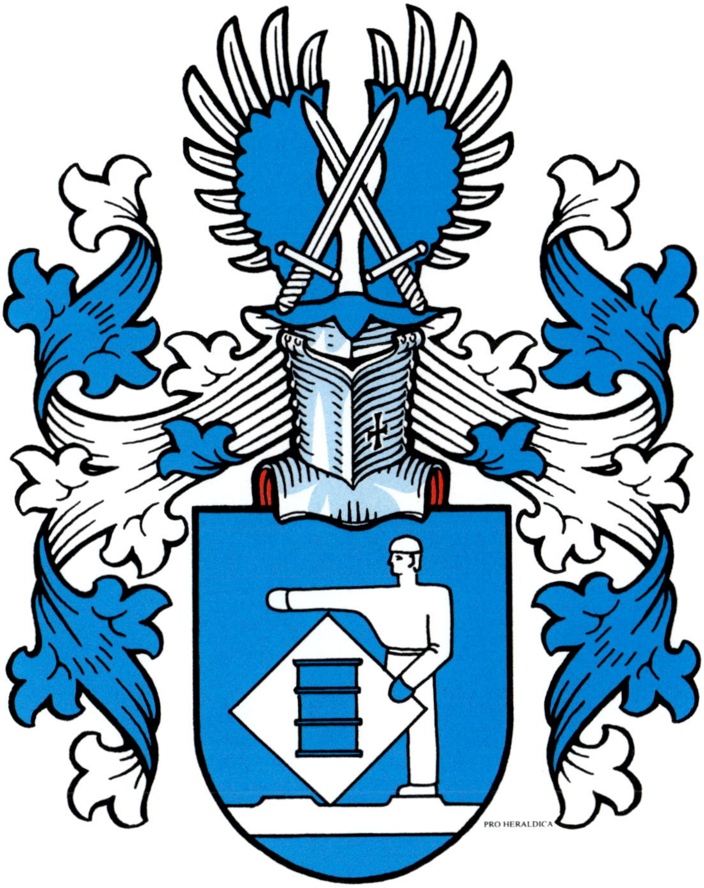

Hemeyer

aus Strickherdicke, heute Fröndenberg, Krs. Unna

In Blau auf einer zweimal flachgezinnten silbernen Balkenleiste stehend eine stilisierte silberne Arbeitergestalt, die Rechte balkenweise ausgestreckt, mit der blaubehandschuhten Linken eine mit einem blauen Stahlfaß bezeichnete quadratische silberne Raute haltend.
Auf dem Helm mit blau-silbernen Decken ein blauer Flug mit silbernen Schwungfedern, davor zwei gekreuzte silberne Schwerter.

Neu angenommen am 10. Mai 1985 von Diplom-Kaufmann Karl-Heinz Hemeyer, Fabrikant, * Schwerte 1. 6. 1935, für sich und seine ehelichen Nachkommen im Mannesstamm.

Entwurf: PRO HERALDICA®, unter Leitung von Dr. Ottfried Neubecker und Barbara Potzka.

Eingereicht von PRO HERALDICA®, Stuttgart.

Eingetragen unter Nr. 85294.

HENSEL

Carl	* Groß-Strengeln/Ostpr. um 1850	Tischler
Bernhard Eduard	* Groß-Strengeln 26. 12. 1883	Zimmerer, Tischler
Kurt Franz	* Windberge/Ostpr. 29. 1. 1914 † Hannover 18. 5. 1972	Bauunternehmer
Rita	* Hannover 18. 10. 1956	Kauffrau

ARCHIV: DEUTSCHES MUSEUM FÜR FAMILIENWAPPEN, STUTTGART.

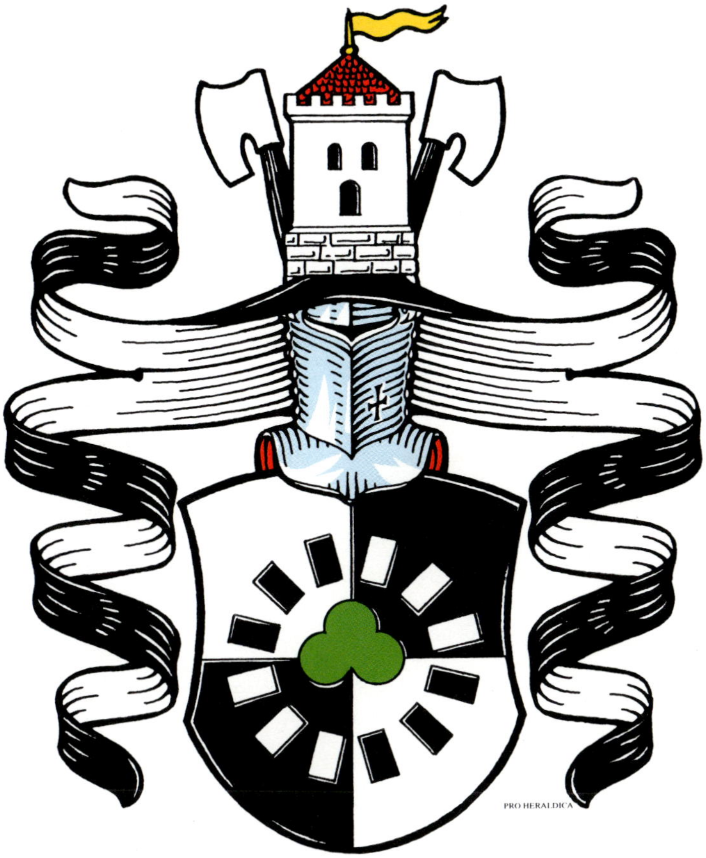

Hensel

aus Groß-Strengeln, Krs. Angerburg/Ostpreußen

In silbern-schwarz geviertem Schild zwölf kreisweise radial gelegte Schindeln in verwechselten Farben, ein grünes Kleeblatt an der Herzstelle einschließend.
Auf dem Helm mit schwarz-silbernen Decken zwischen zwei schwarzgegrifften silbernen Zimmermannsbeilen ein silberner Zinnenturm mit drei (2,1) schwarzen Fenstern, rotem Dach und goldener Wetterfahne.

Neu angenommen am 17. Juli 1981 von Rita Hensel, Kauffrau, * Hannover 18. 10. 1956, für sich und zugunsten der übrigen ehelichen Nachkommen ihres obengenannten Urgroßvaters Carl Hensel sowie des von ihr näher zu bezeichnenden weiteren Personenkreises.

Entwurf: PRO HERALDICA®, unter Leitung von
Dr. Ottfried Neubecker und Barbara Potzka.

Eingereicht von PRO HERALDICA®, Stuttgart.

Eingetragen unter Nr. 85442.

HERPEL

Ludwig	* Erda um 1600	
Johannes	* um 1630	
Nicolaus	* Altenstädten um 1660 † Niederlemp 26. 10. 1720	Kuhhirt
Johann Peter	~ 1697 † Katzenfurt 8. 8. 1747	
Johann Simon	~ 18. 1. 1740 † Breitenbach 4. 12. 1800	Schäfer
Johann Jakob	~ 1773 † Breitenbach 24. 3. 1846	Schäfer
Heinrich Peter	* Breitenbach 5. 10. 1792 † Breitenbach 26. 11. 1841	Landwirt, Köhler
Heinrich	* Breitenbach 20. 4. 1839 † Breitenbach 31. 12. 1891	Landwirt
Karl	* Breitenbach 29. 12. 1873 † 29. 12. 1921	
Paul	* Breitenbach 18. 12. 1917	Fleischer
Bernd	* Leihgestern 18. 3. 1948	Metzgermeister
⚭ mit: Karin Häuser	* Watzenborn-Steinberg 9. 3. 1950	Verkäuferin
deren Kinder: Nicole Mirelle	 * Gießen 20. 7. 1972 * Gießen 8. 5. 1974	

ARCHIV: DEUTSCHES MUSEUM FÜR FAMILIENWAPPEN, STUTTGART.

Herpel

aus Erda, heute Hohenahr

In silbern-schwarz geteiltem Schilde zwei gekreuzte Schäferstäbe ohne Schippchen, überdeckt von einem gestürzten Rechen, die Figuren rot im silbernen und silbern im schwarzen Platz.
Auf dem schwarz-silbern bewulsteten Helm mit schwarz-silbernen Decken ein wachsendes silbernes Lamm, mit dem rechten Bein eine mit einem roten schwebenden Hochkreuz bezeichnete silberne dreilätzige Kirchenfahne an schwarzer Kreuzstange schulternd.

Neu angenommen am 15. März 1985 von Bernd Herpel, Metzgermeister, * Leihgestern 18. 3. 1948, für sich und seine ehelichen Nachkommen im Mannesstamm sowie zugunsten der übrigen ehelichen Nachkommen im Mannesstamm seines achtfachen Urgroßvaters Ludwig Herpel.

Entwurf: PRO HERALDICA®, unter Leitung von
Dr. Ottfried Neubecker und Barbara Potzka.

Eingereicht von PRO HERALDICA®, Stuttgart.

Eingetragen unter Nr. 85113.

HERRSCHLEIN

Valentin	* Schönbühl 16. 12. 1709	
Johann Kaspar	* Schönbühl 3. 8. 1744 † Schönbühl 30. 4. 1813	
Kaspar	* Schönbühl 1. 11. 1782 † Schönbühl 7. 11. 1853	Landwirt
Johann Michael	* Schönbühl, Stadt Bad Mergentheim 17. 6. 1818 † Schönbühl 17. 4. 1879	Landwirt
Franz	* Schönbühl 15. 2. 1874 † Bad Mergentheim 7. 11. 1927	Landwirt
Anton	* Bad Mergentheim 24. 12. 1911	Kfz.-Schlosser
Franz Helmut	* Backnang 17. 7. 1948	Maschinenbautechniker
⚭ mit: Christa Helene Dietrich	* Winnenden 6. 4. 1952	Hausfrau
deren Kinder: Peter Michael Claudia Silke	 * Backnang 12. 3. 1979 * Backnang 8. 6. 1982	

ARCHIV: DEUTSCHES MUSEUM FÜR FAMILIENWAPPEN, STUTTGART.

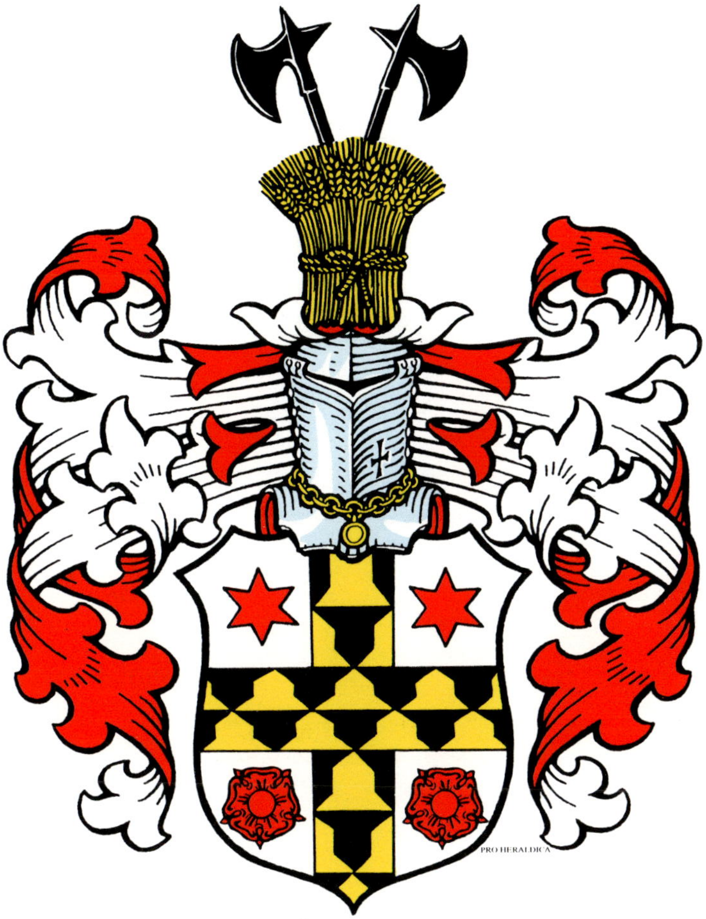

Herrschlein

aus Schönbühl, Stadt Bad Mergentheim

In Silber ein durchgehendes Kreuz aus schwarz-goldenem Eisenhutfeh, begleitet oben von zwei roten Sternen, unten von zwei roten Rosen.
Auf dem Helm mit rot-silbernen Decken fächerweise zwei schwarze Hellebarden, die Schäfte überdeckt von einer goldenen Garbe.

Neu angenommen am 18. Mai 1984 von Franz Helmut Herrschlein, Maschinenbautechniker, * Backnang 17. 7. 1948, für sich und seine ehelichen Nachkommen im Mannesstamm sowie zugunsten der übrigen ehelichen Nachkommen im Mannesstamm seines obengenannten vierfachen Urgroßvaters Valentin Herrschlein.

Entwurf: PRO HERALDICA®, Dr. Ottfried Neubecker
in Verbindung mit Barbara Potzka.

Eingereicht von PRO HERALDICA®, Stuttgart.

Eingetragen unter Nr. 84289.

HERZBERG

Andreas	* 1605 † 22. 2. 1686	Dorfmüller in Weissenborn-Lüderode
Joes Christophorus	* Weissenborn 1653 † Weissenborn 19. 2. 1721	Dorfmüller
Joes Adamus	* Weissenborn 2. 9. 1694 † Weissenborn 7. 4. 1751	Landwirt
Hermann Georg	* Weissenborn 2. 9. 1731 † Weissenborn 30. 6. 1789	Landwirt
Johann Heinrich	* Weissenborn 23. 7. 1784 † Lüderode 26. 1. 1852	Landwirt
Johann Ignaz Joseph	* Lüderode 13. 11. 1814 † Lüderode 10. 11. 1860	Landwirt
Johann Christoph Joseph	* Lüderode 19. 12. 1850 † Lüderode 7. 1. 1931	Gastwirt
Johann Christoph Joseph	* Weissenborn-Lüderode 12. 1. 1876 † Duisburg-Huckingen 2. 11. 1965	Betriebsleiter
dessen Söhne: Johann Josef Hermann	* Duisburg 26. 7. 1910	Dipl.-Ing.
⚭ mit: Johanna Henriette Schmall	* Krefeld-Hüls 19. 6. 1920 † Krefeld 1. 6. 1977	Hausfrau
deren Kinder: Theresia Hannelore Johann Herbert Helmut Hermann Josef	 * Krefeld 23. 2. 1942 * Hilkerode 16. 7. 1944 * Krefeld 10. 2. 1948	 Lehrerin Elektroingenieur Dipl.-Ing., Dipl. Wirtschaftsingenieur
Johann Herbert	* Duisburg 23. 2. 1912	Dipl.-Architekt
⚭ I. mit: Sibille Wanke	* Duisburg 9. 11. 1933 † Köln-Lindenthal 11. 2. 1960	Hausfrau
deren Sohn: Ulrich Hermann Josef	* Duisburg 30. 7. 1956	Dipl.-Architekt
⚭ II. mit: Marianne Münning	* 25. 9. 1928	Hausfrau

ARCHIV: DEUTSCHES MUSEUM FÜR FAMILIENWAPPEN, STUTTGART.

Herzberg

aus Weißenborn, Krs. Worbis/Eichsfeld

In Rot ein über ein sechsspeichiges Rad, dessen untere Hälfte als Wassermühlrad ausgestaltet ist, springender Hirsch, alle Figuren silbern.
Auf dem Helm mit rot-silbernen Decken zwei rote Hirschstangen.

Führungsberechtigt sind: Johann Josef Hermann Herzberg, Diplom-Ingenieur, * Duisburg 26. 7. 1910, seine ehelichen Nachkommen im Mannesstamm beiderlei Geschlechts sowie alle übrigen ehelichen Nachkommen im Mannesstamm seines obengenannten Vorfahren Andreas Hertzbergk.

Entwurf: PRO HERALDICA®, unter Leitung von Dr. Ottfried Neubecker und Barbara Potzka.

Eingereicht von PRO HERALDICA®, Stuttgart.

Eingetragen unter Nr. 86368.

HÜSAM

(1518 in Billingshausen erstmals urkundlich nachgewiesen)

Kilian	* Billingshausen um 1555 † Billingshausen nach 1609	Bauer
Georg	* Billingshausen um 1585 † Billingshausen vor 1655	Bauer, Gerichtsschöffe
Michel	* Billingshausen 15. 4. 1617 † im Schloß zu Remlingen 2. 10. 1673	Bauer
Hans	* Billingshausen 17. 12. 1657 † Billingshausen 27. 6. 1724	Bauer mit Dorf- und Feldgericht
Hans	* Billingshausen 15. 6. 1684 † Billingshausen 23. 1. 1741	Bauer mit Dorf- und Feldgericht
Michel	* Billingshausen 17. 12. 1716 † Billingshaussen 16. 5. 1783	Bauer
Johann Georg	* Billingshausen 27. 10. 1759 † Billingshausen 27. 6. 1825	Bauer
Johann Georg	* Billingshausen 15. 7. 1795 † Billingshausen 24. 6. 1878	Bauer
Georg Leonhard	* Billingshausen 9. 5. 1829 † Billingshausen 15. 4. 1890	Bauer
Georg Michael	* Billingshausen 14. 11. 1855 † Billingshausen 8. 11. 1898	Bauer
Richard Johann	* Würzburg 13. 6. 1883 † Billingshausen 2. 7. 1957	Land- und Gastwirt
Richard Andreas, Dr. agr.	* Billingshausen 1. 12. 1907	Landwirtschaftsdirektor i. R.
⚭ mit: Hedi Steigerwald	* Billingshausen 2. 4. 1910	
deren Kinder:		
Helga	* Ansbach 4. 2. 1938	Sozialpädagogin
Gernot	* Würzburg 4. 9. 1941	Sonderschullehrer
Elmar	* Würzburg 27. 9. 1942	Pfarrer

ARCHIV: DEUTSCHES MUSEUM FÜR FAMILIENWAPPEN, STUTTGART.

Hüsam

aus Billingshausen, Lkrs. Main-Spessart

Innerhalb silbernen schmalen Schildrandes in Schwarz auf einem goldengesäumten grünen aufwärtsgebogenen erniedrigten Balken schreitend ein goldenes Lamm.
Auf dem mit einer roten dreizinnigen Mauerkrone bedeckten Helm mit rot-goldenen Decken eine grüngestielte goldenbebutzte silberne Rose zwischen zwei von je einer grünen Weinrebe begleiteten goldenen Ährenfruchtständen.

Auf Antrag von Dr. agr. Richard Andreas Hüsam, Landwirtschafts-Direktor i. R., * Billingshausen 1. 12. 1907, für sich und seine ehelichen Nachkommen im Mannesstamm sowie zugunsten der übrigen ehelichen Nachkommen im Mannesstamm seines Vaters Richard Johann Hüsam, * Würzburg 13. 6. 1883 eingetragen.

Richtiggestellt von PRO HERALDICA®, unter Leitung von Dr. Ottfried Neubecker und Barbara Potzka.

Eingereicht von PRO HERALDICA®, Stuttgart.

Eingetragen unter Nr. 85269.

HULLMANN

Caspar Frenking
gen. Hundelmann

Bernhard	* Buer 1. 7. 1750	
Johann Heinrich	* Buer 1. 4. 1795 † Essen 22. 4. 1865	
Franz Hermann	* Essen 4. 12. 1849 † Essen 11. 8. 1917	Steiger
Joseph	* Essen 12. 7. 1875 † Essen 7. 4. 1941	Obersteiger
Theodor	* Essen 19. 7. 1913	Zahnarzt
⚭ mit: Emma Theresia Wrede	* Gelsenkirchen † Essen 10. 4. 1983	Auslandskorrespondentin
deren Kinder: Ingo	* Nienburg/Weser 23. 8. 1944	Zahnarzt
dessen Söhne: Florian Markus Nikolas	 * Essen * Essen * Essen	
Eva-Maria	* Essen 24. 11. 1948	Lehrerin
deren Kinder: Jessica Daniel Tobias	 * Aachen * Aachen * Aachen	
Armin-Theo	* Essen 9. 11. 1953	Sonderschullehrer für geistig Behinderte, Conrektor
dessen Sohn: Kai Dominik	 * Dortmund	

ARCHIV: DEUTSCHES MUSEUM FÜR FAMILIENWAPPEN, STUTTGART.

Hullmann

aus Buer, heute Gelsenkirchen-Buer

In blau-golden gespaltenem Schilde ein mit fünf Blüten besetzter Ring, eine antike Öllampe einschließend, alles in verwechselten Farben.
Auf dem blau-golden bewulsteten Helm mit blau-goldenen Decken pfahlweise eine gewundene goldene Schlange, eine blaue Blüte am Stiel im Maul haltend.

Neu angenommen am 19. Oktober 1984 von Theodor Hullmann, Zahnarzt, * Essen 19. 7. 1913, für sich und seine ehelichen Nachkommen im Mannesstamm sowie zugunsten der übrigen ehelichen Nachkommen im Mannesstamm seines obengenannten dreifachen Urgroßvaters Caspar Frenking Hullmann.

Entwurf: PRO HERALDICA®, Dr. Ottfried Neubecker
in Verbindung mit Barbara Potzka.

Eingereicht von PRO HERALDICA®, Stuttgart.

Eingetragen unter Nr. 85008.

ISENDAHL

Johann Joachim		Kgl. Accise-Einnehmer
Daniel Friedrich		Steueraufseher
Daniel Friedrich Wilhelm	* 1804	Sattlermeister
Albert Wilhelm Theodor	* Burgstall 21. 2. 1830 † Neiße 12. 7. 1894	Geheimer Rechnungsrat
Albert Theodor Otto	* Breslau 9. 7. 1866 † Berlin 21. 10. 1926	Reichsbahnoberkassen-Inspektor
Werner Theodor Karl Otto	* Berlin-Charlottenburg 8. 2. 1920 † 4. 11. 1982	Postdirektor
⚭ mit: Maria Clara Heinz	* Rüdesheim 1. 2. 1926	Kindergärtnerin
deren Tochter: Karin Beate Maria	* Hamburg-Harburg 20. 2. 1967	

ARCHIV: DEUTSCHES MUSEUM FÜR FAMILIENWAPPEN, STUTTGART.

Isendahl

aus Burgstall, Reg.-Bez. Magdeburg

In Gold zwischen zwei mit je einer goldenen Traube belegten blauen Spitzen ein blaues gesenktes Schwert.
Auf dem Helm mit blau-goldenen Decken ein blauer Sattel mit goldenem Riemen und goldenem Steigbügel auf einem goldenen Stein.

Neu angenommen am 24. September 1982 von Werner Theodor Karl Otto Isendahl, Postdirektor, * Berlin-Charlottenburg 8. 2. 1920, † 4. 11. 1982, für sich und seine ehelichen Nachkommen im Mannesstamm sowie zugunsten der übrigen ehelichen Nachkommen im Mannesstamm seines obengenannten dreifachen Urgroßvaters Johann Joachim Isendahl.

Entwurf: PRO HERALDICA®, Dr. Ottfried Neubecker
in Verbindung mit Barbara Potzka.

Eingereicht von PRO HERALDICA®, Stuttgart.

Eingetragen unter Nr. 85115.

KETTENISS und VON KETTENIS

Adelige Linie		
Poleyn	† Aachen 1420	Junker
Simon Poleyn	* 1419 † Aachen 1464	Junker
Bürgerliche Linie		
Clais, gen. der Alte	† Aachen 1444	Stadtrat, Erbrat
Statz		Ratsherr
Clais		Greve, Ratsverwandter zu Aachen
Balduin, gen. Baltasar	* Aachen um 1500	Zunftsgerechtigkeit zu Aachen
Peter	* Aachen 1530	1580 Ratsherr
Simon, der Ältere	* Aachen um 1555	Patrizier
Jorihs	* Aachen um 1580	
Gigorius (Georgius, Georg)	* Aachen 18. 2. 1607	Baumeister des Rats zu Aachen
Simon, der Jüngere	* Aachen um 1635	Baumeister und städt. Weinröder zu Aachen
Balthasar	* Aachen 1667 † Aachen	Werkmeister
Lambert	* Aachen um 1715 † Aachen	
Peter	* Aachen 1752 † Nieder-Forstbach 16. 2. 1816	Mäurer
Heinrich Josef	* 1787 † Aachen-Eilendorf 7. 10. 1835	Tagelöhner
Christian Josef	* Aachen-Eilendorf 25. 3. 1822 † Aachen-Brand	Hüttenarbeiter, Bergmann
Arnold	* Freund, Krs. Aachen 9. 9. 1856 † Aachen-Brand	Hilfsbahnwärter, Bahnbeamter
Johann	* Nirm, Krs. Aachen 17. 3. 1888 † Oldenburg 8. 5. 1964	Malermeister
Bernard Hubertus	* Brunssum/Niederlande 6. 9. 1927	Bankkaufmann, Abt. Direktor
⚭ mit: Ernestine Maria Anna	* Garbeck 29. 11. 1929	Bilanzbuchhalterin, Abt. Leit. EDV
deren Töchter: Ellen Gertrud Gabriele Anny	 * Düsseldorf 12. 9. 1951 * Düsseldorf 6. 11. 1953	 Kunsterzieherin Ethnologin

ARCHIV: DEUTSCHES MUSEUM FÜR FAMILIENWAPPEN, STUTTGART.

Ketteniss

aus Aachen

In golden-rot gespaltenem Schilde am Spalt rechts ein halber schwarzer Stierkopf, links ein goldener Flügel.
Auf dem rot-golden bewulsteten Helm mit rot-goldenen Decken vor einem goldenen Flug ein rotgezungter schwarzer Stierkopf.

Neu angenommen am 17. Mai 1985 von Bernard Hubertus Ketteniss, Bankkaufmann, * Brunssum/Niederlande 6. 9. 1927, für sich und seine ehelichen Nachkommen im Mannesstamm sowie zugunsten der übrigen ehelichen Nachkommen im Mannesstamm seines ältesten bekannten Vorfahren.

Entwurf: PRO HERALDICA®, unter Leitung von
Dr. Ottfried Neubecker und Barbara Potzka.

Eingereicht von PRO HERALDICA®, Stuttgart.

Eingetragen unter Nr. 85238.

KLANN

Lorenz	* Schwellin, Krs. Bublitz/Pommern 1759	Bauer
Christian	* Belschwitz, Krs. Roenberg/ Westpreußen 21. 9. 1781	Landwirt
Johann	* Sadolesch, Distr. Warschau/ vorm. Preußen, seit 1807 Herzogtum Warschau, 1810	Landwirt
Christian	* Sadolesch, Distr. Warschau/ Kongreßpolen 11. 12. 1838	Landwirt
Jakob	* Dziala, Krs. Radzyn/ Kongreßpolen 25. 7. 1864	Landwirt
Adolf	* Kulczyn, Krs. Cholm/ Kongreßpolen 25. 8. 1895	Landwirt
Hermann Siegfried	* Klein-Schirrau, Krs. Wehlau/ Ostpreußen 8. 9. 1919	Fabrikant
⚭ mit:		
Christine Löbel	* Tyssa, Krs. Tetschen/ Sudetenland 8. 7. 1922	Buchhalterin
deren Kinder:		
Winfried	* Bodenbach, Krs. Tetschen Sudetenland 15. 3. 1945	Diplom-Kaufmann
dessen Kinder:		
Karin	* Landshut 5. 1. 1970	
Hermann	* Landshut 13. 10. 1976	
Sigrid	* Landshut 8. 8. 1978	
Frauke	* Landshut 16. 4. 1985	
Hermann, Dr. med.	* Moosburg/Oberbayern 3. 6. 1945	Arzt
⚭ mit:		
Barbara Margarete Loock	* Landshut 4. 7. 1950	
deren Kinder:		
Leopold Dietrich	* München 13. 4. 1983	
Karoline Margarete	* München 13. 4. 1983	
Diethard Volker, Dr. jur.	* Landshut/Nd. Bayern 24. 3. 1958	

ARCHIV: DEUTSCHES MUSEUM FÜR FAMILIENWAPPEN, STUTTGART.

Klann

aus Pommesanien, Westpreußen, Preußen, Kongreßpolen, Ostpreußen

In Gold eine erniedrigte eingebogene rote Spitze, belegt mit zwei grünbespitzten und rotbebutzten goldenen Rosen, an der Herzstelle überdeckt von einem schwarzen Tatzenkreuz.
Auf dem Helm mit rechts rot-goldenen und links schwarz-goldenen Decken zwei Büffelhörner, das rechte rot, das linke schwarz.

Neu angenommen im Jahre 1946 von Hermann Siegfried Klann, Fabrikant, * Klein-Schirrau 8. 9. 1919, für sich und seine ehelichen Nachkommen im Mannesstamm.

Entwurf: † Joh. Jos. Kenfenheuer, Bergisch Gladbach.

Eingereicht von PRO HERALDICA®, Stuttgart.

Eingetragen unter Nr. 84448.

KLASSERT

Classett

Nicolaus	* vermutl. im Fürstbistum Lüttich um 1620	Villicus des ehrwürdigen Kapitels St. Petri zu Mainz in Großkrotzenburg
Wilhelm	* in der Gegend um Lüttich 1644 † 2. 4. 1699	Verwalter des St. Peterstiftes
Nicolaus	* 20. 1. 1685	
Johann Wilhelm	* Großkrotzenburg bei Hanau 29. 5. 1715 † Großkrotzenburg 29. 1. 1773	Hirte
Jodokus	* Großkrotzenburg 17. 5. 1753 † Großkrotzenburg 18. 7. 1820	Landwirt
Johann Heinrich	* Großkrotzenburg 19. 2. 1802 † Großkrotzenburg 5. 12. 1864	Landwirt
Josef	* Großkrotzenburg 22. 3. 1827 † Großkrotzenburg 3. 7. 1873	Pflasterer
Heinrich Ludwig	* Großkrotzenburg 25. 12. 1865 † Großkrotzenburg 9. 5. 1952	Schuhmachermeister
Ernst	* Großkrotzenburg 2. 5. 1890 † Großkrotzenburg 3. 11. 1974	Feingürtler
Erwin Friedrich	* Großkrotzenburg 6. 10. 1924	Steuerbevollmächtigter
⚭ mit: Angelora Reisert	* Kahl a. M. 18. 3. 1930	
deren Kinder: Roland Karl	* Großkrotzenburg 18. 3. 1958	Diplom-Kaufmann
Bettina Rosalinde	* Wasserlos 9. 7. 1963	Optikerin

ARCHIV: DEUTSCHES MUSEUM FÜR FAMILIENWAPPEN, STUTTGART.

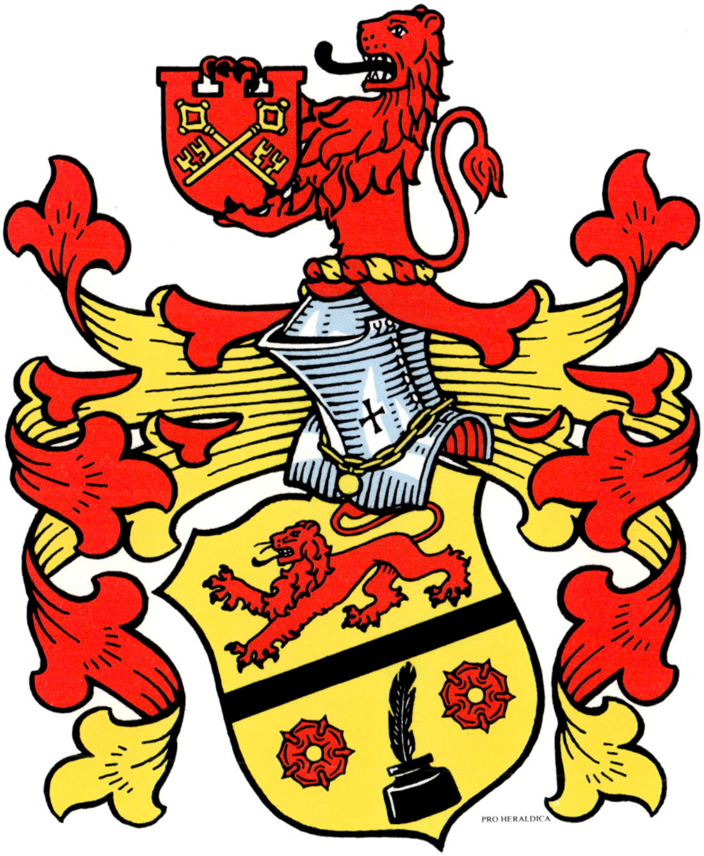

Klassert

aus dem Fürstbistum Lüttich

Ältester bekannter Vorfahr im Mannesstamm: Nicolaus Classett, Villicus des ehrwürdigen Kapitels St. Petri zu Mainz in Großkrotzenburg, * vermutlich im Fürstbistum Lüttich um 1620 (vgl. ADW III, S. 549), siebenfacher Urgroßvater des Antragstellers.

In Gold eine schwarze Balkenleiste, begleitet oben von einem schwarzbewehrten roten Löwen, unten ein von zwei goldenbebutzten roten Rosen begleitetes schwarzes Tintenfaß mit eingetauchtem Federkiel.
Auf dem rot-golden bewulsteten Helm mit rot-goldenen Decken ein wachsender schwarzbewehrter roter Löwe mit Schwanz, in den Pranken einen roten, oben gezinnten Schild, darin zwei goldene gekreuzte Schlüssel, die Bärte unten und abgewendet haltend.

Neu angenommen am 12. Juli 1985 von Erwin Friedrich Klassert, Steuerbevollmächtigter, * Großkrotzenburg bei Hanau 6. 10. 1924, für sich und seine ehelichen Nachkommen im Mannesstamm.

Entwurf: PRO HERALDICA®, unter Leitung von
Dr. Ottfried Neubecker und Barbara Potzka.

Eingereicht von PRO HERALDICA®, Stuttgart.

Eingetragen unter Nr. 85443.

KOBOLD

VÄTERLICHE STAMMREIHE

Georg	* um 1725	
Christian	* Reußen um 1750 † Reußen 25. 1. 1781	Hutmann
Johann Christoph	* Reißen (Reußen) 22. 7. 1776	Hutmann
Friedrich Wilhelm	* Langensalza 24. 4. 1799 † Langensalza vor 1849	Handarbeiter
Johanna Viktoria	* Langensalza 17. 8. 1828 † Langensalza 21. 11. 1896	
Heinrich Hermann	* Langensalza 22. 10. 1849 † Heidelberg 31. 7. 1933	Postsekretär
Otto Richard Paul, Dr. med.	* Heidelberg 26. 6. 1880 † Düsseldorf 15. 1. 1922	Internist
Walter Hermann Achilles	* Düsseldorf 12. 7. 1916 ⚭ Hamburg-Lokstedt 25. 5. 1945	Kaufmann, persönlich haftender geschäftsführender Gesellschafter der Henkel KGaA
⚭ mit: Martje Anna Magda Meyer	 * Lokstedt 7. 2. 1922	 (siehe Stammreihe Meyer)
deren Sohn: Stefan:	 * Düsseldorf 15. 12. 1948 ⚭ Düsseldorf 19. 10. 1974	 Industriekaufmann
⚭ mit: Hannelore Winkel	 * Imbshausen 3. 4. 1950	
deren Kinder: Nicolas Janine Raphael	 * Atlanta, USA 19. 10. 1977 * Aachen 24. 7. 1980 * Aachen 21. 10. 1981	

ARCHIV: DEUTSCHES MUSEUM FÜR FAMILIENWAPPEN, STUTTGART.

KOBOLD

VÄTERLICHE STAMMREIHE DER MUTTER MEYER

Hanß Hinrich	* Uetersen 1693 † Uetersen 18. 11. 1761	Kaufmann
Carl Christoph	* Uetersen 19. 2. 1752 † Uetersen 21. 6. 1827	Gastwirt, Klösterlicher Kirchenjurat
Johann	* Uetersen 10. 8. 1792 † Uetersen 9. 11. 1841	Gastwirt
Hermann Hinrich	* Uetersen 13. 10. 1837 † Hamburg 6. 12. 1918	Hotelbesitzer
Franz	* Uetersen 30. 4. 1877 † Hamburg 17. 3. 1959	Kaufmann
Martje Anna Magda	* Lokstedt 7. 2. 1922 ⚭ Hamburg-Lokstedt 25. 5. 1945	
⚭ mit: Walter Hermann Achilles Kobold	* Düsseldorf 12. 7. 1916	Kaufmann (siehe Stammreihe Kobold)

ARCHIV: DEUTSCHES MUSEUM FÜR FAMILIENWAPPEN, STUTTGART.

Kobold

aus Reußen im Kistritzer Grund, bei Osterfeld, Krs. Weissenfels

In Rot zwei silberne Flügel, an der Fußstelle überdeckt von einem hersehenden rotgezungten goldenen Löwenhaupt und oben ein goldenes Lindenblatt einschließend, der Stiel unten.
Auf dem Helm mit rot-silbernen Decken vor zwei roten, mit drei Pfauenfederchen, eines davon im Mundloch, besteckten Büffelhörnern ein wachsender rotgezungter goldener Löwe.

Gestaltet in Anlehnung an in der Familie überlieferte Wappen und eingetragen auf Antrag von Walter Kobold, Kaufmann, persönlich haftender geschäftsführender Gesellschafter der Henkel KGaA, * Düsseldorf 12. 7. 1916, für sich und seine ehelichen Nachkommen im Mannesstamm sowie zugunsten der übrigen ehelichen Nachkommen im Mannesstamm seines obengenannten fünffachen Urgroßvaters Georg Kobold.

Entwurf: PRO HERALDICA®, Dr. Ottfried Neubecker
in Verbindung mit Barbara Potzka.

Eingereicht von PRO HERALDICA®, Stuttgart.

Eingetragen unter Nr. 85075.

KOHLENBERG

Heinrich	* Hamburg-Harburg 14. 11. 1884 † Hamburg-Harburg 1962	Festmacher, Dreher
Richard Jürgen Heinrich	* Hamburg-Harburg 4. 7. 1908	Festmacher, Zimmermann
Claus	* Hamburg-Harburg 30. 6. 1939	Festmacher, Motorenschlosser
⚭ mit: Angelika Deters	* Hamburg-Harburg 23. 6. 1953	Kauffrau
deren Sohn: Maik	* Hamburg-Harburg 23. 1. 1970	

ARCHIV: DEUTSCHES MUSEUM FÜR FAMILIENWAPPEN, STUTTGART.

Kohlenberg

aus Hamburg-Harburg

In golden-blau mit drei Spitzen erhöht geteiltem Schilde, unten ein goldener unklarer Anker mit silbernem Tau.
Auf dem blau-golden bewulsteten Helm mit blau-goldenen Decken an blauen Stangen drei goldene, mit je drei blauen Wellenbalken bezeichnete Fähnchen.

Neu angenommen am 19. Oktober 1984 von Claus Kohlenberg, Festmacher, * Hamburg-Harburg 30. 6. 1939, für sich und seine ehelichen Nachkommen im Mannesstamm sowie zugunsten der übrigen ehelichen Nachkommen im Mannesstamm seines obengenannten Großvaters Heinrich Kohlenberg.

Entwurf: PRO HERALDICA®, Dr. Ottfried Neubecker
in Verbindung mit Barbara Potzka.

Eingereicht von PRO HERALDICA®, Stuttgart.

Eingetragen unter Nr. 85011.

KOHLMUS

Johann Baptist Andreas		
Wilhelm Andreas	* Hamburg 28. 2. 1883 † 10. 4. 1942	Arbeiter
Ernst Heinrich Richard Cäsar Robert	* Hamburg 21. 11. 1911	Bankangestellter
Uwe Ernst	* Hamburg 27. 10. 1938	Kaufmann
⚭ mit: Annegret Sonntag	* Traunstein 12. 7. 1942	Verkäuferin
deren Kinder:		
Sven Uwe Ernst Emil	* Hamburg 20. 1. 1962	Student
Kerstin Annegret	* Hamburg 23. 3. 1969	Schülerin
Christina Annegret	* Buchholz i. d. N. 22. 1. 1980	

ARCHIV: DEUTSCHES MUSEUM FÜR FAMILIENWAPPEN, STUTTGART.

Kohlmus

aus Hamburg

In rotem gespaltenem Schilde links am Spalt eine anstoßende halbe goldene Sonne. Auf dem rot-golden bewulsteten Helm mit rot-goldenen Decken drei grüngestielte und -beblätterte rote Nelken.

Neu angenommen am 25. Januar 1985 von Uwe Ernst Kohlmus, Kaufmann, * 27. Oktober 1938, für sich und seine ehelichen Nachkommen im Mannesstamm sowie zugunsten der übrigen ehelichen Nachkommen im Mannesstamm seines Urgroßvaters Johann Baptist Andreas Kohlmus.

Entwurf: PRO HERALDICA®, unter Leitung von Dr. Ottfried Neubecker und Barbara Potzka.

Eingereicht von PRO HERALDICA®, Stuttgart.

Eingetragen unter Nr. 85208.

KOSMEHL

David	* Tschepplau um 1750	Dreschgärtner
Johann Friedrich	* Tschepplau 14. 1. 1783 † Tschepplau 3. 2. 1864	Dreschgärtner
Johann Gottlob	* Tschepplau 28. 9. 1829 † Tschepplau 3. 12. 1899	Freigutsbesitzer
Oscar-Wilhelm-Hermann	* Tschepplau 15. 8. 1879 † Arholzen	Uhrmachermeister
Gottlob-Wilhelm Helmut	* Tschepplau 15. 8. 1908 † Erwitte 20. 12. 1960	Uhrmachermeister
Helmut Wolfgang	* Glogau 6. 2. 1939	Juwelier
⚭ mit: Renate Magdalene Pankoke	* Volkmarsen 27. 3. 1943	Verwaltungsangestellte
deren Töchter: Anja Iris	* Erwitte 11. 10. 1967	Schülerin

ARCHIV: DEUTSCHES MUSEUM FÜR FAMILIENWAPPEN, STUTTGART.

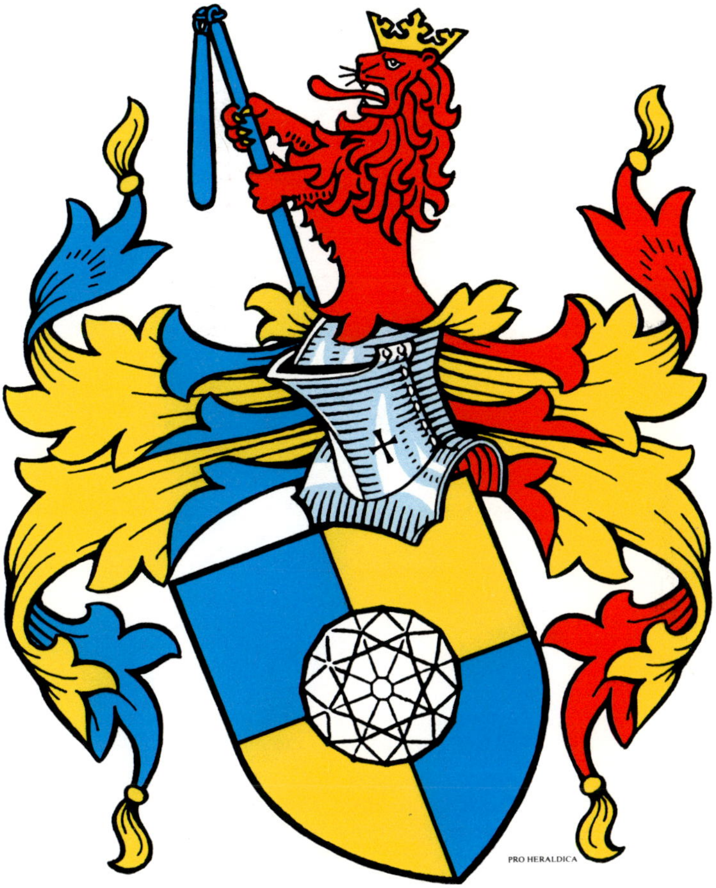

Kosmehl

aus Tschepplau, Krs. Glogau

In blau-golden geviertem Schilde in Draufsicht ein naturfarbener (silberner) geschliffener Diamant. Auf dem Helm mit rechts blau-goldenen und links rot-goldenen Decken ein wachsender goldengekrönter und -bewehrter roter Löwe, mit den Pranken einen blauen Dreschflegel haltend.

Neu angenommen am 23. November 1984 von Helmut Wolfgang Kosmehl, Juwelier, * Glogau 6. 2. 1939, für sich und seine ehelichen Nachkommen im Mannesstamm.

Entwurf: PRO HERALDICA®, unter Leitung von Dr. Ottfried Neubecker und Barbara Potzka.

Eingereicht von PRO HERALDICA®, Stuttgart.

Eingetragen unter Nr. 85116.

MANN

Paul	* Willershausen, Krs. Eschwege um 1560 † Willershausen 1620
Hans-Georg	* Willershausen um 1590
Johann-Samuel	* Willershausen 24. 6. 1620 † Langensalza 20. 5. 1689
Johann-Georg	* Langensalza 9. 1. 1662 † Langensalza 18. 3. 1728
Johann-Heinrich	* Langensalza 25. 5. 1689 † Heidelberg 31. 1. 1755
Johann-Heinrich	* Mengeringhausen bei Langensalza 1737
Georg-Friedrich	* Massenhausen 1. 11. 1767
Karl-Friedrich	* Massenhausen 20. od. 26. 2. 1790 † Massenhausen 28. 7. 1839
Maria-Elisabeth	* Massenhausen 28. 2. 1810 † Massenhausen 10. 7. 1858
Heinrich-Philip	* Massenhausen 5. 3. 1836 † Mülheim-Ruhr 25. 12. 1903
Karl	* Mülheim-Ruhr 10. 6. 1871
Rudolf-Heinrich	* Mülheim-Ruhr 11. 8. 1901 † Mülheim-Ruhr 18. 2. 1959
Karlheinz	* Mülheim-Ruhr 8. 1. 1936

ARCHIV: DEUTSCHES MUSEUM FÜR FAMILIENWAPPEN, STUTTGART.

Mann

aus Willershausen, Krs. Eschwege

In golden-blau gespaltenem Schilde rechts am Spalt ein halber roter Adler, links zwischen zwei silbernen Balken ein goldener Stern.
Auf dem gekrönten Bügelhelm mit rechts rot-goldenen und links blau-silbernen Decken ein goldener Stern zwischen zwei Büffelhörnern, das rechte golden-rot, das linke blau-silbern geteilt.

Seit fast 200 Jahren in der Familie bekannt und eingetragen auf Antrag von Karlheinz Mann, Kaufmann, * Mülheim-Ruhr 8. 1. 1936, für sich und seine ehelichen Nachkommen im Mannesstamm (vgl. J. Siebmachers Großes Wappenbuch, Bürgerliche, Abtlg. 12, S. 66, Tafel 90).

Eingereicht von PRO HERALDICA®, Stuttgart.

Eingetragen unter Nr. 85165.

MAURITZ

Maurits

Dirk Willems	* um 1548/50 † nach 18. 9. 1612	Schiffer, Gildemeister, Schöffe
Maurits Dirks	* Vreeswijk um 1580	
Willem	* Vreeswijk vor 1620 † nach 23. 11. 1679	Samoreus-Schiffer
Mauritz Wilhelmsz	* Wesel 23. 4. 1645 ☐ Dortrecht 8. 12. 1701	Schiffseigner
Jakobus Benjamin	~ Dortrecht 15. 9. 1697 † Uerdingen (auf seinem Schiff) 16. 11. 1755	Schiffer
Wonter Wilhelm	* Nymwegen 9. 3. 1742 † Uerdingen 20. 3. 1824	Kaufmann
Friedrich Johann Heinrich	* Uerdingen 11. 10. 1779 † Uerdingen 12. 5. 1827	Kaufmann, Bürgermeister
Heinrich Carl Christian	* Uerdingen 11. 11. 1805 † Uerdingen 6. 4. 1861	Kaufmann, Presbyter (Kirchmeister)
Friedrich Franz	* Uerdingen 9. 9. 1834 † Uerdingen 1. 3. 1900	Kaufmann, Stadtverordneter, erster Kreisdeputierter
Alfred, Dr. phil.	* Uerdingen 9. 1. 1867 † Dortmund 30. 3. 1938	Chemiker, Brauereidirektor, Kommerzienrat
Kurt Otto	* Dortmund 21. 10. 1900 † Köln 13. 1. 1970	Dr.-Ing.
Jost Wonter	* Düsseldorf 4. 1. 1936	Dipl.-Ing., MBA (INSEAD), Presbyter (Kirchmeister)
⚭ mit: Ursula Peddinghaus	* Gevelsberg 14. 8. 1939	Krankenschwester
deren Kinder: Anne Katrin Jost Philipp	 * Darmstadt 9. 8. 1965 * Darmstadt 19. 7. 1967	

Mauritz

aus Vreeswijk, Prov. Utrecht, Niederlande

Geviert, an der Herzstelle belegt mit einem schrägliegenden vierspeichigen und mit vier kleinen Krücken besetzten schwarzen Rad, in 1) in Blau eine goldene Krücke, überhöht von einem goldenen Kleeblatt, in 2) ein von zwei grünen Rauten begleiteter grüner Schrägbalken, in 3) in Rot zwei goldene Balken, in 4) in Blau eine von drei goldenen Lilien begleitete goldene Sturzkrücke.
Auf dem blau-golden bewulsteten Helm mit blau-goldenen Decken ein rechts roter, links goldener Flug.

Richtigstellung der Farbe des Kleeblatts und Eintragung auf Antrag des Familienverbands H. C. Mauritz e. V. mit Sitz in Krefeld-Uerdingen für alle ehelichen Nachkommen im Mannesstamm des obengenannten Heinrich Carl Mauritz. Alfred Mauritz, Dortmund, Enkel von H. C. Mauritz, veröffentlichte das Wappen mit grünem Kleeblatt.

Eingereicht von PRO HERALDICA®, Stuttgart.

Eingetragen unter Nr. 85215.

MITTELSTENSCHEID

Heinrich vom Obersten Lehn auf dem Mittelsten Scheid	* auf dem Obersten Lehn um 1636 † Auf dem Mittelsten Schee bei Schwelm 29. 10. 1694	
Peter	* Auf dem Mittelsten Schee bei Schwelm um 1659/60 † Auf dem Mittelsten Schee bei Schwelm 1. 12. 1689	Landwirt
Hans Caspar	* Auf dem Mittelsten Schee bei Schwelm um 1690 ☐ Auf dem Mittelsten Schee bei Schwelm 30. 6. 1742	Landwirt
Johann Peter	* Auf dem Mittelsten Schee bei Schwelm 12. 10. 1727 † Auf dem Mittelsten Schee bei Schwelm 28. 12. 1778	Landwirt
Johann Caspar	~ Auf dem Schee bei Schwelm 26. 8. 1764 † Lennep 30. 8. 1819	Münzwaagenhersteller
Peter Caspar	* Lennep 24. 1. 1803 † Düsseldorf 14. 3. 1868	Gelbgießer
Julius	* Lennep 18. 1. 1842 † Düsseldorf 1. 8. 1923	Gelbgießer
Erich, Dr. phil	* Düsseldorf 11. 5. 1878 † Berlin-Lichterfelde 29. 2. 1964	Chemiker
Karl Otto	* Berlin-Charlottenburg 19. 5. 1916	Diplom-Volkswirt, Vorstandsmitglied i. R.
⚭ I. mit: Maja Helene Zapf	* München 23. 5. 1917	
⚭ II. mit: Felicitas Margarete Xenia Meyer	* Berlin-Wilmersdorf 7. 7. 1928	
deren Kinder:		
Thomas	* Karlsruhe 7. 10. 1947	Kameramann
Wieland	* Freudenstadt 1. 1. 1953	Industriekaufmann
Katrin Anja	* Berlin-Schmargendorf 2. 9. 1961	Studentin

ARCHIV: DEUTSCHES MUSEUM FÜR FAMILIENWAPPEN, STUTTGART.

Mittelstenscheid

vom Obersten Lehn auf dem Mittelsten Scheid bei Schwelm

Im geteilten Schild oben in drei Reihen zu je fünf Plätzen blau-silbern geschacht, unten in Rot drei Pfähle, der mittlere silbern, die äußeren golden.
Auf dem Helm mit rechts blau-silbernen und links rot-goldenen Decken ein goldener Abtstab zwischen einem offenen, oben analog der oberen Schildhälfte geschachten, unten roten Flug.

Auf Antrag von Karl Otto Mittelstenscheid, Vorstandsmitglied, * Berlin-Charlottenburg 19. 5. 1916, für sich und seine ehelichen Nachkommen im Mannesstamm sowie zugunsten der übrigen ehelichen Nachkommen im Mannesstamm seines obengenannten sechsfachen Urgroßvaters Heinrich vom Obersten Lehn auf dem Mittelsten Scheid eingetragen.

Richtiggestellt von PRO HERALDICA®,
Dr. Ottfried Neubecker in Verbindung mit Barbara Potzka.

Eingereicht von PRO HERALDICA®, Stuttgart.

Eingetragen unter Nr. 85118.

MÖLLER

Johann Christoph	* Zeetze/Altes Amt Neuhaus a. d. Elbe um 1770	Hauswirt in Zeetze
Franz Heinrich	* 26. 12. 1801 † Zeetze 18. 12. ?	Großkötner, Tischlermeister in Zeetze
Friedrich Wilhelm Ludwig	* Zeetze 25. 4. 1847	Schneidermeister in Neuhaus a. d. Elbe
Franz Heinrich Wilhelm	* Ratzeburg 1. 11. 1872 † Linsburg 4. 1. 1923	Oberpostschaffner in Linsburg
Ernst Friedrich Wilhelm	* Bolsehle 10. 12. 1900 † in Nienburg (Weser) 8. 2. 1981	Bundesbahnoberbetriebswart in Nienburg
Heinrich Friedrich Willi	* Linsburg 21. 9. 1926	Kreisoberamtsrat in Loccum
⚭ mit: Margrit Engel Minna Lina Erna Heine	* Loccum 2. 11. 1927	
deren Kinder: Karsten	* Nienburg 8. 10. 1955	Tischler
dessen Kinder: Antonio Kraft Elena Kraft	* Walsrode 7. 10. 1982 * Großburgwedel 10. 2. 1986	
Christiane	* Stolzenau (Weser) 14. 10. 1959	

ARCHIV: DEUTSCHES MUSEUM FÜR FAMILIENWAPPEN, STUTTGART.

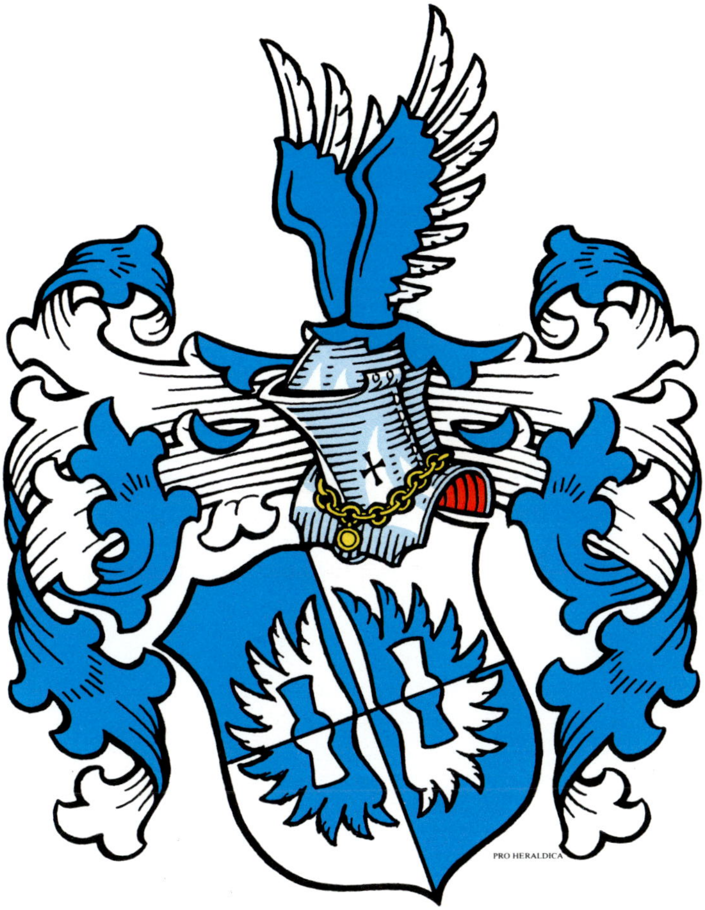

Möller

aus Zeetze/Altes Amt Neuhaus a.d. Elbe

In blau-silbern geviertem Schilde zwei pfahlweise mit einem Mühleisen belegte Flügel, alles in verwechselten Farben.
Auf dem Helm mit blau-silbernen Decken ein blauer Flug mit silbernen Schwungfedern.

Neu angenommen am 16. November 1984 von Heinrich Friedrich Willi Möller, Kreisoberamtsrat, * Linsburg 21. 9. 1926, für sich und seine ehelichen Nachkommen im Mannesstamm.

Entwurf: PRO HERALDICA®, unter Leitung von Dr. Ottfried Neubecker und Barbara Potzka.

Eingereicht von PRO HERALDICA®, Stuttgart.

Eingetragen unter Nr. 85016.

MOLLE

Carell	* 1607 † Westerhausen, Krs. Quedlinburg 18. 1. 1674	
Carel	* um 1643 † Westerhausen 18. 10. 1686	
Christian Karl	* Westerhausen 22. 2. 1687	
Christian Philipp Bartholdus Johann	* Westerhausen 4. 7. 1717 † Westerhausen 30. 8. 1769	Ackermann
August Benjamin Joachim	* Westerhausen 26. (30.) 10. 1760 † Wernigerode/Harz 28. 1. 1811	Gräflicher Mundkoch
Johann Karl Gottlieb	* Wernigerode 20. 10. 1791 † Hähnichen b. Cottbus 26. 12. 1868	Kgl. Oberförster
Ferdinand Theodor Rudolph	* Kathlow b. Kahren, Krs. Cottbus 31. 1. 1827 † Freienwalde 6. 10. 1901	Forstmeister
Franz Heinrich Ferdinand	* Groß Särchen, Krs. Sorau 28. 2. 1859 † Sächs. Haugsdorf/Schles. 4. 11. 1940	Landwirt, Rittergutsbesitzer
Felix Franz Ferdinand Theodor	* Bialoblott, Krs. Graudenz 12. 7. 1898 † Heinsberg/Rhld. 30. 11. 1965	Landwirt, Oberstfeldmeister im Arbeitsdienst, Kapitänleutnant
Gunther Felix Franz Ferdinand Kurt	* Steinau an der Oder 2. 6. 1928	Diplom-Sozialarbeiter in einer Werkstatt für Behinderte
⚭ mit: Irene Elisabeth Wrieden	* Bremen 1. 7. 1935	Verwaltungsbeamtin im Sozialamt
deren Kinder: Annette Katrin Rüdiger Felix	 * Bremen 20. 12. 1964 * Bremen 13. 8. 1967	

ARCHIV: DEUTSCHES MUSEUM FÜR FAMILIENWAPPEN, STUTTGART.

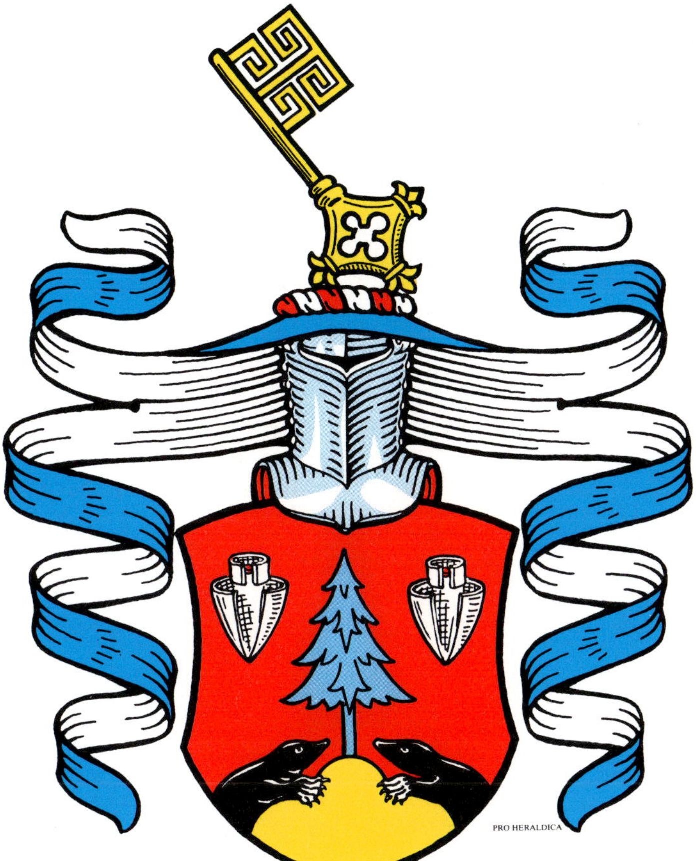

Molle

aus Westerhausen, Krs. Quedlinburg

In Rot auf goldenem Dreiberg eine blaue Tanne, begleitet von zwei aus dem unteren Schildrand hervorkommenden, ihre Vorderfüße auf den Dreiberg legenden schwarzen Maulwürfen und oben von zwei silbernen Pflugscharen, die Spitzen unten.
Auf dem rot-silbern bewulsteten Helm mit blau-silbernen Decken ein goldener schrägrechtsgelegter Schlüssel, der Bart oben und nach links gewendet.

Neu angenommen am 23. November 1984 von Gunther Felix Franz Ferdinand Kurt Molle, Diplom-Sozialarbeiter, * Steinau a.d. Oder 2. 6. 1928, für sich und seine ehelichen Nachkommen im Mannesstamm sowie zugunsten der übrigen ehelichen Nachkommen im Mannesstamm seines obengenannten siebenfachen Urgroßvaters Carell Molle.

Entwurf: PRO HERALDICA®, unter Leitung von
Dr. Ottfried Neubecker und Barbara Potzka.

Eingereicht von PRO HERALDICA®, Stuttgart.

Eingetragen unter Nr. 85286.

MOLTRECHT

Gottfried	* err. 1766	Gartenpächter in Knoblauch
Georg Friedrich	* Rogäsen 21. 5. 1803 † Eichstädt 9. 7. 1874	herrschaftlicher Braumeister
Friedrich Wilhelm Ferdinand	* Knoblauch, Bz. Magdeburg 26. 11. 1823 † Groß-Behnitz/Westhavelland 26. 3. 1887	Brennermeister
Hermann Friedrich Wilhelm	* Ludwigsaue, Krs. Neuruppin 23. 11. 1853 † Güstrow 9. 1. 1955	Brennereiverwalter
Hermann Max Friedrich	* Bellin 2. 11. 1883 † Thann/Rhön 27. 10. 1965	Brennereiverwalter
Joachim Hans Max	* Drahnow 31. 1. 1920	Uhrenmeister, Juwelier
⚭ mit: Katharina Will	* Romberg 13. 11. 1920	
deren Kinder: Renate Michael	 * Waldbröl 23. 10. 1948 * Wuppertal 22. 5. 1960	 Kaufmännische Angestellte

ARCHIV: DEUTSCHES MUSEUM FÜR FAMILIENWAPPEN, STUTTGART.

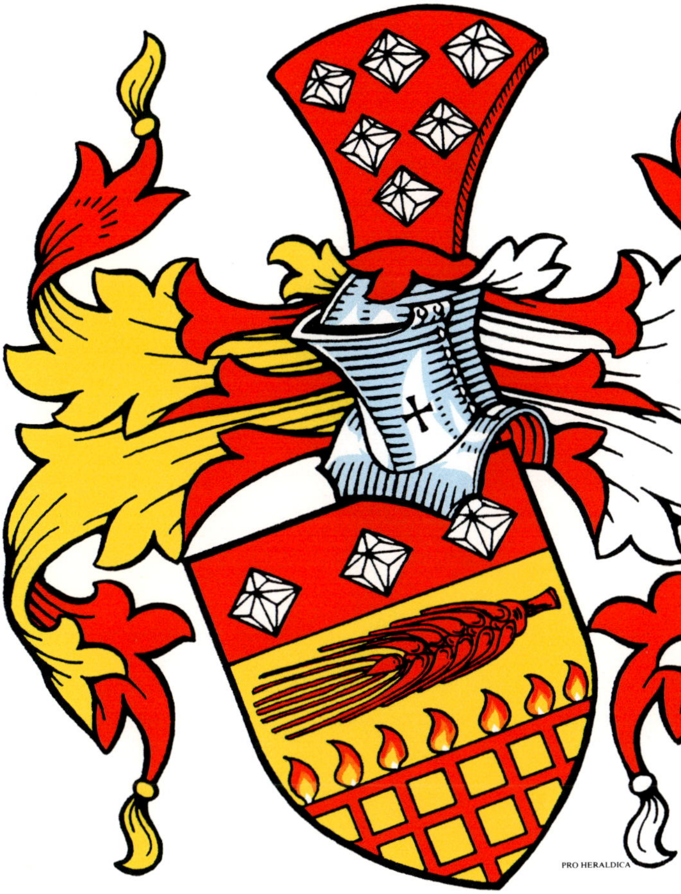

Moltrecht

aus Knoblauch, Krs. Genthin

In Gold zwischen einem mit drei silbernen facettiert geschliffenen Edelsteinen belegten roten Schildhaupt und einem mit sieben natürlichen Flämmchen besteckten roten Gitter im Schildfuß eine liegende rote Getreideähre.
Auf dem Helm mit rechts rot-goldenen und links rot-silbernen Decken ein trapezförmiges, mit sechs (3,2,1) silbernen Edelsteinen belegtes Schirmbrett mit bogigen Kanten.

Neu angenommen am 22. Juli 1983 von Joachim Hans Max Moltrecht, Juwelier und Uhrmachermeister, * Drahnow, Krs. Deutsch Krone/Brandenburg, 31. 1. 1920, für sich und seine ehelichen Nachkommen im Mannesstamm sowie zugunsten der übrigen ehelichen Nachkommen im Mannesstamm seines obengenannten dreifachen Urgroßvaters Gottfried Moltrecht.

Entwurf: PRO HERALDICA®, Dr. Ottfried Neubecker
in Verbindung mit Barbara Potzka.

Eingereicht von PRO HERALDICA®, Stuttgart.

Eingetragen unter Nr. 83328.

MUSER

Anton	* Mühlstein b. Nordrach † Mühlstein 15. 3. 1800	Vogt vom Mühlstein, Landwirt
Matthias	* Mühlstein 25. 2. 1770 † Mühlstein 18. 1. 1820	Landwirt, Hofbesitzer
Gerhard	* Nordrach 16. 6. 1801 † Nordrach 14. 8. 1860	Landwirt, Hofbesitzer
Ludwig	* Nordrach 26. 8. 1832 † Nordrach 9. 4. 1918	Landwirt, Hofbesitzer
Jörg	* Nordrach 7. 3. 1868 † Nordrach 13. 3. 1936	Landwirt, Hofbesitzer
Johann	* Nordrach 23. 12. 1903	Landwirt, Muserhofbesitzer
Hans (Johann)	* Nordrach 2. 1. 1938	Ingenieur
⚭ mit: Gisela Schlessmann	* Trais-Horloff 10. 6. 1937	Antiquitätenhändlerin
deren Sohn: Stefan	* Mannheim 19. 12. 1963	Student

ARCHIV: DEUTSCHES MUSEUM FÜR FAMILIENWAPPEN, STUTTGART.

Muser

aus Mühlstein b. Nordrach/Ortenaukreis

In von Gold und Silber durch einen Zinnenschnitt, jede zweite Zinne als Unzial-Majuskel »M« ausgestaltet, geteiltem Schilde, oben ein anstoßendes schwarzes Dreieck, darin ein silbernes Uhrenzahnrad, unten die aus dem Schildfuß hervorkommende rote Krümme eines Bischofsstabes.
Auf dem schwarz-golden-rot-silbern bewulsteten Helm mit rechts schwarz-goldenen und links rot-silbernen Decken ein rechts goldener, links silberner Flug, der silberne Flügel belegt mit einem schwarzen Atomsymbol.

Neu angenommen am 3. Mai 1985 von Hans (Johann) Muser, Ingenieur, * Nordrach 2. 1. 1938, für sich und seine ehelichen Nachkommen im Mannesstamm.

Entwurf: PRO HERALDICA®, unter Leitung von
Dr. Ottfried Neubecker und Barbara Potzka.

Eingereicht von PRO HERALDICA®, Stuttgart.

Eingetragen unter Nr. 85426.

NIEDENHOFF

Mathias	⚭ Merheim 13. 5. 1780 † Mülheim 31. 10. 1807	Bäcker
Johann Georg	* Mülheim 17. 10. 1796 † Mülheim 1881	Rothgerbergeselle
Franz-Johann-Georg	* Mülheim 29. 8. 1827 † Mülheim 12. 12. 1866	Kaufmann
Johann-Georg	* Mülheim 10. 3. 1863 † Liebenburg/Harz 29. 11. 1944	Schildermalermeister
Erich Friedrich Leopold	* Köln 14. 4. 1903 † Düsseldorf 22. 7. 1952	Kaufmann
Hans-Jörg	* Düsseldorf 4. 10. 1935	Möbelkaufmann
⚭ mit: Karin Placidus	* Wuppertal 20. 1. 1937	Kauffrau
deren Kinder:		
Gabriele	* Wuppertal 15. 10. 1956	Kauffrau
Marco	* Düsseldorf 27. 6. 1958	Schwimmeister
Marion	* Düsseldorf 14. 11. 1960	Medizinisch-technische Assistentin

ARCHIV: DEUTSCHES MUSEUM FÜR FAMILIENWAPPEN, STUTTGART.

Niedenhoff

aus Mülheim a. Rhein

In schwarz-golden im Schwalbenschwanzschnitt schräglinksgeteiltem Schilde oben ein goldener Hobel, unten eine rote neuzeitliche Grubenlampe.
Auf dem schwarz-golden bewulsteten Helm mit schwarz-goldenen Decken rechts ein schwarzer, auf den Saxen mit drei goldenen und links ein goldener, mit drei roten Scheiben belegter Flügel.

Neu angenommen am 31. Mai 1985 von Hans-Jörg Niedenhoff, Möbelkaufmann, * Düsseldorf 4. 10. 1935, für sich und seine ehelichen Nachkommen im Mannesstamm.

Entwurf: PRO HERALDICA®, unter Leitung von Dr. Ottfried Neubecker und Barbara Potzka.

Eingereicht von PRO HERALDICA®, Stuttgart.

Eingetragen unter Nr. 85400.

PFÜTZER

Johann Georg	* Mannheim-Käfertal um 1720	
Johann	* Mannheim-Käfertal 7. 2. 1749 † Mannheim-Käfertal 10. 5. 1830	Quaestor
Christian	* Mannheim-Käfertal 1771 † Mannheim-Käfertal 4. 10. 1844	Rentmeister
Adam	* Mannheim-Käfertal 2. 4. 1802 † im Staat Ohio	Landwirt
Christian	* Mannheim-Käfertal 17. 5. 1829 † Mannheim-Käfertal 22. 3. 1895	Landwirt
Valentin	* Mannheim-Käfertal 17. 10. 1871 † Mannheim-Käfertal 24. 11. 1948	Landwirt
Adolf	* Mannheim-Käfertal 20. 1. 1898 † Mannheim-Käfertal 17. 5. 1982	Kaufmann
Werner Adolf, Dr. med.	* Mannheim 9. 8. 1925	Facharzt
⚭ mit: Adelheid Koch	* Berghausen b. Karlsruhe 9. 3. 1933	
deren Kinder: Christa Maria Stephanie Irmgard	* Mannheim 25. 12. 1964	
Roland Heinrich Werner	* Mannheim 12. 11. 1966	

ARCHIV: DEUTSCHES MUSEUM FÜR FAMILIENWAPPEN, STUTTGART.

Pfützer

aus Mannheim-Käfertal

In Schwarz ein stilisierter Brunnen, ein drei silberne Wellenbalken umschließender goldener Ring, deichselförmig besetzt mit drei goldenen Schröterhörnern und begleitet von drei (1,2) silbernen Scheiben.
Auf dem schwarz-golden bewulsteten Helm mit schwarz-goldenen Decken ein wachsender rotgekrönter und -bewehrter goldener Löwe.

Neu angenommen am 10. Mai 1985 von Dr. med. Werner Adolf Pfützer, Facharzt, * Mannheim 9. 8. 1925, für sich und seine ehelichen Nachkommen im Mannesstamm sowie zugunsten der übrigen ehelichen Nachkommen im Mannesstamm seines obengenannten fünffachen Urgroßvaters Johann Georg Pfützer.

Entwurf: PRO HERALDICA®, unter Leitung von
Dr. Ottfried Neubecker und Barbara Potzka.

Eingereicht von PRO HERALDICA®, Stuttgart.

Eingetragen unter Nr. 85467.

RUMP

Christian	⚭ Seulingen 24. 11. 1682	
Nikolaus	* Seulingen 23. 2. 1694 † Seulingen 4. 1. 1756	
Johannes Nicolaus	* Seulingen 19. 10. 1726	Hauptmann
Johann Bernardus	* Coesfeld/W. 24. 11. 1765 † Coesfeld 1. 12. 1840	Organist
Franziskus Henrikus, Prof. Dr. phil.	* Coesfeld 1. 8. 1804 † Coesfeld 20. 5. 1878	Oberlehrer, Ritter p. p.
Anton Carl Arnold	* Coesfeld 3. 7. 1836 † Münster 23. 9. 1905	Regierungs- und Baurat
Carl Friedrich Anton	* Altena/W. 28. 11. 1874 † Wellingholzhausen 15. 1. 1947	Apotheker
Walter	* Wellingholzhausen 25. 7. 1906	Apotheker
Karl-Josef, Dr.	* Wellingholzhausen 17. 5. 1944	Apotheker
⚭ mit: Dorothea Bechthold	* Laubach 5. 3. 1949	Apothekerin
deren Söhne: Stefan Tobias	 * Melle 4. 2. 1974 * Melle 20. 12. 1976	

ARCHIV: DEUTSCHES MUSEUM FÜR FAMILIENWAPPEN, STUTTGART.

Rump

aus Seulingen, Krs. Duderstadt

Im durch einen erniedrigten silbernen Sparren rot-blau geteilten Schilde oben zwei zugewendete goldene gekrönte Schlangen, unten ein goldener Mörser mit eingelegtem Pistill.
Auf dem Helm mit rechts rot-silbernen und links blau-silbernen Decken drei Straußenfedern, eine silberne zwischen einer blauen und einer roten.

Neu angenommen am 31. Mai 1985 von Dr. Karl-Josef Rump, Apotheker, * Wellingholzhausen 17. 5. 1944, für sich und seine ehelichen Nachkommen im Mannesstamm sowie zugunsten der übrigen ehelichen Nachkommen im Mannesstamm seines Großvaters Carl Friedrich Anton Rump.

Entwurf: PRO HERALDICA®, unter Leitung von
Dr. Ottfried Neubecker und Barbara Potzka.

Eingereicht von PRO HERALDICA®, Stuttgart.

Eingetragen unter Nr. 85260.

SAUTER

Johann Jakob	* 1714 † Emmendingen 22. 8. 1774	Landgärtner
Theodor Christian	* 1753 † Emmendingen 16. 4. 1824	Landgärtner
Johann Jakob	* Emmendingen 27. 9. 1786 † Emmendingen 20. 6. 1865	Gärtner
Karl Wilhelm	* Emmendingen 18. 2. 1835 † Emmendingen 12. 2. 1901	Gärtner
Ludwig	* Emmendingen 12. 6. 1868 † Freiburg 30. 1. 1933	Samenkaufmann
Kurt	* Emmendingen 14. 11. 1903 † Waldkirch 1978	Gärtner- und Blumenbindemeister
Helmut Hans	* Waldkirch 15. 5. 1944	Samenkaufmann
⚭ I. mit: Ingrid Disch		
deren Sohn: Dirk	* Waldkirch 3. 10. 1966	Kaufmann
⚭ II. mit: Monika Berta Nitz	* Waldkirch 8. 6. 1948	Gärtnerin
deren Kinder: Marion Alexander Kurt	 * Waldkrich 22. 11. 1971 * Emmendingen 13. 11. 1983	

ARCHIV: DEUTSCHES MUSEUM FÜR FAMILIENWAPPEN, STUTTGART.

Sauter

aus Emmendingen

Grün-golden S-förmig gespalten, die Bogenlinien konkav in Gestalt von Efeublättern ausgezogen. Auf dem Helm mit grün-goldenen Decken ein grünes Efeublatt.

Neu angenommen am 26. April 1985 von Helmut Hans Sauter, Kaufmann, * Waldkirch 15. 5. 1944, für sich und seine ehelichen Nachkommen im Mannesstamm sowie zugunsten der übrigen ehelichen Nachkommen im Mannesstamm seines obengenannten vierfachen Urgroßvaters Johann Jakob Sauter.

Entwurf: PRO HERALDICA®, unter Leitung von Dr. Ottfried Neubecker und Barbara Potzka.

Eingereicht von PRO HERALDICA®, Stuttgart.

Eingetragen unter Nr. 85429.

SCHÄDLER

Jakob	* Volkertshausen/Hegau 26. 1. 1675 † Volkertshausen 24. 5. 1747	Landwirt
Jakob	* Volkertshausen 3. 10. 1716 † Volkertshausen 30. 11. 1775	Landwirt
Franz	* Volkertshausen 1. 10. 1747 † Volkertshausen 19. 1. 1797	Landwirt
Martin	* Volkertshausen 10. 11. 1784 † Volkertshausen 19. 11. 1854	Landwirt
Severin	* Volkertshausen 23. 10. 1812 † Ehingen 21. 12. 1874	Landwirt
Johann	* Ehingen/Hegau 1. 3. 1856 † Ehingen 4. 2. 1939	Landwirt
Eugen Johann	* Ehingen 31. 10. 1881 † Ehingen 23. 9. 1951	Unternehmer, Landwirt, Gemeinderat
Eugen Johann	* Ehingen 6. 2. 1915	Fabrikant
⚭ I. mit: Leni Elisabeth Süss	* Langensulzbach/Elsaß 6. 12. 1921 † Singen 12. 7. 1978	Prokuristin
deren Kinder: Karin, Dr. med. Eugen Oskar	 * Singen 20.6. 1946 * Singen 9. 3. 1948 † Singen 30. 5. 1970	 stud. rer. pol.
⚭ II. mit: Erna Klara Dandler	* Waldböckelheim 17. 4. 1926	Kauffrau

ARCHIV: DEUTSCHES MUSEUM FÜR FAMILIENWAPPEN, STUTTGART.

Schädler

aus Volkertshausen/Hegau

In Gold ein erhöhter blauer Schräglinksbalken, nach der Figur belegt mit einem silbernen Ankerhochkreuz und unten schräglinks ein grüner Laubzweig.
Auf dem Helm mit rechts grün-goldenen und links blau-goldenen Decken ein silbernes Ankerkreuz hervorkommend vor zwei goldenen, mit einer blauen Binde belegten Stierhörnern.

Anläßlich des 70. Geburtstages von Eugen Schädler, Fabrikant, * Ehingen 6. 2. 1915, eingetragen auf Antrag seiner Ehefrau Erna Schädler, für ihn und die ehelichen Nachkommen im Mannesstamm.

Entwurf: † Johann Josef Kenfenheuer, Bergisch Gladbach.

Eingereicht von PRO HERALDICA®, Stuttgart.

Eingetragen unter Nr. 85044.

SCHULENBURG

August Heinrich	* Braunschweig 1725/26 † Braunschweig 6. 1. 1794	Kunstdrechslermeister, Bürger
Georg Christian August	* Braunschweig 21. 1. 1767 † Braunschweig 20. 4. 1833	Kunstdrechslermeister
Georg Friedrich Ludwig	* Braunschweig 4. 2. 1795 † Braunschweig 5. 1. 1851	Kunstdrechslermeister
Wilhelm Friedrich Julius Adolph	* Braunschweig 6. 5. 1821 † Braunschweig 26. 2. 1872	Güterbegleiter
Julius Adolf Friedrich Wilhelm	* Braunschweig 21. 7. 1851 † Braunschweig 9. 10. 1917	Maler
Emil Adolf	* Braunschweig 30. 12. 1883 † 3. 12. 1956	Graveur
Walter	* Braunschweig 20. 2. 1913 † 18. 12. 1944	Dipl.-Ingenieur, Architekt
Hartmut Walter Emil Otto	* Konitz 21. 10. 1940	Dipl.-Bauingenieur
⚭ mit: Sabine Kraemer	* Detmold 4. 2. 1943	
deren Kinder: Volker Cornelia	 * Essen 29. 3. 1973 * Essen 21. 6. 1975	

ARCHIV: DEUTSCHES MUSEUM FÜR FAMILIENWAPPEN, STUTTGART.

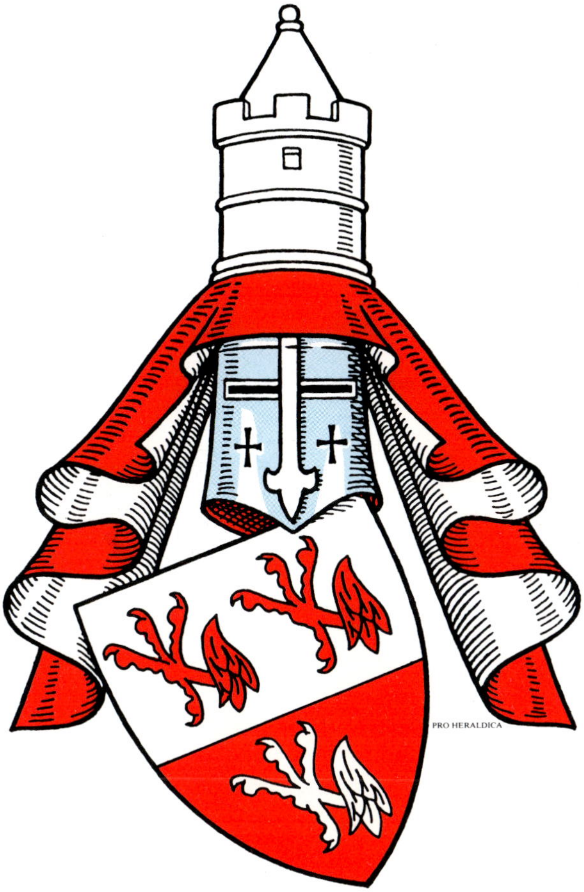

Schulenburg

aus Braunschweig

In silbern-rot geteiltem Schilde drei (2,1) nach rechts gerichtete Adlerklauen in verwechselten Farben. Auf dem Helm mit rot-silbernen Decken ein silberner Schachturm.

Neu angenommen am 22. Oktober 1979 von Hartmut Walter Emil Otto Schulenburg, Diplom-Ingenieur, * Konitz 21. 10. 1940, für sich und seine ehelichen Nachkommen im Mannesstamm sowie zugunsten der übrigen ehelichen Nachkommen im Mannesstamm seines fünffachen Urgroßvaters August Heinrich Schulenburg.

Entwurf: PRO HERALDICA®, unter Leitung von Dr. Ottfried Neubecker und Barbara Potzka.

Eingereicht von PRO HERALDICA®, Stuttgart.

Eingetragen unter Nr. 85469.

SNAY

Znaj

Hans	* um 1640/50	Hirte in Cöln, Krs. Brieg
Jakob	* Stoberau, Krs. Brieg 1. 5. 1676	Hausmann
Michael	* Stoberau 16. 6. 1709	Häusler, Dorfbote, Totengräber
Hans	⚭ Stoberau 8. 1. 1769	Colonist in Neu-Cöln
Daniel	* Riebnig 16. 7. 1769	Colonist, ab 1819 Scholz in Neu-Cöln
Christian	* Neu-Cöln 16. 11. † 6. 12. 1860	Lehrer in Bischwitz, Krs. Ohlau
Albert Moritz Alexander	* Bischwitz 7. 11. 1836 † 24. 4. 1905	Bäckermeister
Albert	* Breslau 7. 9. 1872 † Waldenburg/Schl. 19. 12. 1913	Polsterer, Dekorateur, Grubenarbeiter
Erich	* Ober-Waldenburg 9. 4. 1899	Techniker
Siegfried	* Waldenburg 26. 8. 1930	Zahntechnikermeister
⚭ mit: Margarete Schönherr	* Hochdorf/Sa. 27. 1. 1936	Angestellte
deren Töchter:		
Maria	* Nürnberg 28. 5. 1960	Krankengymnastin
Susanne	* Nürnberg 2. 8. 1961	Zahntechnikerin
Ursula	* Nürnberg 8. 8. 1969	

ARCHIV: DEUTSCHES MUSEUM FÜR FAMILIENWAPPEN, STUTTGART.

Snay

aus Stoberau, Krs. Brieg/Schlesien

In Silber ein grünes Eichendreiblatt, bewinkelt von drei roten Wolfseisen, die Schneiden außen. Auf dem rot-silbern-grün-silbern bewulsteten Helm mit rechts rot-silbernen und links grün-silbernen Decken ein wachsender silberner Adler mit langgelocktem Manneskopf und sturzsparrenweise je fünfmal rot-silbern schräggeteilten Flügeln.

Neu angenommen am 4. April 1985 von Siegfried Snay, Zahntechnikermeister, * Waldenburg/Schlesien 26. 8. 1930, für sich und seine ehelichen Nachkommen im Mannesstamm.

Entwurf: PRO HERALDICA®, unter Leitung von Dr. Ottfried Neubecker und Barbara Potzka.

Eingereicht von PRO HERALDICA®, Stuttgart.

Eingetragen unter Nr. 85176.

TISSOT

Johann	* Fiera di Primiero/Ital. 20. 1. 1796 † 30. 8. 1843	
Johann	* Piere/Ital. 4. 2. 1817 † 4. 2. 1882	
Johann Anton	* Piere 2. 7. 1853 † Malnitz/Österr. 1913	Mineur
Johann Maria	* Polanz/Sachsen 16. 4. 1875 † Wels/Österr. 23. 5. 1916	Restaurateur
Hans	* Mallnitz 6. 4. 1910	Kaufmann
Knut	* Berlin 16. 3. 1937	Kaufmann, Geschäftsführer
⚭ mit: Gabriela Wachowiak	* Berlin 12. 3. 1940	
deren Kinder: Sven Thomas Marc Oliver Anja Souzon	 * Nürnberg 14. 2. 1961 * Nürnberg 29. 4. 1963 * Nürnberg 23. 1. 1967	

ARCHIV: DEUTSCHES MUSEUM FÜR FAMILIENWAPPEN, STUTTGART.

Tissot

aus Fiera di Primiero/Italien

Unter blauem Schildhaupt, darin ein goldenes Fadenschräggitter, ein blauer Pfahl, beiderseits besetzt mit je einem blauen Flügel.
Auf dem blau-golden bewulsteten Helm mit blau-goldenen Decken zwischen einem goldenen Flug eine mit einer goldenen Lilie besteckte blaue Krücke.

Neu angenommen am 27. Juni 1985 von Knut Tissot, Kaufmann, Geschäftsführer, * Berlin 16. 3. 1937, für sich und seine ehelichen Nachkommen im Mannesstamm.

Entwurf: PRO HERALDICA®, unter Leitung von Dr. Ottfried Neubecker und Barbara Potzka.

Eingereicht von PRO HERALDICA®, Stuttgart.

Eingetragen unter Nr. 85406.

WENDLER

Conrad	* um 1500	Hufschmied in Schmeheim b. Suhl
Johannes	* 1528 † 10. 1. 1599	Pfarrer in Moderwitz
Johannes Christof	* 3. 7. 1570 † 11. 1. 1637	Pfarrer in Moderwitz
Gabriel	* 26. 3. 1599 † 27. 10. 1664	Pfarrer in Moderwitz
Christian	* 1645 † 1722	Pfarrer in Schöndorf
Johann Georg	* 20. 9. 1678 † 24. 6. 1746	Pfarrer in Schönborn
Ludwig	* 13. 12. 1738 † 16. 1. 1806	Superintendent in Wurzen
Traugott	* 1786 † 1862	Pfarrer in Großlissa bei Delitzsch
Bruno	* Giebichenstein/Halle 24. 10. 1828 † 24. 12. 1884	Obermaschinenmeister
Bruno	* Witten/Ruhr 7. 6. 1870 † Berlin 19. 11. 1945	Vizepräsident der Reichsbahn
Kurt Hermann Werner	* Essen 18. 7. 1900 † Berlin 8. 12. 1981	Kaufmann
Klaus-Peter Bruno	* Berlin-Zehlendorf 20. 7. 1939	Techn. Angestellter
dessen Sohn aus I. Ehe: Marco	* Essen 17. 9. 1966	
∞ II. mit: Ingrid Brigitte Sikora	* Gelsenkirchen-Horst 28. 10. 1949	Sekretärin
deren Sohn: Martin	* Westerholt 1. 10. 1972	

ARCHIV: DEUTSCHES MUSEUM FÜR FAMILIENWAPPEN, STUTTGART.

Wendler

aus Moderwitz, Krs. Gera

In Schwarz die Rückansicht eines mit einem goldenen Lendenschurz bekleideten naturfarbenen Mannes, mit der Rechten zum Wurf mit einer goldenen Schleuder, darin ein goldener Stein, ausholend. Auf dem Helm mit schwarz-goldenen Decken zwischen einem goldenen Flug ein schwarzer Pilgerknotenstock, überhöht von einem schwarzen Pilgerhut mit goldener Muschel auf den Aufschlägen.

Neu angenommen am 26. April 1985 von den Eheleuten Ingrid Wendler, geb. Sikora, Sekretärin, * Gelsenkirchen-Horst 28. 10. 1949, und Klaus-Peter Wendler, Technischer Angestellter, * Berlin-Zehlendorf 20. 7. 1939, für sich und ihre ehelichen Nachkommen im Mannesstamm sowie zugunsten der übrigen ehelichen Nachkommen im Mannesstamm des obengenannten neunfachen Urgroßvaters des Wappenstifters, Conrad Wendler.

Entwurf: PRO HERALDICA®, unter Leitung von
Dr. Ottfried Neubecker und Barbara Potzka.

Eingereicht von PRO HERALDICA®, Stuttgart.

Eingetragen unter Nr. 85277.

WIEDEMANN

Hanß	† 1645	Bauer in Klein-Sorheim
Zacharias	* Klein-Sorheim vor 1622 † Klein-Sorheim 11. 10. 1666	Schneidbauer
Georg der Jüngere	* Klein-Sorheim 13. 4. 1656 † Klein-Sorheim 15. 10. 1719	Bauer
Johann Georg gen. Hannß Jörg	* Klein-Sorheim 25. 11. 1693 † Klein-Sorheim 12. 2. 1759	Schneidhofbauer
Georg Kaspar	* Klein-Sorheim 10. 7. 1736 † Klein Sorheim 30. 7. 1811	Bauer
Johann	* Klein-Sorheim 10. 8. 1768 † Klein-Sorheim 17. 9. 1847	Bauer
Johannes	* Klein-Sorheim 26. 11. 1808 † Klein-Sorheim 20. 4. 1903	Bauer
Georg Johann	* Klein-Sorheim 22. 1. 1843 † Klein-Sorheim 7. 6. 1930	Bauer, Bürgermeister
Friedrich	* Klein Sorheim 6. 11. 1876 † Berlin 19. 2. 1967	Bäckermeister
Johannes Alfred Georg	* Neu-Weißensee 23. 4. 1903 † Berlin	Bäckermeister
dessen Kinder: Hans Gerd Günter		Bäckermeister
⚭ mit Helga Margarete Militz		Kauffrau
deren Kinder: Klaus Gerd Hannes		Bäcker, Konditor, Bürokaufmann, Industriekaufmann
⚭ mit: Susanne Obergfell		
Gisela		Krankenschwester
⚭ mit: Deinhard Axel Eduard Neumann		

ARCHIV: DEUTSCHES MUSEUM FÜR FAMILIENWAPPEN, STUTTGART.

Wiedemann

aus Klein-Sorheim, Lkrs. Nördlingen

In schwarz-golden zu 16 Feldern geschachtem Schilde vier Brezeln in verwechselten Farben, je eine in den schwarzen Plätzen der rechten Flanke und je eine in den linken goldenen Plätzen der zweiten und vierten Reihe.
Auf dem schwarz-golden bewulsteten Helm mit schwarz-goldenen Decken eine goldene Brezel zwischen zwei schwarzen Weidenzweigen mit goldenen Kätzchen.

Neu angenommen am 31. Oktober 1984 von Hans Gerd Günter Wiedemann, Bäckermeister, * Berlin 2. 1. 1937, für sich und seine ehelichen Nachkommen im Mannesstamm.

Entwurf: PRO HERALDICA®, Dr. Ottfried Neubecker
in Verbindung mit Barbara Potzka.

Eingereicht von PRO HERALDICA®, Stuttgart.

Eingetragen unter Nr. 85031.

ZENKER

Christoph	* 17. 1. 1641 † Weifa b. Neukirch 10. 11. 1713	Einnehmer der Generalaccise
Tobias	* Weifa 21. 1. 1664 † Klix b. Neukirch 20. 4. 1720	Schloßgutpächter
Johann Tobias	* Kauppa b. Klix 1717 † Dresden 20. 2. 1771	Kaufs- und Schiffsherr
Christian Daniel	* Dresden 20. 9. 1766 † Dresden 15. 12. 1819	Hoffuttermarschall, Geh. Finanzsekr.
1. Ast Albert	* 10. 3. 1794 † 18. 12. 1854	Geheimer Hofrat, Rat im Ministerium des Königl. Hauses Dresden
Friedrich Albert von Zenker, Dr. med.	* 13. 3. 1825 † 16. 6. 1898	Professor
Heinrich Albert, Dr. med.	* 5. 12. 1863 † 14. 10. 1952	Leiter der Augenklinik Herzog Carl Theodor in München
Rudolf, Prof. Dr. med.	* München 24. 2. 1903 † München 18. 1. 1984	Ordinarius für Chirurgie
⚭ mit: Gabriele Heß	* 30. 3. 1908	Hausfrau
deren Kinder: Sigrid Gertrud Herbert Prof. Dr. med.	 * 24. 7. 1931 * 9. 12. 1934 * 19. 5. 1937	 Kfm. Angestellte Hausfrau Direktor u. Oberarzt der Universitätsklinik f. Orthopädie, München
Marc	* 3. 5. 1942	Bankprokurist
2. Ast Ludewig	* Dresden 26. 5. 1797 † 29. 1. 1842	Stadtrat, Kaufmann
Julius Oskar, Dr. jur.	* Leipzig 23. 1. 1837 † Leipzig 25. 5. 1895	Justizrat, Rechtsanwalt
Oskar Georg	* Leipzig 1. 8. 1869 † Berlin 6. 4. 1933	Kunstmaler, Architekt
Heinz	* Berlin 14. 1. 1912 † Delmenhorst 6. 5. 1970	Schauspieler, Spielleiter
⚭ mit: Elin-Irmgard Seidel	* Hamburg 18. 3. 1903	Opernsängerin

ARCHIV: DEUTSCHES MUSEUM FÜR FAMILIENWAPPEN, STUTTGART.

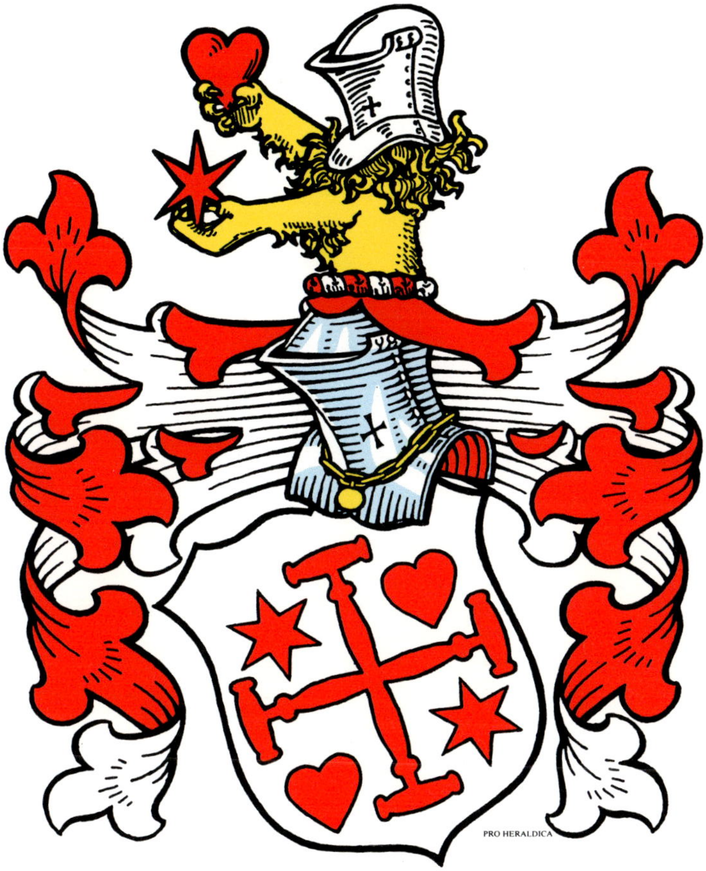

Zenker

aus Weifa bei Neukirch/Lausitz

In Silber ein Krückstockkreuz, begleitet in 1) und 4) von je einem Stern, 2) und 3) von je einem Herzen, alle Figuren rot.
Auf dem rot-silbern bewulsteten Helm mit rot-silbernen Decken ein wachsender goldener Löwe, einen silbernen Stechhelm über den Kopf gezogen, in der Rechten ein rotes Herz, in der Linken einen roten Stern tragend.

Im Gedenken an Professor Dr. Rudolf Zenker neu angenommen am 7. Dezember 1984 von Elin-Irmgard Zenker, geb. Seidel, Opernsängerin, * Hamburg 18. 3. 1903, für sich und ihre ehelichen Nachkommen im Mannesstamm sowie zugunsten der übrigen ehelichen Nachkommen im Mannesstamm des obengenannten Christoph Zenker.

Entwurf: PRO HERALDICA®, unter Leitung von Dr. Ottfried Neubecker und Barbara Potzka.

Eingereicht von PRO HERALDICA®, Stuttgart.

Eingetragen unter Nr. 85157.

ZÖLLER

Lorenz	* natus anno 1638	Schöffe
Nikolaus	* Großheubach, Lkrs. Miltenberg 20. 3. 1659	Lehrer, Bürgermeister, Ackermann
Johann Michael	* Großheubach 13. 4. 1681	Ortsvorsteher, Magister
Johann-Lorenz	* Großheubach 4. 1. 1732 † Kirrweiler 22. 1. 1803	Lehrer
Peter-Lorenz	* Kirrweiler 11. 3. 1781 † Kirrweiler 9. 6. 1867	Lehrer, Landwirt
Jakob	* Kirrweiler 21. 11. 1829 † Diedesfeld 16. 6. 1912	Lehrer
Johann August	* Diedesfeld 14. 10. 1872 † Diedesfeld 13. 7. 1906	Lehrer
Emil Jakob August	* Diedesfeld 7. 8. 1903 † Dudenhofen 18. 7. 1981	Verwaltungsoberinspektor
Geo Vinzenz Franz	* Speyer 13. 4. 1932	Zahnarzt
⚭ mit: Ingrid Schäfer	* Speyer 2. 10. 1940	Sekretärin
deren Töchter: Heike Kirsten Sylke		 Studentin Zahnarzthelferin Schülerin

ARCHIV: DEUTSCHES MUSEUM FÜR FAMILIENWAPPEN, STUTTGART.

Zöller

aus Großheubach, Lkrs. Miltenberg

In durch eine rot-silbern gestückte Leiste silbern-schwarz schräglinksgeteiltem Schilde oben ein schwarzer Äskulapstab, unten aus der Schildecke hervorkommend eine goldene Strahlensonne. Auf dem Helm mit rechts rot-silbernen und links schwarz-goldenen Decken ein wachsender goldenbewehrter schwarzer Adler.

Neu angenommen am 10. Mai 1985 von Geo Vinzenz Franz Zöller, Zahnarzt, * Speyer 13. 4. 1932, für sich und seine ehelichen Nachkommen im Mannesstamm sowie zugunsten der übrigen ehelichen Nachkommen im Mannesstamm seines obengenannten sechsfachen Urgroßvaters Lorenz Zöller.

Entwurf: PRO HERALDICA®, unter Leitung von
Dr. Ottfried Neubecker und Barbara Potzka.

Eingereicht von PRO HERALDICA®, Stuttgart.

Eingetragen unter Nr. 85248.

Ahrens

aus Hamburg

Ältester bekannter Vorfahr im Mannesstamm: Hans Joachim Ahrens, * Hamburg 12. 7. 1757.

Innerhalb blauen Wellenschildrandes in Gold fächerweise drei grüne Ähren, die äußeren beblättert, die Stiele überdeckt von einer blauen Windrose.
Auf dem blau-golden bewulsteten Helm mit blau-goldenen Decken eine goldene Windrose, verschränkt mit zwei gekreuzten grünen unbeblätterten Ähren.

Neu angenommen am 25. Januar 1985 von Herbert Heinrich Oskar Ahrens, Leitender Bundesbahn-Direktor a. D., * Kiel 17. 8. 1908, für sich und seine ehelichen Nachkommen im Mannesstamm.

Entwurf: PRO HERALDICA®, unter Leitung von
Dr. Ottfried Neubecker und Barbara Potzka.

Eingereicht von PRO HERALDICA®, Stuttgart.

Eingetragen unter Nr. 85108.

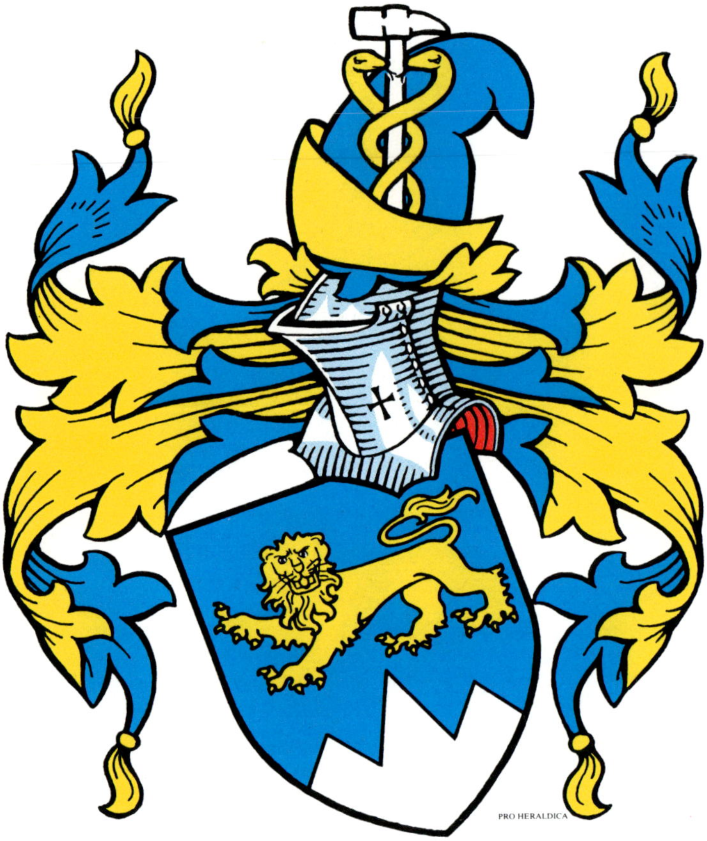

Allgaier

aus Burtenbach, Krs. Günzburg

Ältester bekannter Vorfahr im Mannesstamm: Hermann Allgaier, Gärtner, * Burtenbach 21. 8. 1867.

In Blau unten ein silberner spitzer Dreiberg, oben ein schreitender herschauender goldener Löwe. Auf dem Helm mit blau-goldenen Decken ein goldenaufgeschlagener blauer Heidenhut, seitlich besteckt mit einem von zwei goldenen Schlangen umwundenen silbernen Hammer.

Neu angenommen am 14. Dezember 1984 von Werner Allgaier, Diplom-Ingenieur, * Heidenheim a. d. Brenz 5. 4. 1938, für sich und seine ehelichen Nachkommen im Mannesstamm.

Entwurf: PRO HERALDICA®, unter Leitung von
Dr. Ottfried Neubecker und Barbara Potzka.

Eingereicht von PRO HERALDICA®, Stuttgart.

Eingetragen unter Nr. 85109.

Arlt

aus Mühlwitz, Krs. Oels

Ältester bekannter Vorfahr im Mannesstamm: Johann Gottlieb Arlt, Vater des Ernst Wilhelm Arlt, * Mühlwitz 7. 8. 1809.

In Gold ein pfahlweise mit drei goldenen Sternen belegter roter Klauflügel, oben begleitet rechts von einem roten Mörser mit eingelegtem Pistill, links von dem Kopf eines roten Lilienszepters. Auf dem rot-golden bewulsteten Helm mit rot-goldenen Decken ein nach oben geöffneter goldener Zirkel, die Schenkel besetzt mit je einem roten, mit einem goldenen Stern bezeichneten Flügel.

Neu angenommen am 17. Mai 1985 von Diplom-Ingenieur Walter Arlt, Baudirektor, * Frankfurt a. M. 14. 7. 1922, für sich und seine ehelichen Nachkommen im Mannesstamm sowie zugunsten der übrigen ehelichen Nachkommen im Mannesstamm seines obengenannten Ururgroßvaters Johann Gottlieb Arlt.

Entwurf: PRO HERALDICA®, unter Leitung von Dr. Ottfried Neubecker und Barbara Potzka.

Eingereicht von PRO HERALDICA®, Stuttgart.

Eingetragen unter Nr. 85183.

Asel

aus Elmstein

Ältester bekannter Vorfahr im Mannesstamm: Jacob Asel, Holzhauer, * err. 1743, † Elmstein 16. 9. 1809.

Von Silber und Grün gespalten, in jedem Feld eine bewurzelte Tanne in verwechselten Farben, begleitet von zwei goldenen Äxten am Spalt, die rechte grüngestielt mit der Klinge nach oben, die linke silberngestielt mit der Klinge nach unten.
Auf dem Helm mit grün-silbernen Decken ein wachsender silbernbewehrter schwarzer Stier.

Neu angenommen am 21. Mai 1982 von Gerhard Konrad Fritz Asel, Bauunternehmer, * Ostritz/Zittau 16. 3. 1946, für sich und seine ehelichen Nachkommen im Mannesstamm sowie zugunsten der übrigen ehelichen Nachkommen im Mannesstamm seines obengenannten vierfachen Urgroßvaters Jacob Asel.

Entwurf: PRO HERALDICA®, unter Leitung von
Dr. Ottfried Neubecker und Barbara Potzka.

Eingereicht von PRO HERALDICA®, Stuttgart.

Eingetragen unter Nr. 85184.

Atwood

aus Berlin

Über rot-silbern gespaltenem Schildfuß in blau-grün geteiltem Felde eine unten aufsitzende silberne Reißschiene, begleitet oben rechts von zwei silbernen Balken, links von fünf silbernen Sternen und oben überdeckt von einem auf der Teilungslinie aufsitzenden silbernen Zeichendreieck, eine silberne, mit einem anstoßenden Quadrat belegte anstoßende Scheibe einschließend.
Auf dem Helm mit grün-silbernen Decken ein grüner Laubbaum mit sechzehn kleeblattförmigen Blättern.

Neu angenommen am 17. Mai 1985 von Jochem Georg Atwood, Architekt, * Berlin 10. 7. 1939, für sich und seine ehelichen Nachkommen im Mannesstamm.

Entwurf des Waffenstifters.

Eingereicht von PRO HERALDICA®, Stuttgart.

Eingetragen unter Nr. 85231.

Aukthun

aus Freudenberg/Ostpreußen

Ältester bekannter Vorfahr im Mannesstamm: Karl August Aukthun, Hufschmied, * Freudenberg 18. 4. 1856, Urgroßvater des Antragstellers.

In blau-silbern gespaltenem Schilde ein bewurzelter Laubbaum in verwechselten Farben, begleitet rechts von einem goldenen hersehenden Hirschhaupt, einen goldenen Stern zwischen den Stangen einschließend, links von einem goldengekrönten roten hersehenden Löwenhaupt.
Auf dem blau-silbern bewulsteten Helm mit blau-silbernen Decken der Baum wie im Schilde, wachsend.

Neu angenommen am 14. Dezember 1984 von Gerd Aukthun, Kaufmännischer Angestellter, * Estebrügge, Krs. Stade, 9. 9. 1945, für sich und seine ehelichen Nachkommen sowie zugunsten der übrigen ehelichen Nachkommen im Mannesstamm seines obengenannten Urgroßvaters Karl August Aukthun.

Entwurf: PRO HERALDICA®, unter Leitung von
Dr. Ottfried Neubecker und Barbara Potzka.

Eingereicht von PRO HERALDICA®, Stuttgart.

Eingetragen unter Nr. 85095.

Bachmann

aus Rohrdorf, Krs. Calw

In Gold eine schwarze Stimmgabel zwischen zwei fächerförmig gelegten grünbeblätterten und -gestielten schwarzen Rohrkolben, an der Fußstelle überdeckt von einem blauen Wellenbalken.
Auf dem Helm mit schwarz-goldenen Decken ein wachsender, schwarz mit goldenen Aufschlägen gekleideter barhäuptiger Jüngling, in der Rechten eine schwarze Stimmgabel, in der Linken einen goldenen Notenschlüssel haltend.

Neu angenommen am 12. Februar 1985 von Kurt Gerhard Bachmann, Industriekaufmann, * Ebhausen, Krs. Calw, 24. 6. 1928, für sich und seine ehelichen Nachkommen im Mannesstamm.

Entwurf: PRO HERALDICA®, unter Leitung von
Dr. Ottfried Neubecker und Barbara Potzka.

Eingereicht von PRO HERALDICA®, Stuttgart.

Eingetragen unter Nr. 85110.

Bachmann

aus Horosla/Rumänien

Ältester bekannter Vorfahr im Mannesstamm: Heinrich Bachmann, Landwirt,* in Rußland, Großvater des Antragstellers.

In blau-rot gespaltenem Schilde ein goldener Wellenpfahl, begleitet rechts oben von einem goldenen Tatzenkreuzchen, links unten von einem aus hervorkommenden Hobelspänen gebildeten Kreuzchen. Auf dem blau-golden-rot-golden bewulsteten Helm mit rechts blau-goldenen und links rot-goldenen Decken ein goldener Seeadler, flugbereit auf einem blauen Delphin stehend und seinen Schnabel in dessen Kopf schlagend.

Neu angenommen am 22. März 1985 von Arthur Bachmann, Diplom-Krankenpfleger, * Cogealac/ Dobrudscha (Rumänien) 12. 3. 1932, für sich und seine ehelichen Nachkommen im Mannesstamm.

Entwurf: PRO HERALDICA®, unter Leitung von
Dr. Ottfried Neubecker und Barbara Potzka.

Eingereicht von PRO HERALDICA®, Stuttgart.

Eingetragen unter Nr. 85130.

Baerbaum

aus Hamburg

Innerhalb schwarzen, mit zwölf goldenen fünfzackigen Sternen belegten Schildrandes in Silber ein hervorkommendes grünes Laubbäumchen.
Auf dem Helm mit rechts grün-silbernen und links schwarz-goldenen Decken ein mit einem silbernen Bäumchen, sonst wie im Schilde, besetzter rotgezungter schwarzer Bärenkopf.

Neu angenommen am 6. April 1984 von Claus-Jürgen Baerbaum, Bankkaufmann, * Hamburg 21. 4. 1938, für sich und seine ehelichen Nachkommen im Mannesstamm.

Entwurf: PRO HERALDICA®, Dr. Ottfried Neubecker
in Verbindung mit Barbara Potzka.

Eingereicht von PRO HERALDICA®, Stuttgart.

Eingetragen unter Nr. 85185.

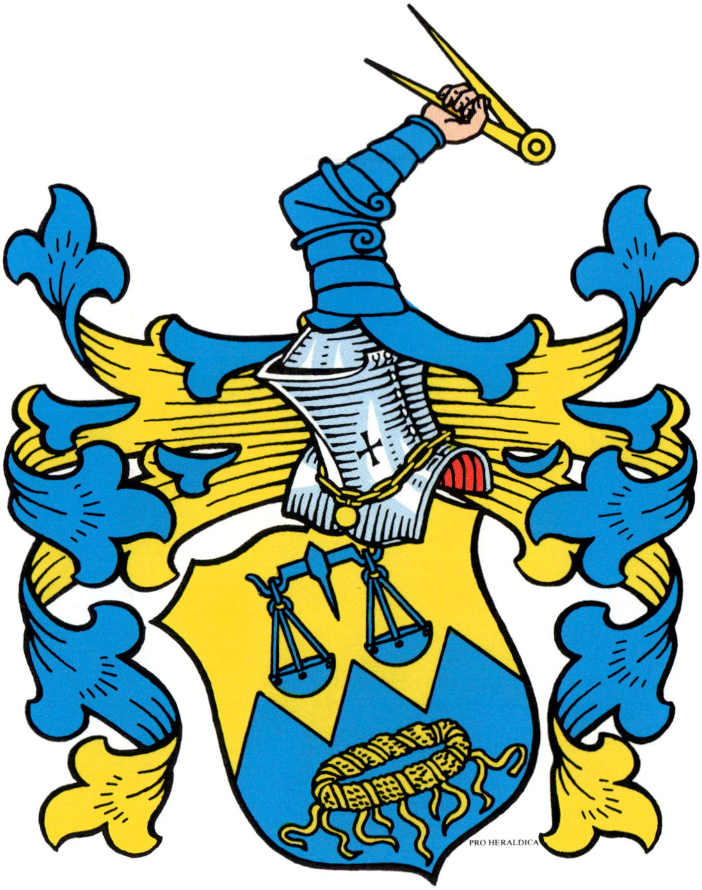

Bank

aus Ortelsburg/Ostpreußen

In golden-blau durch drei Mittelspitzen geteiltem Schilde oben eine Waage im Gleichgewicht, unten ein Richtkranz mit abfliegenden Bändern, alles in verwechselten Farben.
Auf dem Helm mit blau-goldenen Decken ein blaugeharnischter Arm, einen nach rechts oben geöffneten goldenen Zirkel haltend.

Neu angenommen am 7. Dezember 1984 von Dr. Rudolf Bank, Steuerberater, Finanzberater, * Ortelsburg 5. 10. 1916, für sich und seine ehelichen Nachkommen im Mannesstamm.

Entwurf: PRO HERALDICA®, unter Leitung von
Dr. Ottfried Neubecker und Barbara Potzka.

Eingereicht von PRO HERALDICA®, Stuttgart.

Eingetragen unter Nr. 85132.

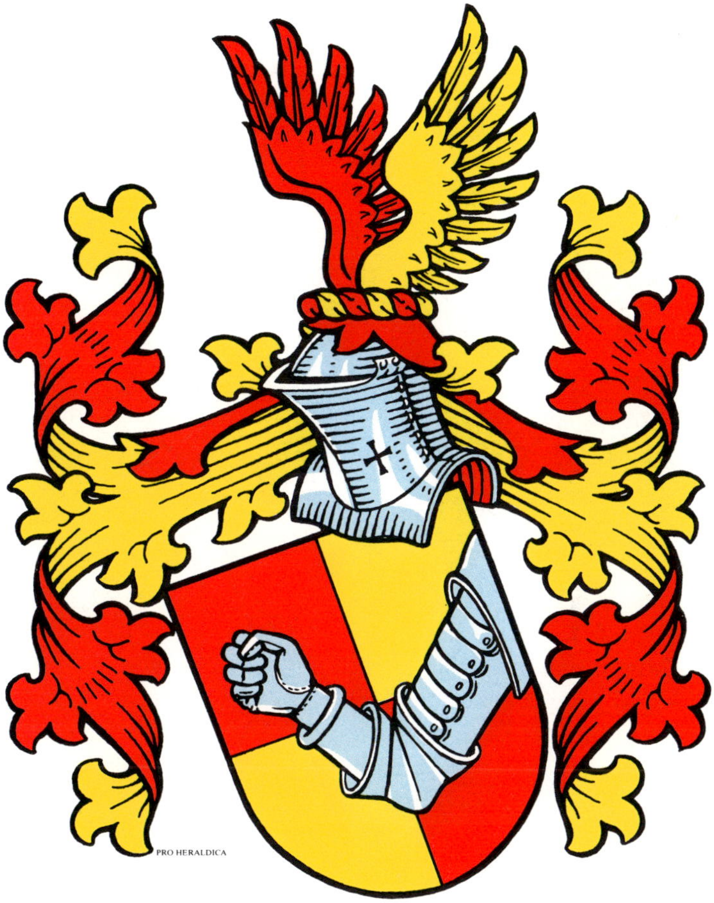

Bargon

aus Hasselbach, Krs. Usingen/Hessen

Ältester bekannter Vorfahr im Mannesstamm: Georgy Barchum, im Jahr 1651 aus Sheeforth (wahrscheinlich Chèvremont, Diözese Lüttich) nach Hasselbach eingewandert, Vater des Matthäus Barchum, * um 1675 (?), fünffachen Urgroßvaters des Wappenstifters.

In rot-golden geviertem Schilde aus dem linken Schildrand hervorkommend ein geharnischter Arm mit geballter Faust.
Auf dem rot-golden bewulsteten Helm mit rot-goldenen Decken ein rechts roter, links goldener Flug.

Neu angenommen am 1. April 1925 von Dr. rer. pol. Anton Wilhelm Bargon, * Troisdorf 4. 11. 1895, † Marburg/Lahn 29. 7. 1962, für sich und seine ehelichen Nachkommen im Mannesstamm und eingetragen auf Antrag seines Sohnes Prof. Dr. med. Gerlach Wilhelm Bargon, Arzt, * Hamborn 23. 12. 1927.

Eingereicht von PRO HERALDICA®, Stuttgart.

Eingetragen unter Nr. 84506.

Bauerle

aus Fellbach

Ältester bekannter Vorfahr im Mannesstamm: Johannes Bauerle, Gerichtsverwandter, * Fellbach 4. 2. 1716, † ebd. 20. 11. 1775.

In grün-silbern gespaltenem Schilde rechts pfahlweise eine silberne Sensenklinge, die Spitze unten, links zwei gekreuzte rote Schulzenstäbe.
Auf dem grün-silbern bewulsteten Helm mit grün-silbernen Decken zwei zugewandte silberne Sensenklingen, die Spitzen oben.

Auf Veranlassung von Hans Bauerle, Apotheker, * Göppingen 18. 8. 1913, im Jahre 1940 gestaltet und 1986 nach Richtigstellung eingetragen für sich und seine ehelichen Nachkommen im Mannesstamm sowie zugunsten der übrigen ehelichen Nachkommen im Mannesstamm seines obengenannten vierfachen Urgroßvaters Johannes Bauerle.

Richtiggestellt von PRO HERALDICA®, unter der Leitung von Dr. Ottfried Neubecker und Barbara Potzka.

Eingereicht von PRO HERALDICA®, Stuttgart.

Eingetragen unter Nr. 85186.

Baumann

aus Günserode, Krs. Sondershausen/Thüringen

Ältester bekannter Vorfahr im Mannesstamm: Walter Baumann, Bäcker und Konditor, * Günserode 7. 1. 1907, † Koppeln-Salzburg 1964.

In silbern-rot im Zinnenschnitt geteiltem Schilde oben eine silbernbebutzte rote Rose, unten ein zwölfzackiger silberner Stern.
Auf dem Helm mit rot-silbernen Decken ein emporgereckter roter geharnischter Arm, ein silbernes Schwert schwingend.

Neu angenommen am 19. Oktober 1984 von Karl-Heinz Baumann, Polizeibeamter, * Berlin-Köpenick 21. 8. 1937, für sich und seine ehelichen Nachkommen im Mannesstamm.

Entwurf: PRO HERALDICA®, Dr. Ottfried Neubecker
in Verbindung mit Barbara Potzka.

Eingereicht von PRO HERALDICA®, Stuttgart.

Eingetragen unter Nr. 84507.

Baumann

aus Althornbach bei Zweibrücken

Ältester bekannter Vorfahr im Mannesstamm: Johann Conrad Baumann, Lehrer, * Althornbach 2. 10. 1764, † Zweibrücken 13. 4. 1826, evang. reformiert.

In Blau ein Stufensparren, begleitet oben von zwei geöffneten Schneiderscheren und unten von einem aus dem Schildfuß hervorkommenden Fuchs, einen Stab zwischen den Branten haltend, alle Figuren silbern.
Auf dem Helm mit blau-silbernen Decken zwischen einem silbernen Flug pfahlweise ein blauer Hammer, die Bahn oben und links.

Neu angenommen am 31. Oktober 1984 von Ernst Baumann, Schlosser, * Zweibrücken 20. 1. 1926, für sich und seine ehelichen Nachkommen im Mannesstamm sowie zugunsten der übrigen ehelichen Nachkommen im Mannesstamm seines obengenannten Ururgroßvaters Johann Conrad Baumann.

Entwurf: PRO HERALDICA®, Dr. Ottfried Neubecker
in Verbindung mit Barbara Potzka.

Eingereicht von PRO HERALDICA®, Stuttgart.

Eingetragen unter Nr. 85096.

Baur

aus Mimmenhausen, Gem. Salem

Ältester bekannter Vorfahr im Mannesstamm: Josef Baur, Wagner und Landwirt, * Mimmenhausen 29. 2. 1880, † 21. 1. 1954.

In golden-grün gespaltenem Schilde ein von zwei Wagenrädern überhöhter Schwingpflug, diese Figuren schwarz im goldenen und silbern im grünen Platz.
Auf dem schwarz-golden-grün-silbern bewulsteten Helm mit rechts schwarz-goldenen und links grün-silbernen Decken ein nach oben geöffnetes goldenes Hufeisen zwischen je drei grünen nach auswärts geneigten Ähren, die beiden äußeren beblättert.

Neu angenommen am 24. Mai 1985 von Ernst Baur, Kraftfahrer, * Mühlhofen 13. 5. 1924, für sich und seine ehelichen Nachkommen.

Entwurf: PRO HERALDICA®, unter Leitung von
Dr. Ottfried Neubecker und Barbara Potzka.

Eingereicht von PRO HERALDICA®, Stuttgart.

Eingetragen unter Nr. 85187.

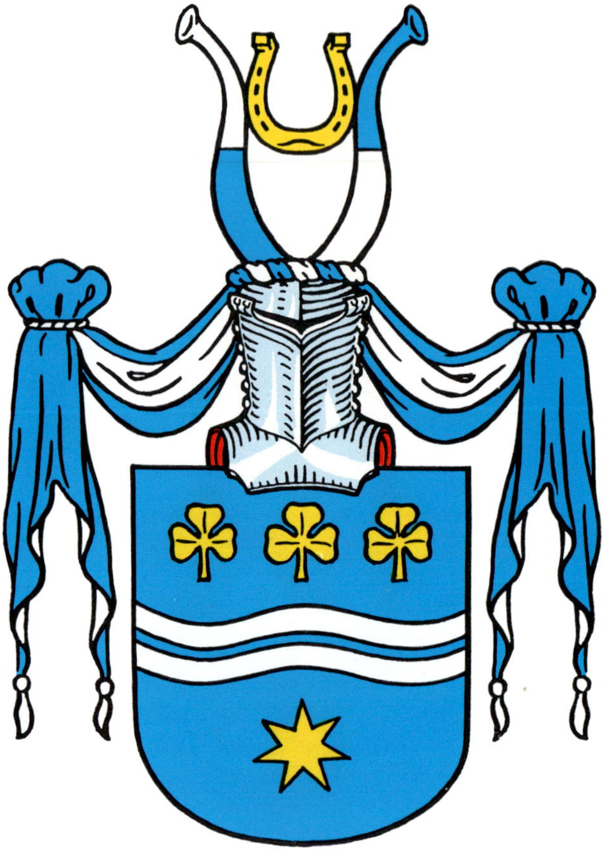

Bechstedt

aus Essleben, Krs. Schweinfurt

Ältester bekannter Vorfahr im Mannesstamm: Hans Bechstedt aus Essleben, † 3. 3. 1709.

In Blau ein mit einer blauen Wellenleiste belegter silberner Wellenbalken, begleitet oben von drei goldenen gestielten Kleeblättern, unten von einem siebenzackigen goldenen Stern.
Auf dem blau-silbern bewulsteten Helm mit blau-silbernen Decken ein oben zwischen zwei silbern-blau übereckgeteilten Büffelhörnern angestemmtes, nach oben offenes goldenes Hufeisen.

Auf Antrag von Volker Kurt Fritz Bechstedt, Baumaler, * Kassel 2. 9. 1940, für sich und seine ehelichen Nachkommen im Mannesstamm sowie zugunsten der übrigen ehelichen Nachkommen im Mannesstamm seines obengenannten siebenfachen Urgroßvaters Hans Bechstedt eingetragen.

Richtiggestellt von PRO HERALDICA®, unter Leitung von
Dr. Ottfried Neubecker und Barbara Potzka.

Eingereicht von PRO HERALDICA®, Stuttgart.

Eingetragen unter Nr. 85263.

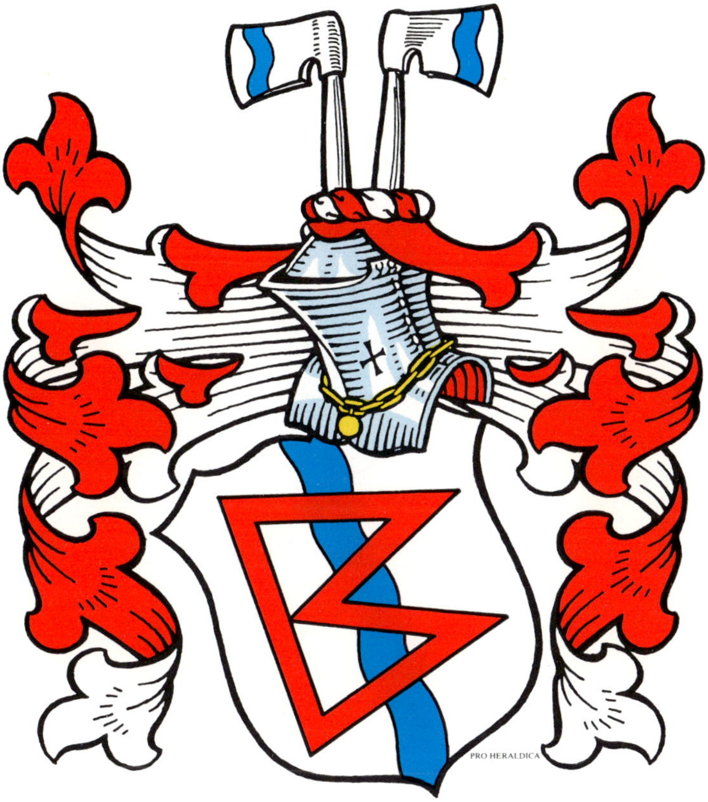

Becker

aus Obertshausen, Krs. Offenbach

Ältester bekannter Vorfahr im Mannesstamm: Peter Becker, Zimmermeister, * Obertshausen, † ebd. 1882.

In Silber ein blauer Wellenpfahl, überdeckt von einer roten Figur, bestehend aus einer Pfahlleiste und einem Doppellinkssparren.
Auf dem rot-silbern bewulsteten Helm mit rot-silbernen Decken zwei abgewandte silberne, auf dem Blatt mit je einem blauen Wellenpfahl bezeichnete Zimmermannsbeile.

Neu angenommen am 17. August 1984 von Hermann Josef Becker, Diplom-Ingenieur, Architekt, * Hainstadt 26. 12. 1914, für sich und seine ehelichen Nachkommen im Mannesstamm sowie zugunsten der übrigen ehelichen Nachkommen im Mannesstamm seines Urgroßvaters Peter Becker.

Entwurf: PRO HERALDICA®, unter Leitung von Dr. Ottfried Neubecker und Barbara Potzka.

Eingereicht von PRO HERALDICA®, Stuttgart.

Eingetragen unter Nr. 85021.

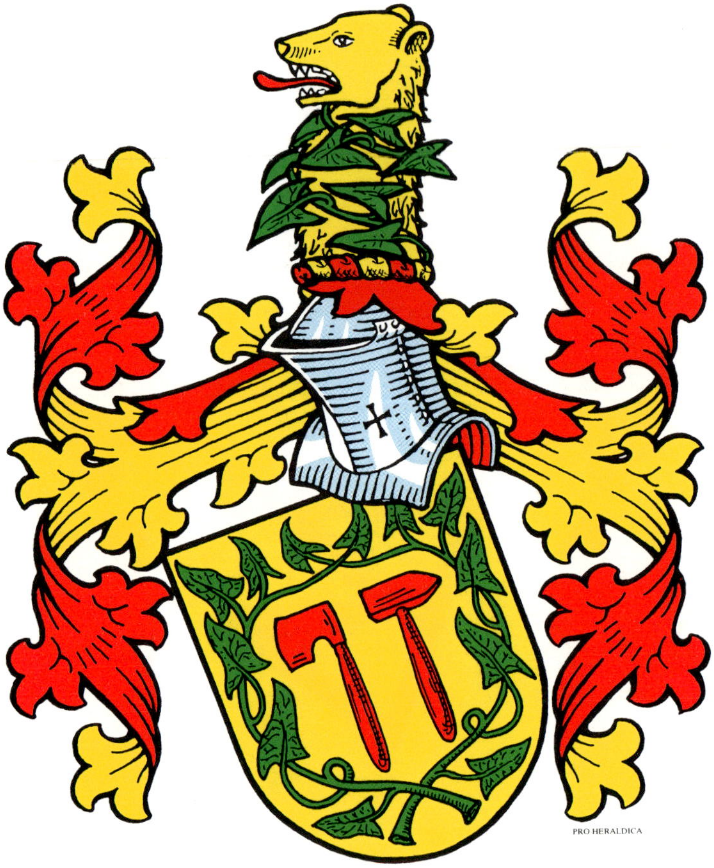

Benz

aus Winnenden/Rems-Murr-Kreis

Ältester bekannter Vorfahr im Mannesstamm: Jakob Benz, Metzger, * Winnenden.

In Gold von zwei grünen Windenranken umrahmt zwei pfahlweise gestellte, nach außen gewendete rote Werkzeuge, die Griffe unten, rechts ein Beil, links ein Hammer.
Auf dem rot-golden bewulsteten Helm mit rot-goldenen Decken ein von einer grünen Windenranke umschlungener silbernbewehrter rotgezungter goldener Bärenrumpf.

Neu angenommen am 20. Januar 1984 von Kurt Walter Benz, Steinmetzmeister, * Winnenden 2. 1. 1941, für sich und seine ehelichen Nachkommen im Mannesstamm sowie zugunsten der übrigen ehelichen Nachkommen im Mannesstamm seines obengenannten Großvaters Jakob Benz.

Entwurf: PRO HERALDICA®, Dr. Ottfried Neubecker
in Verbindung mit Barbara Potzka.

Eingereicht von PRO HERALDICA®, Stuttgart.

Eingetragen unter Nr. 84279.

Bergener

aus Gräfenthal, Lkrs. Saalfeld/Thüringen

Ältester bekannter Vorfahr im Mannesstamm: Johann Nikolaus Bergner, Webermeister, * Gräfenthal 14. 8. 1757, † Wildenspring 14. 2. 1817.

Rot-golden im Zackenschnitt erhöht geteilt, die mittlere Zacke höher als die beiden äußeren, unten ein von einem blauen Weberschiffchen überhöhter schwarzer Löwe.
Auf dem Helm mit rechts rot-goldenen und links blau-goldenen Decken ein goldengekleideter Mohrinnenrumpf.

Neu angenommen am 23. November 1984 von Rolf Hubert Bergener, Technischer Kaufmann, * Fürth/Bayern 18. 9. 1929, für sich und seine ehelichen Nachkommen im Mannesstamm sowie zugunsten der übrigen ehelichen Nachkommen im Mannesstamm seines obengenannten dreifachen Urgroßvaters Johann Nikolaus Bergner.

Entwurf: PRO HERALDICA®, unter Leitung von
Dr. Ottfried Neubecker und Barbara Potzka.

Eingereicht von PRO HERALDICA®, Stuttgart.

Eingetragen unter Nr. 85001.

Berger

aus Kirchanschöring, Krs. Traunstein

In Gold auf einem mit einer goldenen Rose belegten roten gemauerten Stufengiebel aufsitzend eine blaue Waage im Gleichgewicht.
Auf dem rot-golden bewulsteten Helm mit rot-goldenen Decken ein hersehender goldener Widderrumpf, im Maul ein blaues Lot haltend.

Neu angenommen am 17. Mai 1985 von Armin Berger, Bauingenieur, * Kirchanschöring 1. 4. 1939, für sich und seine ehelichen Nachkommen im Mannesstamm.

Entwurf: PRO HERALDICA®, unter Leitung von Dr. Ottfried Neubecker und Barbara Potzka.

Eingereicht von PRO HERALDICA®, Stuttgart.

Eingetragen unter Nr. 85278.

Bernick

aus Landsberg/Warthe

Ältester bekannter Vorfahr im Mannesstamm: Christian Bernicke, Vater des Johann Bernicke, * 1747, † Landsberg 11. 8. 1798.

In Rot eine Jakobsmuschel, oben und rechts bordweise begleitet von sieben nach rechts oben fliegenden Gänsen, alle Figuren silbern.
Auf dem Helm mit rot-silbernen Decken vor einem roten Flug eine mit einem roten Kupferschmiedehammer bezeichnete silberne Hygieia-Schale.

Neu angenommen am 28. Juni 1985 von Dr. rer. nat. Wolf Alexander Georg Bernick, Apotheker, * Stralsund 20. 6. 1912, für sich und seine ehelichen Nachkommen im Mannesstamm.

Entwurf: PRO HERALDICA®, unter Leitung von
Dr. Ottfried Neubecker und Barbara Potzka.

Eingereicht von PRO HERALDICA®, Stuttgart.

Eingetragen unter Nr. 85279.

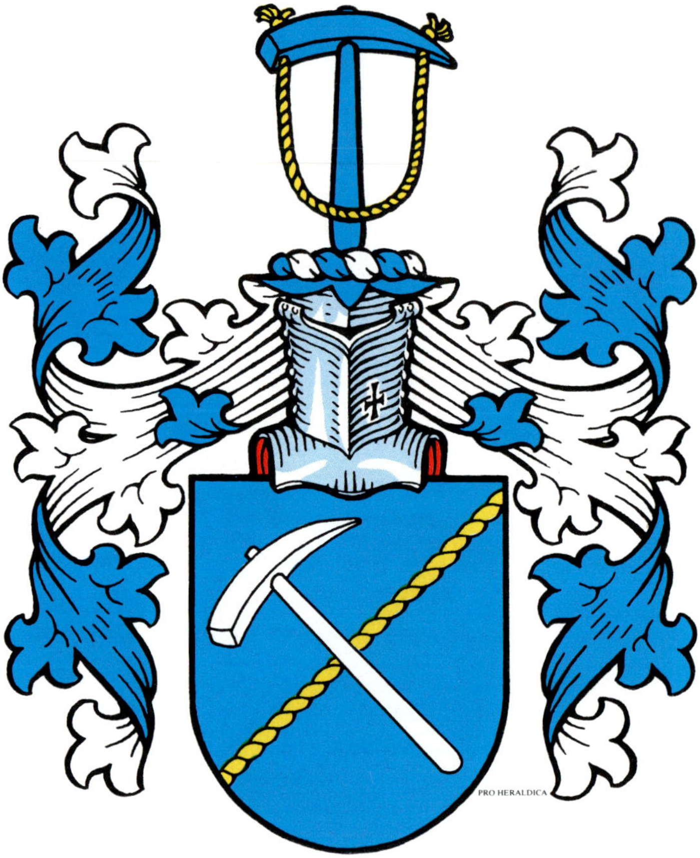

Bickel

aus Graben, heute Graben-Neudorf, Krs. Karlsruhe

Ältester bekannter Vorfahr im Mannesstamm: Gabriel Bickel, Vater des Georg Friedrich Bickel, Seilers, * Graben 9. 11. 1789, † 7. 6. 1850.

In Blau schräglinks durchgehend ein goldenes Seil, schrägrechts überdeckt von einem silbernen Pickel. Auf dem blau-silbern bewulsteten Helm mit blau-silbernen Decken ein blauer Pickel, aus dessen durchbohrten Enden ein goldenes Seil U-förmig herabhängt.

Neu angenommen am 21. Juni 1985 von Lothar Günter Bickel, Diplom-Ingenieur (FH), * Graben 27. 7. 1938, für sich und seine ehelichen Nachkommen im Mannesstamm sowie zugunsten der übrigen ehelichen Nachkommen im Mannesstamm seines obengenannten dreifachen Urgroßvaters Gabriel Bickel.

Entwurf: PRO HERALDICA®, unter Leitung von
Dr. Ottfried Neubecker und Barbara Potzka.

Eingereicht von PRO HERALDICA®, Stuttgart.

Eingetragen unter Nr. 85289.

Bildhäuser

aus Oberhausen

In Blau aus einem silbern-blau-silbern nach der Figur geteilten Wellenbalken im Schildfuß hervorkommend zwei goldene Hände, eine goldene, mit einem von einer goldenen Schlange umringelten silbernen Stab besteckte Schale emporhaltend.
Auf dem blau-golden bewulsteten Helm mit blau-goldenen Decken ein flugbereiter goldenbewehrter schwarzer Adler, auf einer Weltkugel mit schwarzer Gradeinteilung, blauen Wasser- und silbernen Landmassen stehend und im Schnabel ein herabhängendes silbernes Eichenblatt haltend.

Neu angenommen am 9. Februar 1984 von Bernhard Bildhäuser, staatlich geprüftem Masseur und med. Bademeister in Höhr-Grenzhausen, für sich und seine ehelichen Nachkommen im Mannesstamm.

Entwurf: Wappen-Krölls, Johannes Krölls.

Eingereicht: Wappen-Krölls, Eggenstein.

Eingetragen unter Nr. 84303.

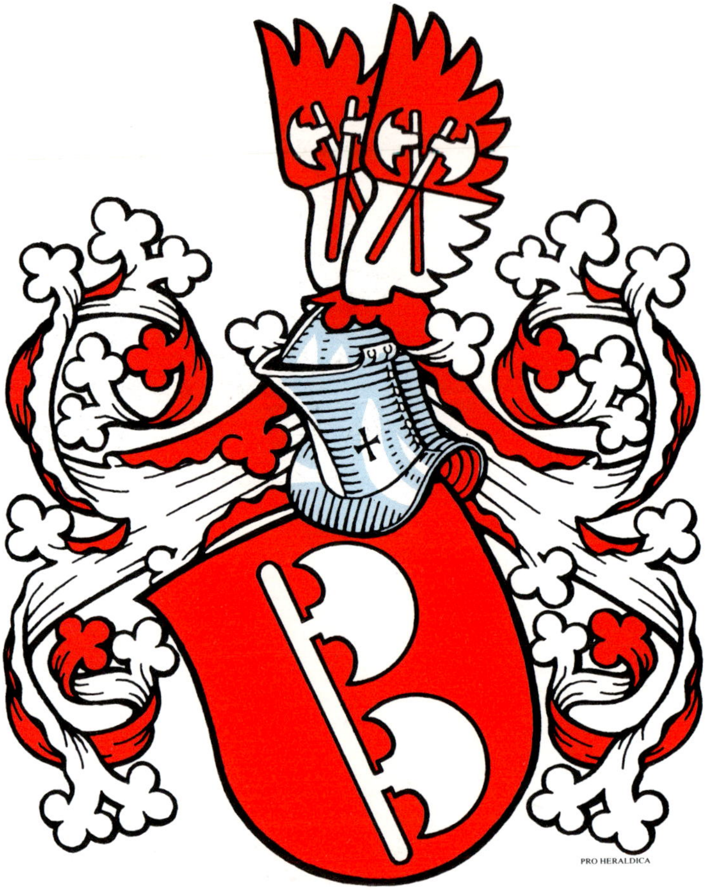

Bill

aus Oberlinxweiler, heute St. Wendel/Saar

Ältester bekannter Vorfahr im Mannesstamm: Friedrich Bill, Landwirt, * Oberlinxweiler 3. 11. 1861, † Werschweiler 21. 7. 1921.

In Rot eine silberne Figur, bestehend aus einem links mit zwei halbmondförmigen Beilklingen besetzten Schaft.
Auf dem Helm mit rot-silbernen Decken ein rot-silbern geteilter Flug, je belegt mit zwei gekreuzten Beilen in verwechselten Farben.

Neu angenommen am 9. November 1984 von Hartmut Bill, Kaufmännischer Angestellter, * Werschweiler, Stadt St. Wendel, 9. 11. 1939, für sich und seine ehelichen Nachkommen im Mannesstamm sowie zugunsten der übrigen ehelichen Nachkommen im Mannesstamm seines obengenannten Großvaters Friedrich Bill.

Entwurf: PRO HERALDICA®, Dr. Ottfried Neubecker
in Verbindung mit Barbara Potzka.

Eingereicht von PRO HERALDICA®, Stuttgart.

Eingetragen unter Nr. 85034.

Birkenmaier

aus Oberurbach/Württ.

In rot-silbern gespaltenem Schilde schrägbalkenweise eine Waage in verwechselten Farben, begleitet links oben von einer blauen Weintraube mit zwei grünen Blättern und rechts unten von einem aus vier silbernen Birkenblättern gebildeten Kreuz.
Auf dem rot-silbern-blau-silbern bewulsteten Helm mit rechts rot-silbernen und links blau-silbernen Decken zwei grüne Birkenreiser abwechselnd mit drei Straußenfedern, einer roten rechts, einer silbernen in der Mitte und einer blauen links.

Neu angenommen am 15. April 1983 von Jürgen Bernhard Birkenmaier, Kaufmann, * Schwenningen/Neckar 7. 11. 1944, für sich und seine ehelichen Nachkommen im Mannesstamm sowie zugunsten der übrigen ehelichen Nachkommen im Mannesstamm seines Vaters Eugen Birkenmaier, Beamter, * Oberurbach, † Schwenningen April 1970.

Entwurf: PRO HERALDICA®, Dr. Ottfried Neubecker
in Verbindung mit Barbara Potzka.

Eingereicht von PRO HERALDICA®, Stuttgart.

Eingetragen unter Nr. 84280.

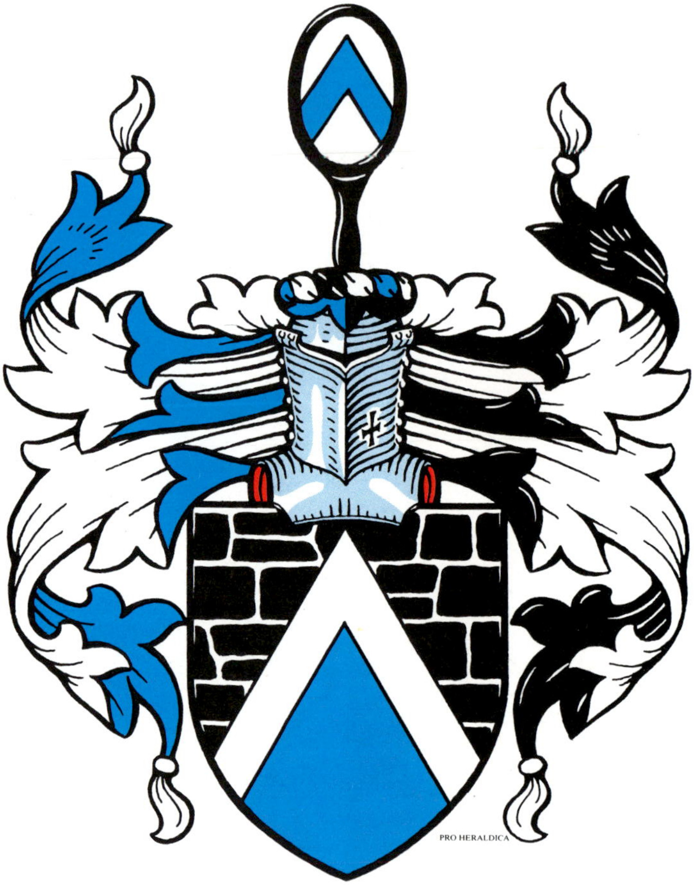

Blank

aus Asch, CSSR

Ältester bekannter Vorfahr im Mannesstamm: Gustav Blank, * Asch 16. 12. 1891, Großvater des Antragstellers.

In schwarzgemauertem silberngefugtem Schilde eine von einem silbernen Sparren begrenzte blaue Spitze.
Auf dem blau-silbern-schwarz-silbern bewulsteten Helm mit rechts blau-silbernen und links schwarz-silbernen Decken ein schwarzer Handspiegel, das silberne Glas belegt mit einem blauen Sparren.

Neu angenommen am 12. April 1985 von Helmut Blank, Architekt, * Brennberg bei Falkenstein, Krs. Regensburg, 15. 7. 1950, für sich und seine ehelichen Nachkommen im Mannesstamm.

Entwurf: PRO HERALDICA®, unter Leitung von
Dr. Ottfried Neubecker und Barbara Potzka.

Eingereicht von PRO HERALDICA®, Stuttgart.

Eingetragen unter Nr. 85158.

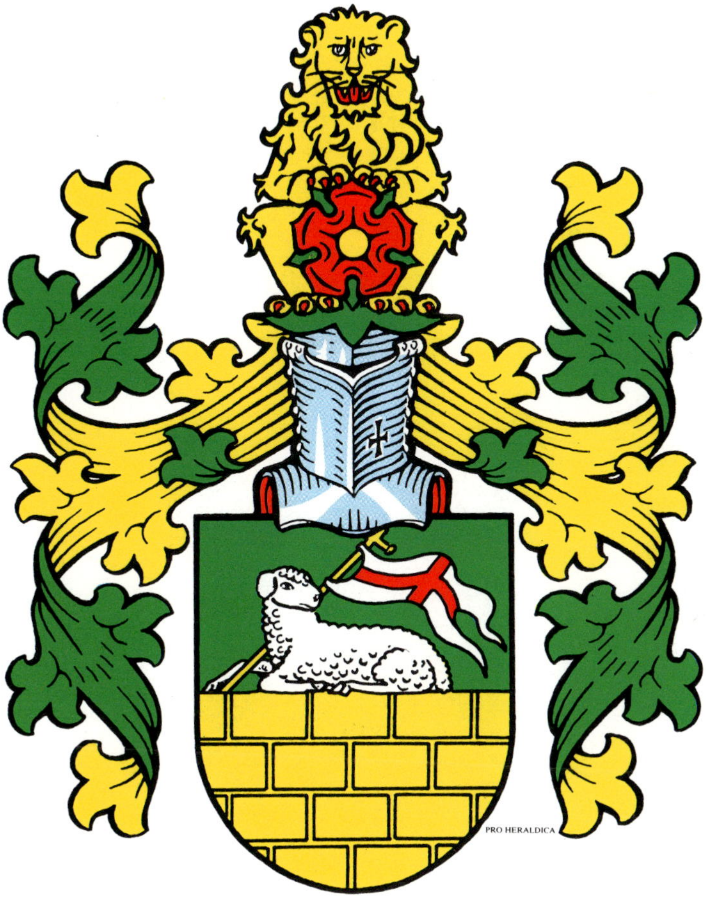

Blanz

aus Dannstadt, Krs. Ludwigshafen

In Grün ein auf einer goldenen Mauer liegendes widersehendes silbernes Osterlamm, einen goldenen Kreuzstab mit zweizipfliger silberner Fahne, darauf ein rotes durchgehendes Kreuz, schulternd. Auf dem Helm mit grün-goldenen Decken ein sitzender hersehender rotbewehrter goldener Löwe, seine Vorderpranken auf eine grünbespitzte und goldenbebutzte rote Rose aufstützend.

Neu angenommen am 26. Oktober 1984 von Richard Blanz, Mitglied des Kreistages, * Dannstadt, Krs. Ludwigshafen, 2. 8. 1924, für sich und seine ehelichen Nachkommen im Mannesstamm.

Entwurf: PRO HERALDICA®, Dr. Ottfried Neubecker
in Verbindung mit Barbara Potzka.

Eingereicht von PRO HERALDICA®, Stuttgart.

Eingetragen unter Nr. 85002.

Blumenthal

aus Zülpich

Ältester bekannter Vorfahr im Mannesstamm: Johann Heinrich Blumenthal, Vater des Matthias Josef Blumenthal, Bäckers, * Zülpich 5. 2. 1840, † ebd. 24. 1. 1894.

In Grün an der Herzstelle ein nach oben weisender silberner großer Uhrzeiger, belegt mit einem roten kleineren Uhrzeiger und umrahmt von zwölf kreisförmig gelegten silbernen Blüten.
Auf dem Helm mit grün-silbernen Decken ein grüner Flug, auf den Saxen belegt mit einem von einer silbernen Blüte überhöhten großen silbernen Uhrzeiger.

Neu angenommen am 7. Dezember 1984 von Walter Heinrich Blumenthal, Uhrmachermeister, Augenoptikermeister, Juwelier, * Regensburg 10. 6. 1945, für sich und seine ehelichen Nachkommen im Mannesstamm.

Entwurf: PRO HERALDICA®, unter Leitung von
Dr. Ottfried Neubecker und Barbara Potzka.

Eingereicht von PRO HERALDICA®, Stuttgart.

Eingetragen unter Nr. 85046.

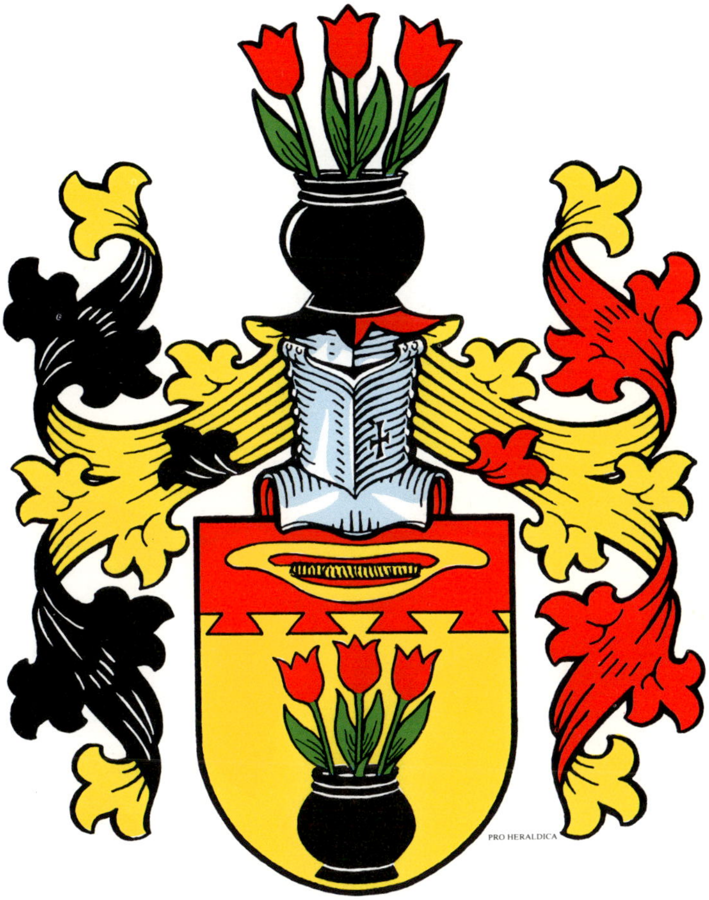

Blumröder

aus Jestädt, Krs. Eschwege

Ältester bekannter Vorfahr im Mannesstamm: Heinrich Günther Michael Blumröder, Schneider, * 25. 5. 1842, † Jestädt 20. 2. 1923.

Unter rotem Schwalbenschwanzzinnenschildhaupt, darin ein goldenes Weberschiffchen, in Gold drei in ein schwarzes Töpfchen gesteckte grüngestielte und -beblätterte rote Blumen.
Auf dem Helm mit rechts schwarz-goldenen und links rot-goldenen Decken das Töpfchen mit den Blumen wie im Schilde.

Neu angenommen am 17. August 1984 von Magdalene Blumröder, Verwaltungsangestellte, * Melsungen 7. 9. 1939, für sich und zugunsten der übrigen ehelichen Nachkommen im Mannesstamm ihres Urgroßvaters Heinrich Günther Michael Blumröder.

Entwurf: PRO HERALDICA®, Dr. Ottfried Neubecker
in Verbindung mit Barbara Potzka.

Eingereicht von PRO HERALDICA®, Stuttgart.

Eingetragen unter Nr. 84473.

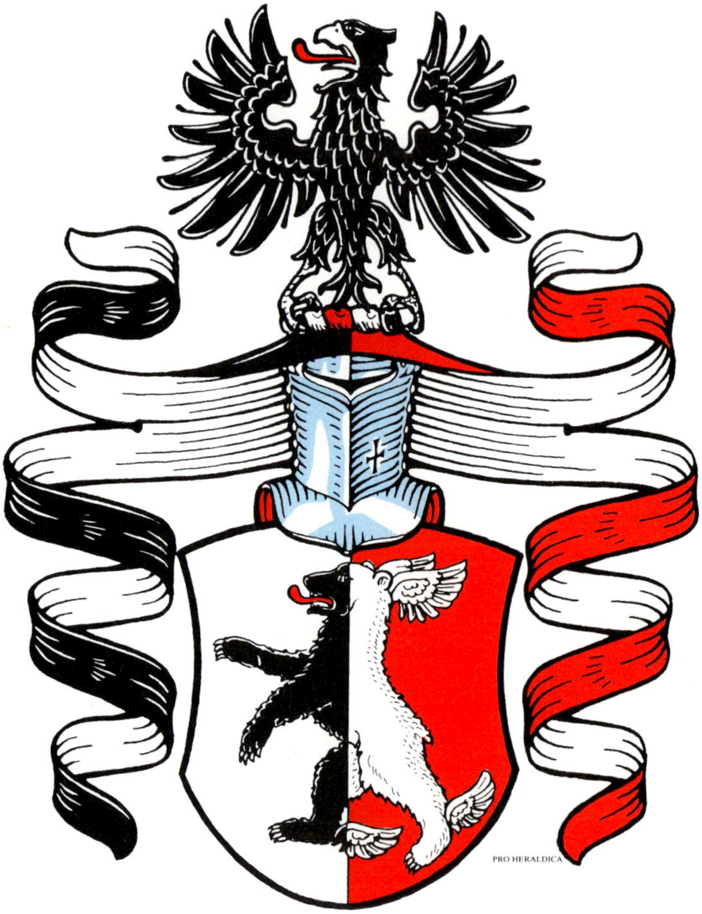

Bode

aus Berlin

Ältester bekannter Vorfahr im Mannesstamm: Wilhelm Bode, * 1628, † 16. 6. 1688.

In silbern-rot gespaltenem Schilde ein silbernbewehrter rotgezungter schwarz-silbern gespaltener, am Hinterhaupt mit zwei und an den Hinterbeinen mit je einem Flügel besetzter Bär. Auf dem schwarz-silbern-rot-silbern bewulsteten Helm mit rechts schwarz-silbernen und links rot-silbernen Decken ein silbernbewehrter schwarzer Adler.

Neu angenommen am 6. April 1984 von Eberhard Bode, Kaufmann, * Berlin 20. 3. 1942, für sich und seine ehelichen Nachkommen im Mannesstamm.

Entwurf: PRO HERALDICA®, Dr. Ottfried Neubecker in Verbindung mit Barbara Potzka.

Eingereicht von PRO HERALDICA®, Stuttgart.

Eingetragen unter Nr. 84245.

Bodenstedt

aus Hohenhameln, Krs. Peine

Ältester bekannter Vorfahr im Mannesstamm: Josef Bodenstedt, Orthopädieschuhmachermeister, * Hohenhameln 1892.

In Gold pfahlweise eine schwarze Schlange, unten überdeckt von einer schwarzgefugten roten Mauer mit drei Bogendurchgängen, der mittlere größer als die beiden seitlichen, auf rotem Boden. Auf dem Helm mit rot-goldenen Decken ein roter Flug, die Saxen je belegt mit drei goldenen Münzen.

Neu angenommen am 9. November 1984 von Dr. med. Dr. med. Conrad Bodenstedt M. D. Internist, * Ottbergen, Gem. Schellerten, 23. 11. 1923, für sich und seine ehelichen Nachkommen im Mannesstamm sowie zugunsten der übrigen ehelichen Nachkommen im Mannesstamm seines obengenannten Vaters Josef Bodenstedt.

Entwurf: PRO HERALDICA®, Dr. Ottfried Neubecker in Verbindung mit Barbara Potzka.

Eingereicht von PRO HERALDICA®, Stuttgart.

Eingetragen unter Nr. 85003.

Boelke

aus Nabern, Stadt Kirchheim/Teck, Krs. Eßlingen

Ältester bekannter Vorfahr im Mannesstamm: Christian Boelke, Freimann, ⚭ Nabern 9. 11. 1767 Dorothea Gornow, Vater des Christan Boelke, Musketiers, * Nabern 16. 2. 1771.

In rot-silbern gespaltenem Schilde drei miteinander gekreuzte Gänsekielschreibfedern, silbern im roten und schwarz im silbernen Platz.
Auf dem Helm mit rechts rot-silbernen und links schwarz-silbernen Decken ein wachsender rotbewehrter schwarzer Bär, zwischen den Pranken pfahlweise eine silberne Feder wie im Schilde haltend.

Neu angenommen am 30. November 1984 von Diethard Günter Gerhard Boelke, Generalsekretär, * Berlin 3. 8. 1933, für sich und seine ehelichen Nachkommen im Mannesstamm sowie zugunsten der übrigen ehelichen Nachkommen im Mannesstamm seines obengenannten vierfachen Urgroßvaters Christian Boelke.

Entwurf: PRO HERALDICA®, unter Leitung von Dr. Ottfried Neubecker und Barbara Potzka.

Eingereicht von PRO HERALDICA®, Stuttgart.

Eingetragen unter Nr. 85004.

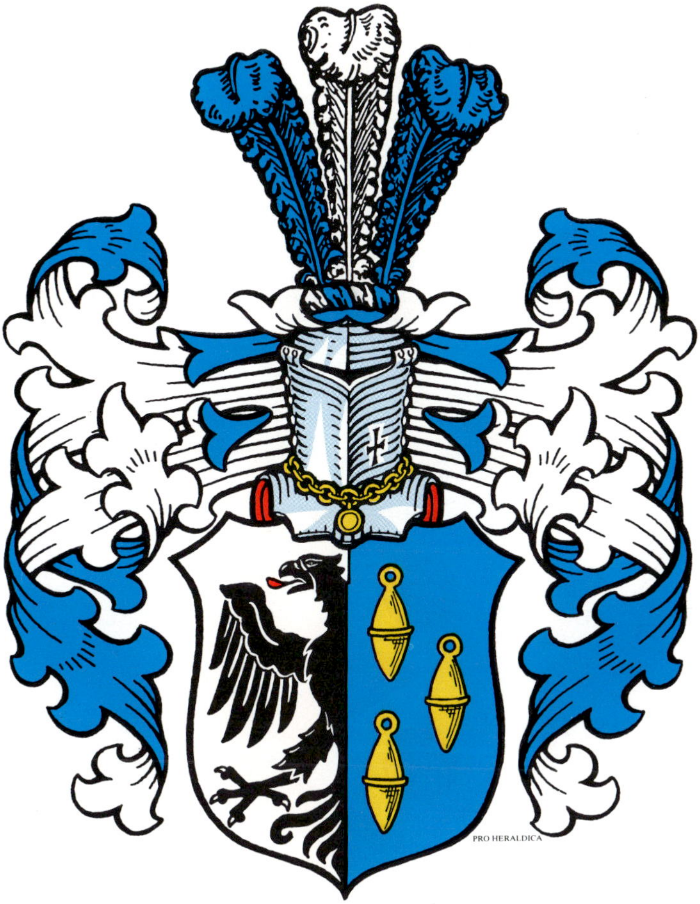

Boje

aus Hennstedt, Krs. Dithmarschen

Ältester bekannter Vorfahr im Mannesstamm: Claus Böye, Schullehrer, * ca. 1740.

In silbern-blau gespaltenem Schild rechts am Spalt ein halber schwarzer Adler, links drei goldene Bojen, linkssparrenweise gestellt und pfahlweise gelegt.
Auf dem blau-silbern bewulsteten Helm mit blau-silbernen Decken drei Straußenfedern, eine silberne zwischen zwei blauen.

Neu angenommen am 22. Dezember 1983 von den Brüdern Ernst Boje, Bankkaufmann, * Hennstedt 28. 6. 1928, und Karl Gustav Boje, Kommunalbeamter, * Bergewöhrden 2. 10. 1929, für sich und ihre ehelichen Nachkommen im Mannesstamm ihres obengenannten dreifachen Urgroßvaters Claus Böye.

Entwurf: PRO HERALDICA®, Dr. Ottfried Neubecker
in Verbindung mit Barbara Potzka.

Eingereicht von PRO HERALDICA®, Stuttgart.

Eingetragen unter Nr. 85159.

Bonfig

aus Unsleben, Krs. Rhön-Grabfeld

Ältester bekannter Vorfahr im Mannesstamm: Johannes Bonfi aus Unsleben, * um 1680, Vater des Johannes Bonfi (Bonfig), * Unsleben, err. 1707, † Bergrheinfeld 8. 3. 1770.

Im Zickzackschnitt mit zwei linken Spitzen silbern-rot gespalten, darin rechts zwei und links eine Scheibe, alles in verwechselten Farben.
Auf dem rot-silbern bewulsteten Helm mit rot-silbernen Decken ein wachsender rotbewehrter silberner Adler.

Neu angenommen am 3. Mai 1985 von Edmund Adolf Bonfig, Kursmakler, * Frankfurt/Main 17. 7. 1931, für sich und seine ehelichen Nachkommen im Mannesstamm sowie zugunsten der übrigen ehelichen Nachkommen im Mannesstamm seines obengenannten fünffachen Urgroßvaters Johannes Bonfi.

Entwurf: PRO HERALDICA®, unter Leitung von
Dr. Ottfried Neubecker und Barbara Potzka.

Eingereicht von PRO HERALDICA®, Stuttgart.

Eingetragen unter Nr. 85188.

Boos

aus Essen

In Blau auf einer silbernen Mondsichel stehend eine silberngekleidete und -geflügelte blonde Frau, um welche sich eine von ihr mit beiden Händen festgehaltene goldene Schlange windet.
Auf dem Helm mit blau-silbernen Decken eine sich um zwei blaue Büffelhörner windende goldene Schlange.

Eingetragen auf Antrag von Franz-Friedrich Boos, Architekt, * Essen 17. 12. 1929, für sich und seine ehelichen Nachkommen im Mannesstamm.

Richtiggestellt von PRO HERALDICA®,
Dr. Ottfried Neubecker in Verbindung mit Barbara Potzka.

Eingereicht von PRO HERALDICA®, Stuttgart.

Eingetragen unter Nr. 84281.

Brand

aus Wolfsheim, Krs. Mainz-Bingen

Ältester bekannter Vorfahr im Mannesstamm: Leonhard Brand, Weinbauer, * Wolfsheim 13. 10. 1807.

In Rot ein eine goldene Traube im Schnabel haltender Häher, überhöht von zwei gekreuzten Federkielen, alle übrigen Figuren silbern.
Auf dem rot-silbern bewulsteten Helm mit rot-silbernen Decken zwei fächerförmig gestellte natürlich brennende silberne Äste.

Neu angenommen am 12. Oktober 1984 von Karl Heinz Brand, Verwaltungsbeamter, * Haiger 6. 10. 1947, für sich und seine ehelichen Nachkommen im Mannesstamm.

Entwurf: PRO HERALDICA®, Dr. Ottfried Neubecker
in Verbindung mit Barbara Potzka.

Eingereicht von PRO HERALDICA®, Stuttgart.

Eingetragen unter Nr. 85160.

Braun

aus Frankfurt/Main

In golden-schwarz gespaltenem Schilde rechts drei pfahlweise gestellte schrägrechtsgelegte silbernbewehrte braune Bärenpranken, links ein goldener Flügel.
Auf dem schwarz-golden bewulsteten Helm mit schwarz-goldenen Decken ein je wie der Schild bezeichneter Flug.

Neu angenommen am 2. März 1984 von Walter Braun, Facharbeiter, * Frankfurt/Main 13. 1. 1927, für sich und seine ehelichen Nachkommen im Mannesstamm sowie zugunsten seines Bruders Gustav Braun und dessen eheliche Nachkommen im Mannesstamm.

Entwurf: PRO HERALDICA®, Dr. Ottfried Neubecker
in Verbindung mit Barbara Potzka.

Eingereicht von PRO HERALDICA®, Stuttgart.

Eingetragen unter Nr. 84181.

Braune

aus Jeßnitz, Krs. Dessau-Köthen/Anhalt

Ältester bekannter Vorfahr im Mannesstamm: N. Braune, Schneidermeister, später Ziegelei-Besitzer in Jeßnitz/Anhalt, Vater des Johann Gottlob Braune, Fleischermeisters, * Delitzsch 1752, † 1825.

In Rot ein silbernes Einhorn.
Auf dem rot-silbern bewulsteten Helm mit rot-silbernen Decken zwei silberne auswärtsgewendete rotgegriffte Metzgerbeile vor drei Straußenfedern, eine silberne zwischen zwei roten.

Neu angenommen am 23. März 1984 von Charlotte Berta Emilie Heymer, geb. Braune, für sich und ihre ehelichen Nachkommen im Mannesstamm sowie zugunsten der übrigen ehelichen Nachkommen im Mannesstamm ihres obengenannten vierfachen Urgroßvaters N. Braune.

Richtiggestellt von PRO HERALDICA®,
Dr. Ottfried Neubecker in Verbindung mit Barbara Potzka.

Eingereicht von PRO HERALDICA®, Stuttgart.

Eingetragen unter Nr. 84436.

Braune

aus Cottbus

Ältester bekannter Vorfahr im Mannesstamm: Karl Braune, Gastronom, * um 1870, Vater des Alfred Braune, Kaufmann, * Cottbus 15. 11. 1898, † Duisburg 15. 11. 1952.

In Gold ein einwärtsgewendeter rotbewehrter schwarzer halber Adler und ein aufrechter rotbewehrter schwarzer Löwe, gemeinsam ein rotes Steuerrad haltend.
Auf dem Helm mit schwarz-goldenen Decken ein rotgestieltes goldenes Metzgerbeil zwischen zwei goldenen, mit je zwei schwarzen Pfählen belegten Flügeln.

Neu angenommen am 2. April 1982 von Helmut Rudolf Braune, Metzgermeister, * Duisburg 24. 10. 1931, für sich und seine ehelichen Nachkommen im Mannesstamm.

Entwurf: PRO HERALDICA®, Dr. Ottfried Neubecker
in Verbindung mit Barbara Potzka.

Eingereicht von PRO HERALDICA®, Stuttgart.

Eingetragen unter Nr. 85189.

Brettschneider

aus Czyszkowke, Krs. Bromberg

Ältester bekannter Vorfahr im Mannesstamm: Johann Matheus Friedrich Brettschneider, Lehrer, * Czyszkowke 25. 12. 1801, † ebd. 10. 8. 1864.

In Silber ein schwarzer Zahnradkranz, ein rotes aufgeschlagenes Buch einschließend.
Auf dem schwarz-silbern-rot-silbern bewulsteten Helm mit rechts schwarz-silbernen und links rot-silbernen Decken zwischen zwei schwarzen Büffelhörnern mit silbernen Mundstückbeschlägen ein wachsender, rot mit Schulterkragen, Beutelmütze und silbernem Gürtel gekleideter Jüngling, mit der Rechten eine silberne Säge (Fuchsschwanz) schulternd, mit der Linken den Gürtel fassend.

Neu angenommen am 6. April 1984 von Wulf Dieter Brettschneider, Rechtsanwalt, * Bamberg 15. 11. 1941, für sich und seine ehelichen Nachkommen im Mannesstamm sowie zugunsten der übrigen ehelichen Nachkommen im Mannesstamm seines obengenannten Ururgroßvaters Johann Matheus Friedrich Brettschneider.

Entwurf: PRO HERALDICA®, Dr. Ottfried Neubecker
in Verbindung mit Barbara Potzka.

Eingereicht von PRO HERALDICA®, Stuttgart.

Eingetragen unter Nr. 84246.

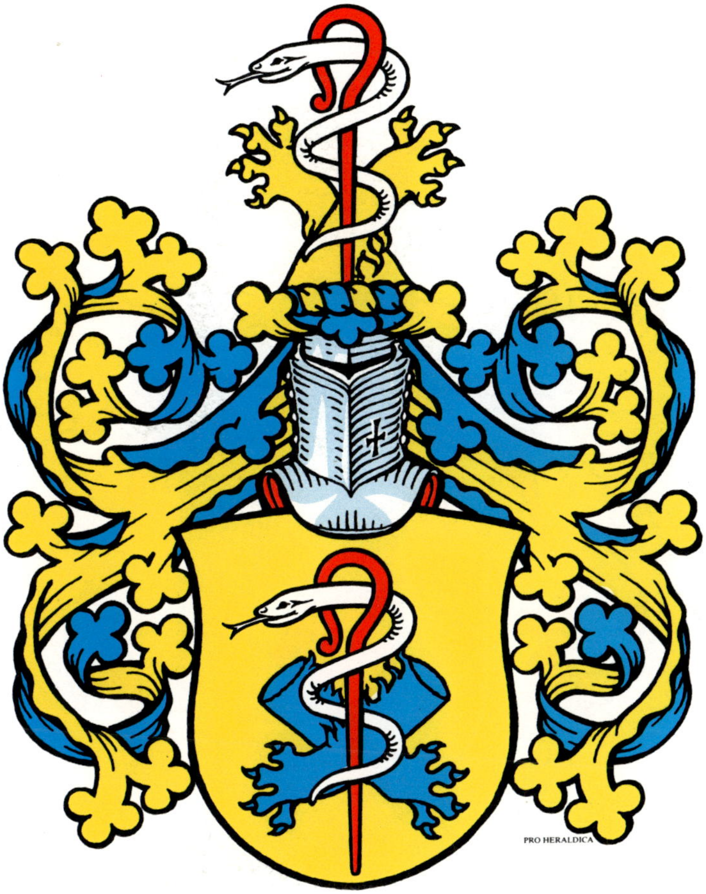

Brewi

aus Hergelshausen, jetzt Hergelshäuser Hof bei Queidersbach/Pfalz

Ältester bekannter Vorfahr im Mannesstamm: Heinrich Brewi, Schäfer, † Linden 25. 8. 1782, Vater des Johann Georg Brewi, Schäfers, * Hergelshausen, † Queidersbach 10. 11. 1825.

In Gold zwei abwärts gekreuzte blaue Löwenpranken, überdeckt von einer mit einem roten Schäferstab verschränkten silbernen Schlange.
Auf dem blau-golden bewulsteten Helm mit blau-goldenen Decken zwei aufwärts gekreuzte goldene Löwenpranken, überdeckt von dem Schäferstab mit Schlange wie im Schilde.

Neu angenommen am 29. März 1985 von Josef Brewi, Apotheker, * Queidersbach 20. 3. 1956, für sich und seine ehelichen Nachkommen.

Entwurf: PRO HERALDICA®, unter Leitung von
Dr. Ottfried Neubecker und Barbara Potzka.

Eingereicht von PRO HERALDICA®, Stuttgart.

Eingetragen unter Nr. 85249.

Brinkmann

aus Brüggen, Krs. Kempen-Krefeld

Ältester bekannter Vorfahr im Mannesstamm: Jacob Brinkmann, † Breyel, Vater des Adolf Brinkmann, Seidenwebers, * Brüggen 1825.

Zwischen einer goldenen rechten und einer schwarzen linken Flanke in Gold die linke Hälfte einer anstoßenden schwarz-rot schräggevierten Raute.
Auf dem rot-golden bewulsteten Helm mit rot-goldenen Decken drei Straußenfedern, eine goldene zwischen einer roten und einer schwarzen.

Eingetragen am 11. April 1986 auf Antrag von Klaus Heinrich Brinkmann, Diplom-Betriebswirt BA, * Mönchengladbach 30. 3. 1956, für sich und seine ehelichen Nachkommen im Namensstamm.

Forschung: PRO HERALDICA®, unter Leitung von
Dr. Ottfried Neubecker und Barbara Potzka.

Eingereicht von PRO HERALDICA®, Stuttgart.

Eingetragen unter Nr. 86186.

Buchholz

aus Seeheim, Krs. Briesen/Westpreußen

Ältester bekannter Vorfahr im Mannesstamm: Gustav Buchholz, Landwirt, † Seeheim April 1929.

In Rot ein goldenes Wassermühlrad, die Schaufeln besteckt mit goldenen Buchenblättern. Auf dem rot-golden bewulsteten Helm mit rot-goldenen Decken an goldenem Mast ein rotes Dreieckssegel, bezeichnet mit zwei goldenen Fischen, der rechte mit dem Kopf nach oben, der linke nach unten.

Neu angenommen am 17. August 1984 von Dipl.-Ing. Werner Gustav Buchholz, Maschinenbauingenieur, * Woldenberg/Neumark 5. 3. 1944, für sich und seine ehelichen Nachkommen im Mannesstamm sowie zugunsten der übrigen ehelichen Nachkommen im Mannesstamm seines Großvaters Gustav Buchholz.

Entwurf: PRO HERALDICA®, Dr. Ottfried Neubecker
in Verbindung mit Barbara Potzka.

Eingereicht von PRO HERALDICA®, Stuttgart.

Eingetragen unter Nr. 84437.

Büchel

aus Refrath, Gem. Bensberg, Rheinland

Ältester bekannter Vorfahr im Mannesstamm: Wilhelm Büchel, Bäckermeister, Vater des Franz Büchel, Schneidermeisters, * Refrath 3. 11. 1867, † Köln-Mühlheim 4. 5. 1940.

In Gold ein naturfarbener bewurzelter Laubbaum, der Stamm schräglinksabwärts überdeckt von einem silbernen Schwert.
Auf dem grün-golden bewulsteten Helm mit grün-goldenen Decken der Laubbaum wachsend vor einem goldenen Flug.

Neu angenommen am 31. März 1985 von Karl Adolf Büchel, Zahnarzt, * Singen/Hohentwiel 20. 12. 1932, für sich und seine ehelichen Nachkommen im Mannesstamm sowie zugunsten der übrigen ehelichen Nachkommen im Mannesstamm seines obengenannten Urgroßvaters Wilhelm Büchel.

Richtiggestellt von PRO HERALDICA®,
unter Leitung von Dr. Ottfried Neubecker und Barbara Potzka.

Eingereicht von PRO HERALDICA®, Stuttgart.

Eingetragen unter Nr. 85281.

Bühler

aus Niederschopfheim, heute Hohberg b. Offenburg

Ältester bekannter Vorfahr im Mannesstamm: Wilhelm Bühler, Landwirt, * Niederschopfheim, † ebd. um 1940.

In gespaltenem Schilde rechts dreimal silbern-grün gespalten, links in silbern-schwarz gespaltenem Feld pfahlweise drei Kugeln in verwechselten Farben.
Auf dem Helm mit rechts grün-silbernen und links schwarz-silbernen Decken ein wachsender goldenbewehrter rotgezungter silberner Greif, mit der rechten Klaue eine grüne Weintraube haltend.

Neu angenommen am 26. Oktober 1984 von Renate Bühler, Großhandelskaufmann, * Offenburg 7. 8. 1954, für sich und ihre ehelichen Nachkommen im Mannesstamm sowie zugunsten der übrigen ehelichen Nachkommen im Mannesstamm ihres Vaters Albert Bühler (1897–1966).

Entwurf: PRO HERALDICA®, Dr. Ottfried Neubecker
in Verbindung mit Barbara Potzka.

Eingereicht von PRO HERALDICA®, Stuttgart.

Eingetragen unter Nr. 85023.

Büssing

aus Neuß

In Rot ein silberner dreizackiger Fels im Schildfuß, überdeckt von drei blauen Wellenfäden und besetzt mit zwei gekreuzten schwarzgestielten silbernen Metzgerbeilen, diese überdeckt von zwei gekreuzten anstoßenden, schwarz ornamentierten silbernen Büchsen (Schießgewehren).
Auf dem Helm mit rot-silbernen Decken ein wachsender rotbewehrter schwarzer Adler.

Neu angenommen am 9. Februar 1984 von Hermann Siegfried Dietmar Büssing, Fleischermeister in Neuß, für sich und seine ehelichen Nachkommen im Mannesstamm.

Entwurf: Wappen-Krölls, Johannes Krölls.

Eingereicht: Wappen-Krölls, Eggenstein.

Eingetragen unter Nr. 84301.

Burgdorf

aus Luttrum, Gem. Holle, Krs. Hildesheim

Ältester bekannter Vorfahr im Mannesstamm: Jobst Hinrich Burgtorff, Brinksitzer, * Luttrum um 1680, sechsfacher Urgroßvater des Antragstellers.

In Gold über silbernem Dreiberg eine blaue durchgehende, mit drei Zinnentürmen besetzte Mauer. Auf dem blau-silbern-blau-golden bewulsteten Helm mit rechts blau-silbernen und links blau-goldenen Decken ein wachsender, ganz roter Löwe, in den Pranken einen Strauß aus zwei goldenen beblätterten Ähren und einem Silberlingzweig haltend.

Neu angenommen am 15. Juni 1984 von Horst Karl Heinrich Burgdorf, Diplom-Ingenieur für Hochbau, * Kuhstedt 2. 6. 1926, für sich und seine ehelichen Nachkommen im Mannesstamm.

Entwurf: PRO HERALDICA®, Dr. Ottfried Neubecker
in Verbindung mit Barbara Potzka.

Eingereicht von PRO HERALDICA®, Stuttgart.

Eingetragen unter Nr. 85127.

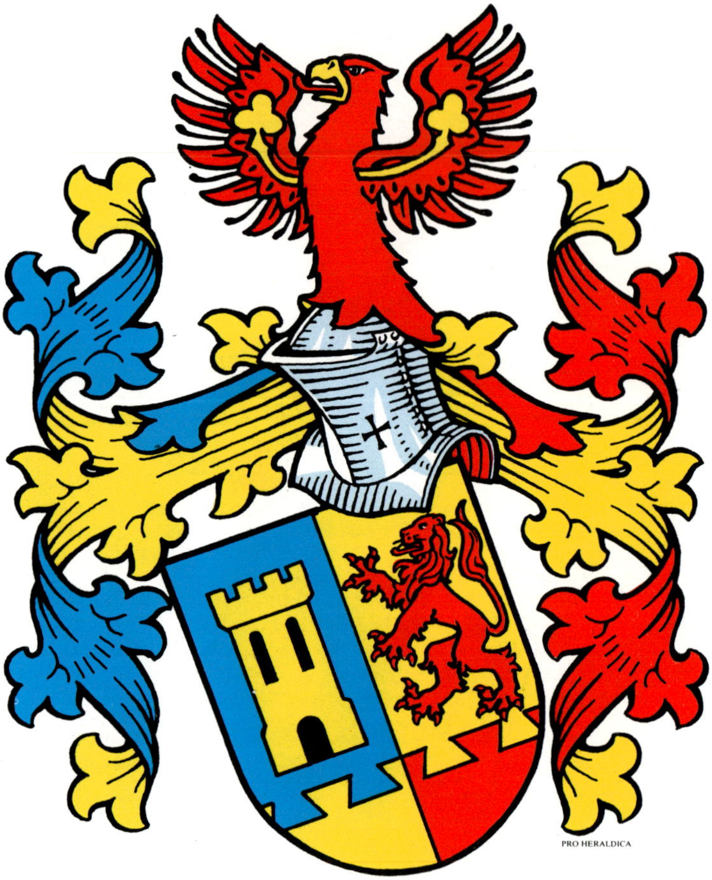

Burger

aus Breitenbach, Krs. Kusel

Ältester bekannter Vorfahr im Mannesstamm: Karl Burger, Landwirt und Schreiner, Großvater des Antragstellers.

In blau-golden gespaltenem Schilde über einem Schildfuß im Schwalbenschwanzschnitt rechts ein Zinnenturm mit zwei schwarzen Fenstern und einem schwarzen Tor, links ein Löwe, die Figuren golden im blauen und rot im goldenen Felde.
Auf dem Helm mit rechts blau-goldenen und links rot-goldenen Decken ein wachsender goldenbewehrter, auf den Saxen mit goldenen Kleestengeln belegter roter Adler.

Neu angenommen am 16. November 1984 von Willy Burger, Bankkaufmann, * Breitenbach 24. 8. 1934, für sich und seine ehelichen Nachkommen im Mannesstamm.

Entwurf: PRO HERALDICA®, Dr. Ottfried Neubecker in Verbindung mit Barbara Potzka.

Eingereicht von PRO HERALDICA®, Stuttgart.

Eingetragen unter Nr. 85291.

Burggraf

aus Dehrn, Krs. Limburg/Lahn

Ältester bekannter Vorfahr im Mannesstamm: Jakob Burggraf, Bäcker, * Dehrn 15. 2. 1849.

Unter goldenem Zinnenschildhaupt mit drei Scharten in Schwarz ein goldener, oben in drei mit Scheiben besetzte Zacken ausgezogener Balken.
Auf dem schwarz-golden bewulsteten Helm mit schwarz-goldenen Decken ein goldener Wecken zwischen zwei schwarzen Flügeln mit goldenen Schwungfedern.

Neu angenommen am 24. Mai 1985 von Nikolaus Gerhard Burggraf, Freizeitpädagoge, * Dehrn 20. 4. 1952, für sich und seine ehelichen Nachkommen im Mannesstamm sowie zugunsten der übrigen ehelichen Nachkommen im Mannesstamm seines Vaters Josef Burggraf, Schreinermeisters, * Dehrn 20. 8. 1907.

Entwurf: PRO HERALDICA®, unter Leitung von Dr. Ottfried Neubecker und Barbara Potzka.

Eingereicht von PRO HERALDICA®, Stuttgart.

Eingetragen unter Nr. 85190.

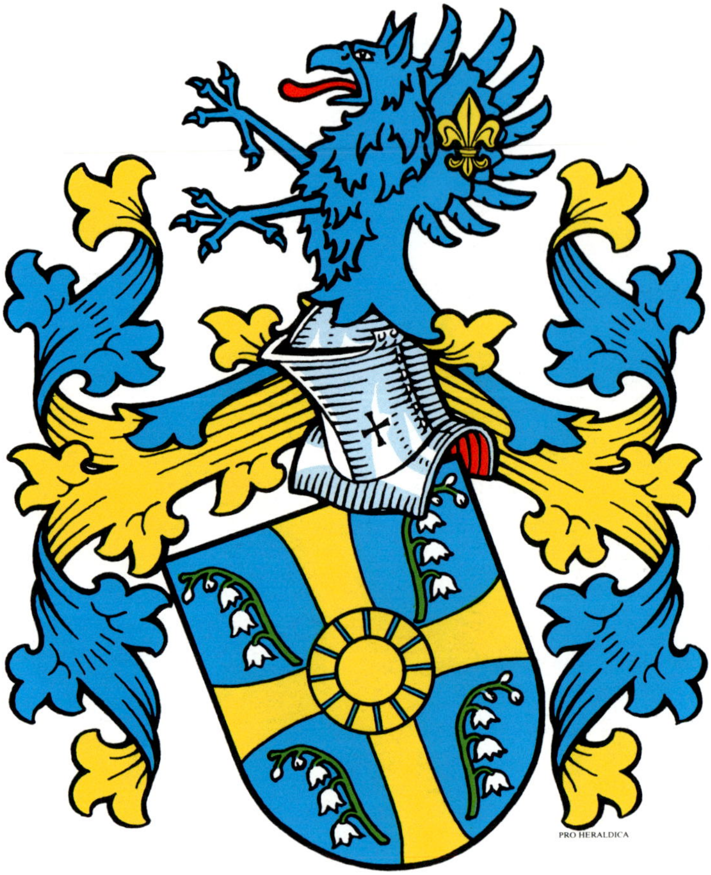

Caliebe

aus Zamow, Kreis Greifenberg/Pommern

Ältester bekannter Vorfahr im Mannesstamm: Franz Caliebe, Ziegeleibesitzer in Zamow, Vater des Siegfried Franz Johannes Caliebe, * Zamow 19. 12. 1909, vermißt seit 17. 9. 1943.

In Blau ein an der Herzstelle mit einem aus blaugefugten goldenen Ziegelsteinen gebildeten Ring überdecktes goldenes Tatzenkreuz, bewinkelt von vier auswärts geneigten natürlichen Maiglöckchenstengeln.
Auf dem Helm mit blau-goldenen Decken ein wachsender rotgezungter blauer Greif, der Flügel mit einer goldenen Lilie belegt.

Neu angenommen am 3. Mai 1985 von Helmut Siegfried Günter Caliebe, Heilpraktiker, * Berlin 24. 2. 1929, für sich und seine ehelichen Nachkommen im Mannesstamm sowie zugunsten der übrigen ehelichen Nachkommen im Mannesstamm seines obengenannten Großvaters Franz Caliebe.

Entwurf: PRO HERALDICA®, unter Leitung von
Dr. Ottfried Neubecker und Barbara Potzka.

Eingereicht von PRO HERALDICA®, Stuttgart.

Eingetragen unter Nr. 85250.

Classen

aus Mönchengladbach

Unter rotem, aus Biberschwanzdachziegeln gebildetem Schildhaupt in Gold ein schwarzer Pfahl, belegt mit einem goldenen und begleitet von zwei schwarzen Schlüsseln, die Bärte oben und nach rechts. Auf dem Helm mit rechts schwarz-goldenen und links rot-goldenen Decken ein wachsender goldenbewehrter roter Stier, zwischen den Vorderbeinen eine goldene gespannte Armbrust haltend.

Neu angenommen am 10. August 1984 von Raimund Classen, Dachdeckermeister, * Mönchengladbach 2. 5. 1922, für sich und seine ehelichen Nachkommen im Mannesstamm.

Entwurf: PRO HERALDICA®, Dr. Ottfried Neubecker
in Verbindung mit Barbara Potzka.

Eingereicht von PRO HERALDICA®, Stuttgart.

Eingetragen unter Nr. 84438.

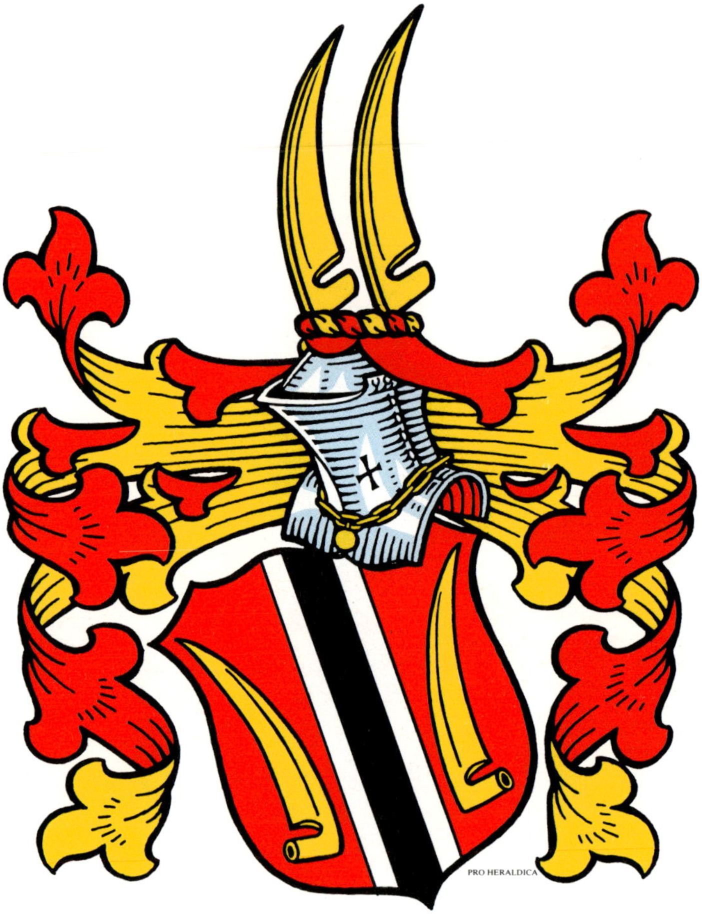

Cormann

aus Büsbach, Stadt Stolberg, Krs. Aachen

Ältester bekannter Vorfahr im Mannesstamm: Hubert Cormann, Landwirt, Gendarm, † Büsbach 1945, Vater des Arnold Cormann, Bonbonkochers und Polsterers, * Büsbach 21. 12. 1901, † Eschweiler 19. 11. 1980.

In Rot ein silberngesäumter schwarzer Pfahl, begleitet von zwei abgewendeten goldenen Sensenklingen, die Spitzen oben.
Auf dem rot-golden bewulsteten Helm mit rot-goldenen Decken zwei goldene Sensenklingen nebeneinander, die Schneiden links, die Spitzen oben.

Neu angenommen am 13. März 1985 von Günther Hubert Cormann, Architekt und Bauunternehmer, * Stolberg 18. 6. 1933, für sich und seine ehelichen Nachkommen im Mannesstamm.

Entwurf: PRO HERALDICA®, unter Leitung von
Dr. Ottfried Neubecker und Barbara Potzka.

Eingereicht von PRO HERALDICA®, Stuttgart.

Eingetragen unter Nr. 85151.

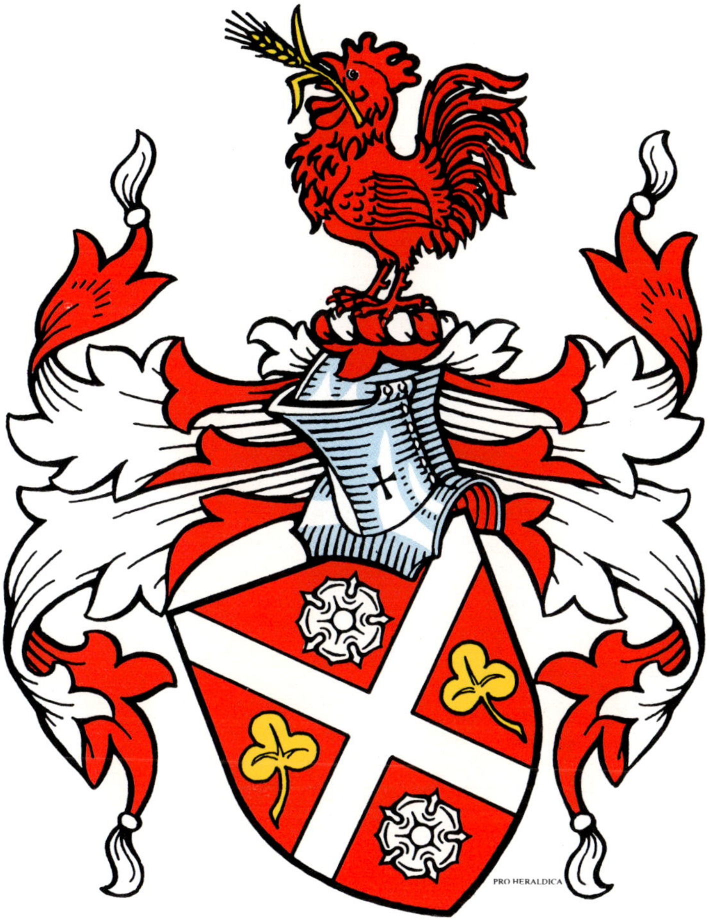

Corr

aus Büsbach bei Stolberg/Rheinland

Ältester bekannter Vorfahr im Mannesstamm: Diederich Corr, * um 1590, Vater des Theiss Corr, * um 1620, ⚭ Büsbach 10. 11. 1650 Leisbeth Klobertz.

In Rot ein silbernes Schrägkreuz, begleitet oben und unten von einer silbernen Rose und seitlich von je einem goldenen gestielten Kleeblatt.
Auf dem rot-silbern bewulsteten Helm mit rot-silbernen Decken ein roter Hahn, eine goldene beblätterte Ähre im Schnabel haltend.

Wahlspruch: Vigilans et Audax.

Eingetragen auf Antrag von Franz Peter Corr, Oberstleutnant a. D., * Aachen 11. 6. 1915, für sich und seine ehelichen Nachkommen im Mannesstamm sowie zugunsten der übrigen ehelichen Nachkommen im Mannesstamm seines siebenfachen Urgroßvaters Diederich Corr, in Anlehnung an das Wappen des irischen Stammes der Familie Corr.

Richtiggestellt von PRO HERALDICA®,
unter Leitung von Dr. Ottfried Neubecker und Barbara Potzka.

Eingereicht von PRO HERALDICA®, Stuttgart.

Eingetragen unter Nr. 85129.

Crumbach

aus Horbach/Westerwaldkreis

Ältester bekannter Vorfahr im Mannesstamm: Josef Crumbach, Landwirt, * Horbach, † ebd. 1907.

In Grün ein erniedrigter Wellensparren, pfahlweise begleitet von drei (2,1) von je zwei silbernen Ähren durchkreuzten goldenen Mühleisen.
Auf dem Helm mit grün-goldenen Decken ein wachsender goldengekleideter blonder Sämann mit grünem Sätuch.

Neu angenommen am 26. Oktober 1984 von Annemarie L'homme, geb. Crumbach, Gesellschafterin der Josef Crumbach o.H.G., * Kohlscheid, heute Herzogenrath, 2. 8. 1933, für sich, ihren Ehemann Franz L'homme, * Amby/Niederlande 20. 8. 1926, und ihre ehelichen Nachkommen im Mannesstamm.

Entwurf: PRO HERALDICA®, Dr. Ottfried Neubecker
in Verbindung mit Barbara Potzka.

Eingereicht von PRO HERALDICA®, Stuttgart.

Eingetragen unter Nr. 85141.

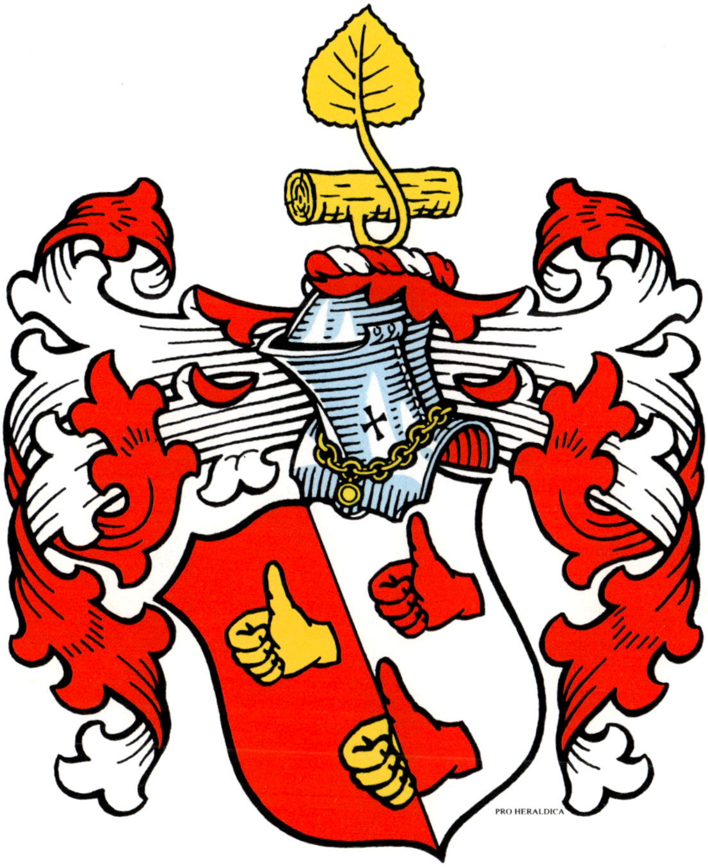

Daumenlang

aus Straßburg

In rot-silbern gespaltenem Schilde drei (2,1) zur Faust geballte Hände mit aufgestelltem Daumen, golden im roten und rot im silbernen Platz.
Auf dem rot-silbern bewulsteten Helm mit rot-silbernen Decken ein goldenes Lindenblatt, einem balkenweise gelegten goldenen Ästchen von unten her entwachsend.

Neu angenommen am 22. Juni 1984 von Wieland Daumenlang, Leibwächter, * München 4. 10. 1939, für sich und seine ehelichen Nachkommen im Mannesstamm.

Richtiggestellt von PRO HERALDICA®,
Dr. Ottfried Neubecker in Verbindung mit Barbara Potzka.

Eingereicht von PRO HERALDICA®, Stuttgart.

Eingetragen unter Nr. 84439.

Decker

aus Schöneberg, Krs. Bad Kreuznach

Ältester bekannter Vorfahr im Mannesstamm: Jakob Decker, * Schöneberg 1809, † ebd. 5. 2. 1865.

Unter einem dreireihigen rot-golden-roten Fehschildhaupt in Gold eine aus dem unteren Schildrand hervorkommende grüne Weinranke mit zwei Blättern und zwei blauen Trauben.
Auf dem Helm mit grün-goldenen Decken zwischen einem silbernen Flug mit goldenen Schwungfedern ein goldener Augenspiegel an grünem Kopfband.

Neu angenommen am 14. Dezember 1984 von Dr. med. Hugo Decker, * Duisburg 27. 1. 1907, für sich und seine ehelichen Nachkommen im Mannesstamm.

Entwurf: PRO HERALDICA®, unter Leitung von Dr. Ottfried Neubecker und Barbara Potzka.

Eingereicht von PRO HERALDICA®, Stuttgart.

Eingetragen unter Nr. 85035.

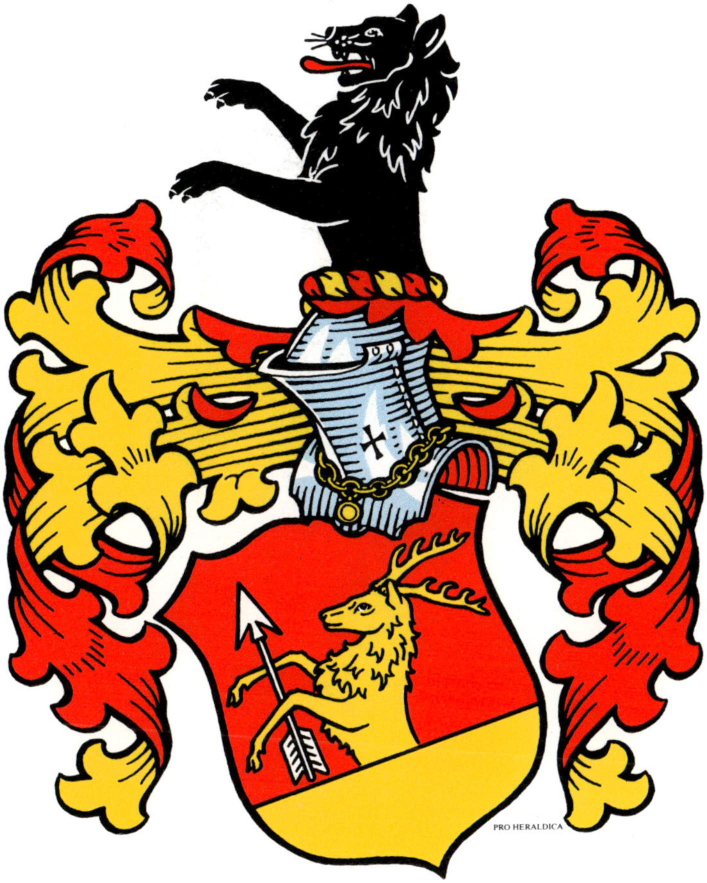

Decker

aus Essen

Ältester bekannter Vorfahr im Mannesstamm: Johann Decker, Großvater des Antragstellers.

In Rot ein aus goldenem Schildfuß hervorkommender goldener Hirsch, einen silbernen Pfeil pfahlweise zwischen den Beinen haltend.
Auf dem rot-golden bewulsteten Helm mit rot-goldenen Decken ein wachsender rotgezungter schwarzer Wolf.

Seit längerem in der Familie bekannt und am 14. Dezember 1984 eingetragen auf Antrag von Theodor Decker, Kaufmann, Ritter des Malteser-Ordens, Konsul von Algerien, * Essen 19. 11. 1933, für sich und seine ehelichen Nachkommen im Mannesstamm.

Richtiggestellt von PRO HERALDICA®,
unter Leitung von Dr. Ottfried Neubecker und Barbara Potzka.

Eingereicht von PRO HERALDICA®, Stuttgart.

Eingetragen unter Nr. 85133.

Delpy de la Roche

aus Périgord/Frankreich

Unter Hermelinschildhaupt in Blau ein goldenes Schräggitter.
Oder (nicht abgebildet):
Geteilt, oben in Silber fünf (3,2) schwarze Hermelinschwänzchen, unten in Blau ein silbernes Schräggitter.

Eingetragen auf Antrag von Gudrun Teves, geb. Kayser, * Frankfurt am Main 5. 2. 1923, Tochter von Hedwig Antonie Liselotte Kayser, geb. Wiss, Tochter von Pauline Auguste Therese Josephine Leydel, geb. Delpy, als Reverenz an die Familie Delpy de la Roche (vgl. Grand Armorial de France).

Eingereicht von PRO HERALDICA®, Stuttgart.

Eingetragen unter Nr. 85104.

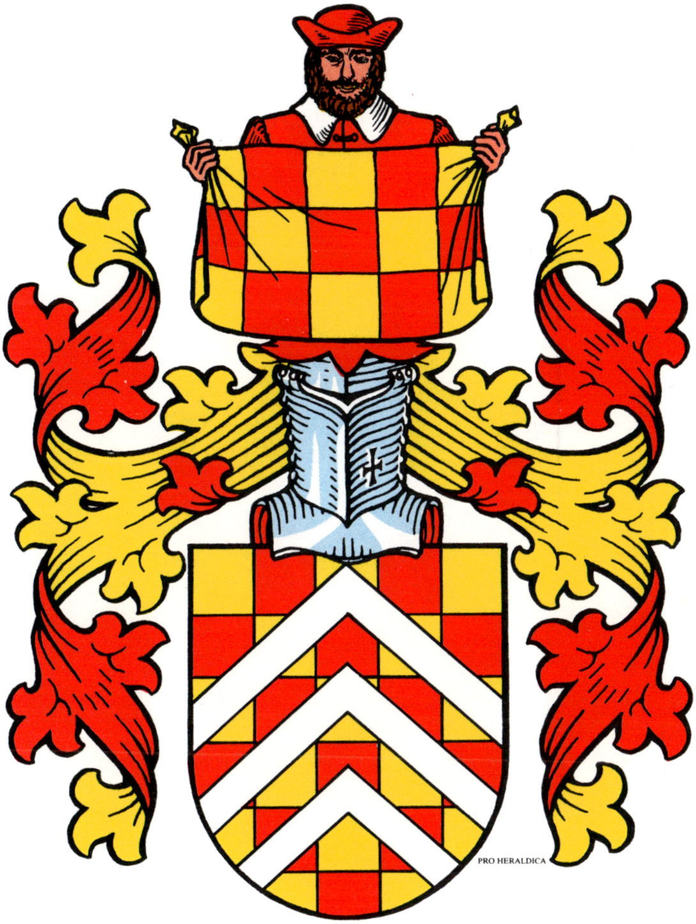

Deppisch

aus Gauaschach, Krs. Bad Kissingen

Ältester bekannter Vorfahr im Mannesstamm: Michael Deppisch, * Gauaschach 27. 8. 1849, † Freising 22. 11. 1927.

In golden-rot geschachtem Schild drei silberne Sparren.
Auf dem Helm mit rot-goldenen Decken ein wachsender, rot mit silbernem Kragen und rotem Hut gewandeter vollbärtiger Mann, mit beiden Händen einen golden-rot in drei Reihen geschachten Teppich vor sich haltend.

Neu angenommen am 5. Februar 1982 von Dolf Helmut Deppisch, Bauingenieur, * München 30. 6. 1935, für sich und seine ehelichen Nachkommen im Mannesstamm.

Entwurf: PRO HERALDICA®, Dr. Ottfried Neubecker
in Verbindung mit Barbara Potzka.

Eingereicht von PRO HERALDICA®, Stuttgart.

Eingetragen unter Nr. 84475.

Deuble

aus Aidlingen, Krs. Böblingen

Ältester bekannter Vorfahr im Mannesstamm: Johannes Deuble, Bauer, * Aidlingen 10. 12. 1700.

In Schwarz ein schwebender silberner geharnischter Arm, ein silbernes Schwert balkenweise schwingend, balkenweise überhöht von einer goldenen Hirschstange.
Auf dem schwarz-silbern bewulsteten Helm mit schwarz-silbernen Decken ein schwarzer, mit goldenen Kleestengeln belegter Flug, dazwischen eine silberne Taube, einen goldenen dreiblättrigen Zweig im Schnabel haltend.

Neu angenommen am 1. Februar 1985 von Dieter Deuble, Baudirektor, * Frankfurt am Main 22. 12. 1924, für sich und seine ehelichen Nachkommen im Mannesstamm.

Entwurf: PRO HERALDICA®, unter Leitung von
Dr. Ottfried Neubecker und Barbara Potzka.

Eingereicht von PRO HERALDICA®, Stuttgart.

Eingetragen unter Nr. 85191.

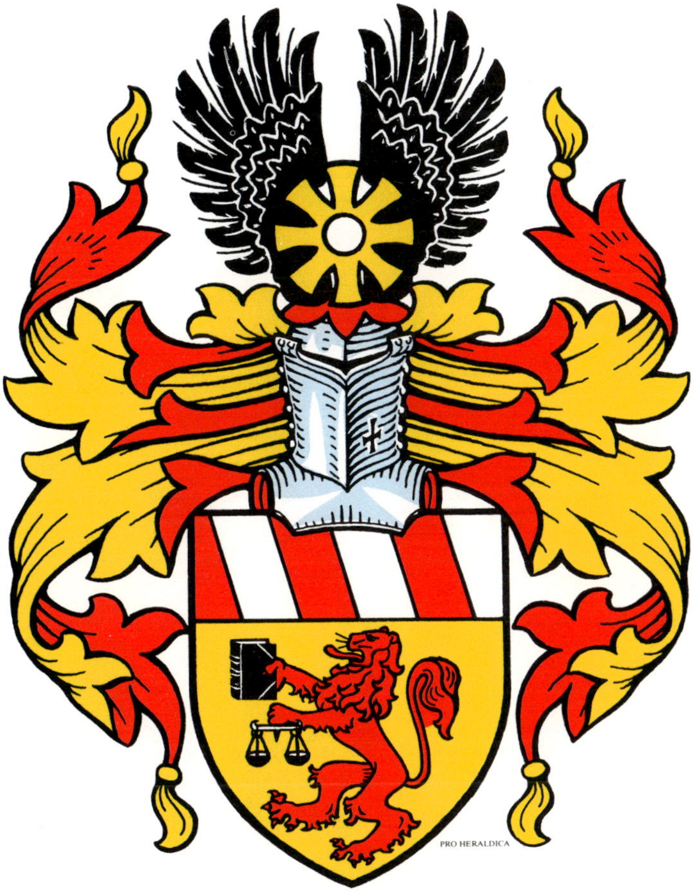

Dielmann

aus Niederneisen, Rhein-Lahn-Kreis

Ältester bekannter Vorfahr im Mannesstamm: Johann Philipp Dielmann, Landmann, * Niederneisen 26. 1. 1773, † ebd. 16. 12. 1834.

Unter rot-silbern fünfmal schräggeteiltem Schildhaupt in Gold ein springender roter Löwe, in der rechten Pranke ein schwarzes Buch und in der linken eine schwarze Waage haltend.
Auf dem Helm mit rot-goldenen Decken ein goldenes Mühlrad ohne Radkranz vor einem schwarzen Flug.

Neu angenommen am 7. Dezember 1984 von Dr. rer. pol. Klaus Hugo Dielmann, Diplom-Sozialwirt, Personaldirektor, * Diez 4. 7. 1939, für sich und seine ehelichen Nachkommen im Mannesstamm.

Entwurf: PRO HERALDICA®, unter Leitung von Dr. Ottfried Neubecker und Barbara Potzka.

Eingereicht von PRO HERALDICA®, Stuttgart.

Eingetragen unter Nr. 85047.

Dietz

aus Unterampfrach, Lkrs. Feuchtwangen

Ältester bekannter Vorfahr im Mannesstamm: Leonhard Dietz, Hausgenosse und Dorfbeck in Unterampfrach, * um 1563, † um 1622.

In Silber aus grünem Dreiberg hervorkommend ein mit einem grünen Hemd mit roten Ärmelaufschlägen und roter Ärmelweste bekleideter Mann, auf dem Kopf einen blauen runden gestulpten, mit einem goldenen Ährenfruchtstand zwischen zwei grünen Hopfendolden besteckten Hut tragend, mit der Rechten eine goldene Hellebarde, mit der Linken einen goldenen unbeflitschten Pfeil haltend.
Auf dem rot-silbern-grün-golden bewulsteten Helm mit rechts rot-silbernen und links grün-goldenen Decken der Mann wie im Schilde, aber ohne Dreiberg.

Eingetragen auf Antrag von Helmut Konrad Dietz, Braumeister, * Neuendettelsau 31. 3. 1958, für sich und seine ehelichen Nachkommen im Mannesstamm sowie zugunsten der übrigen ehelichen Nachkommen im Mannesstamm seines neunfachen Urgroßvaters Leonhard Dietz.

Richtiggestellt von PRO HERALDICA®,
Dr. Ottfried Neubecker in Verbindung mit Barbara Potzka.

Eingereicht von PRO HERALDICA®, Stuttgart.

Eingetragen unter Nr. 84283.

Ding

aus Seckenheim/Neckar

Ältester bekannter Vorfahr im Mannesstamm: Johann Ding (Dindt), Leutnant unter General von Horn, * um 1592, † vor 1666, Vater des David Ding, Gemeinsmanns zu Seckenheim, ⚭ Seckenheim 26. 6. 1666, † vor 1715.

In golden-blau gespaltenem Schilde rechts eine Weintraube, links ein Pfahl, alles in verwechselten Farben.

Auf dem blau-golden bewulsteten Helm mit blau-goldenen Decken zwischen einem auf den Saxen mit je einem goldenen Tabakblatt belegten blauen Flug eine goldene Ramme.

Neu angenommen am 19. April 1985 von Horst Albert August Ding, Straßenbaumeister und Unternehmer, * Braunschweig 17. 1. 1936, für sich und seine ehelichen Nachkommen im Mannesstamm.

Entwurf: PRO HERALDICA®, unter Leitung von Dr. Ottfried Neubecker und Barbara Potzka.

Eingereicht von PRO HERALDICA®, Stuttgart.

Eingetragen unter Nr. 85251.

Dobler

aus Ludwigsburg/Württ.

Ältester bekannter Vorfahr im Mannesstamm: Fritz Dobler, Verwaltungsangestellter, * Ludwigsburg 20. 10. 1887, † 1962.

In silbern-schwarz geteiltem Schilde zwei pfahlweise miteinander verschlungene Schlangen, die eine mit dem Kopf nach unten und nach links gewendet, alles in verwechselten Farben.
Auf dem Helm mit schwarz-silbernen Decken zwei schwarz-silbern geteilte Hirschstangen.

Neu angenommen am 30. November 1984 von Dr. Roland Dobler, Zahnarzt, * Stuttgart 21. 5. 1927, für sich und seine ehelichen Nachkommen im Mannesstamm.

Entwurf: PRO HERALDICA®, unter Leitung von
Dr. Ottfried Neubecker und Barbara Potzka.

Eingereicht von PRO HERALDICA®, Stuttgart.

Eingetragen unter Nr. 85134.

Dorst

aus Oberlind bei Sonneberg/Thüringen

In grün-silbern gespaltenem Schilde oben ein mit den Stollen nach unten gerichtetes Hufeisen, unten ein Tellerzahnrad, die Figuren silbern im grünen und schwarz im silbernen Platz.
Auf dem Helm mit rechts grün-silbernen und links schwarz-silbernen Decken eine grüne Linde.

Neu angenommen am 3. Mai 1985 von Manfred Dorst, Diplom-Ingenieur, Unternehmer, * Sonneberg 20. 10. 1935, für sich und seine ehelichen Nachkommen im Mannesstamm.

Entwurf: PRO HERALDICA®, unter Leitung von
Dr. Ottfried Neubecker und Barbara Potzka.

Eingereicht von PRO HERALDICA®, Stuttgart.

Eingetragen unter Nr. 85192.

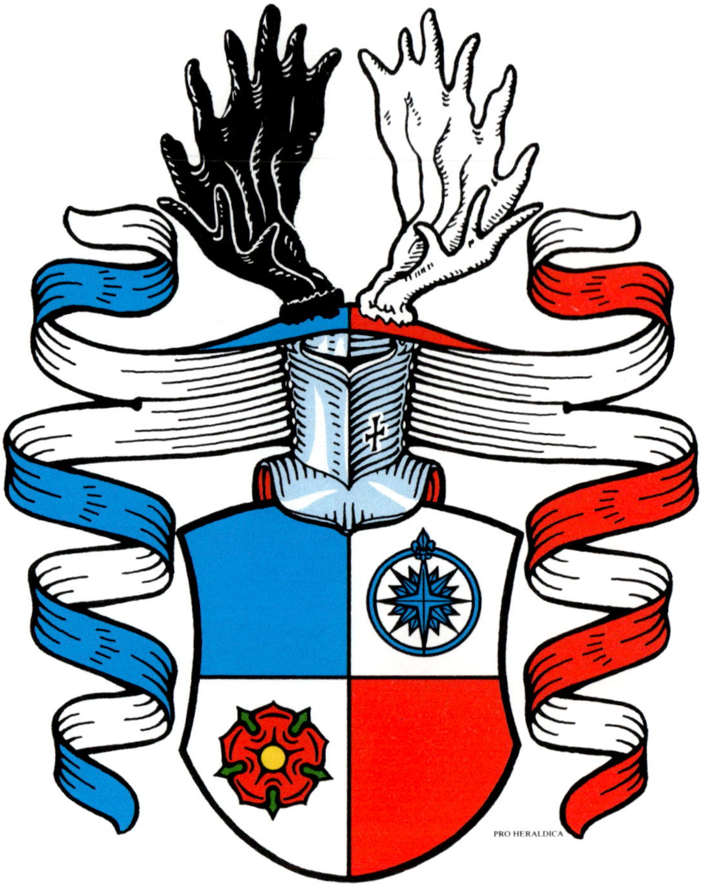

Dose

aus Plön/Holstein

Ältester bekannter Vorfahr im Mannesstamm: Ernst Dose, * Plön, Vater des Wilhelm Dose, Marineoffiziers, * Lütjenburg 8. 6. 1905.

In blau-silbern-rot geviertem Schilde oben links eine blaue Windrose und unten rechts eine grünbespitzte goldenbebutzte rote Rose.
Auf dem Helm mit rechts blau-silbernen und links rot-silbernen Decken zwei Elchschaufeln, die rechte schwarz, die linke silbern.

Neu angenommen am 17. Mai 1985 von Dr. jur. Stefan Dose, Rechtsanwalt, * Hamburg 20. 10. 1940, für sich und seine ehelichen Nachkommen im Mannesstamm.

Entwurf: PRO HERALDICA®, unter Leitung von
Dr. Ottfried Neubecker und Barbara Potzka.

Eingereicht von PRO HERALDICA®, Stuttgart.

Eingetragen unter Nr. 85264.

Dreier

aus Periam bei Temeschburg, Banat/Rumänien

In Grün im Schildfuß eine silberne gemauerte zweibogige Brücke, daraus hervorkommend ein silberner Löwe, ein goldenes Schwert pfahlweise haltend und pfahlweise beseitet von zwei goldenen Schwertern. Auf dem grün-silbern bewulsteten Helm mit grün-silbernen Decken ein goldener Hobel, überdeckt von einem geöffneten goldenen hölzernen Zirkel.

Neu angenommen am 28. Januar 1985 von Horst Dreier, Kaufmann, * Periam 26. 11. 1943, für sich und seine ehelichen Nachkommen im Mannesstamm sowie zugunsten der übrigen ehelichen Nachkommen im Mannesstamm seines Vaters Jakob Dreier, Schreinermeisters, * Periam 26. 2. 1912.

Entwurf: PRO HERALDICA®, Dr. Ottfried Neubecker
in Verbindung mit Barbara Potzka.

Eingereicht von PRO HERALDICA®, Stuttgart.

Eingetragen unter Nr. 85045.

Driehorst

aus Kassel

In Silber ein mit drei grünen Bäumen besetzter erhöhter blauer Dreiberg, belegt mit einem von zwei silbernen Scheiben beseiteten, nach unten offenen silbernen Hufeisen.
Auf dem blau-silbern bewulsteten Helm mit blau-silbernen Decken ein wachsender rotgezungter silberner Löwe, mit den Pranken einen blauen Krug haltend.

Neu angenommen am 5. Oktober 1984 von Folker Driehorst, Betriebswirt, * Kassel 25. 9. 1941, für sich und seine ehelichen Nachkommen im Mannesstamm.

Entwurf: PRO HERALDICA®, Dr. Ottfried Neubecker
in Verbindung mit Barbara Potzka.

Eingereicht von PRO HERALDICA®, Stuttgart.

Eingetragen unter Nr. 84474.

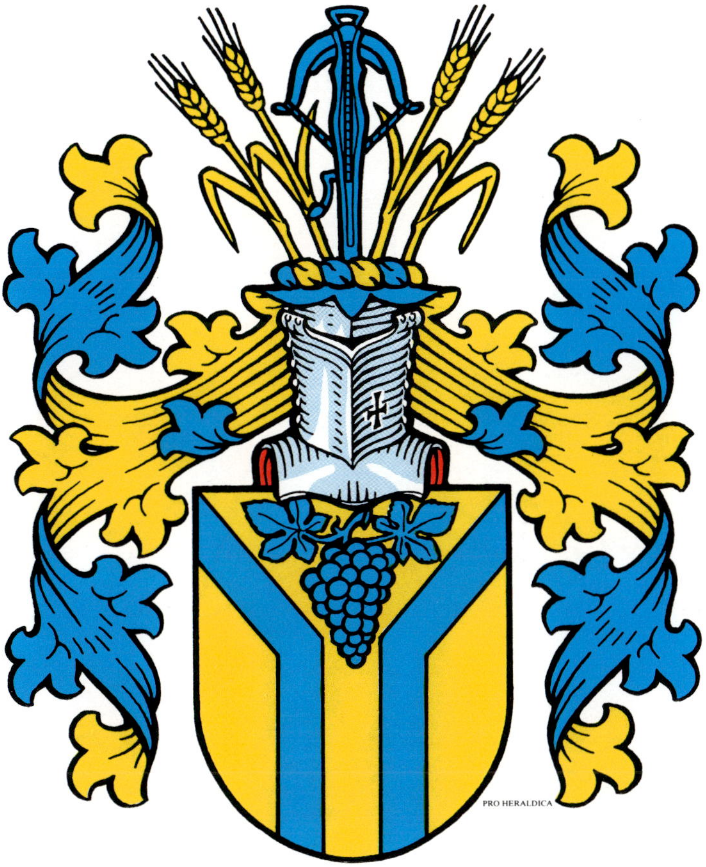

Durein

aus Mechtersheim bei Speyer

Ältester bekannter Vorfahr im Mannesstamm: Philip Durein (Thürein) 1791 wohnhaft in Mechtersheim.

In Gold zwischen zwei deichselweise geknickten Pfählen eine beblätterte Traube, alle Figuren blau. Auf dem blau-golden bewulsteten Helm mit blau-goldenen Decken eine blaue Armbrust vor vier fächerförmig gestellten beblätterten goldenen Ähren.

Neu angenommen am 24. Mai 1985 von Werner Durein, Kaufmann, * Speyer 4. 9. 1935, für sich und seine ehelichen Nachkommen im Mannesstamm.

Entwurf: PRO HERALDICA®, unter Leitung von Dr. Ottfried Neubecker und Barbara Potzka.

Eingereicht von PRO HERALDICA®, Stuttgart.

Eingetragen unter Nr. 85283.

Eckardt

aus Kehl, Ortenaukreis

In Gold ein schwarz-rot gespaltener Sparren, einen hervorkommenden schwarzen Dreizack einschließend, dessen beide äußere Zacken als Ankerflügel ausgestaltet.
Auf dem Helm mit rechts schwarz-goldenen und links rot-goldenen Decken ein rechts schwarz-golden, links golden-rot geteilter Flug, in dem schwarzen bzw. roten Platz je zwei goldene Münzen.

Neu angenommen am 13. März 1985 von Dieter Adolf Eckardt, Kaufmann, * Kehl 30. 1. 1939, für sich und seine ehelichen Nachkommen im Mannesstamm.

Entwurf: PRO HERALDICA®, unter Leitung von
Dr. Ottfried Neubecker und Barbara Potzka.

Eingereicht von PRO HERALDICA®, Stuttgart.

Eingetragen unter Nr. 85252.

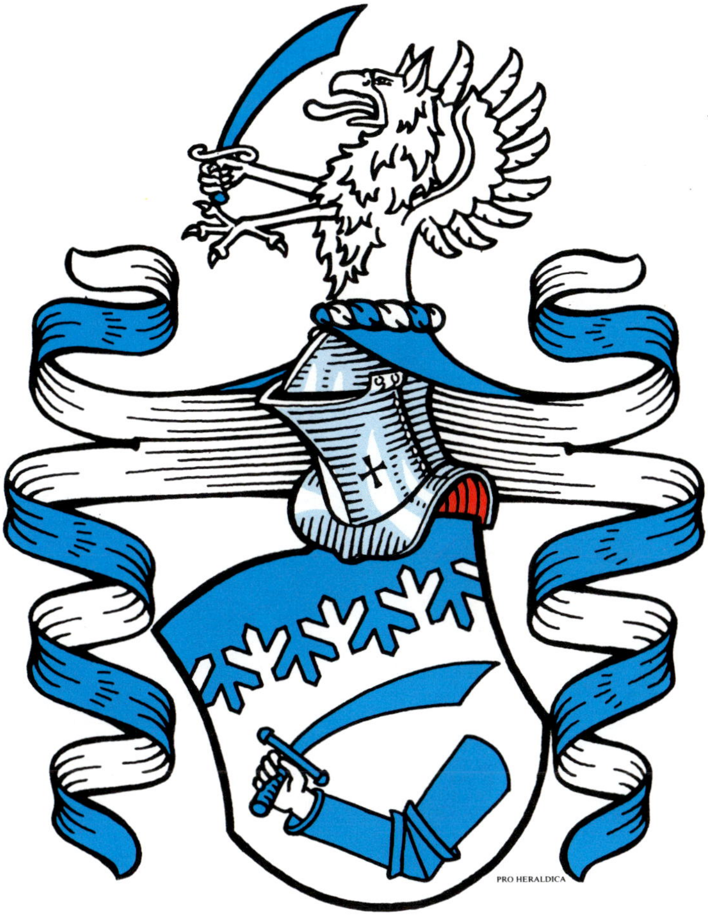

Edelberg, vormals Edelburg

aus Preußen

Ältester bekannter Vorfahr im Mannesstamm: August Edelburg, * Preußen um 1853, † Wolhynien Juli 1909, Vater des Adolf Edelberg, * Vulki, Landgem. Lansen/Kurland 14. 2. 1902.

In Silber unter einem im Fichtennadelschnitt gestalteten Schildhaupt ein schwebender geharnischter Arm, ein Krummschwert schwingend, alle Figuren blau.
Auf dem blau-silbern bewulsteten Helm mit blau-silbernen Decken ein wachsender silberner Greif, ein blaues Krummschwert haltend.

Eingetragen auf Antrag von Wilhelm Edelberg, Uhrmachermeister, * Feuchtwangen 10. 3. 1927, für sich und seine ehelichen Nachkommen im Mannesstamm sowie zugunsten der übrigen ehelichen Nachkommen im Mannesstamm seines obengenannten Großvaters August Edelburg.

Richtiggestellt von PRO HERALDICA®, unter Leitung von Dr. Ottfried Neubecker und Barbara Potzka.

Eingereicht von PRO HERALDICA®, Stuttgart.

Eingetragen unter Nr. 85128.

Ehrmann

aus Witten/Ruhr

In Rot ein silbernes springendes Pferd, schräglinks überdeckt von einem goldengegrifften silbernen Schwert.
Auf dem rot-silbern bewulsteten Helm mit rot-silbernen Decken vor zwei rot-silbern übereckgeteilten Büffelhörnern mit goldenen Mundlöchern ein goldener Schwertgriff mit Parierstange und hervorkommendem silbernen Klingenansatz.

Neu angenommen im Jahre 1949 von Günther Ehrmann, Diplom-Kaufmann, * Witten 21. 12. 1915, für sich und seine ehelichen Nachkommen im Mannesstamm.

Entwurf: † Walter Ratzeburg, Wolfratshausen-Waldram.

Eingereicht von PRO HERALDICA®, Stuttgart.

Eingetragen unter Nr. 85193.

Ellinger

aus Unterrot, Stadt Gaildorf

Ältester bekannter Vorfahr im Mannesstamm: Johann Georg Peter Ellinger, Bauer, * um 1760.

In Rot balkenweise eine goldene Elle, überdeckt von einem silbernen Mühlstein mit goldenem Mühleisen und begleitet von drei (2,1) silbern-golden wellengeteilten Schildchen.
Auf dem rot-silbern bewulsteten Helm mit rot-silbernen Decken ein silberner Mühlstein mit goldenem Eisen, besteckt mit sechs goldenbesamten blauen Leinblüten.

Neu angenommen am 10. Februar 1984 von Frau Lotte Marie Höfer, geb. Ellinger, Kaufmännische Angestellte, * Unterrot 15. 9. 1928, für sich und ihre ehelichen Nachkommen im Mannesstamm sowie zugunsten der übrigen ehelichen Nachkommen im Mannesstamm ihres obengenannten dreifachen Urgroßvaters Johann Georg Peter Ellinger.

Entwurf: PRO HERALDICA®, Dr. Ottfried Neubecker
in Verbindung mit Barbara Potzka.

Eingereicht von PRO HERALDICA®, Stuttgart.

Eingetragen unter Nr. 84187.

Empl

aus Heißprechting, Gem. Unterdietfurt, Krs. Rottal-Inn

In rot-golden gespaltenem Schilde zwei verstutzte Leisten, begleitet rechts von drei Münzen, links von drei Hopfenblüten, alle Figuren golden im roten und grün im goldenen Platz. Auf dem rot-golden-grün-golden bewulsteten Helm mit rechts rot-goldenen und links grün-goldenen Decken ein wachsender rotbewehrter goldener Löwe.

Neu angenommen am 30. November 1984 von Franz J. Empl, Selbständiger Kaufmann, * Heißprechting 26. 2. 1944, für sich und seine ehelichen Nachkommen im Mannesstamm.

Entwurf: PRO HERALDICA®, unter Leitung von Dr. Ottfried Neubecker und Barbara Potzka.

Eingereicht von PRO HERALDICA®, Stuttgart.

Eingetragen unter Nr. 85048.

Erdmann

aus Dahlen, Krs. Stendal, Prov. Sachsen

Ältester bekannter Vorfahr im Mannesstamm: Carl Wilhelm Erdmann, Vater des Christian Heinrich Eduard Erdmann, * Dahlen 15. 10. 1844.

Unter silbernem, in fünf Spitzen ausgezogenen Schildhaupt zwischen zwei silbernen Sternen ein silbernes Erdmännchen in Bergmannstracht mit Gugel, in der Rechten eine goldene Hacke pfahlweise haltend, das Eisen oben.
Auf dem Helm mit blau-silbernen Decken ein silbern-blau übereckgeteilter Flug.

Neu angenommen am 29. Juni 1984 von Dr. med. dent. Hans-Peter Erdmann, Zahnarzt, * Eisleben 8. 7. 1941, für sich und seine ehelichen Nachkommen im Mannesstamm.

Entwurf: PRO HERALDICA®, Dr. Ottfried Neubecker
in Verbindung mit Barbara Potzka.

Eingereicht von PRO HERALDICA®, Stuttgart.

Eingetragen unter Nr. 85111.

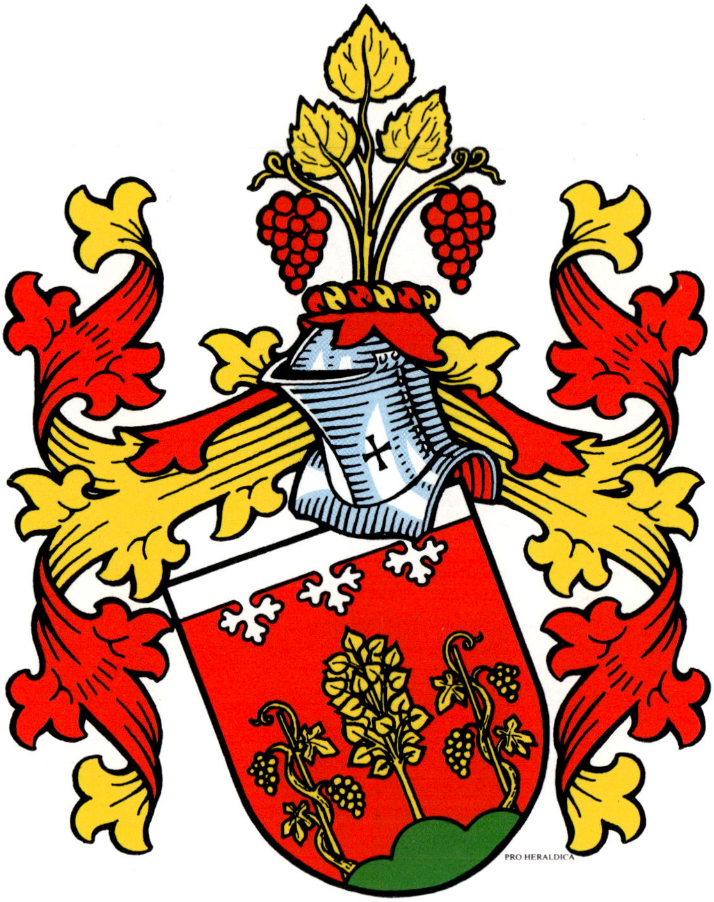

Eßwein

aus Leinweiler/Aalen

Ältester bekannter Vorfahr im Mannesstamm: Anton Eßwein, Landwirt, * Leinweiler, 11. 1. 1761, † Heuchlingen 18. 4. 1828.

In Rot unter silbernem Rautenkranzschildhaupt auf grünem Dreiberg eine goldene Espe zwischen zwei goldenen Weinstöcken.
Auf dem rot-golden bewulsteten Helm mit rot-goldenen Decken ein goldener Espenzweig zwischen zwei an goldenen Ranken hängenden roten Weintrauben.

Neu angenommen am 3. Mai 1985 von Helmut Eßwein, Kaufmann, * Stuttgart 20. 2. 1935, für sich und seine ehelichen Nachkommen im Mannesstamm.

Entwurf: PRO HERALDICA®, unter Leitung von
Dr. Ottfried Neubecker und Barbara Potzka.

Eingereicht von PRO HERALDICA®, Stuttgart.

Eingetragen unter Nr. 85194.

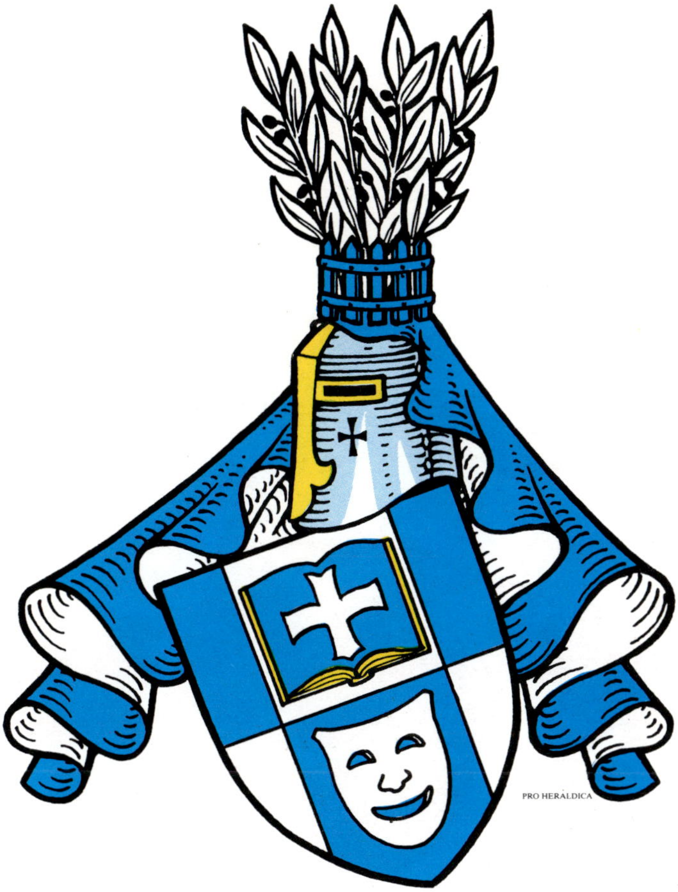

Esterer

aus Miesbach bei Rosenheim

Ältester bekannter Vorfahr im Mannesstamm: Thomas Esterer, Bankangestellter, * Miesbach 9. 5. 1903, Vater der Antragsteller.

In blau-silbern geteiltem Schilde ein breiter Pfahl in verwechselten Farben, darin oben ein aufgeschlagenes, mit einem silbernen Kreuz bezeichnetes goldenbeschnittenes blaues Buch, unten eine silberne Komödiantenmaske.
Auf dem Helm mit blau-silbernen Decken vier von einem blauen Lattenzaun gebündelte silberne Lorbeerzweige mit schwarzen Früchten.

Neu angenommen am 12. April 1985 von Diakon Dr. theol. Horst Thomas Esterer, Bankkaufmann, * München 9. 5. 1936, und Reinhold Hermann Esterer, Bankkaufmann, München 2. 10. 1938, für sich und ihre ehelichen Nachkommen im Mannesstamm.

Entwurf: PRO HERALDICA®, unter Leitung von Dr. Ottfried Neubecker und Barbara Potzka.

Eingereicht von PRO HERALDICA®, Stuttgart.

Eingetragen unter Nr. 85292.

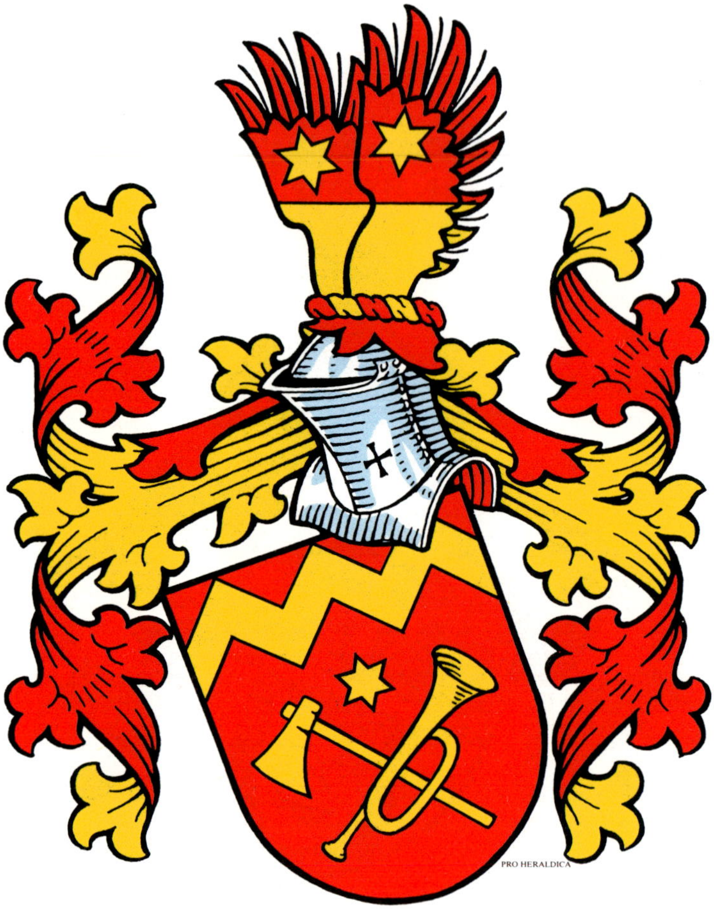

Even

aus Menne/Westfalen

Ältester bekannter Vorfahr im Mannesstamm: Jakob Even, vierfacher Urgroßvater des Antragstellers.

In Rot oben ein anstoßender Zickzackbalken mit drei Giebeln, unten ein von einer Trompete schräglinks überkreuztes und von einem Stern überhöhtes Beil, alle Figuren golden.
Auf dem rot-golden bewulsteten Helm mit rot-goldenen Decken ein rot-golden geteilter Flug, oben belegt mit je einem goldenen Stern.

Neu angenommen am 12. Oktober 1984 von Harald Even, Diplom-Ingenieur, * Barmen 12. 11. 1922, für sich und seine ehelichen Nachkommen im Mannesstamm.

Entwurf: PRO HERALDICA®, Dr. Ottfried Neubecker
in Verbindung mit Barbara Potzka.

Eingereicht von PRO HERALDICA®, Stuttgart.

Eingetragen unter Nr. 84510.

Everding

aus Stadthagen, Krs. Schaumburg-Lippe

Innerhalb roten, in den Schildecken lanzenförmig eingekerbten Wolkenschildrandes in Silber ein schwebendes blaues Kreuz, überdeckt von einer goldenen zwölfstrahligen Sonne, diese belegt mit einer grünbespitzten und goldenbesamten roten Rose.
Auf dem Helm mit rot-silbernen Decken ein rot-silbern übereckgeteilter Flug.

Neu angenommen am 17. August 1984 von dem Ehepaar Heinrich Friedrich Wilhelm Everding, Heilpraktiker, Bildhauer, Maler, Pilot, * Stadthagen 22. 4. 1925, und Gisela Everding, Heilpraktikerin, Bildhauerin, für sich und ihre ehelichen Nachkommen im Mannesstamm.

Entwurf: PRO HERALDICA®, Dr. Ottfried Neubecker
in Verbindung mit Barbara Potzka.

Eingereicht von PRO HERALDICA®, Stuttgart.

Eingetragen unter Nr. 84441.

Fabian

aus Posen

Ältester bekannter Vorfahr im Mannesstamm: Hermann Fabian, Verwaltungsangestellter, * Posen 22. 9. 1876.

In Silber ein schwarzer Pfahl, umschlungen von einer schrägkreuzweise gelegten und oben und unten um den Pfahl herumreichenden goldenen Schnur und begleitet von zwei schwarzen Zangen.
Auf dem Helm mit schwarz-silbernen Decken eine schwarze Taube mit erhobenen weißen Flügeln und schwarzen Schwungfedern.

Neu angenommen am 3. September 1979 von Siegmund Hermann Fabian, Kaufmann, * Hamburg 15. 2. 1936, für sich und seine ehelichen Nachkommen im Mannesstamm.

Entwurf: PRO HERALDICA®, unter Leitung von
Dr. Ottfried Neubecker und Barbara Potzka.

Eingereicht von PRO HERALDICA®, Stuttgart.

Eingetragen unter Nr. 85265.

Fähnle

aus Großbottwar, Krs. Ludwigsburg

Ältester bekannter Vorfahr im Mannesstamm: Georg Fähnli, Landwirt, * Großbottwar 1611, † ebd. 19. 3. 1696.

In schwarz-silbern zu zwanzig Plätzen geschachtem Schilde eine goldene Vase, darin drei grüngestielte rote Rosen.
Auf dem rot-golden-schwarz-silbern bewulsteten Helm mit rechts rot-goldenen und links schwarz-silbernen Decken zwei auswärts geneigte Wimpelfähnchen, das rechte rot-golden geteilt an roter, das linke silbern-schwarz geteilt an schwarzer Stange.

Neu angenommen am 1. Februar 1985 von Karl-Heinz Fähnle, Fliesenlegermeister, * Großbottwar 18. 12. 1944, für sich und seine ehelichen Nachkommen im Mannesstamm.

Entwurf: PRO HERALDICA®, unter Leitung von
Dr. Ottfried Neubecker und Barbara Potzka.

Eingereicht von PRO HERALDICA®, Stuttgart.

Eingetragen unter Nr. 85266.

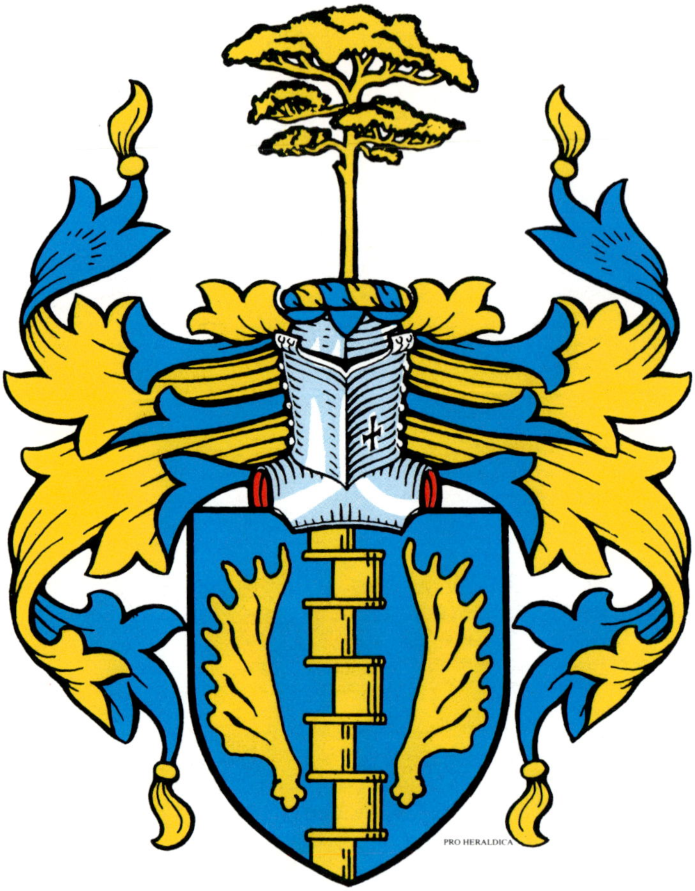

Fahrland

aus Dortmund

Ältester bekannter Vorfahr im Mannesstamm: Walter Fahrland, Feindreher, * Dortmund 30. 12. 1896.

In Blau pfahlweise eine Kurbelwelle, beseitet von zwei Elchschaufeln, alle Figuren golden. Auf dem blau-golden bewulsteten Helm mit blau-goldenen Decken eine goldene Kiefer.

Neu angenommen am 31. Oktober 1984 von Klaus-Dieter Fahrland, Kraftfahrer, * Berlin 4. 11. 1940, für sich und seine ehelichen Nachkommen im Mannesstamm.

Entwurf: PRO HERALDICA®, Dr. Ottfried Neubecker in Verbindung mit Barbara Potzka.

Eingereicht von PRO HERALDICA®, Stuttgart.

Eingetragen unter Nr. 85195.

Fakin

aus Edlingen/Untersteiermark

Ältester bekannter Vorfahr im Mannesstamm: Josef Fakin, Bergmann, * Edlingen 14. 3. 1876.

In Schwarz eine goldene Sonne mit abwechselnd sieben großen geflammten und sieben kleinen spitzen Strahlen.
Auf dem schwarz-golden-rot-golden bewulsteten Helm mit rechts schwarz-goldenen und links rot-goldenen Decken ein wachsender silbernbewehrter goldener Löwe, mit der rechten Pranke ein schwarzes Schwert schwingend, in der Linken einen mit einer Sonne wie im Schilde belegten roten Schild haltend.

Neu angenommen am 31. Mai 1985 von Josef Fakin, Wach- und Sicherheitsunternehmer, * Edlingen 26. 9. 1945, für sich und seine ehelichen Nachkommen im Mannesstamm sowie zugunsten der übrigen ehelichen Nachkommen im Mannesstamm seines obengenannten Großvaters Josef Fakin.

Entwurf: PRO HERALDICA®, unter Leitung von
Dr. Ottfried Neubecker und Barbara Potzka.

Eingereicht von PRO HERALDICA®, Stuttgart.

Eingetragen unter Nr. 85284.

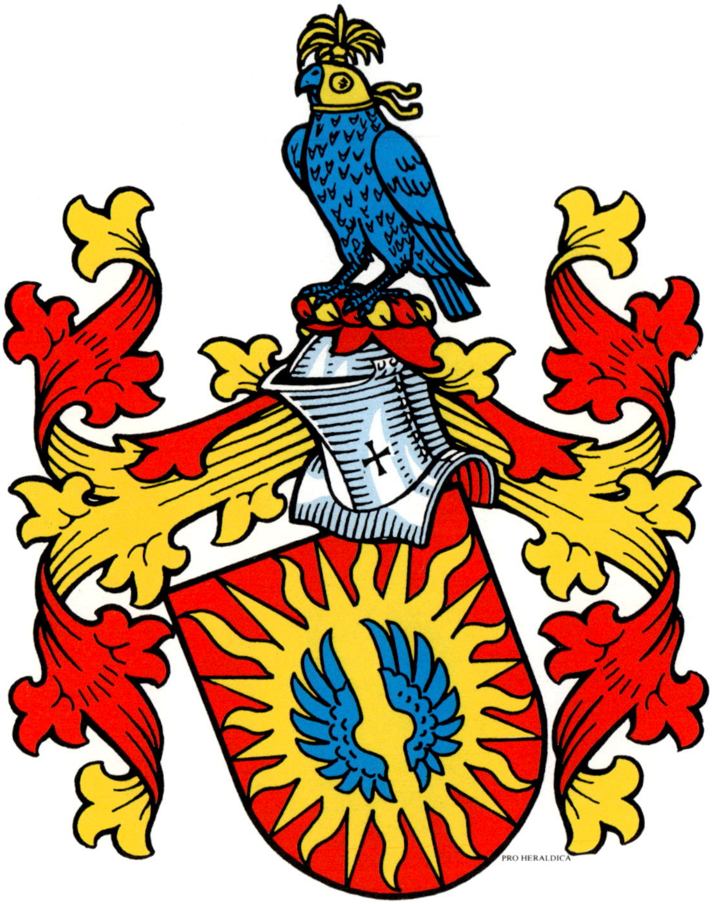

Falk

aus Miroslawice, Krs. Mogilno, Reg.-Bez. Bromberg

Ältester bekannter Vorfahr im Mannesstamm: Paul Falk, Schmiedemeister, Vater des Josef Julius Falk, Gärtners, * Miroslawice um 1845, † Lehe 1. 9. 1919.

In Rot eine mit zwei blauen Flügeln belegte goldene Strahlensonne.
Auf dem rot-golden bewulsteten Helm mit rot-goldenen Decken ein blauer Falke mit goldener Haube.

Neu angenommen am 16. November 1984 von Theodor Wilhelm Hermann Falk, Einzelhandelskaufmann, * Leipzig 12. 11. 1919, für sich und seine ehelichen Nachkommen im Mannesstamm.

Entwurf: PRO HERALDICA®, Dr. Ottfried Neubecker
in Verbindung mit Barbara Potzka.

Eingereicht von PRO HERALDICA®, Stuttgart.

Eingetragen unter Nr. 85049.

Fieg

aus Gernsbach, Krs. Rastatt

Ältester bekannter Vorfahr im Mannesstamm: Johannes Fieg, * Gernsbach 26. 10. 1760, † ebd. 10. 3. 1829.

In Blau auf grünem Boden ein springender goldengeflügelter silberner Pegasus, begleitet oben rechts von einem goldenen Amboß.
Auf dem Helm mit blau-silbernen Decken ein blauer Flug, rechts mit goldenen, links mit silbernen Schwungfedern.

Neu angenommen am 9. November 1984 von Theodor Fieg, Kaufmann, * Hamburg 6. 10. 1906, für sich und seine ehelichen Nachkommen im Mannesstamm sowie zugunsten der übrigen ehelichen Nachkommen im Mannesstamm seines obengenannten Urgroßvaters Johannes Fieg.

Entwurf: PRO HERALDICA®, Dr. Ottfried Neubecker
in Verbindung mit Barbara Potzka.

Eingereicht von PRO HERALDICA®, Stuttgart.

Eingetragen unter Nr. 85005.

Finkbeiner

aus Baiersbronn, Krs. Freudenstadt

Ältester bekannter Vorfahr im Mannesstamm: Martin Finkbeiner, * um 1530, Vater des Martin Finkbeiner, * 18. 9. 1560, † 5. 10. 1642.

In rot-blau schräggeteiltem Schilde ein von oben hervorkommendes goldenes Finkenbein. Auf dem rot-golden-blau-golden bewulsteten Helm mit rechts rot-goldenen und links blau-goldenen Decken ein goldener flugbereiter Fink.

Eingetragen auf Antrag von Richard Ernst Finkbeiner, Verwaltungsangestellter, * Stuttgart 12. 9. 1930, für sich und seine ehelichen Nachkommen im Mannesstamm sowie zugunsten seiner Agnaten.

Eingereicht von PRO HERALDICA®, Stuttgart.

Eingetragen unter Nr. 85233.

Fischer

aus Weißkirchen, Donaubanschaft

Ältester bekannter Vorfahr im Mannesstamm: Andreas Fischer, * 10. 2. 1851.

Zwischen zwei Flanken blau-golden gespalten, alles im Schwalbenschwanzschnitt, darin pfahlweise zwei Fische, der linke mit dem Kopf nach unten, alles in verwechselten Farben.
Auf dem blau-golden bewulsteten Helm mit blau-goldenen Decken die beiden Fische wie im Schilde, aber Rücken an Rücken.

Neu angenommen am 18. Mai 1984 von Volker Josef Fischer, Versicherungskaufmann, * Frankfurt/Main 24. 8. 1945, für sich und seine ehelichen Nachkommen im Mannesstamm sowie zugunsten der übrigen ehelichen Nachkommen im Mannesstamm seines obengenannten Urgroßvaters Andreas Fischer.

Entwurf: PRO HERALDICA®, Dr. Ottfried Neubecker
in Verbindung mit Barbara Potzka.

Eingereicht von PRO HERALDICA®, Stuttgart.

Eingetragen unter Nr. 84284.

Flaucher

aus Schachten, Markt Neualbenreuth, Krs. Tirschenreuth

Ältester bekannter Vorfahr im Mannesstamm: Michael Flauger (Flauchern), * um 1630, † Schachten 20. 12. 1694, siebenfacher Urgroßvater des Antragstellers.

Geviert, 1) und 4) blau-golden geteilt, darin oben ein silberner Fisch, 2) und 3) in Silber ein blaues Schrägkreuz.
Auf dem Helm mit rechts blau-goldenen und links blau-silbernen Decken pfahlweise ein silberner Fisch zwischen einem blauen Flug mit goldenen Schwungfedern.

Eingetragen auf Antrag von Peter Flaucher, Kaufmann, * Tegernsee 2. 10. 1947, für sich und seine ehelichen Nachkommen.

Richtiggestellt von PRO HERALDICA®,
Dr. Ottfried Neubecker in Verbindung mit Barbara Potzka.

Eingereicht von PRO HERALDICA®, Stuttgart.

Eingetragen unter Nr. 84251.

Fliedner

aus Sundhausen, Krs. Gotha

Ältester bekannter Vorfahr im Mannesstamm: Justus Fliedner aus Sundhausen, Vater des Hans Fliedner, Kantors und Präzeptors, * 1650, † 28. 4. 1674.

In Blau ein aus einer goldenen Balkenleiste hervorkommender goldener Löwe, zwischen den Pranken eine mit einem schwarzen schwebenden Kreuz bezeichnete silberne Rose haltend, unten auf silbernem, mit einem blauen Wellenbalken bezeichneten Wellenschildfuß ein silberner Dreimaster mit wehender Flagge.
Auf dem blau-golden bewulsteten Helm mit blau-goldenen Decken eine goldene Fortuna mit wehenden Haaren, mit den ausgebreiteten Armen ein silbernes flatterndes Band haltend und auf einem mit zwei goldenen Flügeln besetzten goldenen Globus tanzend.

Neu angenommen am 9. November 1984 von Dr. med. Klaus-Theodor Fliedner, Arzt, * Köln-Nippes 8. 12. 1935, und seinem Vater Theodor Wilhelm Karl Eduard Hermann Fliedner, Kirchenverwaltungs- und Oberamtsrat, * Treysa 12. 9. 1909, für sich und ihre ehelichen Nachkommen im Mannesstamm.

Entwurf: PRO HERALDICA®, Dr. Ottfried Neubecker
in Verbindung mit Barbara Potzka.
Eingereicht von PRO HERALDICA®, Stuttgart.
Eingetragen unter Nr. 85050.

Fluhrer

aus Burgbernheim

Ältester bekannter Vorfahr im Mannesstamm: Johann Georg Fluhrer, Maurermeister, Vater des Johann Georg Fluhrer, Maurermeisters, * Burgbernheim um 1810, Großvater des Johann Gottfried Fluhrer, Ökonoms und Forstaufsehers, * Burgbernheim 23. 5. 1844, † ebd.

In rot-silbern geteiltem Schilde ein schwarz mit goldenem Kragen und goldenem Hut gekleideter oberhalber, in ein goldenes Horn blasender Mann, die Linke in die Hüfte gestützt.
Auf dem Helm mit rot-silbernen Decken eine goldene Eule.

Neu angenommen am 23. November 1984 von Günter Fluhrer, Studiendirektor, * Nürnberg 18. 7. 1935, für sich und seine ehelichen Nachkommen im Mannesstamm sowie zugunsten der übrigen ehelichen Nachkommen im Mannesstamm seines dreifachen Urgroßvaters Johann Georg Fluhrer.

Richtiggestellt von PRO HERALDICA®,
unter der Leitung von Dr. Ottfried Neubecker und Barbara Potzka.

Eingereicht von PRO HERALDICA®, Stuttgart.

Eingetragen unter Nr. 85107.

Förster

aus Delbrück, Krs. Paderborn

Ältester bekannter Vorfahr im Mannesstamm: Johann Stephan Förster, Vater des Johannes Jodokus Förster, * 30. 3. 1749.

Über goldenem, mit drei roten Seeblättern belegtem Schildfuß in Schwarz zwei goldene Tannenschnittkeile.
Auf dem Helm mit schwarz-goldenen Decken eine schwarze natürliche Tanne.

Neu angenommen am 23. November 1984 von Karl-Heinrich Förster, Apotheker, * Gelsenkirchen-Buer 4. 5. 1922, für sich und seine ehelichen Nachkommen im Mannesstamm sowie zugunsten der übrigen ehelichen Nachkommen im Mannesstamm seines obengenannten vierfachen Urgroßvaters Johann Stephan Förster.

Entwurf: PRO HERALDICA®, unter Leitung von
Dr. Ottfried Neubecker und Barbara Potzka.

Eingereicht von PRO HERALDICA®, Stuttgart.

Eingetragen unter Nr. 85036.

Foertsch

aus Weissagk

Ältester bekannter Vorfahr im Mannesstamm: Friedrich Bernhard Foertsch, Vater des Friedrich Eduard Foertsch und Großvater des Christian Albert Bernhard Foertsch, Pfarrers, * Weissagk 28. 9. 1883.

In rot-silbern stufenförmig schräggeteiltem Schilde oben ein Hochkreuz, unten eine Schlange, alles in verwechselten Farben.
Auf dem rot-silbern bewulsteten Helm mit rot-silbernen Decken zwei je mit einem silbernen Balken bezeichnete rote Straußenfedern.

Eingetragen auf Antrag von Dr. med. Hans Ulrich Foertsch, Internist, * Recklinghausen 15. 7. 1936, für sich und seine ehelichen Nachkommen im Mannesstamm sowie zugunsten der übrigen ehelichen Nachkommen im Mannesstamm seines Ururgroßvaters Friedrich Bernhard Foertsch.

Richtiggestellt von PRO HERALDICA®,
Dr. Ottfried Neubecker in Verbindung mit Barbara Potzka.

Eingereicht von PRO HERALDICA®, Stuttgart.

Eingetragen unter Nr. 84477.

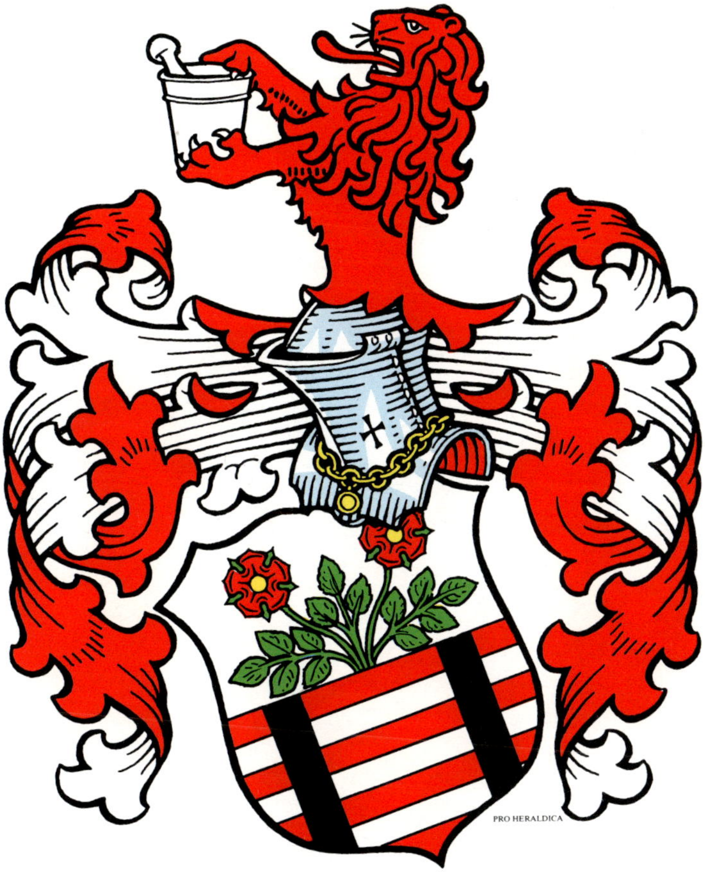

Foißner

aus Friedberg, Krs. Kaplitz/Böhmen

Ältester bekannter Vorfahr im Mannesstamm: Gregor Foisner, herrschaftl. Gärtner in Komaritz, Großvater des Adalbert Foisner, * Hohenfurth 3. 2. 1799.

In silbern-rot geteiltem Schilde oben eine aus der Teilungslinie hervorkommende grüne Rosenpflanze mit zwei goldenbebutzten roten Blüten, unten drei von zwei schwarzen Pfählen überdeckte silberne Balken.
Auf dem Helm mit rot-silbernen Decken ein wachsender silbernbewehrter roter Löwe, einen silbernen Mörser mit eingelegtem Pistill in den Pranken haltend.

Neu angenommen am 31. Mai 1985 von Karl Foißner, Apotheker, * Friedberg/Böhmerwald 22. 10. 1917, für sich und seine ehelichen Nachkommen im Mannesstamm.

Entwurf: PRO HERALDICA®, unter Leitung von Dr. Ottfried Neubecker und Barbara Potzka.

Eingereicht von PRO HERALDICA®, Stuttgart.

Eingetragen unter Nr. 85253.

Frank

aus Pflaumloch, Krs. Aalen

Ältester bekannter Vorfahr im Mannesstamm: Johann Leonhard Frank, Maurer, Vater des Johannes Frank, Fuhrmanns, * Pflaumloch 10. 9. 1782, † Geislingen/Steige 26. 7. 1860.

In Silber über drei schwarzen erniedrigten Spitzen im Schildfuß zwei gekreuzte schwarze Fuhrmannspeitschen mit silbernen Riemen, bewinkelt von vier schwarzen Querschindeln.
Auf dem Helm mit schwarz-silbernen Decken zwei gekreuzte silberne Fuhrmannspeitschen mit schwarzen Riemen.

Neu angenommen am 28. Januar 1983 von Dietrich Gustav Frank, Technischer Angestellter, * Freudenstadt 19. 1. 1931, für sich und seine ehelichen Nachkommen im Mannesstamm sowie zugunsten der übrigen ehelichen Nachkommen im Mannesstamm seines obengenannten dreifachen Urgroßvaters Johann Leonhard Frank.

Entwurf: PRO HERALDICA®, Dr. Ottfried Neubecker
in Verbindung mit Barbara Potzka.

Eingereicht von PRO HERALDICA®, Stuttgart.

Eingetragen unter Nr. 83211.

Franke

aus Schwachhausen, Krs. Celle

Ältester bekannter Vorfahr im Mannesstamm: Johann Heinrich Christian Franke, Landwirt, * Schwachhausen 3. 5. 1799.

In Silber ein durchgehendes blaues Tatzenkreuz, belegt mit einem goldenen Mörser mit eingelegtem Pistill.
Auf dem blau-silbern bewulsteten Helm mit blau-silbernen Decken ein silberner Wacholderbusch zwischen zwei goldenen Sicheln, die Schneiden nach innen.

Neu angenommen am 7. Dezember 1984 von Wilm Erwin August Franke, Kaufmann, Drogist, * Hannover 3. 11. 1930, und Brigitte Margarete Adelheid Franke, geb. Harck, Drogistin, * Hannover 1. 9. 1937, für sich und zugunsten der übrigen ehelichen Nachkommen im Mannesstamm von Heinrich Karl Wilhelm Franke (1896–1979, Vater des Antragstellers) sowie zugunsten von Rolf Rüdiger Harck (Bruder der Antragstellerin) und dessen ehelichen Nachkommen im Mannesstamm.

Entwurf: PRO HERALDICA®, unter Leitung von Dr. Ottfried Neubecker und Barbara Potzka.

Eingereicht von PRO HERALDICA®, Stuttgart.

Eingetragen unter Nr. 85414.

Frenz

aus Euskirchen

Ältester bekannter Vorfahr im Mannesstamm: Anton Frentz, Küster, † Euskirchen 6. 12. 1854.

In Gold ein von drei (2,1) Rosen begleiteter Sparren, alle Figuren rot.
Auf dem rot-golden bewulsteten Helm mit rot-goldenen Decken ein wachsendes schwarzes Pferd.

Neu angenommen am 25. Januar 1985 von Karl Jürgen Frenz, Rechtsanwalt, * Göttingen 18. 11. 1944, für sich und seine ehelichen Nachkommen im Mannesstamm sowie für die übrigen ehelichen Nachkommen im Mannesstamm seines Ururgroßvaters Anton Frentz.

Entwurf: PRO HERALDICA®, unter Leitung von
Dr. Ottfried Neubecker und Barbara Potzka.

Eingereicht von PRO HERALDICA®, Stuttgart.

Eingetragen unter Nr. 85135.

Frey

aus Mosbach/Baden

Ältester bekannter Vorfahr im Mannesstamm: Heinrich Frey, Kaufmann, * Mosbach um 1880, † Lille/ Frankreich 20. 5. 1916.

In rot-blau geteiltem Schilde ein goldener Löwe, oben blau-, unten rotbewehrt. Auf dem rot-golden-blau-golden bewulsteten Helm mit rechts rot-goldenen und links blau-goldenen Decken ein wachsender rotbewehrter schwarzer Adler.

Neu angenommen am 20. März 1981 von Christine Zieten, geb. Frey, Angestellte, * Berlin 22. 5. 1948, für sich und die übrigen Nachkommen im Mannesstamm ihres Großvaters Heinrich Frey sowie zugunsten der eigenen ehelichen Nachkommen des Namens Zieten.

Entwurf: PRO HERALDICA®, unter Leitung von Dr. Ottfried Neubecker und Barbara Potzka.

Eingereicht von PRO HERALDICA®, Stuttgart.

Eingetragen unter Nr. 85229.

Freyschmidt

aus Templin

Ältester bekannter Vorfahr im Mannesstamm: Hans Jakob Freyschmidt, Senator in Templin, ⚭ 29. 4. 1679 (?), † Templin 10. 8. 1733.

In schwarz-silbern geteiltem Schilde oben ein wachsender rotgezungter silberner Adler, unten drei (2,1) rote Lilien.
Auf dem Helm mit schwarz-silbernen Decken ein wachsender silberngekrönter und -bewehrter rotgezungter schwarzer Adler.

Auf Antrag von Prof. Dr. med. Peter Hermann Max Freyschmidt, Chefarzt, * Stargard 28. 3. 1920, für sich und seine ehelichen Nachkommen im Mannesstamm sowie zugunsten der übrigen ehelichen Nachkommen im Mannesstamm seines obengenannten fünffachen Urgroßvaters Hans Jakob Freyschmidt eingetragen.

Richtiggestellt von: PRO HERALDICA®,
unter Leitung von Dr. Ottfried Neubecker und Barbara Potzka.

Eingereicht von PRO HERALDICA®, Stuttgart.

Eingetragen unter Nr. 85293.

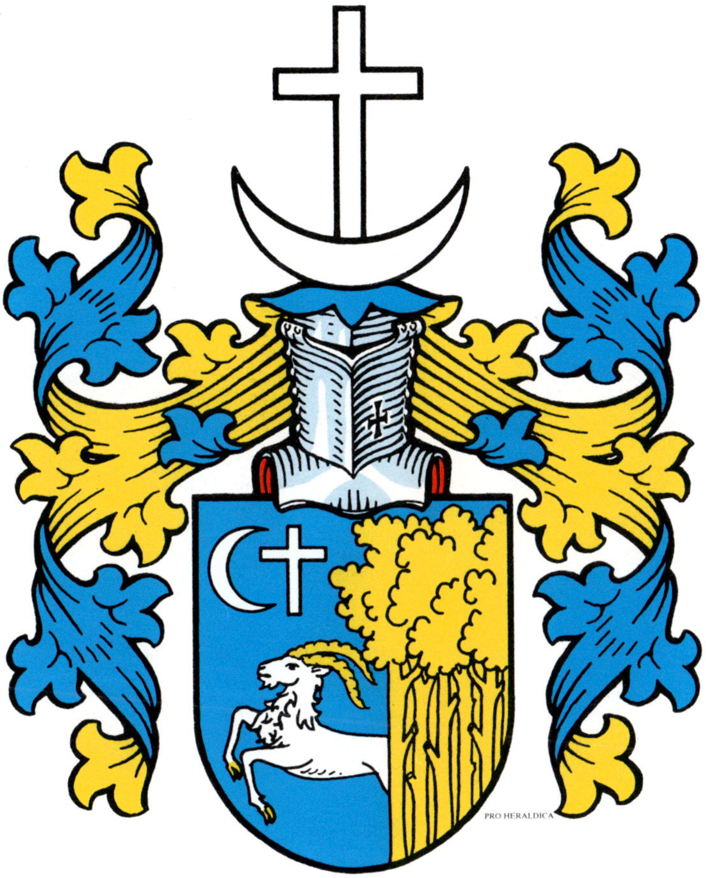

Fricke

aus Osterwieck

Ältester bekannter Vorfahr im Mannesstamm: Ernst Tobias Joachim Fricke, Landwirt, * Osterwieck 1780.

In Blau ein aus goldenem Walde hervorkommender goldenbewehrter silberner Bock, der Kopf überhöht von einem silbernen abnehmenden Mond und einem silbernen Hochkreuz.
Auf dem Helm mit blau-goldenen Decken ein liegender silberner Halbmond, besetzt mit einem silbernen Hochkreuz.

Eingetragen auf Antrag von Professor Dr. med. Reinhard Fricke, Arzt, * Bremen 22. 6. 1931, für sich und seine ehelichen Nachkommen im Mannesstamm sowie zugunsten der übrigen ehelichen Nachkommen im Mannesstamm seines obengenannten Ururgroßvaters Ernst Tobias Joachim Fricke.

Richtiggestellt von PRO HERALDICA®,
Dr. Ottfried Neubecker in Verbindung mit Barbara Potzka.

Eingereicht von PRO HERALDICA®, Stuttgart.

Eingetragen unter Nr. 85152.

Fritz

aus Potsdam

Ältester bekannter Vorfahr im Mannesstamm: Karl Fritz, Garteninspektor, * Potsdam 7. 12. 1871.

In Grün zwei zugewendete balzende goldene Auerhähne, balkenweise überhöht von drei silbernen Lilien.
Auf dem grün-golden bewulsteten Helm mit grün-goldenen Decken ein grüner Tannenbaum.

Neu angenommen am 17. Mai 1985 von Helmut Fritz, Sachbearbeiter, * Berlin-Spandau 19. 2. 1928, für sich und seine ehelichen Nachkommen.

Entwurf: PRO HERALDICA®, unter Leitung von Dr. Ottfried Neubecker und Barbara Potzka.

Eingereicht von PRO HERALDICA®, Stuttgart.

Eingetragen unter Nr. 85254.

Froese

aus Haffstrom, Stadtkreis Königsberg i. Pr.

Ältester bekannter Vorfahr im Mannesstamm: Johann Froese, Glöckner in Haffstrom, Vater des Johann Friedrich Froese, Bordingsfahrers, * Haffstrom 3. 7. 1779.

In golden-blau geständertem Schilde, die Spaltung und die Querteilung im Zinnen-, die Schrägteilungen im Stufenschnitt, ein mit einer Lyra bezeichneter Glaspokal.
Auf dem blau-golden bewulsteten Helm mit blau-goldenen Decken auf einer blauen Mauerkrone aufsitzend eine goldene gesichtete Sonne.

Neu angenommen am 12. Oktober 1984 von Dr. Udo Froese, Diplom-Volkswirt, * Königsberg 17. 6. 1911, für sich und seine ehelichen Nachkommen im Mannesstamm.

Entwurf: PRO HERALDICA®, Dr. Ottfried Neubecker
in Verbindung mit Barbara Potzka.

Eingereicht von PRO HERALDICA®, Stuttgart.

Eingetragen unter Nr. 85255.

Fründt

aus Kladrum, Lkrs. Parchim

Ältester bekannter Vorfahr im Mannesstamm: Friedrich Fründt, vierfacher Urgroßvater des Antragstellers.

In rot-golden gespaltenem Schilde zwei Flügel, der rechte silbern, der linke blau, unter einem aus einer und zwei halben absteigenden Spitzen gebildeten Schildhaupt entsprechend den Farben der Flügel, die mittlere Spitze verbreitert und verstutzt.
Auf dem rot-silbern-blau-golden bewulsteten Helm mit rechts rot-silbernen und links blau-goldenen Decken zwischen zwei Stierhörnern, das rechte rot, das linke blau, ein hockender goldener Löwe.

Neu angenommen am 23. November 1984 von Wolfgang Fründt, Kaufmann, * Hamburg 28. 7. 1939, für sich und seine ehelichen Nachkommen im Mannesstamm.

Entwurf: PRO HERALDICA®, unter Leitung von
Dr. Ottfried Neubecker und Barbara Potzka.

Eingereicht von PRO HERALDICA®, Stuttgart.

Eingetragen unter Nr. 85006.

Fuchs

aus Oberleichtersbach/Ufr.

Ältester bekannter Vorfahr im Mannesstamm: Peter Fuchs, Hüttner, * Oberleichtersbach/Ufr. 1837, † Sannerz, heute Ortsteil von Sterbfritz/Nordhessen, ⚭ ebd., Theresia Halbleib, * Oberleichtersbach, † Sannerz, Urgroßvater des Wappenstifters.

Gespalten und halbgeteilt von Rot, darin eine goldene Rose, Gold, darin drei rote Weberschiffchen, schrägrechts gelegt und schräglinks gestellt, und neungeschacht von Gold und Schwarz. Auf dem Helm mit rot-goldenen Decken ein blondgelockter barhäuptiger Mann, in langem ärmellosem ungeknöpftem und mit einer durchgehenden goldenen Deichsel bezeichnetem rotem Mantel.

Neu angenommen am 19. Februar 1964, anläßlich seiner Eheschließung mit Ursula Johanna Marianne Drosihn, von Hans Georg Fuchs, Großhandelskaufmann, * Hanau 15. 11. 1937, für sich und seine ehelichen Nachkommen im Mannesstamm sowie zugunsten der übrigen ehelichen Nachkommen im Mannesstamm seines oben erwähnten Urgroßvaters Peter Fuchs.

Eingetragen unter Nr. 84305.

Fuchs

aus Hemmingen, Krs. Ludwigsburg/Württ.

Ältester bekannter Vorfahr im Mannesstamm: Johann Michael Fuchs, Bauer und Gemeinderat in Hemmingen, * Hemmingen 7. 12. 1762.

In grün-golden geteiltem Schilde ein golden-rot geteilter Fuchs, unten rechts begleitet von einem grünen gestielten Kleeblatt.
Auf dem Helm mit rechts grün-goldenen und links rot-goldenen Decken ein wachsender roter Fuchs, zwischen den Läufen eine goldenbesamte blaue Leinblüte haltend.

Neu angenommen am 31. August 1984 von Rolf Karl Fuchs, Bezirksleiter, * Stuttgart-Feuerbach 22. 5. 1934, für sich und seine ehelichen Nachkommen im Mannesstamm sowie zugunsten seines Vaters Eugen Fuchs, Mechaniker, * Hemmingen 19. 12. 1904.

Entwurf: PRO HERALDICA®, Dr. Ottfried Neubecker in Verbindung mit Barbara Potzka.

Eingereicht von PRO HERALDICA®, Stuttgart.

Eingetragen unter Nr. 84442.

Fuss

aus Maczulki bei Rowno

In Gold eine von drei konzentrischen Kreisen umschlossene Scheibe, die beiden inneren Kreise deichselweise ineinander übergehend, alle Figuren schwarz.
Auf dem schwarz-golden bewulsteten Helm mit schwarz-goldenen Decken zwischen zwei schwarzen Steinbockhörnern ein grünes vierblättriges Eichenreis mit goldener Eichel.

Neu angenommen am 16. November 1984 von Alexander Fuss, Kaufmann, * Maczulki 27. 12. 1920, für sich und seine ehelichen Nachkommen im Mannesstamm.

Entwurf: PRO HERALDICA®, Dr. Ottfried Neubecker
in Verbindung mit Barbara Potzka.

Eingereicht von PRO HERALDICA®, Stuttgart.

Eingetragen unter Nr. 85053.

Gadder

aus Bochum

Ältester bekannter Vorfahr im Mannesstamm: Hermann Gadder, Beamter, * Bochum, Vater des Helmut Gadder, Kaufmanns, * Bochum-Langendreer 15. 9. 1909, † Wuppertal 30. 4. 1960.

In rot-golden gespaltenem Schilde zwei golden-schwarz gespaltene Sparren, begleitet von drei (2,1) Scheiben, jeweils in verwechselten Farben.
Auf dem Helm mit rot-goldenen Decken ein offener Flug, rechts rot mit einer von einem goldenen Schräglinksbalken überhöhten goldenen Scheibe, links golden mit einer von einem schwarzen Schrägbalken überhöhten roten Scheibe bezeichnet.

Neu angenommen am 14. Dezember 1984 von Lothar Gadder, Kaufmann, * Wuppertal 5. 9. 1940, für sich und seine ehelichen Nachkommen im Mannesstamm sowie die übrigen ehelichen Nachkommen im Mannesstamm seines obengenannten Vaters Helmut Gadder.

Entwurf: PRO HERALDICA®, unter Leitung von
Dr. Ottfried Neubecker und Barbara Potzka.

Eingereicht von PRO HERALDICA®, Stuttgart.

Eingetragen unter Nr. 85097.

Gegner

aus Roßtal, Krs. Fürth

Ältester bekannter Vorfahr im Mannesstamm: Georg Gegner, * Roßtal, Vater des Georg Gegner, Justizbeamten, * Roßtal 18. 1. 1879, † Traunstein 31. 10. 1972.

Durch einen erhöhten Sparren geteilt von Blau und Grün, darin unten bordweise fünf Scheiben überhöht von einem Pferderumpf, alle Figuren golden.
Auf dem Helm mit rechts blau-goldenen und links grün-goldenen Decken eine goldene gesichtete Strahlensonne.

Neu angenommen am 24. September 1982 von Walter Marzellus Johann Gegner, Versicherungskaufmann, * Laufen, Krs. Berchtesgadener Land, 16. 1. 1932, für sich und seine ehelichen Nachkommen im Mannesstamm sowie zugunsten der übrigen ehelichen Nachkommen im Mannesstamm seines obengenannten Großvaters Georg Gegner.

Entwurf: PRO HERALDICA®, Dr. Ottfried Neubecker
in Verbindung mit Barbara Potzka.

Eingereicht von PRO HERALDICA®, Stuttgart.

Eingetragen unter Nr. 85196.

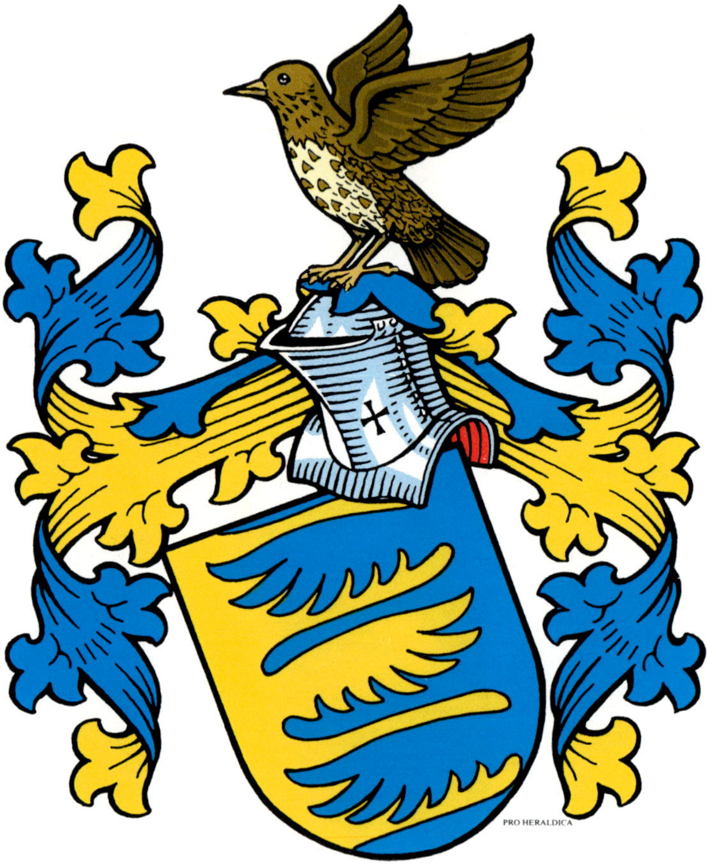

Geiling

aus Jenalöbnitz, Krs. Jena

Ältester bekannter Vorfahr im Mannesstamm: Johann Georg Geiling, † Jenalöbnitz 11. 2. 1812, Vater des Johann Christian Geiling, * Jenalöbnitz 1759, † ebd. 10. 8. 1823.

Von Gold und Blau mit drei Wogen gespalten, die Bögen zu je einer Schwinge ausgezogen. Auf dem Helm mit blau-goldenen Decken eine flugbereite natürliche Drossel.

Neu angenommen am 14. Dezember 1984 von Karl Geiling, Kaufmann, * Frankfurt/Main 20. 1. 1953, für sich und seine ehelichen Nachkommen im Mannesstamm.

Entwurf: PRO HERALDICA®, unter Leitung von Dr. Ottfried Neubecker und Barbara Potzka.

Eingereicht von PRO HERALDICA®, Stuttgart.

Eingetragen unter Nr. 85054.

Gieseking

aus Kutenhausen bei Minden

Ältester bekannter Vorfahr im Mannesstamm: Johann Friderich Gieseking, Landwirt, Kutenhausen, Vater des Friderich Wilhelm Gieseking, Landwirts und Zimmermanns, * Kutenhausen 17. 1. 1784.

In Silber ein roter Wechselzinnenpfahl, beseitet von je einer schwarzen, je ein Birkenblatt mit Fruchtstand treibenden Leiste, die oberen Triebe links und die unteren rechts.
Auf dem schwarz-silbern-rot-silbern bewulsteten Helm mit rechts schwarz-silbernen und links rot-silbernen Decken ein Mädchenkopf mit blonden Zöpfen und schwarzen Eselsohren.

Neu angenommen am 15. Juni 1984 von Heinrich Gieseking, Molkerist, * Essen/Oldenburg 30. 6. 1939, für sich und seine ehelichen Nachkommen.

Entwurf: PRO HERALDICA®, Dr. Ottfried Neubecker
in Verbindung mit Barbara Potzka.

Eingereicht von PRO HERALDICA®, Stuttgart.

Eingetragen unter Nr. 85074.

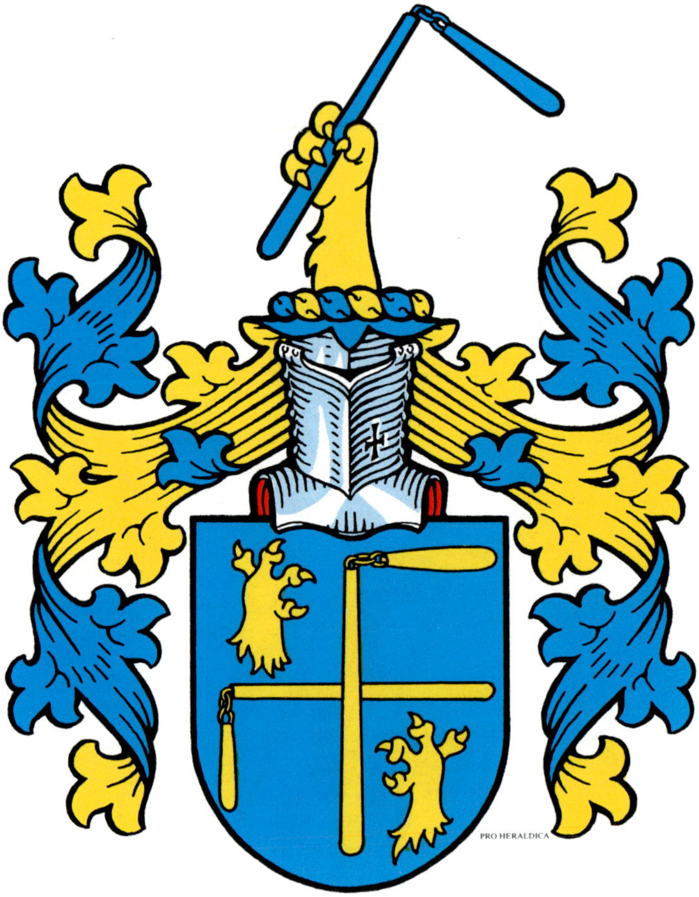

Giesendorf

aus Frickhofen (Westerwald)

In Blau zwei gekreuzte Dreschflegel, die Flegel balkenweise links oben und pfahlweise rechts unten angeordnet, begleitet rechts oben und links unten von je einer Löwenpranke, alle Figuren golden. Auf dem blau-golden bewulsteten Helm mit blau-goldenen Decken eine goldene Löwenpranke, einen blauen Dreschflegel haltend.

Neu angenommen am 12. April 1984 von Rudolf Giesendorf, Amtmann, * Frickhofen 17. 12. 1919, für sich und seine ehelichen Nachkommen im Mannesstamm.

Entwurf: PRO HERALDICA®, unter Leitung von Dr. Ottfried Neubecker und Barbara Potzka.

Eingereicht von PRO HERALDICA®, Stuttgart.

Eingetragen unter Nr. 85198.

Girschik

aus Hermsdorf, Krs. Leitmeritz, Reg.-Bez. Aussig

Ältester bekannter Vorfahr im Mannesstamm: Johann Georg Girschick, * um 1730, Vater des Wenzel Johann Girschick, Feldgärtners, * Hermsdorf 27. 12. 1765.

In Blau ein silberner Löwe.
Auf dem blau-silbern bewulsteten Helm mit blau-silbernen Decken der Löwe, wachsend, zwischen zwei blau-silbern übereckgeteilten Büffelhörnern.

Seit mindestens 1902 von der Familie Girschik in Anlehnung an das Wappen des Luxemburger Geschlechts von Guirsch und mit Ergänzung des Ober-Wappens geführt (siehe Hermann Hermann, Genealogie und Heraldik Bürgerlicher Familien Österreich-Ungarns, Bd. 2, Wien 1902, S. 71 bis 72). Eingetragen auf Antrag von Hans Girschik, Augenoptiker, * Leitmeritz 26. 7. 1931, für sich und seine ehelichen Nachkommen im Mannesstamm sowie zugunsten der übrigen ehelichen Nachkommen im Mannesstamm seines obengenannten vierfachen Urgroßvaters Johann Georg Girschick.

Eingereicht von PRO HERALDICA®, Stuttgart.

Eingetragen unter Nr. 84044.

Gleue

aus Ricklingen

Ältester bekannter Vorfahr im Mannesstamm: Johann Henrich Gleue, Schäfer zu Ricklingen, ⚭ 1766 Katharina Marlena Ellermanns aus Großenheiden.

Durch eine goldene eingebogene Spitze, darin ein schwarzes Glevenrad, geteilt von Grün, darin schräglinks ein goldengegrifftes silbernes Schwert, und Rot, darin schrägrechts ein goldenes Lilienszepter. Auf dem grün-silbern-rot-golden bewulsteten Helm mit rechts grün-silbernen und links rot-goldenen Decken zwischen zwei gekreuzten schwarzgeschäfteten silbernen Lanzen angestemmt eine grünbespitze und rotbebutzte goldene Rose.

Neu angenommen am 8. April 1983 von Friedrich Gleue, Architekt in Wennigsen/Deister, für sich und seine ehelichen Nachkommen im Mannesstamm sowie zugunsten der übrigen ehelichen Nachkommen im Mannesstamm seines obengenannten Stammvaters Johann Henrich Gleue.

Entwurf: E. G. Bartlau, Hamburg.

Eingetragen unter Nr. 84311.

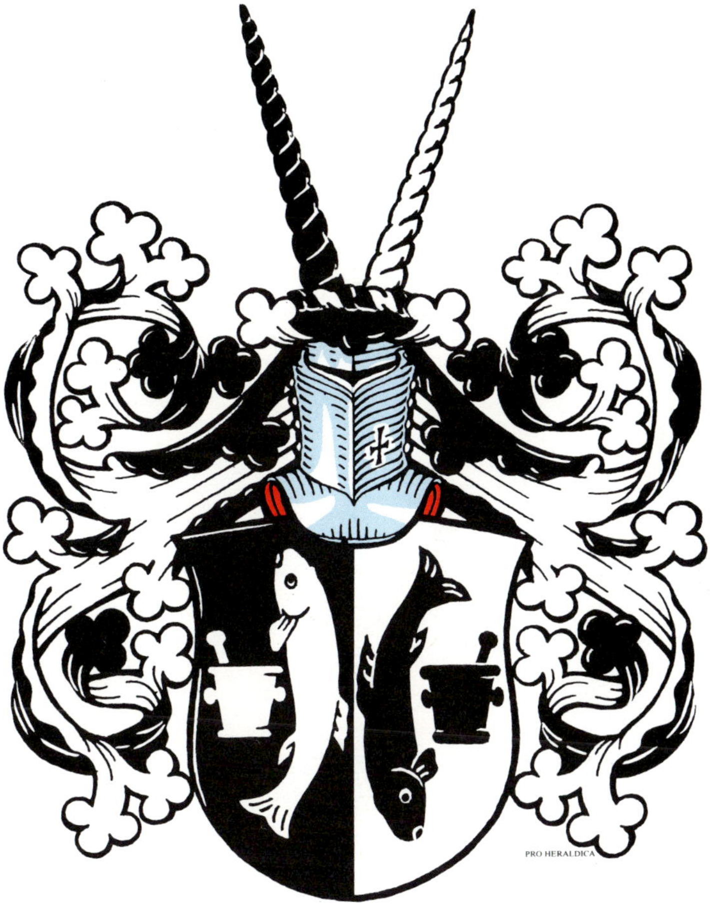

Glitzner

aus Duppau

Ältester bekannter Vorfahr im Mannesstamm: Johann Glitzner, Tuchmacher, * Duppau 19. 7. 1768.

In schwarz-silbern gespaltenem Schilde zwei nach außen gekrümmte Fische, der linke gestürzt, je begleitet von einem Mörser mit nach außen geneigtem Pistill, alle Figuren in verwechselten Farben. Auf dem schwarz-silbern bewulsteten Helm mit schwarz-silbernen Decken fächerweise zwei Einhornhörner, das rechte schwarz, das linke silbern.

Eingetragen auf Antrag von Julius Glitzner, Apotheker, * Kreibitz, Krs. Warnsdorf, 19. 9. 1925, für sich und seine ehelichen Nachkommen im Mannesstamm sowie zugunsten der übrigen ehelichen Nachkommen im Mannesstamm seines dreifachen Urgroßvaters Johann Glitzner.

Richtiggestellt von PRO HERALDICA®,
Dr. Ottfried Neubecker in Verbindung mit Barbara Potzka.

Eingereicht von PRO HERALDICA®, Stuttgart.

Eingetragen unter Nr. 85076.

Goedecke

aus Berge bei Gardelegen/Altmark

Ältester bekannter Vorfahr im Mannesstamm: Victor Goedeke, * 30. 1. 1738, † Berge 11. 10. 1828.

Innerhalb links in der Mitte ausgebrochenen schwarzen Schildrandes in Gold ein roter Löwe in schwarzer Mönchskutte, in beiden Pranken je einen goldengezierten blauen Reichsapfel haltend. Auf dem schwarz-golden bewulsteten Helm mit schwarz-goldenen Decken drei goldene beblätterte Ähren.

Eingetragen auf Antrag von Dr. med. dent. Udo Goedecke, Zahnarzt, * Osnabrück 25. 11. 1931, für sich und seine ehelichen Nachkommen im Mannesstamm sowie zugunsten der übrigen ehelichen Nachkommen im Mannesstamm seines dreifachen Urgroßvaters Victor Goedeke.

Richtiggestellt von PRO HERALDICA®,
Dr. Ottfried Neubecker in Verbindung mit Barbara Potzka.

Eingereicht von PRO HERALDICA®, Stuttgart.

Eingetragen unter Nr. 85099.

Gölz

aus Dittelsheim-Hessloch, Krs. Alzey-Worms

Mit drei Mittelspitzen, die mittlere ausgezogen in einen dreiblättrigen Haselnußzweig, geteilt von Gold und Schwarz, darin unten sechs (3,2,1) goldene Lilien.
Auf dem schwarz-golden bewulsteten Helm mit schwarz-goldenen Decken der Haselnußzweig wie im Schilde.

Neu angenommen am 1. März 1983 von Karl-Heinz Gölz, Landwirt und Winzer, * Dittelsheim-Hessloch 20. 1. 1942, für sich und seine ehelichen Nachkommen im Mannesstamm.

Entwurf: PRO HERALDICA®, Dr. Ottfried Neubecker
in Verbindung mit Barbara Potzka.

Eingereicht von PRO HERALDICA®, Stuttgart.

Eingetragen unter Nr. 85100.

Graf

aus Bolingen, Stadt Singen/Hohentwiel

Ältester bekannter Vorfahr im Mannesstamm: Blasius Graf, Bauer, * Worblingen/Bodensee, 5. 2. 1740.

In silbern-rot gespaltenem Schilde eine blau-silbern gespaltene alte Grafenkrone.
Auf dem blau-silbern-rot-silbern bewulsteten Helm mit rechts blau-silbernen und links rot-silbernen Decken eine silberne Waage im Gleichgewicht, die Schalen in Gestalt von Grafenkronen wie im Schilde, die rechte blau, die linke rot.

Neu angenommen am 10. Januar 1985 von Günter Graf, Kaufmann, * München 28. 4. 1930, für sich und seine ehelichen Nachkommen im Mannesstamm.

Entwurf: PRO HERALDICA®, unter Leitung von
Dr. Ottfried Neubecker und Barbara Potzka.

Eingereicht von PRO HERALDICA®, Stuttgart.

Eingetragen unter Nr. 85091.

Greef

aus Wuppertal-Barmen

Ältester bekannter Vorfahr im Mannesstamm: Hermann Greef, verm. Leineweber, * Barmen, Großvater des Antragstellers.

In Silber ein schwarzer Schrägbalken, überdeckt von einem roten Lilienkreuz.
Auf dem Helm mit rot-silbernen Decken ein wachsender roter Löwe, ein silbernes Lilienkreuz in den Pranken haltend.

Neu angenommen am 22. März 1985 von Klaus Peter Greef, Fachbereichsleiter, * Wuppertal 21. 7. 1944, für sich und seine ehelichen Nachkommen im Mannesstamm.

Entwurf: PRO HERALDICA®, unter Leitung von
Dr. Ottfried Neubecker und Barbara Potzka.

Eingereicht von PRO HERALDICA®, Stuttgart.

Eingetragen unter Nr. 85199.

Grelck des Stammes Geppert

aus Sudauen/Ostpreußen

Ältester bekannter Vorfahr im Mannesstamm: Johann Ferdinand Geppert, * 2. 2. 1853.

In silbern-blau gespaltenem Schilde rechts ein klarer Anker, links pfahlweise drei fünfzackige Sterne, links begleitet von einem zunehmenden Mond, alles in verwechselten Farben, das Ganze überdeckt von einem rot-silbern gespaltenem Mittelschild, darin rechts ein Stierhorn, links eine Hirschstange, dies alles in verwechselten Farben.
Auf dem blau-silbern bewulsteten Helm mit blau-silbernen Decken drei Straußenfedern, eine silberne zwischen zwei blauen.

Neu angenommen am 14. März 1953 von Hans-Jürgen Grelck, * Sudauen 25. 1. 1942, bis 21. 6. 1953 Geppert, für sich und seine ehelichen Nachkommen im Mannesstamm sowie die übrigen ehelichen Nachkommen im Mannesstamm seines Großvaters Johann Ferdinand Geppert, * 2. 2. 1853, sofern sie den Namen Grelck weiterführen.

Entwurf: E. G. Bartlau, Hamburg.

Eingetragen unter Nr. 84312.

Grentzer (Grenczer)

aus Obermetzenseifen, Krs. Göllnitz/Slowakei

Ältester bekannter Vorfahr im Mannesstamm: Inraj Grenczer, Vater des Andrej Grenczer, * Obermetzenseifen 21. 11. 1841.

In Grün ein mit rot-silbern gestückten Leisten bordierter silberner Schrägbalken, begleitet oben von einem goldenen Stern, unten von einer goldenen Lilie.
Auf dem grün-golden bewulsteten Helm mit grün-goldenen Decken ein wachsender grüner Bär, in den Pranken drei goldene Ähren, die äußeren beblättert, haltend.

Neu angenommen am 19. April 1985 von Horst Alfred Grentzer, Rektor, * Gablonz 21. 3. 1939, für sich und seine ehelichen Nachkommen im Mannesstamm.

Entwurf: PRO HERALDICA®, unter Leitung von
Dr. Ottfried Neubecker und Barbara Potzka.

Eingereicht von PRO HERALDICA®, Stuttgart.

Eingetragen unter Nr. 85262.

Grieger

aus Tuntschendorf, Lkrs. Glatz

Ältester bekannter Vorfahr im Mannesstamm: Walter Grieger, Maurer, * Tuntschendorf 13. 2. 1925.

In schwarz-rot durch eine goldene Schrägleiste geteiltem Schilde oben ein goldener Flitzbogen mit eingelegtem Pfeil.
Auf dem Helm mit rechts rot-goldenen und links schwarz-goldenen Decken eine rote Rose vor einem rechts goldenen, links schwarzen Flug.

Neu angenommen am 27. Juli 1984 von Bernhard Grieger, Kaufmann, * Detmold 18. 12. 1945, für sich und seine ehelichen Nachkommen im Mannesstamm sowie zugunsten der übrigen ehelichen Nachkommen im Mannesstamm seines obengenannten Vaters Walter Grieger.

Entwurf: PRO HERALDICA®, Dr. Ottfried Neubecker
in Verbindung mit Barbara Potzka.

Eingereicht von PRO HERALDICA®, Stuttgart.

Eingetragen unter Nr. 84443.

Gröner

aus Stuttgart

In goldenem Schilde unter golden-rot gespickeltem Schildhaupt zwei mit den Stielen gekreuzte, grüngestielte und -beblätterte, goldenbebutzte rote Rosen.
Auf dem rot-golden bewulsteten Helm mit rot-goldenen Decken ein Flug, der rechte Flügel rot, der linke golden.

Neu angenommen um 1940 von Emil Konrad Gröner, Kaufmann, * Stuttgart 29. 11. 1913, für sich und seine ehelichen Nachkommen im Mannesstamm.

Entwurf: † Joh. Jos. Kenfenheuer, Bergisch Gladbach.

Eingereicht von PRO HERALDICA®, Stuttgart.

Eingetragen unter Nr. 84483.

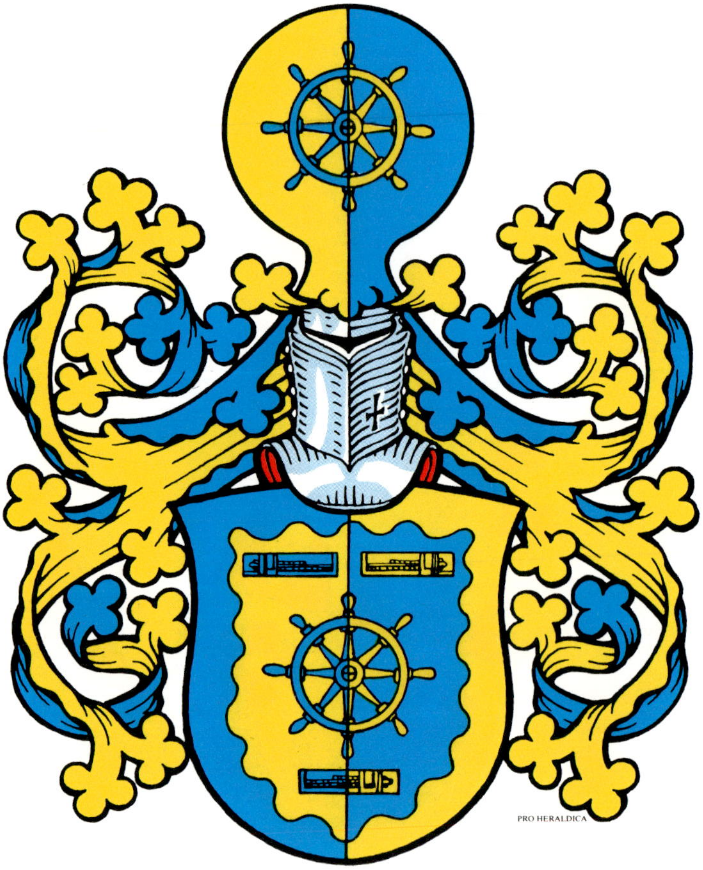

Grötzsch

aus Leipzig

Ältester bekannter Vorfahr im Mannesstamm: Werner Emil Grötzsch, Schriftsetzer, * Leipzig 7. 3. 1913.

Gespalten, innerhalb blau-goldenen Wellenschildrandes ein Schiffssteuerrad, begleitet von drei (2,1) balkenweise gelegten Winkelhaken, alles in verwechselten Farben.
Auf dem Helm mit blau-goldenen Decken ein golden-blau gespaltenes scheibenförmiges Schirmbrett, belegt mit dem Schiffssteuerrad wie im Schilde.

Neu angenommen am 6. April 1984 von Karl-Heinz Grötzsch, Seemann, * Leipzig 7. 9. 1938, für sich und seine ehelichen Nachkommen im Mannesstamm sowie zugunsten der übrigen ehelichen Nachkommen im Mannesstamm seines obengenannten Vaters Werner Emil Grötzsch.

Entwurf: PRO HERALDICA®, Dr. Ottfried Neubecker
in Verbindung mit Barbara Potzka.

Eingereicht von PRO HERALDICA®, Stuttgart.

Eingetragen unter Nr. 84252.

Grünewald

aus Gr. Sisbek, Krs. Braunschweig

Ältester bekannter Vorfahr im Mannesstamm: Hanß Grünewald, Ackermann, * Gr. Sisbek 1584, † ebd. 1663, 79 Jahre alt, Vater des Heinrich Grünewald, Ackermanns zu Gr. Sisbek, * Gr. Sisbek 1615, † ebd. (ermordet) 1647, 37 Jahre alt, siebenfachen Urgroßvaters des Wappenstifters.

In Gold eine grüne bewurzelte Eiche.
Auf dem Helm mit grün-goldenen Decken ein wachsender rotbewehrter goldener Löwe, in der rechten Pranke drei goldene, in ein grünes Papierblatt eingerollte Ähren.

Neu angenommen am 2. Februar 1984 von Arno Heinz Friedrich Grünewald, Werbeleiter in Jork, für sich und seine ehelichen Nachkommen im Mannesstamm sowie zugunsten der übrigen ehelichen Nachkommen im Mannesstamm seines obengenannten siebenfachen Urgroßvaters Hanß Grünewald (1584–1663).

Entwurf: E. G. Bartlau, Hamburg.

Eingetragen unter Nr. 84313.

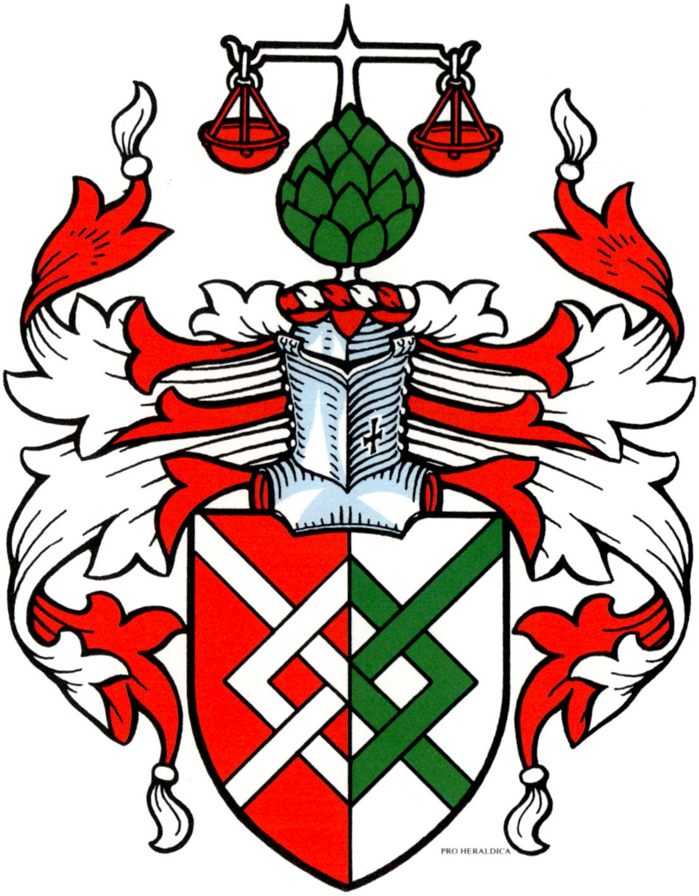

Güller

aus Windisch, Kanton Thurgau/Schweiz

Ältester bekannter Vorfahr im Mannesstamm: Hermann Güller, Verwalter, * Windisch 1. 11. 1869, † Mickhausen 1954.

In rot-silbern gespaltenem Schilde ein mit einer Fensterraute verflochtener Schragen (ein »Fret«), silbern im roten, grün im silbernen Platz.
Auf dem rot-silbern bewulsteten Helm mit rot-silbernen Decken eine silberne Waage mit roten Waagschalen, der Standfuß überdeckt von einer grünen Zirbelnuß.

Neu angenommen am 1. Februar 1985 von Hermann Johann Güller, Industrie-Kaufmann, * Augsburg 1. 4. 1934, für sich und seine ehelichen Nachkommen im Mannesstamm.

Entwurf: PRO HERALDICA®, unter Leitung von Dr. Ottfried Neubecker und Barbara Potzka.

Eingereicht von PRO HERALDICA®, Stuttgart.

Eingetragen unter Nr. 85200.

Günther

aus Hilgershausen, heute Bad Sooden-Allendorf

Ältester bekannter Vorfahr im Mannesstamm: Wilhelm Günther, Former, * Hilgershausen 2. 2. 1882, Großvater des Antragstellers.

In golden-schwarz geteiltem Schilde oben drei rote Zinnentürme mit je einem Fenster, unten ein hervorkommendes goldenes unterhalbes Zahnrad.
Auf dem schwarz-golden bewulsteten Helm mit schwarz-goldenen Decken drei mit einem flatternden rot-golden längsgestreiften Band gekreuzt gebündelte schwarze Pfeile.

Neu angenommen am 18. März 1985 von Wolfgang Günther, Maschinenbau-Ingenieur, * Mademühlen 18. 3. 1935, für sich und seine ehelichen Nachkommen im Mannesstamm sowie zugunsten der übrigen ehelichen Nachkommen im Mannesstamm seines obengenannten Großvaters Wilhelm Günther.

Entwurf: PRO HERALDICA®, unter Leitung von Dr. Ottfried Neubecker und Barbara Potzka.

Eingereicht von PRO HERALDICA®, Stuttgart.

Eingetragen unter Nr. 85093.

Haberstock

aus Winkel/Allgäu

Ältester bekannter Vorfahr im Mannesstamm: Henricus Haberstock, ⚭ Maria Jörg, Vater des Joan Aloysius Haberstock, * Winkel 21. 6. 1773, Urgroßvater des Antragstellers.

In Rot auf grünem Dreiberg ein springender silberner widersehender Pegasus. Auf dem rot-silbern bewulsteten Helm mit rot-silbernen Decken ein drei grüne Lindenblätter treibender, goldener abgehauener Baumstamm zwischen einem je mit einer goldenen Ähre auf den Saxen belegten schwarzen Flug.

Neu angenommen am 9. Februar 1984 von Franz Jakob Haberstock, Hotelier in Riezlern/Kleinwalsertal, für sich und seine ehelichen Nachkommen im Mannesstamm.

Entwurf: Wappen-Krölls, Johannes Krölls.

Eingereicht: Wappen-Krölls, Eggenstein.

Eingetragen unter Nr. 83402.

Hagen

aus Lutzhorn, Krs. Pinneberg

Ältester bekannter Vorfahr im Mannesstamm: Johann Hinrich Hagen, Häuerling, Vater des Hinrich Hagen, Häuerlings, * Lutzhorn 20. 10. 1838, † Kl. Kollmar 1. 9. 1911.

In Rot innerhalb eines aus zwei verschränkten Dornenranken gebildeten Kranzes ein achtspeichiges Rad, alle Figuren silbern.
Auf dem Helm mit rot-silbernen Decken ein wachsender silbernbewehrter roter Adler.

Neu angenommen am 17. August 1984 von Günter Fritz Hagen, Bundesbahnarbeiter, * Hamburg-Altona 19. 10. 1938, für sich und seine ehelichen Nachkommen im Mannesstamm.

Entwurf: PRO HERALDICA®, Dr. Ottfried Neubecker
in Verbindung mit Barbara Potzka.

Eingereicht von PRO HERALDICA®, Stuttgart.

Eingetragen unter Nr. 84421.

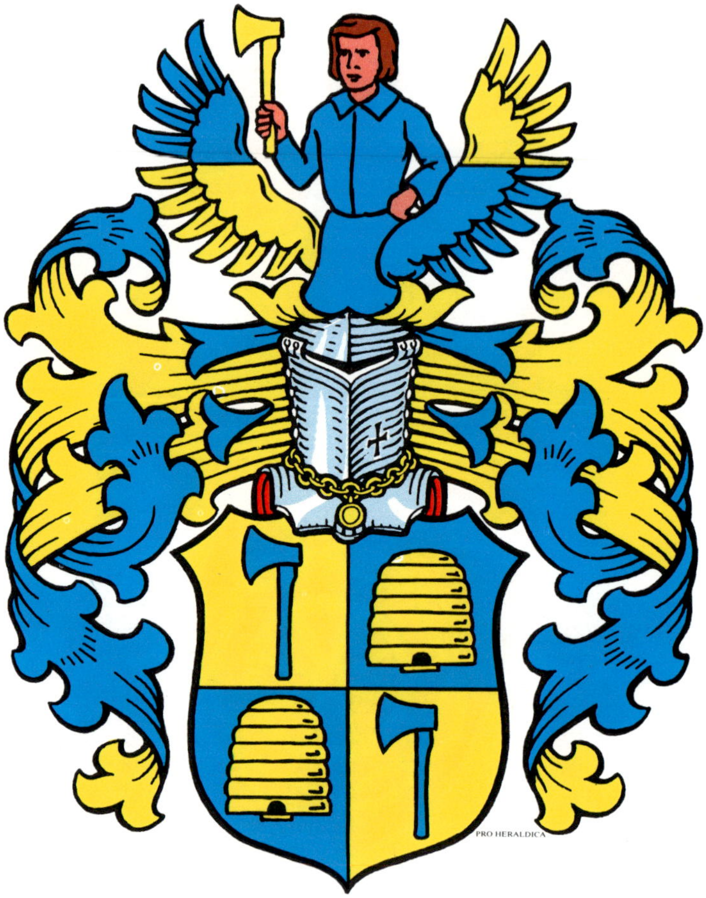

Halbgewachs

aus Neunkirchen

Ältester bekannter Vorfahr im Mannesstamm: Peter Halbgewachs, Zimmermann, Vater des Nikolaus Johann Halbgewachs, Zimmermanns, * Neunkirchen-Mehlingen 7. 11. 1771, † ebd. 19. 11. 1830.

In golden-blau geviertem Schild 1) und 4) je ein nach rechts gewendetes blaues Zimmermannsbeil, 2) und 3) ein goldener Bienenkorb.
Auf dem Helm mit blau-goldenen Decken zwischen einem blau-golden übereckgeteilten offenen Flug ein wachsender blaugekleideter Mann, in der Rechten ein goldenes Zimmermannsbeil haltend, die Linke in die Hüfte gestützt.

Eingetragen auf Antrag von Hans Halbgewachs, Kaufmann, * Lambrecht 24. 2. 1925, für sich und seine ehelichen Nachkommen im Mannesstamm sowie zugunsten der übrigen ehelichen Nachkommen im Mannesstamm seines vierfachen Urgroßvaters Peter Halbgewachs.

Richtiggestellt von PRO HERALDICA®,
Dr. Ottfried Neubecker in Verbindung mit Barbara Potzka.

Eingereicht von PRO HERALDICA®, Stuttgart.

Eingetragen unter Nr. 84551.

Halter

aus Kaiserslautern

Ältester bekannter Vorfahr im Mannesstamm: Werner Halter, Posthauptsekretär, * Kaiserslautern 30. 5. 1912.

Schwarz-rot durch einen schrägliegenden goldenen gesichteten zunehmenden Mond geteilt. Auf dem Helm mit rechts rot-goldenen und links schwarz-goldenen Decken ein wachsender goldener Bär, einen goldenen gesichteten abnehmenden Mond haltend.

Neu angenommen am 9. November 1984 von Bernd Halter, Wirtschaftsberater, * München 16. 6. 1948, für sich und seine ehelichen Nachkommen im Mannesstamm sowie zugunsten der übrigen ehelichen Nachkommen im Mannesstamm seines obengenannten Vaters Werner Halter.

Entwurf: PRO HERALDICA®, Dr. Ottfried Neubecker
in Verbindung mit Barbara Potzka.

Eingereicht von PRO HERALDICA®, Stuttgart.

Eingetragen unter Nr. 85112.

Hansel

aus Breslau

Ältester bekannter Vorfahr im Mannesstamm: Johann Hansel, Großvater des Antragstellers.

Zwischen zwei roten Flanken im vielfachen Propfschnitt in Gold ein blaues vierspeichiges Zahnrad. Auf dem Helm mit rechts rot-goldenen und links blau-goldenen Decken ein auf einem goldenen Buch liegendes silbernes Lamm, an goldenem Kreuzstab eine silberne, mit einem durchgehenden roten Kreuz bezeichnete dreilätzige Fahne schulternd.

Neu angenommen am 31. Mai 1985 von Karl Hansel, Modellbaumeister, * Neiße 12. 8. 1936, für sich und seine ehelichen Nachkommen im Mannesstamm.

Entwurf: PRO HERALDICA®, unter Leitung von
Dr. Ottfried Neubecker und Barbara Potzka.

Eingereicht von PRO HERALDICA®, Stuttgart.

Eingetragen unter Nr. 85234.

Harms

aus Lübeck

Ältester bekannter Vorfahr im Mannesstamm: Ludwig Harms, Beamter, * Lübeck, Großvater des Antragstellers.

In silbern-rot geviertem Schilde 1) und 4) ein halbes Rad am Spalt, 2) und 3) ein Wellenbalken, alles in verwechselten Farben.
Auf dem rot-silbern bewulsteten Helm mit rot-silbernen Decken ein mit je einem silbernen Wellenbalken bezeichneter roter Flug.

Neu angenommen am 19. Oktober 1984 von Uwe Harms, Speditions-Kaufmann, * Hamburg 10. 11. 1941, für sich und seine ehelichen Nachkommen im Mannesstamm.

Entwurf: PRO HERALDICA®, Dr. Ottfried Neubecker
in Verbindung mit Barbara Potzka.

Eingereicht von PRO HERALDICA®, Stuttgart.

Eingetragen unter Nr. 84514.

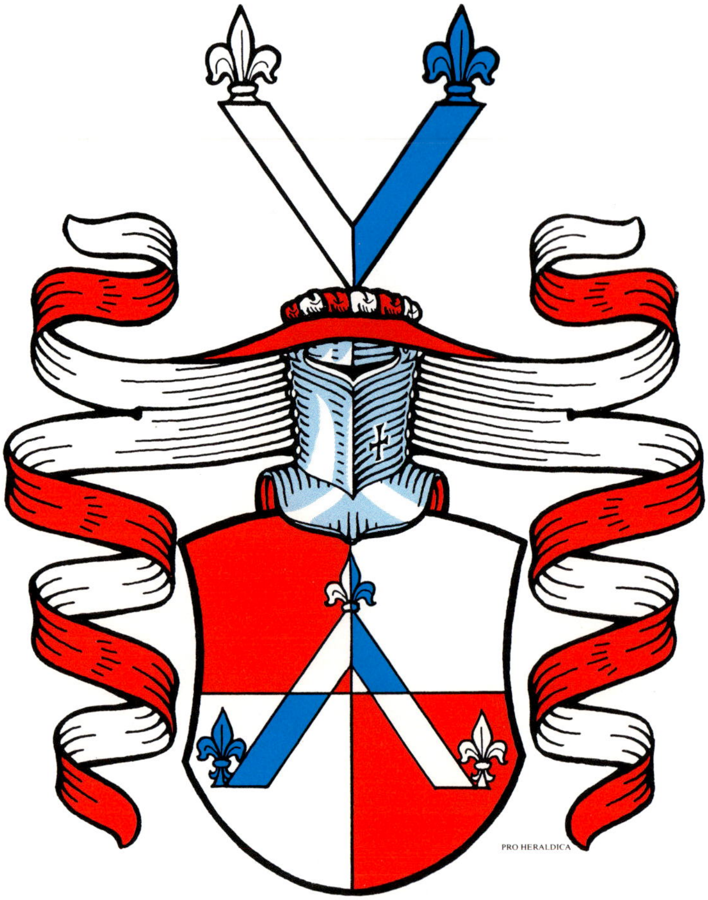

Hartmann

aus Kinderbeuern, Krs. Bernkastel-Wittlich

Ältester bekannter Vorfahr im Mannesstamm: Johann Josef Kaspar Hartmann, † Kinderbeuern 27. 1. 1829, Ururgroßvater des Antragstellers.

In rot-silbern geviertem Schilde ein silbern-blau gevierter schwebender Sparren, an den Enden der Schenkel anstoßend begleitet von je einer Lilie und die Spitze besetzt mit einer Gleve.
Auf dem rot-silbern bewulsteten Helm mit rot-silbernen Decken ein silbern-blau gespaltener, an den Enden der Schenkel mit je einer Gleve besetzter Sturzsparren.

Neu angenommen am 15. Juni 1984 von Nikolaus Hartmann, Ingenieur, * Klausen, Krs. Bernkastel-Wittlich, für sich und seine ehelichen Nachkommen im Mannesstamm.

Entwurf: PRO HERALDICA®, Dr. Ottfried Neubecker
in Verbindung mit Barbara Potzka.

Eingereicht von PRO HERALDICA®, Stuttgart.

Eingetragen unter Nr. 85037.

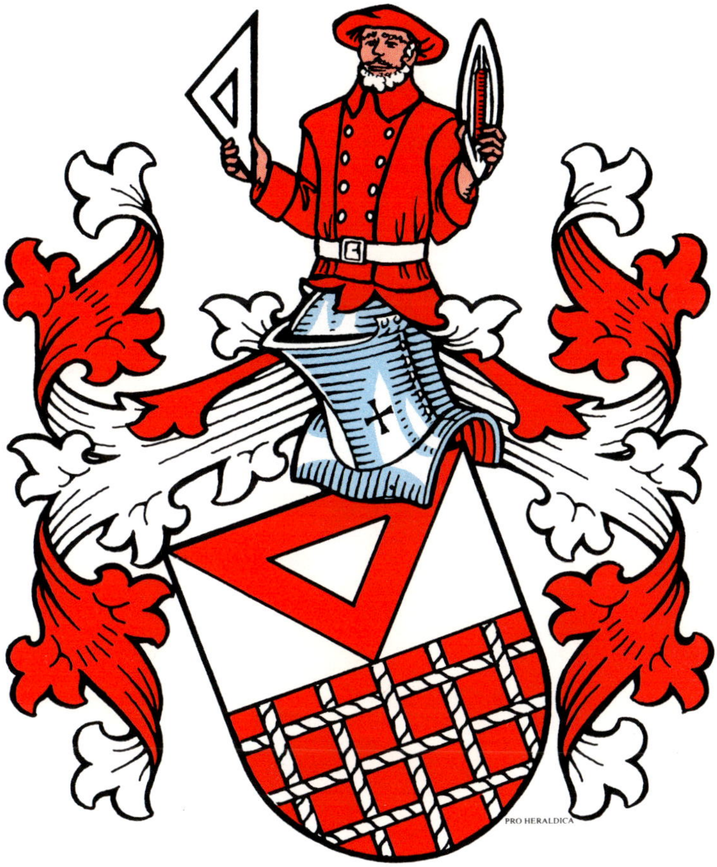

Haupt

aus Apolda/Thüringen

In silbern-rot geteiltem Schilde oben ein anstoßendes rechtwinkliges Zeichendreieck, der rechte Winkel unten, und unten ein natürliches Fadengitter, alles in verwechselten Farben.
Auf dem Helm mit rot-silbernen Decken ein wachsender, rot mit silbernen Knöpfen und silbernem Gürtel gekleideter bärtiger Mann, ein rotes Barett auf dem Haupt, in der Rechten ein silbernes Zeichendreieck, der rechte Winkel nach außen, in der Linken pfahlweise ein silbernes Weberschiffchen mit roter Spule haltend.

Neu angenommen am 30. November 1984 von Karl-Dieter Haupt, Ingenieur, * Köln 22. 6. 1935, für sich und seine ehelichen Nachkommen im Mannesstamm.

Entwurf: PRO HERALDICA®, unter Leitung von
Dr. Ottfried Neubecker und Barbara Potzka.

Eingereicht von PRO HERALDICA®, Stuttgart.

Eingetragen unter Nr. 85007.

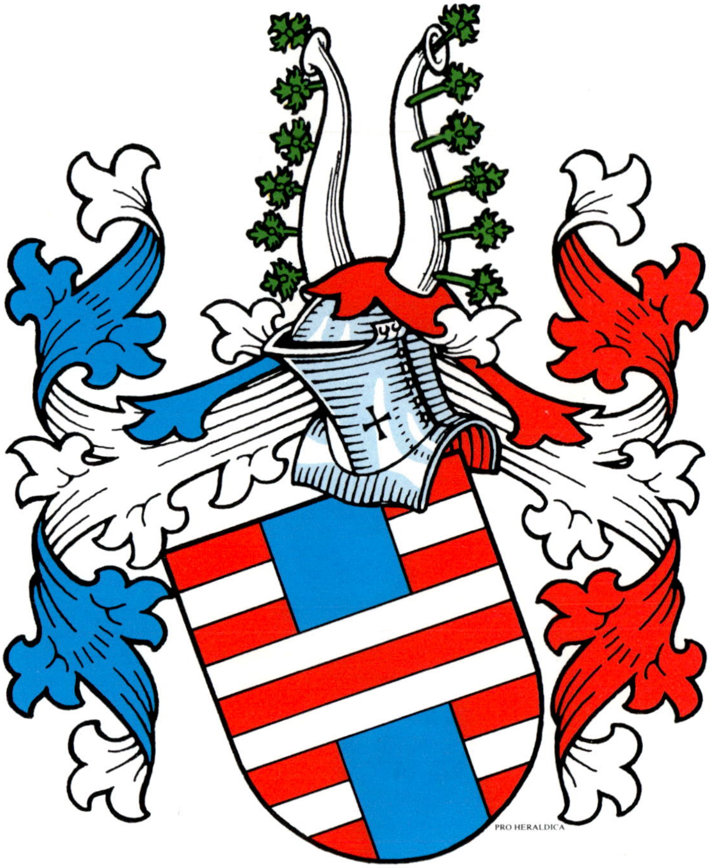

Heinemann

aus Elgersburg, Krs. Arnstadt/Thüringen

Ältester bekannter Vorfahr im Mannesstamm: Walter Heinemann, Kaufmännischer Direktor, * Elgersburg 25. 5. 1903.

In rot-silbern achtmal geteiltem Schilde an Haupt- und Fußstelle je ein drei Streifen hohes blaues Ort. Auf dem Helm mit rechts blau-silbernen und links rot-silbernen Decken zwei silberne Büffelhörner, im Mundloch und an den Außenkanten besteckt mit je sechs grünen Blättern der Mauerraute.

Neu angenommen am 29. Januar 1982 von Hartmut Heinemann, Kaufmännischer Angestellter, * Elgersburg/Thüringen 4. 2. 1945, für sich und seine ehelichen Nachkommen im Mannesstamm sowie zugunsten der übrigen ehelichen Nachkommen im Mannesstamm seines obengenannten Vaters Walter Heinemann.

Entwurf: PRO HERALDICA®, Dr. Ottfried Neubecker
in Verbindung mit Barbara Potzka.

Eingereicht von PRO HERALDICA®, Stuttgart.

Eingetragen unter Nr. 84446.

Heinzmann

aus Göppingen

Ältester bekannter Vorfahr im Mannesstamm: Friedrich Heinzmann, Landwirt, * Göppingen, Vater des Friedrich Heinzmann, Oberlehrers, * Göppingen 30. 1. 1892, † Süßen.

In Gold oben eine rote Waage im Gleichgewicht, unten schrägrechts eine grüne unbeblätterte Ähre, überkreuzt von einer schwarzen Gänsekielfeder.
Auf dem rot-golden-schwarz-golden bewulsteten Helm mit rechts rot-goldenen und links schwarz-goldenen Decken ein goldener Hirschrumpf mit rechts roter, links schwarzer je fünfendiger Stange, der Leib bezeichnet mit einer aus einem roten Zickzackbalken und einer silbern-schwarzen Teilung bestehenden Binde.

Neu angenommen am 11. März 1985 von Dr. jur. Hans Heinzmann, Rechtsanwalt, * Süßen 12. 7. 1929, für sich und seine ehelichen Nachkommen im Mannesstamm.

Entwurf: PRO HERALDICA®, unter Leitung von Dr. Ottfried Neubecker und Barbara Potzka.

Eingereicht von PRO HERALDICA®, Stuttgart.

Eingetragen unter Nr. 85125.

Heister

aus Langenaubach, Stadt Haiger, Lahn-Dill-Kreis

Ältester bekannter Vorfahr im Mannesstamm: Karl Wilhelm Heister, Schlosser, * 29. 3. 1878.

In Silber pfahlweise ein blaues Schwert, der Griff oben und mit vier grünen Buchenblättern schrägkreuzweise besetzt, unten begleitet von zwei zugewendeten schwarzen Keilerköpfen.
Auf dem blau-silbern bewulsteten Helm mit blau-silbernen Decken ein wachsendes goldenbewehrtes silbernes Einhorn, zwischen den Vorderbeinen eine blaue Saufeder haltend.

Neu angenommen am 19. Oktober 1984 von Elmar Heister, Diplom-Ingenieur, * Flammersbach, Stadt Haiger, 16. 4. 1940, für sich und seine ehelichen Nachkommen im Mannesstamm sowie zugunsten der übrigen ehelichen Nachkommen im Mannesstamm seines obengenannten Großvaters Karl Wilhelm Heister.

Entwurf: PRO HERALDICA®, Dr. Ottfried Neubecker
in Verbindung mit Barbara Potzka.

Eingereicht von PRO HERALDICA®, Stuttgart.

Eingetragen unter Nr. 84547.

Henze

aus Rade, Krs. Schweinitz, Reg.-Bez. Merseburg

Ältester bekannter Vorfahr im Mannesstamm: Andreas Hentze, Bauer, * Rade 1662, † ebd. 1. 6. 1731.

In golden-blau gespaltenem Schilde unter rautenkranzförmig ausgezogenem Schildhaupt an der Balkenstelle ein durchgehender Liebesknoten, alles in verwechselten Farben.
Auf dem blau-golden bewulsteten Helm mit blau-goldenen Decken fünf mit einem blauen wellenbalkenförmigen Band mit abflatternden Enden gebundene goldene Ähren.

Neu angenommen am 10. August 1984 von Gerhard Henze, Ingenieur, * Düßnitz, Krs. Schweinitz, 8. 1. 1925, für sich und seine ehelichen Nachkommen im Mannesstamm.

Entwurf: PRO HERALDICA®, Dr. Ottfried Neubecker
in Verbindung mit Barbara Potzka.

Eingereicht von PRO HERALDICA®, Stuttgart.

Eingetragen unter Nr. 85268.

Herbst

aus Asselheim/Pfalz

Ältester bekannter Vorfahr im Mannesstamm: Karl Herbst, Landwirt in Asselheim (* 14. 3. 1859, † ebd. 20. 7. 1931), Großvater des Wappenstifters.

In golden-blau schräggeteiltem Schilde oben eine Weinranke mit zwei Blättern und einer Traube, unten eine aus dem unteren Schildrand hervorkommende Sonne, überhöht von einem Stern, alles in verwechselten Farben.
Auf dem Helm mit blau-goldenen Decken zwei blaue Weinblätter an gekreuzten Ranken, oben besetzt mit einem offenen blaubeschnittenen goldenen Buch, auf den Seiten mit folgenden blauen Symbolen: oben ein Globus, daneben die Viertelnoten g, a und h, unten in Frakturschrift die physikalische Äquivalenzformel zwischen Energie und Masse: $E = mc^2$.

Neu angenommen am 20. September 1982 von Dr. Karl-Hans Herbst, Systemanalytiker in Hamburg, für sich und seine ehelichen Nachkommen im Mannesstamm sowie zugunsten der übrigen ehelichen Nachkommen im Mannesstamm seines obengenannten Großvaters Karl Herbst, soweit sie den Familiennamen Herbst weiterführen.

Entwurf: E. G. Bartlau, Hamburg.

Eingetragen unter Nr. 84314.

Herrmann

aus Bottrop

In Gold ein schwarzer Schiffsbug, die Planken links im Schwalbenschwanzschnitt ausgezogen, mit einer roten, ein Schwert emporhaltenden Meerjungfrau als Galionsfigur.
Auf dem rot-golden-schwarz-golden bewulsteten Helm mit rechts rot-goldenen und links schwarz-goldenen Decken ein schwarz-golden übereckgeteilter Flug.

Neu angenommen am 7. Dezember 1984 von Franz-A. Herrmann, Diplom-Kaufmann, Unternehmer, * Bottrop 12. 6. 1921, für sich und seine ehelichen Nachkommen im Mannesstamm.

Entwurf: PRO HERALDICA®, unter Leitung von Dr. Ottfried Neubecker und Barbara Potzka.

Eingereicht von PRO HERALDICA®, Stuttgart.

Eingetragen unter Nr. 85101.

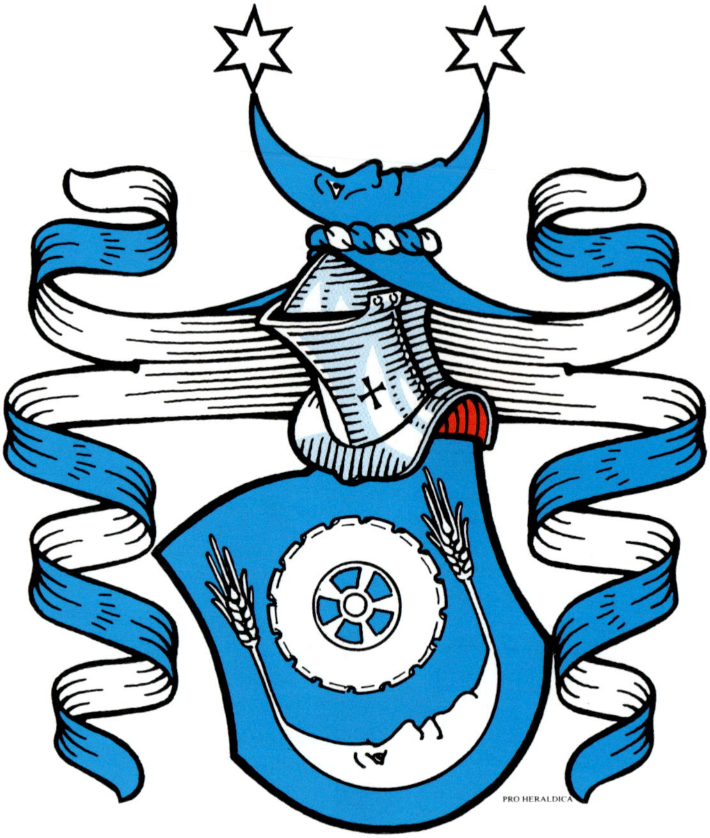

Herrmann

aus Neckargartach, Stadt Heilbronn

Ältester bekannter Vorfahr im Mannesstamm: Karl Herrmann, Landwirt, * Neckargartach, † ebd., Vater des Karl Herrmann, Schlossermeisters, * Neckargartach 12. 10. 1901, † Heilbronn 13. 9. 1969.

In Blau, oben ein fünfspeichiges Lastkraftwagenrad, unten ein liegender gesichteter Halbmond, die Hörner je in eine Ähre ausgezogen, alle Figuren silbern.
Auf dem blau-silbern bewulsteten Helm mit blau-silbernen Decken ein blauer liegender gesichteter Halbmond, die Hörner mit je einem silbernen Stern besetzt.

Neu angenommen am 1. März 1985 von Martin Eberhard Herrmann, Omnibusunternehmer, * Obereisesheim 13. 3. 1935, für sich und seine ehelichen Nachkommen im Mannesstamm.

Entwurf: PRO HERALDICA®, unter Leitung von
Dr. Ottfried Neubecker und Barbara Potzka.

Eingereicht von PRO HERALDICA®, Stuttgart.

Eingetragen unter Nr. 85202.

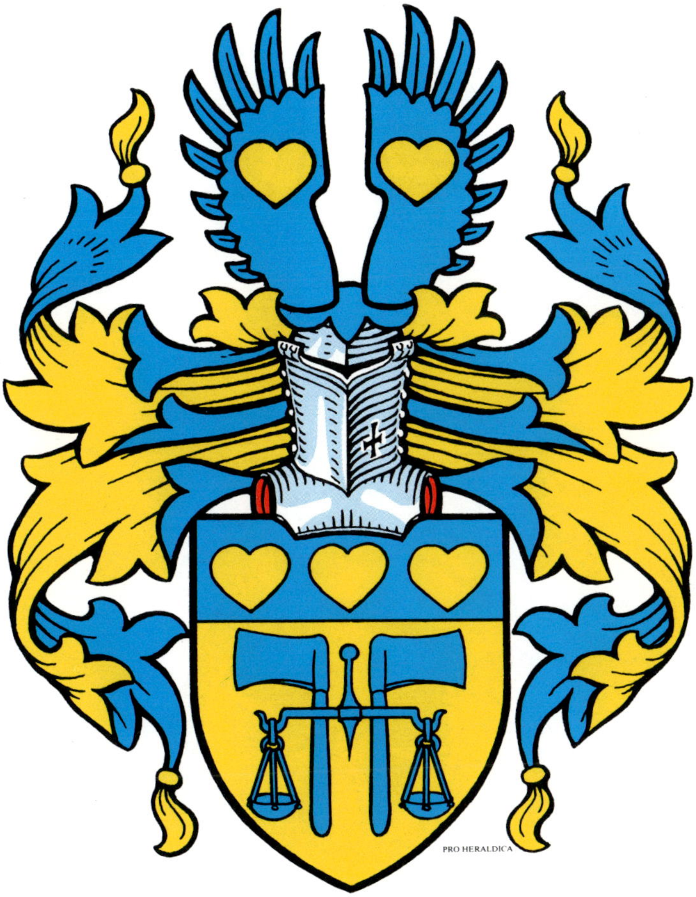

Herzig

aus Neundorf, Krs. Bunzlau/Schlesien

Ältester bekannter Vorfahr im Mannesstamm: Ferdinand Herzig, selbständiger Zimmermann, * Neundorf.

In Gold unter blauem mit drei Herzen belegten Schildhaupt zwei abgewendete Zimmermannsbeile, überdeckt von einer Waage im Gleichgewicht; alles in verwechselten Farben.
Auf dem Helm mit blau-goldenen Decken ein offener blauer Flug je mit einem goldenen Herzen belegt.

Neu angenommen am 28. Juni 1985 von Helmut Herzig, selbständiger Kaufmann, * 20. 11. 1927, für sich und seine ehelichen Nachkommen im Mannesstamm sowie zugunsten der übrigen ehelichen Nachkommen im Mannesstamm seines obengenannten Großvaters Ferdinand Herzig.

Entwurf: PRO HERALDICA®, unter Leitung von Dr. Ottfried Neubecker und Barbara Potzka.

Eingereicht von PRO HERALDICA®, Stuttgart.

Eingetragen unter Nr. 85295.

Heßler

aus Klingenberg, Krs. Miltenberg

Ältester bekannter Vorfahr im Mannesstamm: Johann Philipp Heßler, ⚭ Klingenberg 22. 11. 1616.

In silbern-blau schräggeviertem Schilde ein unterhalbes Rad mit fünf Speichen, oben ausgezogen in einen Kreisring, grün in den silbernen und silbern in den blauen Plätzen, oben überdeckt von fünf goldenen Sternen.
Auf dem Helm mit blau-silbernen Decken zwei blau-silbern übereckgeteilte Büffelhörner, außen und in den Mundlöchern besteckt mit je drei Haselnußzweiglein, bestehend aus einem grünen Blatt und zwei goldenen Früchten.

Neu angenommen am 19. April 1984 von Klaus Heßler, Augenoptikermeister, * Miltenberg 15. 2. 1956, für sich und seine ehelichen Nachkommen im Mannesstamm sowie zugunsten der übrigen ehelichen Nachkommen im Mannesstamm seines Vaters Otto Josef Heßler, Uhrmachermeisters, Optikers (1914 - 1979).

Entwurf: PRO HERALDICA®, Dr. Ottfried Neubecker
in Verbindung mit Barbara Potzka.

Eingereicht von PRO HERALDICA®, Stuttgart.

Eingetragen unter Nr. 84481.

Hetterich

aus Marburg

Ältester bekannter Vorfahr im Mannesstamm: Jean Hetterich, Zigarrenhersteller, * Marburg 31. 1. 1833, † Hanau 10. 12. 1884.

In grün-silbern geteiltem Schilde oben zwei nach innen gebogene silberne Steinbockshörner, unten ein nach unten offener schwarzer Zirkel.
Auf dem Helm mit grün-silbernen Decken eine silberne gemauerte Burg mit drei gemauerten Zinnentürmen, die beiden seitlichen mit je einem schwarzen Fenster, der mittlere höher und mit zwei Fenstern und außerdem mit einer goldenen Krone besetzt.

Neu angenommen am 17. Februar 1984 von Dipl.-Ing. Lothar Hetterich in Hanau, für sich und seine ehelichen Nachkommen im Mannesstamm.

Entwurf: Johannes Krölls, Eggenstein
(endgültig nach dem aktenkundigen Schema formuliert).

Eingetragen unter Nummer 84309.

Hild

aus Köln

Ältester bekannter Vorfahr im Mannesstamm: Gustav Hild, Bäckermeister, * Köln 28. 12. 1877.

In Blau zwei gekreuzte, von einem vierspeichigen Wagenrad überdeckte Morgensterne, alle Figuren golden.
Auf dem blau-golden bewulsteten Helm mit blau-goldenen Decken ein feuerspeiender blauer zweibeiniger Lindwurm mit erhobenem Schwanz.

Neu angenommen am 27. August 1982 von Gustav-Adolf Hild, Fahrlehrer, * Trier 21. 3. 1941, für sich und seine ehelichen Nachkommen im Mannesstamm.

Entwurf: PRO HERALDICA®, Dr. Ottfried Neubecker
in Verbindung mit Barbara Potzka.

Eingereicht von PRO HERALDICA®, Stuttgart.

Eingetragen unter Nr. 85203.

Hiller

aus Gruorn, Krs. Münsingen

Ältester bekannter Vorfahr im Mannesstamm: Christian Hiller, * Gruorn 13. 10. 1762.

In blau-golden geteiltem Schilde pfahlweise zwei Sterne, bordweise begleitet von acht paarweise einander mit den Ballen gegenübergestellte Druckerballen, die Figuren im blauen Platz golden, im goldenen rot.

Auf dem blau-golden-rot-golden bewulsteten Helm mit rechts blau-goldenen und links rot-goldenen Decken ein wachsender, mit blauem Hemd, rotem Rock, goldenem Gürtel und Hemdkragen sowie goldener hoher Zipfelmütze bekleideter Mann, mit der Rechten einen goldenen Stern emporhaltend, die Linke in die Seite gestützt.

Eingetragen am 14. Oktober 1983 auf Antrag von Adolf Werner Hiller, Versicherungskaufmann, * Ravensburg 29. 7. 1938, für sich und seine ehelichen Nachkommen im Mannesstamm.

Richtiggestellt von PRO HERALDICA®,
Dr. Ottfried Neubecker in Verbindung mit Barbara Potzka.

Eingereicht von PRO HERALDICA®, Stuttgart.

Eingetragen unter Nr. 85114.

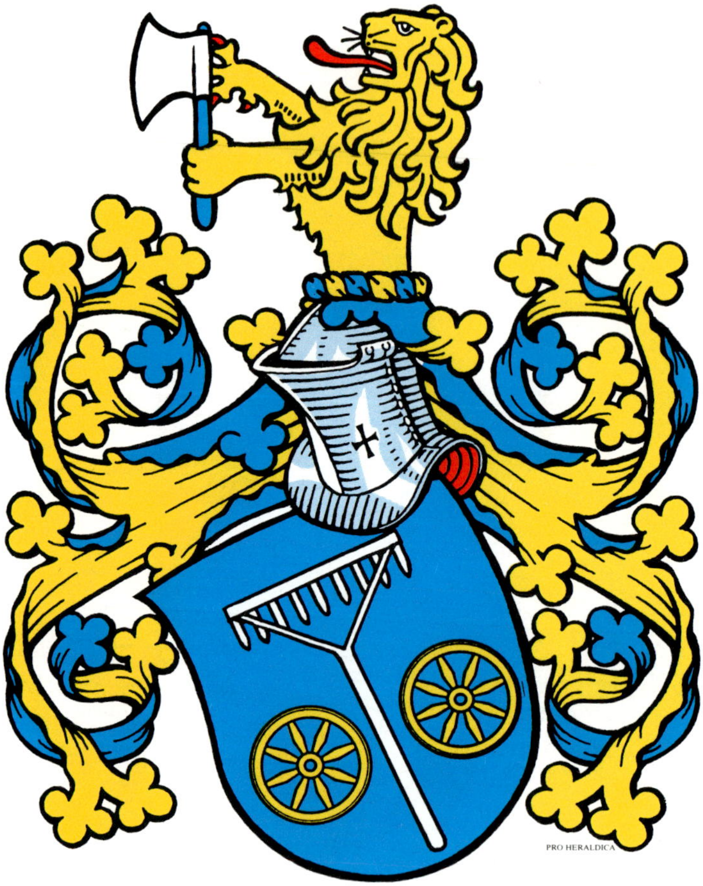

Himml

aus Luck, Krs. Luditz, Reg.-Bez. Eger

In Blau pfahlweise ein silberner Rechen, beseitet von zwei goldenen achtspeichigen Rädern. Auf dem blau-golden bewulsteten Helm mit blau-goldenen Decken ein wachsender rotbewehrter goldener Löwe, in der linken Pranke pfahlweise ein blaugestieltes silbernes Beil haltend.

Neu angenommen am 16. Oktober 1984 von Dietmar Himml, Fuhrunternehmer, * Luck 16. 10. 1934, für sich und seine ehelichen Nachkommen im Mannesstamm.

Entwurf: PRO HERALDICA®, Dr. Ottfried Neubecker
in Verbindung mit Barbara Potzka.

Eingereicht von PRO HERALDICA®, Stuttgart.

Eingetragen unter Nr. 85256.

Hippler

aus Noßberg, Krs. Heilsberg/Ostpreußen

Ältester bekannter Vorfahr im Mannesstamm: Hugo Hippler, Bäcker, * Noßberg 5. 6. 1928.

In schwarz-golden geteiltem Schilde ein Pegasus, silbern im schwarzen und schwarz im goldenen Platz. Auf dem Helm mit rechts schwarz-goldenen und links schwarz-silbernen Decken ein wachsender goldengeflügelter schwarzer Pegasus.

Neu angenommen am 29. März 1985 von Margarete Hippler, Bankkaufmann, für sich und ihre Nachkommen sowie zugunsten der übrigen Nachkommen ihres obengenannten Vaters Hugo Hippler.

Entwurf: PRO HERALDICA®, unter Leitung von Dr. Ottfried Neubecker und Barbara Potzka.

Eingereicht von PRO HERALDICA®, Stuttgart.

Eingetragen unter Nr. 85474.

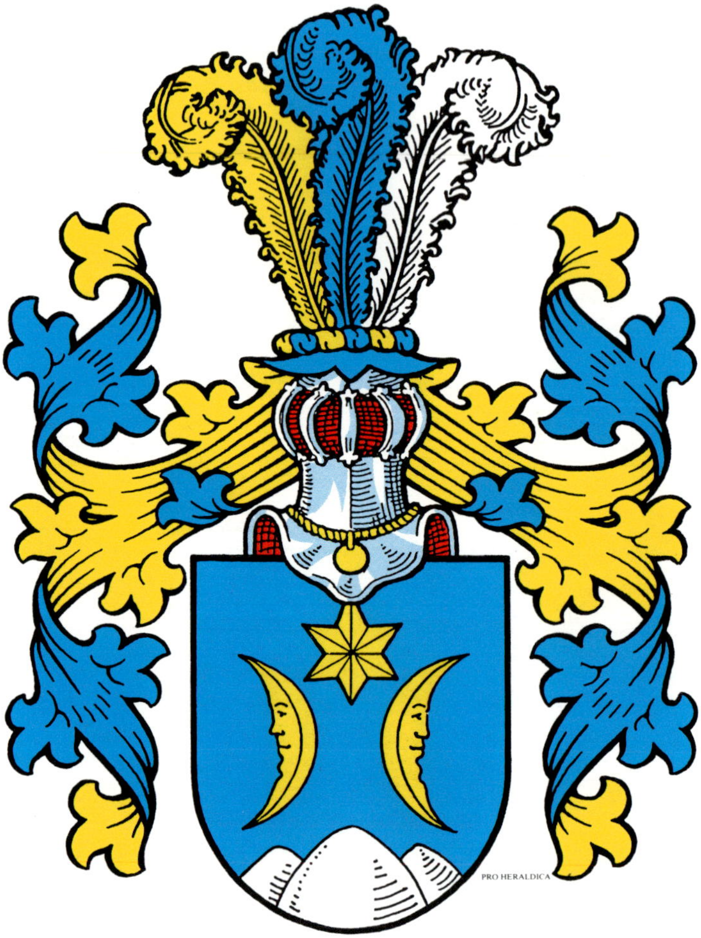

Hörz

aus Sielmingen

Ältester bekannter Vorfahr im Mannesstamm: Hans Hörz, * vor 1573, Vater des Simon Hörz, † Sielmingen 21. 11. 1613.

In Blau über silbernem Dreiberg zwei abgewandte goldene gesichtete Halbmonde, überhöht von einem goldenen facettierten Stern.
Auf dem blau-golden bewulsteten Bügelhelm mit blau-goldenen Decken drei Straußenfedern, die rechte golden, die mittlere blau, die linke silbern.

Altgeführt und eingetragen auf Antrag von Prof. Dr. Ing. Emil Wilhelm Hörz, Ingenieur, * Stuttgart 14. 10. 1929, für sich und seine ehelichen Nachkommen im Mannesstamm sowie zugunsten der übrigen ehelichen Nachkommen im Mannesstamm seines obengenannten zehnfachen Urgroßvaters Hans Hörz.

Künstlerisch überarbeitet von PRO HERALDICA®, unter Leitung von Dr. Ottfried Neubecker und Barbara Potzka.

Eingereicht von PRO HERALDICA®, Stuttgart.

Eingetragen unter Nr. 85137.

Hofen

aus Ludwigshafen/Rhein

Ältester bekannter Vorfahr im Mannesstamm: Karl Hofen, Ingenieur, * Ludwigshafen 17. 12. 1907, Vater des Antragstellers.

Unter goldenem Schildhaupt, darin zwei schwarze linke Spitzen, in Rot aus der Teilungslinie hervorkommend ein goldener Anker, der Schaft von einem unterhalben goldenen Mühlrad überdeckt. Auf dem rot-golden-schwarz-golden bewulsteten Helm mit rechts rot-goldenen und links schwarz-goldenen Decken ein goldener Anker, der Schaft von einem goldenen Mühlrad überdeckt.

Neu angenommen am 3. Mai 1985 von Jürgen Hofen, Ingenieur, * Ludwigshafen/Rhein 9. 9. 1940, für sich und seine ehelichen Nachkommen im Mannesstamm.

Entwurf: PRO HERALDICA®, unter Leitung von
Dr. Ottfried Neubecker und Barbara Potzka.

Eingereicht von PRO HERALDICA®, Stuttgart.

Eingetragen unter Nr. 85161.

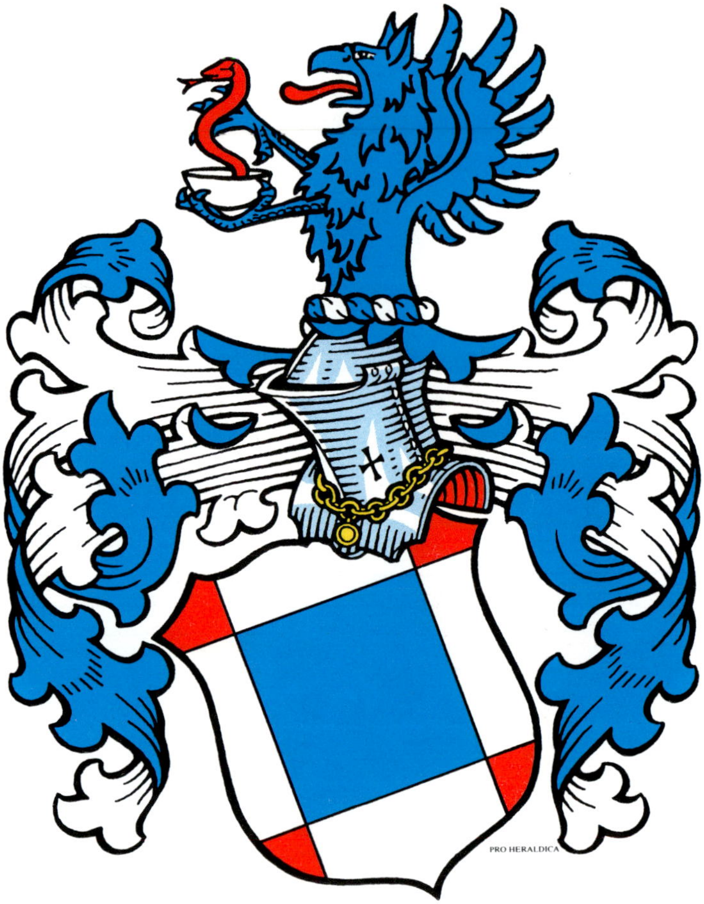

Hoff

aus Hänigsen, Krs. Celle

Ältester bekannter Vorfahr im Mannesstamm: Heinrich Karl Hoff, Gerichtsvollzieher, * Hänigsen 17. 9. 1848, † Northeim 12. 7. 1935.

In Silber ein blaues Quadrat, anstoßend an vier rote Freiviertel.
Auf dem blau-silbern bewulsteten Helm mit blau-silbernen Decken ein wachsender rotgezungter blauer Greif, in der Linken eine silberne Schale mit einer daraus aufsteigenden roten Schlange haltend.

Neu angenommen am 31. Mai 1985 von Dr. rer. nat. Norbert Hoff, Apotheker, * Kassel 23. 1. 1940, für sich und seine ehelichen Nachkommen im Mannesstamm.

Entwurf: PRO HERALDICA®, unter Leitung von
Dr. Ottfried Neubecker und Barbara Potzka.

Eingereicht von PRO HERALDICA®, Stuttgart.

Eingetragen unter Nr. 85235.

Hohenberger-Genz

aus Stuttgart-Gaisburg

In silbern-rot gespaltenem Schilde ein aus einem Dreiberg hervorkommender blonder Jüngling, in der Rechten eine mit drei (2,1) roten Rosen besteckte schwarze Harfe haltend, die Linke in die Seite gestützt, sonst alles in verwechselten Farben.
Auf dem rot-silbern bewulsteten Helm mit rot-silbernen Decken der Jüngling mit der Harfe wie im Schilde vor zwei schwarzen Ziegenhörnern.

Eingetragen auf Antrag von Frau Gisela Genz, geb. Hohenberger, Büroangestellte, * Berlin 19. 8. 1936, für sich und ihre ehelichen Nachkommen im Mannesstamm sowie zugunsten der übrigen ehelichen Nachkommen im Mannesstamm ihres Vaters Konrad Hohenberger, Kapellmeister, * Stuttgart-Gaisburg 28. 4. 1908, † Kernen im Remstal 12. 7. 1979.

Richtiggestellt von PRO HERALDICA®,
Dr. Ottfried Neubecker in Verbindung mit Barbara Potzka.

Eingereicht von PRO HERALDICA®, Stuttgart.

Eingetragen unter Nr. 84198.

Holl

aus Gaggenau, Krs. Rastatt

Ältester bekannter Vorfahr im Mannesstamm: Konrad Holl, * um 1800, Vater des Konstantin Holl, * Gaggenau 1828, † ebd. 7. 5. 1907.

In Blau über silbernem, halbrund ausgebrochenem Dreiberg ein unterhalbes silbernes Rad, an der Nabe mit einer silbernen Lilie, an den Enden mit je einem goldenen Stern besetzt.
Auf dem Helm mit blau-silbernen Decken ein blauer Flug, bezeichnet mit einem silbernen Dreiberg wie im Schilde.

Neu angenommen am 10. Januar 1984 von den Eheleuten Hubertus Albert Holl, Konrektor, * Maximiliansau 4. 3. 1934, und Irene Elisabeth Holl, geb. Gebs, Hausfrau, * Donaueschingen 7. 11. 1935, für sich und ihre ehelichen Nachkommen.

Entwurf: PRO HERALDICA®, unter Leitung von
Dr. Ottfried Neubecker und Barbara Potzka.

Eingereicht von PRO HERALDICA®, Stuttgart.

Eingetragen unter Nr. 85138.

Homuth

aus Friedrichswaldau bei Glogau/Oberschlesien

Ältester bekannter Vorfahr im Mannesstamm: Johann-August Homuth, Landwirt, * Friedrichswaldau 21. 9. 1829, † ebd. 1900.

In golden-grün schräggeteiltem Schilde oben entlang der Teilungslinie eine Waage im Gleichgewicht zwischen zwei Brezeln, diese Figuren rot, und unten zwei goldene betende Hände.
Auf dem Helm mit rechts rot-goldenen und links grün-goldenen Decken eine flugbereite goldenbewehrte silberne Möwe, eine goldene Ähre im Schnabel haltend.

Neu angenommen am 19. April 1985 von Klaus Joachim Homuth, Bankkaufmann, * Lörrach 17. 2. 1961, für sich und seine ehelichen Nachkommen im Mannesstamm.

Entwurf: PRO HERALDICA®, unter Leitung von
Dr. Ottfried Neubecker und Barbara Potzka.

Eingereicht von PRO HERALDICA®, Stuttgart.

Eingetragen unter Nr. 85236.

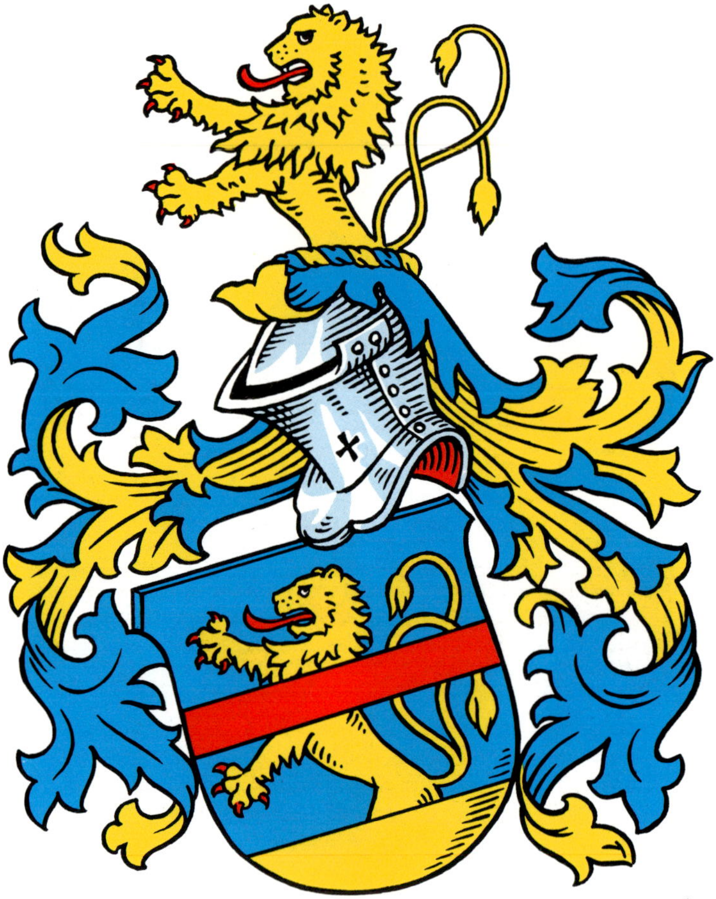

Hosemann

aus Belzig/Mark Brandenburg

Ältester bekannter Vorfahr im Mannesstamm: Johann Gottlieb Hosemann, Maurermeister und Bürger, † Belzig 8. 2. 1740.

In Blau aus goldenem Schildfuß hervorkommend ein von einem roten Balken überdeckter rotbewehrter goldener zweischwänziger Löwe.
Auf dem blau-golden bewulsteten Helm mit blau-goldenen Decken ein wachsender rotbewehrter goldener zweischwänziger Löwe.

Eingetragen auf Antrag von Professor Dr. med. habil. Hans Adalbert Hosemann, Arzt, * Rostock 29. 9. 1913, für sich und seine ehelichen Nachkommen im Mannesstamm sowie zugunsten der übrigen ehelichen Nachkommen im Mannesstamm seines obengenannten vierfachen Urgroßvaters Johann Gottlieb Hosemann.

Eingereicht von PRO HERALDICA®, Stuttgart.

Eingetragen unter Nr. 85296.

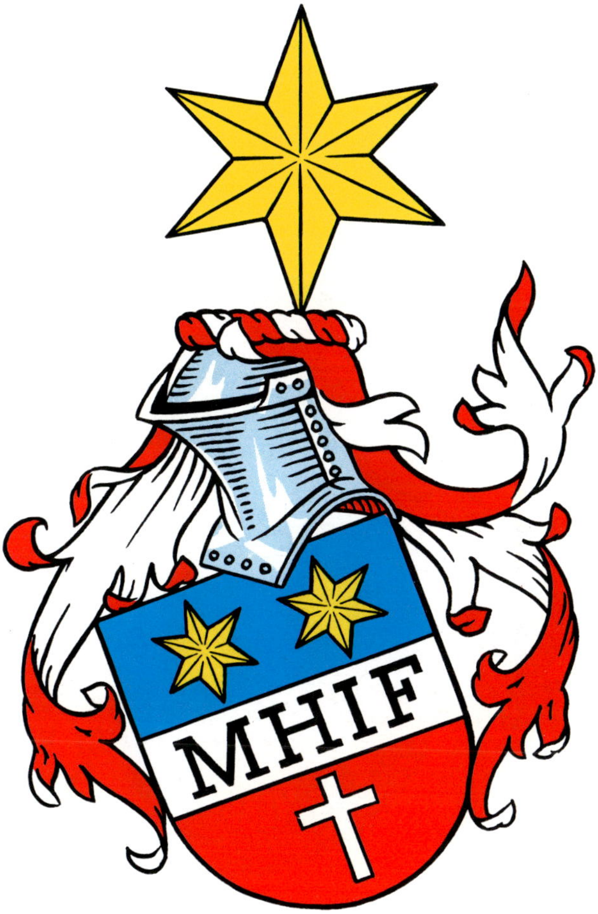

Intemann

aus Hellwege, Krs. Rotenburg/Wümme

Ältester bekannter Vorfahr im Mannesstamm: Joh.-Christian Intemann, Gutsbesitzer, * Hellwege 1782, † Mulmshorn/Hannover 22. 1. 1864.

Durch einen mit den schwarzen Buchstaben MHIF belegten silbernen Balken blau-rot geteilt, oben zwei goldene Sterne, unten ein silbernes Hochkreuz.
Auf dem rot-silbern bewulsteten Helm mit rot-silbernen Decken ein Stern wie im Schilde.

Alt geführt und eingetragen auf Antrag von Heinrich Friedrich Intemann, Großhandelskaufmann, * Scheeßel, Krs. Rotenburg/Hannover, 17. 5. 1924, für sich und seine ehelichen Nachkommen im Mannesstamm.

Eingereicht von PRO HERALDICA®, Stuttgart.

Eingetragen unter Nr. 85162.

Jacob

aus Stargard/Pommern

Ältester bekannter Vorfahr im Mannesstamm: Hans Joachim Jacob, Bäcker, * Stargard 20. 9. 1896.

In golden-blau im Wellenschnitt schräggeteiltem Schilde schräglinks ein silberner Doppelhaken mit Querstrebe, die Enden lotschnittig, begleitet oben von einer blauen, unten von einer silbernen Muschel. Auf dem blau-silbern-blau-golden bewulsteten Helm mit rechts blau-silbernen und links blau-goldenen Decken ein wachsendes silbernes Pferd, das rechte Vorderbein von einer blauen Muschel überdeckt.

Neu angenommen am 26. Oktober 1984 von Heinz-Friedrich Jacob, Gastronom, * Wittingen, Krs. Gifhorn, 2. 1. 1948, für sich und seine ehelichen Nachkommen im Mannesstamm.

Entwurf: PRO HERALDICA®, Dr. Ottfried Neubecker
in Verbindung mit Barbara Potzka.

Eingereicht von PRO HERALDICA®, Stuttgart.

Eingetragen unter Nr. 84516.

Jakob

aus Waldhub bei Tettnang

Ältester bekannter Vorfahr im Mannesstamm: Johann Georg Jakob, Bäcker, * Waldhub 14. 1. 1859, Großvater des Antragstellers.

In Gold eine erniedrigte blaue Spitze, belegt mit einem silbernen geschliffenen Edelstein in Seitenansicht, dieser sparrenweise überhöht von einem silbernen Uhrzeigerpaar (Minuten- und Stundenzeiger), und im goldenen Platz begleitet von zwei grünen Lindenblättern, die Stiele unten.
Auf dem blau-silbern-grün-golden bewulsteten Helm mit rechts blau-silbernen und links grün-goldenen Decken eine Gruppe von sechs silbernen Bergkristallen.

Neu angenommen am 12. April 1985 von Horst Jakob, Uhrmachermeister und Juwelier, * Lörrach 23. 5. 1931, für sich und seine ehelichen Nachkommen im Mannesstamm.

Entwurf: PRO HERALDICA®, unter Leitung von
Dr. Ottfried Neubecker und Barbara Potzka.

Eingereicht von PRO HERALDICA®, Stuttgart.

Eingetragen unter Nr. 85285.

Jakobi

aus Werl/Westfalen

Ältester bekannter Vorfahr im Mannesstamm: Phillipp Jakobi, Regimentstambour, Vater des Heinrich Johann Jakobi, Steinmetzmeisters, * Werl 23. 7. 1805.

In Blau eine Marke, bestehend aus durchgezogenem Vierkopfschaft und Doppelsturzsparrenfuß, überhöht von vier aneinanderstoßenden Rauten, alle Figuren silbern.
Auf dem Helm mit blau-silbernen Decken zwischen einem blauen Flug eine silberne Pilgermuschel.

Neu angenommen am 15. Juni 1984 von Thilo August-Alois Jakobi, Steinmetzmeister, * Aschaffenburg 11. 12. 1960, für sich und seine ehelichen Nachkommen sowie zugunsten der übrigen ehelichen Nachkommen im Mannesstamm seines vierfachen Urgroßvaters Phillipp Jakobi.

Entwurf: PRO HERALDICA®, Dr. Ottfried Neubecker
in Verbindung mit Barbara Potzka.

Eingereicht von PRO HERALDICA®, Stuttgart.

Eingetragen unter Nr. 84238.

Jenkner (Jaenkner)

aus Jaratschewo, Lkrs. Jarotschin, Reg.-Bez. Posen

Ältester bekannter Vorfahr im Mannesstamm: Franz Jaenkner, Korbmacher, Landwehr-Unteroffizier, * Jaratschewo um 1790, † tot aufgefunden beim Gut Selcec.

In Rot innerhalb eines silbernen, zwischen Schildhaupt und Balkenstelle rechts unterbrochenen Schildrandes eine nach oben geöffnete silberne Schneiderschere, überdeckt von einer goldenen Weberkarde mit drei Blütenköpfen.
Auf dem Helm mit rot-goldenen Decken ein schwarzer Flug, je belegt mit einem in der Höhlung in ein gegen die Saxen gerichtetes Kreuzchen ausgezogenen silbernen Halbmond.

Neu angenommen am 23. November 1984 von Wilhelm Paul Ernst Jenkner, Vermessungsingenieur, * Kammendorf, Krs. Neumarkt, 11. 12. 1908, für sich und seine ehelichen Nachkommen im Mannesstamm.

Entwurf: PRO HERALDICA®, unter Leitung von Dr. Ottfried Neubecker und Barbara Potzka.

Eingereicht von PRO HERALDICA®, Stuttgart.

Eingetragen unter Nr. 85009.

Jockenhövel

des Stammes Engelenkemper

aus Herzfeld, heute Lippetal, Krs. Soest

Ältester bekannter Vorfahr im Mannesstamm: Friedrich Jockenhövel, * Herzfeld vor 1648, † ebd. 1714, ⚭ ebd. 13. 3. 1667 Gertrud Knoop.
Erstmalige Erwähnung des Namens Jockenhövel in Herzfeld um 1200.

In Grün ein goldener Pfahl, belegt mit drei zusammenhängenden roten Eggenrauten.
Auf dem grün-golden-rot-golden bewulsteten Helm mit rechts grün-goldenen und links rot-goldenen Decken eine goldenbespitzte und -bebutzte rote Rose zwischen zwei goldenen Hirschstangen.

Neu angenommen am 26. April 1985 von den Eheleuten Julius Friedrich Jockenhövel, Steuerberater, * Lünen 30. 5. 1914, und Ingeborg Jockenhövel, geb. Bosselmann, * Wuppertal-Barmen 6. 5. 1923, für sich und ihre ehelichen Nachkommen im Mannesstamm.

Entwurf: PRO HERALDICA®, unter Leitung von Dr. Ottfried Neubecker und Barbara Potzka.

Eingereicht von PRO HERALDICA®, Stuttgart.

Eingetragen unter Nr. 85297.

Johanngieseker

aus Westerwiehe, Stadt Rietberg, Krs. Gütersloh

In Silber aus dem Schildfuß hervorkommend ein grünbeblätterter Rosenstock mit fünf (3,2) roten Blüten, balkenweise überdeckt von zwei naturfarbenen Treuen Händen mit roten Ärmeln. Auf dem Helm mit rechts grün-silbernen und links rot-silbernen Decken ein wachsender flugbereiter roter Hahn.

Neu angenommen am 22. November 1985 von Berthold Johanngieseker, * Westerwiehe 8. 1. 1928, und seiner Ehefrau Helga Magdalena Johanngieseker, * Westerwiehe 26. 11. 1938, für sich und ihre ehelichen Nachkommen im Mannesstamm.

Entwurf: PRO HERALDICA®, Dr. Ottfried Neubecker
in Verbindung mit Barbara Potzka.

Eingereicht von PRO HERALDICA®, Stuttgart.

Eingetragen unter Nr. 85055.

Johé

aus Weinolsheim, Krs. Mainz-Bingen

Ältester bekannter Vorfahr im Mannesstamm: Johann Wilhelm Johé, Kleidermacher, * Weinolsheim um 1850, Urgroßvater des Antragstellers.

In blau-rot geviertem Schilde an der Balkenstelle eine goldene, oben gezinnte zweibogige Brücke, pfahlweise überdeckt von einem anstoßenden goldenen Ellenmaß, 1) und 4) je eine goldene Lilie, 2) und 3) je ein silbernes sechsspeichiges Wagenrad.
Auf dem blau-golden-rot-golden bewulsteten Helm mit rechts blau-goldenen und links rot-goldenen Decken Ellenmaß und Brücke wie im Schilde.

Neu angenommen am 28. September 1984 von Walter Johé, Diplom-Ingenieur, * Mainz 13. 12. 1926, für sich und seine ehelichen Nachkommen im Mannesstamm.

Entwurf: PRO HERALDICA®, Dr. Ottfried Neubecker
in Verbindung mit Barbara Potzka.

Eingereicht von PRO HERALDICA®, Stuttgart.

Eingetragen unter Nr. 85038.

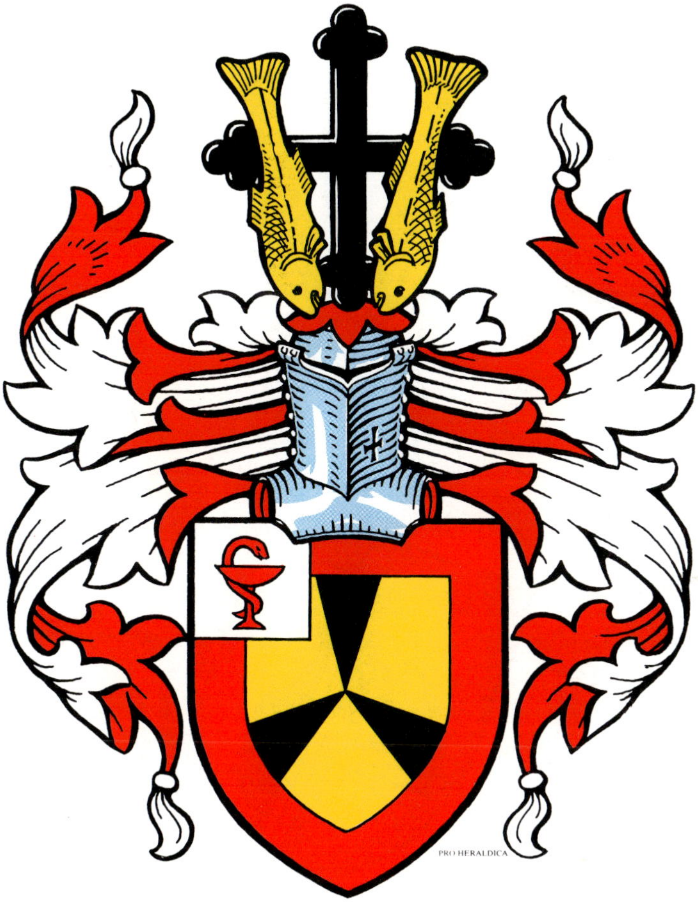

Jung

aus Schmitten/Taunus

Innerhalb roten, von einem silbernen, mit einer roten Hygieia-Schale belegten rechten Freiviertel überdeckten Schildrandes in Gold drei (1,2) an der Herzstelle zusammenstoßende schwarze Keile. Auf dem Helm mit rot-silbernen Decken zwei in die Helmdecke beißende goldene Fische vor einem schwarzen Kleeblattkreuz.

Neu angenommen am 6. Juli 1984 von Annegret Marianne Jung, Apothekerin, * Otterndorf 25. 3. 1938, für sich und ihre ehelichen Nachkommen im Mannesstamm.

Entwurf: PRO HERALDICA®, Dr. Ottfried Neubecker
in Verbindung mit Barbara Potzka.

Eingereicht von PRO HERALDICA®, Stuttgart.

Eingetragen unter Nr. 84253.

Kalle-Vasoldt

In grün-blau gespaltenem Schilde ein gestürztes goldengegrifftes silbernes Schwert, begleitet rechts von einem goldenen Posthorn ohne Quasten, das Schalloch nach links gewendet und links von einer silbernen, von einem durchgehenden silbernen Wellenbalken überhöhten Elchschaufel.
Auf dem blau-golden-grün-golden bewulsteten Helm mit rechts blau-goldenen und links grün-goldenen Decken zwei abgewendete Vögelköpfe, rechts ein silberner Hahn mit schwarzen Brustfedern, goldenem Schnabel, rotem Kamm und roter Glocke, links ein natürlicher Pfau.

Neu angenommen am 15. Juni 1984 von den Eheleuten Erika Brunhilde, geb. Vasoldt, Justiz-Angestellte, * Königsberg i.Pr. 15. 11. 1937, und Albert Kalle, Technischer Beamter, * Vardingholt 23. 7. 1938, für sich und ihre ehelichen Nachkommen im Mannesstamm.

Entwurf: PRO HERALDICA®, Dr. Ottfried Neubecker
in Verbindung mit Barbara Potzka.

Eingereicht von PRO HERALDICA®, Stuttgart.

Eingetragen unter Nr. 85039.

Keck

aus Giengen/Brenz

Ältester bekannter Vorfahr im Mannesstamm: Andreas Keck, Landwirt, * 14. 2. 1878.

In Silber ein grüner Wellenbalken, überdeckt von einem schwarzen Einhornkopf.
Auf dem grün-silbern bewulsteten Helm mit grün-silbernen Decken eine einen grünen Wellenschrägbalken einschließende silberne Eggenraute.

Neu angenommen am 5. Oktober 1984 von Hermann Keck, Bankdirektor, * Giengen/Brenz 14. 7. 1940, für sich und seine ehelichen Nachkommen im Mannesstamm sowie zugunsten der übrigen ehelichen Nachkommen im Mannesstamm seines obengenannten Großvaters Andreas Keck.

Entwurf: PRO HERALDICA®, Dr. Ottfried Neubecker
in Verbindung mit Barbara Potzka.

Eingereicht von PRO HERALDICA®, Stuttgart.

Eingetragen unter Nr. 85010.

Keltenich

aus Geislar, heute Bonn-Geislar

Ältester bekannter Vorfahr im Mannesstamm: Josef Keltenich, Vater des Heinz Keltenich, Kaufmanns, * Geislar 27. 4. 1915.

In blau-silbern geviertem Schilde ein Schneekristall in verwechselten Farben. Auf dem Helm mit blau-silbernen Decken ein je mit einem silbernen vierblättrigen Kleeblatt belegter blauer Flug.

Neu angenommen am 15. Juni 1984 von Manfred Josef Keltenich, Kaufmann, * Brühl bei Köln 15. 1. 1939, für sich und seine ehelichen Nachkommen im Mannesstamm.

Entwurf: PRO HERALDICA®, Dr. Ottfried Neubecker in Verbindung mit Barbara Potzka.

Eingereicht von PRO HERALDICA®, Stuttgart.

Eingetragen unter Nr. 84487.

Keßler

aus Frankfurt

Ältester bekannter Vorfahr im Mannesstamm: Hans Keßler, Bäcker, * Frankfurt/Main 20. 4. 1909, † Darmstadt 2. 8. 1971.

In golden-schwarz geviertem Schilde in 1) eine rote Hygieia-Schale, 2) ein goldenes schwebendes Tatzenkreuz, 3) eine goldene Lilie, 4) pfahlweise zwei grüne Lindenblätter, die Stiele oben. Auf dem Helm mit rechts rot-goldenen und links schwarz-goldenen Decken ein rotbewehrter schwarzer Adler vor zwei mit je vier roten Lindenzweigen besteckten goldenen Büffelhörnern.

Neu angenommen am 17. Mai 1985 von Hans Gunter Keßler, Apotheker, * Hünfeld 4. 4. 1944, für sich und seine ehelichen Nachkommen im Mannesstamm.

Entwurf: PRO HERALDICA®, unter Leitung von Dr. Ottfried Neubecker und Barbara Potzka.

Eingereicht von PRO HERALDICA®, Stuttgart.

Eingetragen unter Nr. 85204.

Ketels

aus Uelvesbüll, Nordfriesland

Ältester bekannter Vorfahr im Mannesstamm: Hans Ketels, * um 1742, † 15. 9. 1808, Vater des Floris Ketels, Lehnsmann, * Uelvesbüll 11. 11. 1771.

In Gold eine wellenpfahlweise, zwei Bögen nach rechts, einer nach links, gelegte schwarze Kette, pfahlweise beseitet von je zwei silbernbebutzten und -bespitzten roten Rosen.
Auf dem Helm mit rechts rot-goldenen und links schwarz-goldenen Decken ein von einer schwarzen Kette umwundener und mit einer Rose wie im Schilde besteckter goldener Spitzhut.

Neu angenommen am 6. August 1982 von Peter Ketels, Zahntechnikermeister, * Schleswig 19. 11. 1942, für sich und seine ehelichen Nachkommen im Mannesstamm sowie zugunsten der übrigen ehelichen Nachkommen im Mannesstamm seines obengenannten vierfachen Urgroßvaters Hans Ketels.

Entwurf: PRO HERALDICA®, unter Leitung von
Dr. Ottfried Neubecker und Barbara Potzka.

Eingereicht von PRO HERALDICA®, Stuttgart.

Eingetragen unter Nr. 85237.

Keutzer

aus Frischborn, Stadt Lauterbach, Vogelsbergkreis

Ältester bekannter Vorfahr im Mannesstamm: Jost Keidzer, Landwirt, * 1570, † Frischborn 1630.

In Silber auf grünem Dreiberg ein natürlicher Kauz.
Auf dem schwarz-silbern bewulsteten Helm mit schwarz-silbernen Decken der Kauz wie im Schilde, aber ohne Dreiberg.

Eingetragen auf Antrag von Walter Herbert Keutzer, Apotheker, * Lauterbach/Hessen 11. 7. 1911, für sich und seine ehelichen Nachkommen im Mannesstamm sowie zugunsten der übrigen ehelichen Nachkommen im Mannesstamm seines achtfachen Urgroßvaters Jost Keidzer.

Richtiggestellt von PRO HERALDICA®,
Dr. Ottfried Neubecker in Verbindung mit Barbara Potzka.

Eingereicht von PRO HERALDICA®, Stuttgart.

Eingetragen unter Nr. 84447.

Khatir

aus Teheran/Iran väterlicherseits und aus Gilgenburg/Ostpreußen mütterlicherseits

Unter blauem Schildhaupt, darin drei goldene Sterne, gespalten von Rot, darin eine goldenverzierte silberne Lilie, und Silber, darin ein goldengebördeltes, mit einem goldenen Weizenährenfruchtstand belegtes grünes Laubblattornament.
Auf dem rot-silbern-grün-golden bewulsteten Helm mit rechts rot-silbernen und links grün-goldenen Decken eine grüne Scheibe, belegt mit dem Laubblattornament wie im Schilde, aber mit silbernem Grund und überhöht von einem goldenen Stern.

Seit längerem in der Familie bekannt, und am 25. Mai 1985 eingetragen auf Antrag von Dr. med. dent. Mehrdad Khatir, Zahnarzt, * Teheran 1. 1. 1937, für sich und seine ehelichen Nachkommen.

Eingereicht von PRO HERALDICA®, Stuttgart.

Eingetragen unter Nr. 85239.

Kirchert

aus Plönitz bei Neustadt an der Dosse

Ältester bekannter Vorfahr im Mannesstamm: Johann Friedrich Kirchert, herrschaftlicher Jäger und Krüger in Plönitz, * vermutlich um 1730.

In Silber zwischen einem roten Zackenschildhaupt und einem blauen Wellenschildfuß eine grüne Hopfendolde mit zwei Blättern.
Auf dem Helm mit rechts rot-silbernen und links blau-silbernen Decken zwischen zwei grüngestielten und -beblätterten Rosenzweigen mit je einer roten Knospe und einer goldenbebutzten und grünbespitzten roten Rose die Figur der silberngekleideten blondgelockten Justitia mit blauer Augenbinde, in der Rechten ein blaues Schwert, in der Linken eine blaue Waage im Gleichgewicht haltend.

Neu angenommen am 21. Juni 1985 von Dr. Friedrich Kirchert, Wirtschaftsjurist, * Berlin 11. 10. 1941, für sich und seine ehelichen Nachkommen im Mannesstamm.

Entwurf: PRO HERALDICA®, unter Leitung von
Dr. Ottfried Neubecker und Barbara Potzka.

Eingereicht von PRO HERALDICA®, Stuttgart.

Eingetragen unter Nr. 85299.

Kirschner

aus Darmstadt-Eberstadt

In golden-schwarz geteiltem Schilde oben ein silbernbewehrtes schwarzes Eberhaupt, einen Kirschzweig mit zwei grüngestielten und -beblätterten roten Kirschen im Maul haltend, und unten ein aufgeschlagenes silbernes Buch mit goldenem Schnitt.
Auf dem schwarz-golden bewulsteten Helm mit schwarz-goldenen Decken ein schwarzes Hochkreuz zwischen zwei natürlichen blühenden Kirschbaumzweigen.

Neu angenommen am 7. Dezember 1984 von Friedrich Kirschner, Beamter, * Darmstadt-Eberstadt 13. 8. 1931, für sich und seine ehelichen Nachkommen im Mannesstamm.

Entwurf: PRO HERALDICA®, unter Leitung von
Dr. Ottfried Neubecker und Barbara Potzka.

Eingereicht von PRO HERALDICA®, Stuttgart.

Eingetragen unter Nr. 85056.

Klabautschke

aus Gloschkau/Schlesien

Ältester bekannter Vorfahr im Mannesstamm: Heinrich Klabautschke, * Gloschkau um 1810.

In silbern-schwarz geteiltem Schilde unten ein liegender silberner Halbmond, in der Höhlung besteckt mit einem silbernen Kreuz, das nach oben in einen grünen Baum ausläuft.
Auf dem Helm mit rechts schwarz-silbernen und links grün-silbernen Decken ein silberner Flug mit rechts schwarzen und links grünen Schwungfedern.

Neu angenommen am 19. Juli 1979 von Albert Adolf Josef Klabautschke, Gärtnermeister, * Gloschkau 14. 3. 1935, für sich und seine ehelichen Nachkommen im Mannesstamm.

Entwurf: PRO HERALDICA®, unter Leitung von
Dr. Ottfried Neubecker und Barbara Potzka.

Eingereicht von PRO HERALDICA®, Stuttgart.

Eingetragen unter Nr. 85205.

Klappenberger

aus Fechenbach, Lkrs. Miltenberg

Ältester bekannter Vorfahr im Mannesstamm: Franz Klappenberger, Metzger, * Fechenbach 7. 6. 1775, † ebd. 28. 5. 1839.

In Rot über blauem Schildfuß, darin drei aufeinander zuschwimmende goldene Fische, ein goldener Dreiberg, pfahlweise überdeckt von einem blaugestielten goldenen Beil.
Auf dem Helm mit rechts blau-goldenen und links rot-goldenen Decken auf goldenem Dreiberg ein flugbereiter natürlicher Storch.

Neu angenommen am 9. November 1984 von Karl Hans Klappenberger, Konditormeister, * Bamberg 22. 3. 1935, für sich und seine ehelichen Nachkommen im Mannesstamm sowie zugunsten der übrigen ehelichen Nachkommen im Mannesstamm seines obengenannten dreifachen Urgroßvaters Franz Klappenberger.

Entwurf: PRO HERALDICA®, Dr. Ottfried Neubecker
in Verbindung mit Barbara Potzka.

Eingereicht von PRO HERALDICA®, Stuttgart.

Eingetragen unter Nr. 85025.

Kleiner

aus Guttentag-Friedrichsgrätz, Krs. Oppeln

Ältester bekannter Vorfahr im Mannesstamm: Gottfried Friedrich Kleiner, Stadtsekretär, Vater des Johannes Friderikus Theodorus Kleiner, Armenhauskontrolleurs, * Guttentag-Friedrichgrätz 15.6.1793, † Creuzburg/Oberschlesien 1. 10. 1875.

In Rot auf goldenem Nest hockend ein goldenbewehrter silberner Pelikan, seine drei Jungen atzend. Auf dem Helm mit rot-silbernen Decken drei grüngestielte und -beblätterte goldenbebutzte rote Rosen.

Neu angenommen am 14. Januar 1983 von Geert Donath Wolfgang Kleiner, Verlagsbuchhändler, * Witten/Ruhr 22. 4. 1950, für sich und seine ehelichen Nachkommen im Mannesstamm sowie zugunsten der übrigen ehelichen Nachkommen im Mannesstamm seines obengenannten dreifachen Urgroßvaters Gottfried Friedrich Kleiner.

Entwurf: PRO HERALDICA®, Dr. Ottfried Neubecker
in Verbindung mit Barbara Potzka.

Eingereicht von PRO HERALDICA®, Stuttgart.

Eingetragen unter Nr. 83047.

Koch

aus Bickensohl, heute Vogtsburg im Kaiserstuhl

Ältester bekannter Vorfahr im Mannesstamm: Johann Jakob Koch, Bürger und Landwirt, * Bickensohl 27. 12. 1845.

In Rot innerhalb eines in acht Lindenblätter ausgezogenen goldenen Schildrandes ein goldener Pokal. Auf dem rot-golden bewulsteten Helm mit rot-goldenen Decken ein goldener Kessel mit rotem Henkel.

Neu angenommen am 19. April 1985 von Hans Koch, Gastwirt, * Freiburg im Breisgau 24. 12. 1937, für sich und seine ehelichen Nachkommen im Mannesstamm.

Entwurf: PRO HERALDICA®, unter Leitung von Dr. Ottfried Neubecker und Barbara Potzka.

Eingereicht von PRO HERALDICA®, Stuttgart.

Eingetragen unter Nr. 85210.

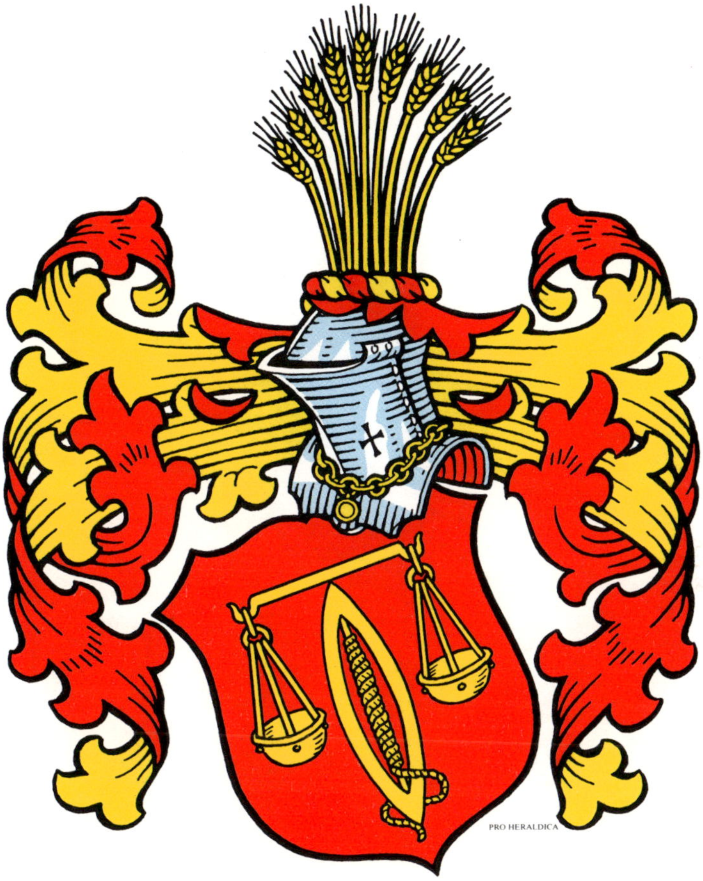

Koenen

aus Kuchenheim bei Euskirchen

In Rot pfahlweise ein Weberschiffchen, auf der Spitze ruhend eine Waage im Gleichgewicht, alle Figuren golden.
Auf dem rot-golden bewulsteten Helm mit rot-goldenen Decken neun goldene unbeblätterte Ähren.

Eingetragen auf Antrag von Rudolf Heinrich Johannes Elisabeth Koenen, Textilkaufmann, * Kuchenheim 2. 11. 1918, für sich und seine ehelichen Nachkommen im Mannesstamm.

Richtiggestellt von PRO HERALDICA®,
unter Leitung von Dr. Ottfried Neubecker und Barbara Potzka.

Eingereicht von PRO HERALDICA®, Stuttgart.

Eingetragen unter Nr. 85206.

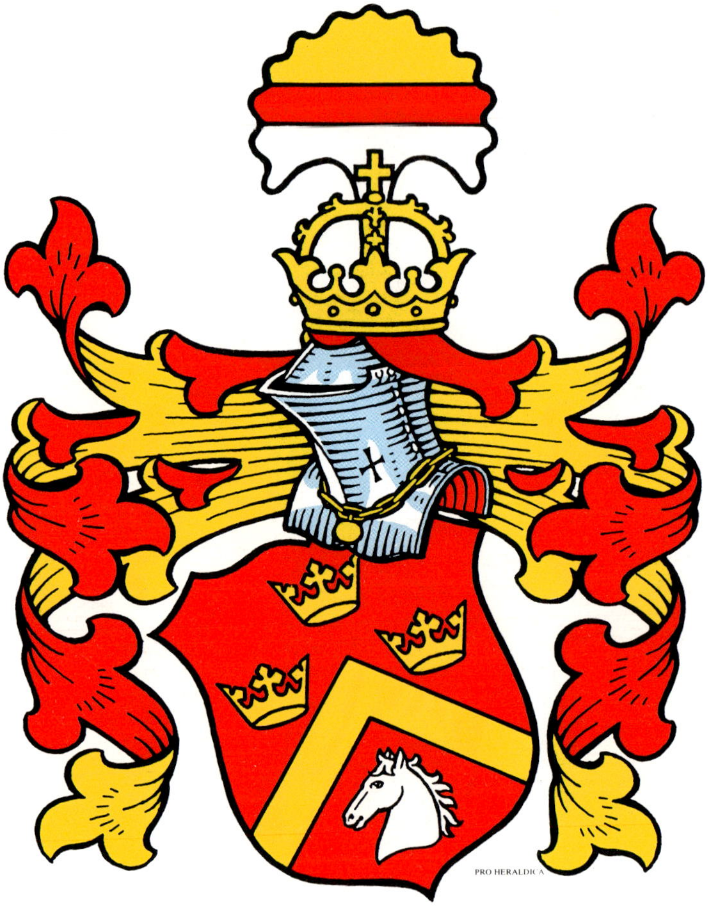

König

aus Ahaus, Krs. Borken

Ältester bekannter Vorfahr im Mannesstamm: August Bernhard König, Faßbinder, * Ahaus 19. 4. 1858, † ebd. 5. 3. 1931.

In Rot ein goldener erniedrigter Sparren, begleitet oben von drei (1,2) goldenen Laubkronen, unten von einem silbernen Pferdekopf.
Auf dem Helm mit rot-goldenen Decken ein golden-rot-silbern geteiltes fächerförmiges Schirmbrett, der Schaft überdeckt von einer goldenen mittelalterlichen Kaiserkrone mit drei sichtbaren Bügeln.

Neu angenommen am 1. März 1985 von Eduard Joseph Bernhard König, Vermessungs-Ingenieur, * Ahaus 22. 7. 1925, für sich und seine ehelichen Nachkommen im Mannesstamm.

Entwurf: PRO HERALDICA®, unter Leitung von
Dr. Ottfried Neubecker und Barbara Potzka.

Eingereicht von PRO HERALDICA®, Stuttgart.

Eingetragen unter Nr. 85207.

Köpper

aus Dorsten-Gahlen

Ältester bekannter Vorfahr im Mannesstamm: Bernhard Köpper, Landwirt, * Dorsten-Gahlen 7. 6. 1845, † Dorsten 9. 6. 1924.

In Rot drei (2,1) silberne Doppelhaken (Wolfsangeln), der mittlere pfahlweise überdeckt von einer goldenen durchgehenden Leiter.
Auf dem rot-silbern bewulsteten Helm mit rot-silbernen Decken ein schwarzes Ankerkreuz.

Neu angenommen am 27. Juli 1984 von Reinhard Köpper, Kaufmann, * Dorsten-Gahlen 12. 5. 1944, für sich und seine ehelichen Nachkommen im Mannesstamm.

Entwurf: PRO HERALDICA®, Dr. Ottfried Neubecker in Verbindung mit Barbara Potzka.

Eingereicht von PRO HERALDICA®, Stuttgart.

Eingetragen unter Nr. 84292.

Kohlmann

aus Köln

Ältester bekannter Vorfahr im Mannesstamm: Max Franz Kohlmann, Textilkaufmann, * Köln 10. 8. 1892, † ca. 1970.

In Blau ein silbernes Textilfadengitter.
Auf dem blau-silbern bewulsteten Helm mit blau-silbernen Decken ein blau-golden übereckgeteilter Flug.

Neu angenommen am 10. Januar 1985 von Wilhelm Helmut Kohlmann, Textilkaufmann, * Bonn 24. 12. 1940, für sich und seine ehelichen Nachkommen im Mannesstamm sowie zugunsten der übrigen ehelichen Nachkommen im Mannesstamm seines obengenannten Vaters Max Franz Kohlmann.

Entwurf: PRO HERALDICA®, unter Leitung von
Dr. Ottfried Neubecker und Barbara Potzka.

Eingereicht von PRO HERALDICA®, Stuttgart.

Eingetragen unter Nr. 85163.

Koltes

aus Zerf, Krs. Trier-Saarburg

Ältester bekannter Vorfahr im Mannesstamm: Peter Koltes, Bauer, * Zerf, † ebd., Großvater des Antragstellers.

In Grün vier kreuzweise gelegte silberne Eiszapfen, die Spitzen zur Mitte, begleitet oben rechts und unten links von je einem schrägrechtsgelegten goldenen Eichenblatt, oben links und unten rechts von je einer schräglinksgelegten goldenen Ähre, alle Stiele zur Mitte gerichtet.
Auf dem grün-golden-grün-silbern bewulsteten Helm mit rechts grün-goldenen und links grün-silbernen Decken zwischen zwei goldenen Hirschstangen ein silberner Schneekristall.

Neu angenommen am 2. März 1984 von Hans-Josef Koltes, Arzt, * Hermeskeil, Krs. Trier-Saarburg, 4. 11. 1950, für sich und seine ehelichen Nachkommen im Mannesstamm.

Entwurf: PRO HERALDICA®, Dr. Ottfried Neubecker
in Verbindung mit Barbara Potzka.

Eingereicht von PRO HERALDICA®, Stuttgart.

Eingetragen unter Nr. 84293.

Kopp

aus Mönsheim, Enzkreis

Ältester bekannter Vorfahr im Mannesstamm: Andreas Kopp, Gipsermeister, * Mönsheim, 16. 1. 1874.

Durch einen schwarzen, mit einer goldenen rechten Spitze belegten Pfahl golden-schwarz gespalten, darin rechts ein Malerpinsel, die Borsten oben, links drei Knöpfe mit vier Löchern, alles in verwechselten Farben.
Auf dem Helm mit schwarz-goldenen Decken ein flugbereiter schwarzer Rabe.

Neu angenommen am 30. November 1984 von Herbert Eugen Kopp, Malermeister, * Kirchheim/Teck 15. 5. 1933, für sich und seine ehelichen Nachkommen im Mannesstamm.

Entwurf: PRO HERALDICA®, unter Leitung von
Dr. Ottfried Neubecker und Barbara Potzka.

Eingereicht von PRO HERALDICA®, Stuttgart.

Eingetragen unter Nr. 85057.

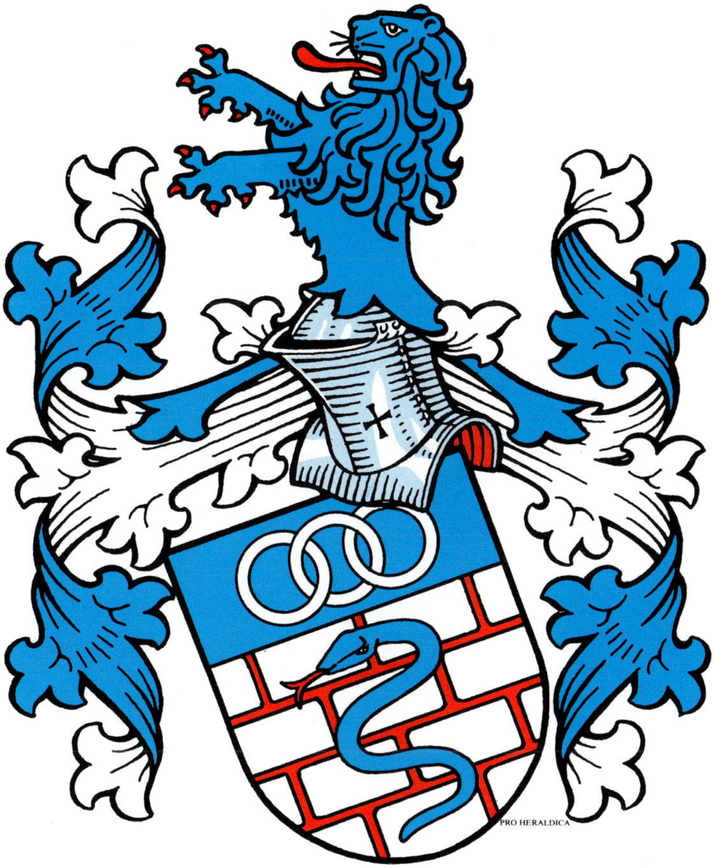

Korkor

aus Damaskus

Ältester bekannter Vorfahr im Mannesstamm: Josef Korkor, Urgroßvater des Antragstellers.

Unter blauem Schildhaupt, darin drei silberne Ringe, der mittlere die beiden äußeren von oben nach unten umgreifend, eine mit einer rotgezungten blauen Schlange pfahlweise belegte rotgefugte silberne Mauer.
Auf dem Helm mit blau-silbernen Decken ein wachsender rotbewehrter und -gezungter blauer Löwe.

Neu angenommen am 14. Dezember 1984 von Dr. med. Gabi Josef Korkor, Arzt, * Damaskus 30. 5. 1938, für sich und seine ehelichen Nachkommen im Mannesstamm.

Entwurf: PRO HERALDICA®, unter Leitung von Dr. Ottfried Neubecker und Barbara Potzka.

Eingereicht von PRO HERALDICA®, Stuttgart.

Eingetragen unter Nr. 85122.

Kracht

aus Mühlenhof, Lkrs. Parchim/Mecklenburg

Ältester bekannter Vorfahr im Mannesstamm: Johann Ludwig Kracht, Tischlermeister in Mühlenhof, Gastwirt in Krakow, * um 1764, † Krakow 23. 5. 1848.

Zwischen zwei goldenen schmalen Zinnenflanken, die linke schwalbenschwanzförmig begrenzt, in Blau ein silberner bewurzelter Laubbaum mit kleeblattförmigen Blättern und goldenen apfelartigen Früchten.
Auf dem blau-silbern bewulsteten Helm mit blau-silbernen Decken ein wachsender flugbereiter goldenbewehrter silberner Schwan.

Neu angenommen am 27. Mai 1983 von Dr. Erhard Joachim Kracht, Zahnarzt, * Tönning/Eider 10. 11. 1937, für sich und seine ehelichen Nachkommen im Mannesstamm sowie zugunsten der übrigen ehelichen Nachkommen im Mannesstamm seines obengenannten Ururgroßvaters Johann Ludwig Kracht.

Entwurf: PRO HERALDICA®, Dr. Ottfried Neubecker
in Verbindung mit Barbara Potzka.

Eingereicht von PRO HERALDICA®, Stuttgart.

Eingetragen unter Nr. 84275.

Krakow

aus Seestadt-Wismar

Ältester bekannter Vorfahr im Mannesstamm: Johann Krakow, Vater des Johann Karl Friedrich Krakow, Tagelöhners zu Jülchendorf/Mecklenburg, * Venzkow 16. 12. 1815, † Jülchendorf 16. 7. 1877, begraben Demen 19. 7. 1877, dreifachen Urgroßvaters des Wappenstifters.

In silbern-rot dreimal geteiltem Schilde ein ruhender Hirsch in verwechselten Farben. Auf dem Helm mit rot-silbernen Decken ein silberner Äskulapstab zwischen zwei roten Hirschstangen.

Neu angenommen am 22. März 1983 von Dr. Karl-Heinz Krakow, Med. wissenschaftl. Mitarbeiter in Hamburg, für sich und seine ehelichen Nachkommen im Mannesstamm sowie zugunsten der übrigen ehelichen Nachkommen im Mannesstamm seines obengenannten Ururgroßvaters Johann Karl Friedrich Krakow, sofern sie den Familiennamen Krakow weiterführen.

Entwurf: E. G. Bartlau, Hamburg.

Eingetragen unter Nr. 84315.

Kranz

aus Obermühltal, Krs. Bad Tölz-Wolfratshausen

Ältester bekannter Vorfahr im Mannesstamm: Leonhard Kranz, Maurermeister, * Obermühltal 3. 1. 1871.

In Grün drei Sparrenleisten, begleitet von drei (2,1) Alraunen, alle Figuren golden. Auf dem grün-golden bewulsteten Helm mit grün-goldenen Decken ein von einem grünen Laubkranz umrahmtes goldenes Kreuz.

Neu angenommen am 10. August 1984 von Georg Kranz, Maurermeister, * Bad Tölz 29. 5. 1944, für sich und seine ehelichen Nachkommen im Mannesstamm.

Entwurf: PRO HERALDICA®, Dr. Ottfried Neubecker in Verbindung mit Barbara Potzka.

Eingereicht von PRO HERALDICA®, Stuttgart.

Eingetragen unter Nr. 84453.

Krause

aus Buko/Anhalt-Zerbst

Ältester bekannter Vorfahr im Mannesstamm: Simon Friedrich Krause, * Buko 17. 9. 1795, Ururgroßvater des Antragstellers.

In Silber ein nach unten geöffneter Zirkel, überdeckt von zwei gebogenen und gekreuzten Schwertern, alle Figuren rot.
Auf dem Helm mit rot-silbernen Decken ein wachsender silbernbewehrter roter Löwe, eine silberne bewurzelte Eiche in der rechten Pranke haltend.

Neu angenommen am 10. Juni 1985 von Hermann Albert Albrecht Krause, Architekt, * Hagen 6. 8. 1940, für sich und seine ehelichen Nachkommen im Mannesstamm.

Entwurf: PRO HERALDICA®, unter Leitung von
Dr. Ottfried Neubecker und Barbara Potzka.

Eingereicht von PRO HERALDICA®, Stuttgart.

Eingetragen unter Nr. 85257.

Krebbers

aus Ottersum, Prov. Limburg/Niederlande

Ältester bekannter Vorfahr im Mannesstamm: Roelef Krebbers, Vater des Jean Krebbers, * Ottersum 7. 11. 1763, † Ottersum 2. 11. 1834.

In Gold aus dem Schildfuß hervorkommend eine dreibogige Zinnenbrücke, daraus hervorkommend ein wachsender Löwe, alle Figuren rot.
Auf dem Helm mit rot-goldenen Decken ein wachsender goldenbewehrter roter Fischotter.

Eingetragen auf Antrag von Matthias Krebbers, Diplom-Sozialarbeiter, * Hahnenklee 23. 11. 1944, für sich und seine ehelichen Nachkommen im Mannesstamm sowie zugunsten der übrigen ehelichen Nachkommen im Mannesstamm seines obengenannten vierfachen Urgroßvaters Roelef Krebbers.

Richtiggestellt von PRO HERALDICA®,
Dr. Ottfried Neubecker in Verbindung mit Barbara Potzka.

Eingereicht von PRO HERALDICA®, Stuttgart.

Eingetragen unter Nr. 84295.

Kretschmer

aus Bad Freienwalde, Mark Brandenburg

Ältester bekannter Vorfahr im Mannesstamm: Christian Friedrich Gottlieb Kretschmer, Schiffseigentümer, † vor 1846, Vater des Carl Friedrich Wilhelm Kretschmer, Bäckermeister, * um 1818, † Bad Freienwalde 7. 11. 1876.

In Silber drei (2,1) rote Pokale, begleitet von sechs (1,3,2) grünen Eichenblättern. Auf dem Helm mit rot-silbernen Decken eine rote Hansekogge mit roten Aufbauten und Masten sowie silbernen Segeln und Toppwimpeln.

Neu angenommen am 3. Dezember 1982 von Heinz-Richard Kretschmer, Kapitän, * Bad Freienwalde, Krs. Oberbarnim, 11. 2. 1920, für sich und seine ehelichen Nachkommen im Mannesstamm sowie zugunsten der übrigen ehelichen Nachkommen im Mannesstamm seines obengenannten Ururgroßvaters Christian Friedrich Gottlieb Kretschmer.

Entwurf: PRO HERALDICA®, unter Leitung von Dr. Ottfried Neubecker und Barbara Potzka.

Eingereicht von PRO HERALDICA®, Stuttgart.

Eingetragen unter Nr. 85139.

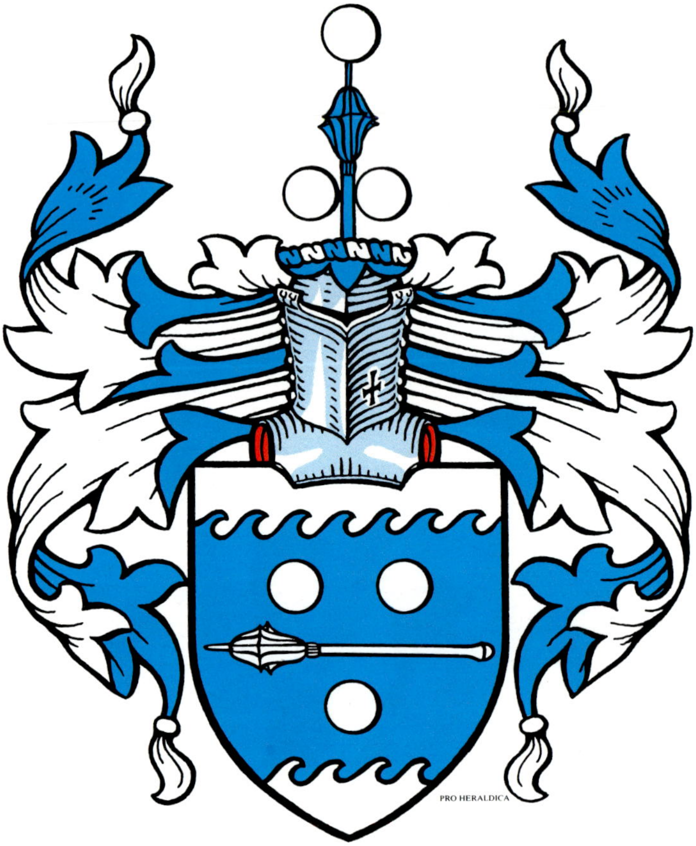

Krieger

aus Pähl/Oberbayern

In Blau zwischen einem Sturzwogenschildhaupt und -schildfuß balkenweise ein Streitkolben, begleitet von drei (2,1) Scheiben, alle Figuren silbern.
Auf dem blau-silbern bewulsteten Helm mit blau-silbernen Decken pfahlweise ein mit drei (1,2) silbernen Scheiben besetzter blauer Streitkolben.

Neu angenommen am 30. Juni 1985 von Claus-Peter Krieger, Versicherungskaufmann, * Pähl 30. 6. 1945, für sich und seine ehelichen Nachkommen im Mannesstamm.

Entwurf: PRO HERALDICA®, unter Leitung von
Dr. Ottfried Neubecker und Barbara Potzka.

Eingereicht von PRO HERALDICA®, Stuttgart.

Eingetragen unter Nr. 85182.

Kröger

aus Trittau, Krs. Stormarn

In Rot ein silberner zweihenkliger Krug, überhöht von einem goldenen Ort zwischen zwei silbernen Sternen.
Auf dem Helm mit rot-silbernen Decken ein schwarzer Flug, die Schwungfedern abwechselnd mit Pfauenfederchen.

Neu angenommen am 23. November 1984 von Wolfgang Ernst Kröger, Versicherungs-Fachwirt, * Trittau 30. 3. 1950, für sich und seine ehelichen Nachkommen im Mannesstamm.

Entwurf: PRO HERALDICA®, unter Leitung von Dr. Ottfried Neubecker und Barbara Potzka.

Eingereicht von PRO HERALDICA®, Stuttgart.

Eingetragen unter Nr. 85012.

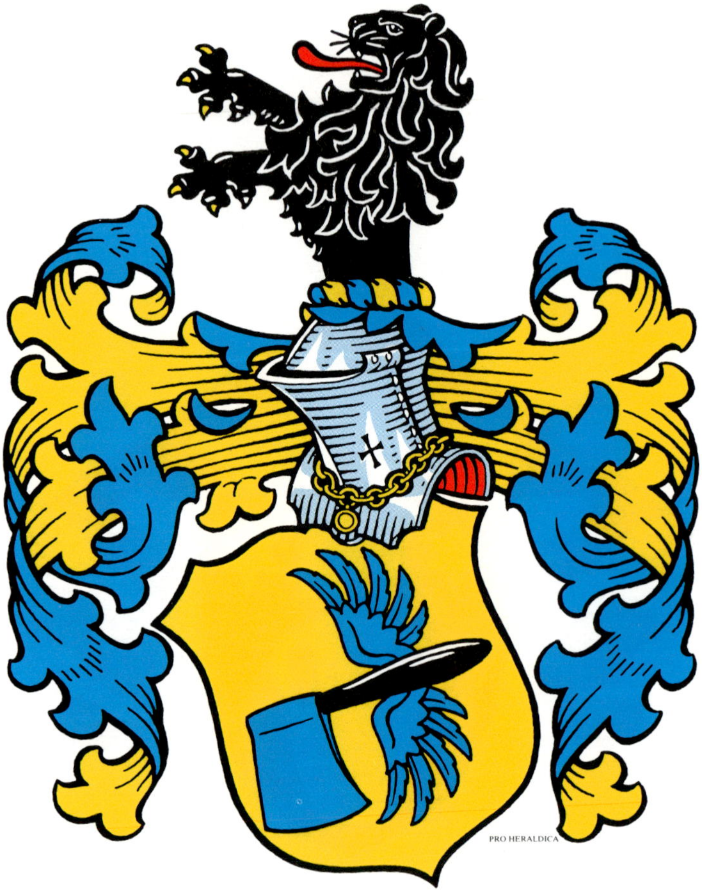

Kromer

aus Kenzingen, Krs. Emmendingen

Ältester bekannter Vorfahr im Mannesstamm: Josef Kromer, * Kenzingen, Vater des Adolf Emil Kromer, Generalmusikdirektors, * Kenzingen 20. 10. 1871, † 20. 1. 1945.

In Gold balkenweise eine schwarzgestielte, rechtsgewendete blaue Axt, das Blatt unten, der Stiel beiderseits mit je einem blauen Flügel besetzt.
Auf dem blau-golden bewulsteten Helm mit blau-goldenen Decken ein wachsender goldenbewehrter schwarzer Löwe.

Neu angenommen am 31. August 1984 von Michael Cromer, Kaufmann, selbständiger Unternehmer, * Krefeld 21. 8. 1939, für sich und seine ehelichen Nachkommen im Mannesstamm sowie zugunsten der übrigen ehelichen Nachkommen im Mannesstamm seines Urgroßvaters Josef Kromer.

Entwurf: PRO HERALDICA®, Dr. Ottfried Neubecker
in Verbindung mit Barbara Potzka.

Eingereicht von PRO HERALDICA®, Stuttgart.

Eingetragen unter Nr. 84489.

Kronert

des Stammes (bis 30. 12. 1939) Chrzon

aus Danzig-Langfuhr

Ältester bekannter Vorfahr im Mannesstamm: Simon Chrzon ⚭ Marianne Fakalski, um 1800, bzw. Hans Schlemm 1525.

In rot-golden geteiltem Schilde oben ein stilisierter Kahn (herb Lodzia), unten ein Aststück mit einer Eichel, balkenweise überdeckt von einem Pfeil, die Spitze rechts, alles in verwechselten Farben. Auf dem Helm mit rot-goldenen Decken angestemmt zwischen zwei goldenen Stierhörnern mit einem goldenen Stern auf roter Binde das Boot wie im Schilde, besetzt mit dem Eichenast und dem Pfeil, ebenfalls wie im Schilde.

Neu angenommen von Rolf Bruno Eugen Kronert, Diplom-Sozialpädagoge, * Danzig-Langfuhr 9. 6. 1922, und seiner Ehefrau Elisabeth Kronert, geb. Schlemmer, Kindergärtnerin, beide in Rellingen, für sich und ihre ehelichen Nachkommen im Mannesstamm sowie die übrigen ehelichen Nachkommen im Mannesstamm, sofern sie den Familiennamen Kronert weiterführen.

Entwurf: E. G. Bartlau, Hamburg.

Eingetragen unter Nr. 84316.

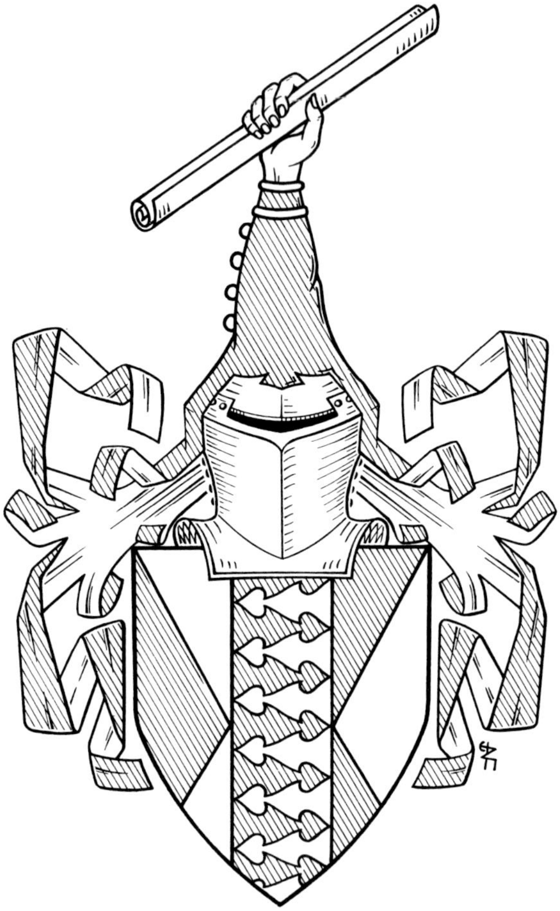

Kropmanns

aus Berlin-Spandau

Ältester bekannter Vorfahr im Mannesstamm: Johann Mathias Kropmanns, * Hamburg 26. 10. 1872, † Berlin 26. 2. 1946.

Durch einen grün-silbern im Lindenblattschnitt zwölfmal grün-silbern gefehten Pfahl gespalten von Silber und Grün, darin je eine Seitenspitze in verwechselten Farben.
Auf dem Helm mit grün-silbernen Decken ein emporgereckter grünbekleideter Arm, in der bloßen Hand eine Papierrolle haltend.

Neu angenommen von Prof. Heinz Kropmanns, Mediziner in Hamburg, * Berlin-Spandau 5. 2. 1942, für sich und seine ehelichen Nachkommen im Mannesstamm sowie zugunsten der übrigen ehelichen Nachkommen im Mannesstamm seines Großvaters Johann Mathias Kropmanns (26. 10. 1872–26. 2. 1946).

Entwurf: E. G. Bartlau, Hamburg.

Eingetragen unter Nr. 84317.

Krüger

aus Königsberg i. Pr.

In golden-schwarz geteiltem Schilde oben ein rotes Schrägkreuz, überdeckt von einem goldengefüllten schwarzen dreispeichigen Zahnrad, unten ein schwebendes goldenes Tatzenkreuz.
Auf dem schwarz-golden bewulsteten Helm mit schwarz-goldenen Decken pfahlweise nebeneinander zwei rote Fische, der rechte gestürzt, beide gemeinsam verschränkt mit zwei goldenen Wellenbalken, der obere den linken Fisch, der untere den rechten überdeckend.

Neu angenommen am 28. September 1984 von Friedrich Karl Krüger, Diplom-Ingenieur, * Königsberg i. Pr. 28. 4. 1936, für sich und seine ehelichen Nachkommen im Mannesstamm.

Entwurf: PRO HERALDICA®, Dr. Ottfried Neubecker
in Verbindung mit Barbara Potzka.

Eingereicht von PRO HERALDICA®, Stuttgart.

Eingetragen unter Nr. 84490.

Kübler

aus Lörrach

Ältester bekannter Vorfahr im Mannesstamm: Dr. med. vet. Fritz Kübler, Tierarzt, * Lörrach 16. 8. 1886, † Hayingen 24. 2. 1954.

In Grün ein mit einer goldenen Schlange verschränktes silbernes Hufbeschlagwirkeisen, begleitet von drei (2,1) silbernen Bottichen.
Auf dem Helm mit grün-silbernen Decken eine grüne Buche, behängt mit einem silbernen Jagdhorn an gekreuzter Fessel.

Neu angenommen am 19. April 1985 von Dr. med. Erich Kübler, Facharzt für Radiologie, * Ulm/Donau 5. 1. 1922, für sich und seine ehelichen Nachkommen im Mannesstamm sowie zugunsten der übrigen ehelichen Nachkommen im Mannesstamm seines obengenannten Vaters Fritz Kübler.

Entwurf: PRO HERALDICA®, unter Leitung von
Dr. Ottfried Neubecker und Barbara Potzka.

Eingereicht von PRO HERALDICA®, Stuttgart.

Eingetragen unter Nr. 85209.

Kuglin

aus Dakau, Krs. Rosenberg/Westpreußen

Ältester bekannter Vorfahr im Mannesstamm: Johann Kuglin, Hufenwirt, * Dakau 28. 1. 1778, * ebd. 13. 4. 1838.

In Schwarz ein silbernes Kreuz, auf den Armen belegt mit vier goldenbesamten roten Rosen und an der Herzstelle belegt mit einem blauen Feld, darin eine silberne Kreisscheibe, in den vier Hauptrichtungen ausgezogen und außerdem von einem blauen Schrägkreuz überdeckt.
Auf dem Helm mit schwarz-silbernen Decken ein wachsender goldenbewehrter schwarzer Adler mit goldenen Kleestengeln auf den Saxen.

Neu angenommen am 29. Januar 1982 von Gerhard Kuglin, Dipl.-Ingenieur, * Mareese, Krs. Marienwerder, 10. 11. 1933, für sich und seine ehelichen Nachkommen im Mannesstamm sowie zugunsten der übrigen ehelichen Nachkommen im Mannesstamm seines obengenannten Ururgroßvaters Johann Kuglin.

Entwurf: PRO HERALDICA®, Dr. Ottfried Neubecker
in Verbindung mit Barbara Potzka.

Eingereicht von PRO HERALDICA®, Stuttgart.

Eingetragen unter Nr. 84241.

Kunkel

aus Oberbessenbach, Krs. Aschaffenburg

Ältester bekannter Vorfahr im Mannesstamm: Franz Kunkel, Landwirt, * Oberbessenbach Januar 1852.

In Grün pfahlweise eine aus dem unteren Schildrand hervorkommende Kunkel, der Stock silbern, die Wolle golden, an der Balkenstelle beseitet von zwei silbernen Sternen.
Auf dem Helm mit grün-goldenen Decken eine auf einem goldenen Schemel sitzende goldengekrönte, blondgelockte, silberngewandete Spinnerin, mit der Rechten die goldene Wolle von dem silbernen Rocken abziehend und mit der abgestreckten Linken die goldene Spindel haltend.

Neu angenommen am 31. August 1984 von Ewald Valentin Kunkel, Zimmermann, * Oberbessenbach 9. 6. 1930, für sich und seine ehelichen Nachkommen im Mannesstamm.

Entwurf: PRO HERALDICA®, Dr. Ottfried Neubecker
in Verbindung mit Barbara Potzka.

Eingereicht von PRO HERALDICA®, Stuttgart.

Eingetragen unter Nr. 85084.

Kunz

aus Johanngeorgenstadt, Krs. Schwarzenberg

Ältester bekannter Vorfahr im Mannesstamm: Herbert Kunz, Kaufmann, * Johanngeorgenstadt 9. 10. 1911.

In rot-silbern gespaltenem Schilde pfahlweise zwei verschränkte, zugewendete Schlangen, unten überdeckt von einem dreispeichigen Rad, alles in verwechselten Farben.
Auf dem rot-silbern bewulsteten Helm mit rot-silbernen Decken zwei aufeinandergesetzte Druckerballen, der obere rot, der untere silbern, vor fünf natürlichen Pfauenfedern.

Neu angenommen am 9. November 1984 von Klaus Gunter Kunz, Fahrlehrer, Kaufmann, * Johanngeorgenstadt 2. 12. 1937, für sich und seine ehelichen Nachkommen im Mannesstamm sowie zugunsten der übrigen ehelichen Nachkommen im Mannesstamm seines obengenannten Vaters Herbert Kunz.

Entwurf: PRO HERALDICA®, Dr. Ottfried Neubecker
in Verbindung mit Barbara Potzka.

Eingereicht von PRO HERALDICA®, Stuttgart.

Eingetragen unter Nr. 84521.

Kuppler

aus Öschingen, Stadt Mössingen, Krs. Tübingen

Ältester bekannter Vorfahr im Mannesstamm: Hans Kuppler, Küfer, * Öschingen 1593, † ebd. 20. 4. 1681.

In Grün balkenweise ein silberner fünfpfostiger Lattenzaun, begleitet oben von zwei goldenen dreilatzigen Gonfanons mit Tragringen, unten von einer goldenen Biene mit ausgebreiteten Flügeln. Auf dem Helm mit grün-silbernen Decken ein wachsender blondgelockter silberner Engel mit goldenen Flügeln, in der Rechten drei goldene Ähren haltend, die Linke segnend ausgestreckt.

Wahlspruch: Stirb und werde!

Neu angenommen am 30. November 1984 von Dr. agr. Alfred Martin Gottlob Kuppler, Diplom-Landwirt, * Schorndorf/Württ. 16. 9. 1914, für sich und seine ehelichen Nachkommen im Mannesstamm.

Entwurf: PRO HERALDICA®, unter Leitung von Dr. Ottfried Neubecker und Barbara Potzka.

Eingereicht von PRO HERALDICA®, Stuttgart.

Eingetragen unter Nr. 85026.

Kurlemann

aus Gersten, Krs. Lingen

Ältester bekannter Vorfahr im Mannesstamm: Franz Kurlemann, Landwirt, * Gersten 10. 12. 1902.

In golden-rot geviertem Schilde 1) und 4) ein grüner dreiblättriger Kornelkirschenzweig mit vier roten Früchten, 2) und 3) fächerförmig ein goldenes Hochkreuz zwischen zwei goldenen unbeblätterten Ähren.

Auf dem rot-golden bewulsteten Helm mit rot-goldenen Decken ein grüner fünfblättriger Kornelkirschenzweig mit acht roten Früchten zwischen zwei goldenen beblätterten Ähren.

Neu angenommen am 17. August 1984 von Heinrich Josef Kurlemann, Priesteramtskandidat, * Sögel 28. 2. 1964, für sich und zugunsten der übrigen ehelichen Nachkommen im Mannesstamm seines Großvaters Franz Kurlemann.

Entwurf: PRO HERALDICA®, Dr. Ottfried Neubecker
in Verbindung mit Barbara Potzka.

Eingereicht von PRO HERALDICA®, Stuttgart.

Eingetragen unter Nr. 84454.

Kux

aus Monheim, Krs. Mettmann

Ältester bekannter Vorfahr im Mannesstamm: Johann Kux, Schlosser, * Monheim 11. 2. 1874, ⚔ ebd. Februar 1945.

Zwischen einem Schildhaupt und einem Schildfuß, beide schwarz, ein rot-silbern geschachtes Feld von acht mal acht Plätzen, überdeckt von einem schwarzen Gezähe (Hammer und Schlägel) mit einer Einbuchtung an den unteren Enden der Handgriffe.
Auf dem rot-silbern bewulsteten Helm mit rot-silbernen Decken ein auf der Spitze stehendes, wie das Schachfeld im Schilde eingeteiltes quadratisches Schildbrett, an den drei freien Ecken mit je einer roten Quaste besetzt.

Neu angenommen am 27. Januar 1984 von Hans Bruno Kux, Bankkaufmann, * Köln 20. 2. 1939, für sich und seine ehelichen Nachkommen im Mannesstamm.

Entwurf: PRO HERALDICA®, Dr. Ottfried Neubecker in Verbindung mit Barbara Potzka.

Eingereicht von PRO HERALDICA®, Stuttgart.

Eingetragen unter Nr. 84141.

Laermann

aus Wetten, heute Stadt Kevelaer

Ältester bekannter Vorfahr im Mannesstamm: Johann Laermans, Vater des Johann Laermans, Schuhmachers, * Wetten 9. 12. 1796, † ebd. 15. 10. 1866.

In Gold balkenweise zwei nach außen gerichtete grüne dreiblättrige Rosenzweige, die Stiele an der Herzstelle überdeckt von einer grünbespitzten goldenbebutzten roten Rose, begleitet oben von einem querliegenden schwarzen Skorpion, unten von einem von einem roten Pfeil schrägrechts aufwärts durchbohrten und an der Spitze, dem Ballen und der Ferse mit je einer roten Schelle besetzten schwarzen Schnabelschuh.

Auf dem Helm mit schwarz-goldenen Decken eine goldene Eule.

Neu angenommen am 23. November 1984 von Gerd Dieter Laermann, Arzt, * Bonn 7. 11. 1947, für sich und seine ehelichen Nachkommen im Mannesstamm sowie zugunsten der übrigen ehelichen Nachkommen im Mannesstamm seines obengenannten dreifachen Urgroßvaters Johann Laermans.

Entwurf: PRO HERALDICA®, unter Leitung von Dr. Ottfried Neubecker und Barbara Potzka.

Eingereicht von PRO HERALDICA®, Stuttgart.

Eingetragen unter Nr. 85013.

Landers

aus Alstaden/Rheinland

Ältester bekannter Vorfahr im Mannesstamm: Bernard Landers, Vater des Friedrich Wilhelm Theodor Landers, * Alstaden 27. 6. 1866.

In golden-rot gespaltenem Schilde rechts ein schwarzer Schräglinksbalken, links zwei goldene Hahnenköpfe.
Auf dem rot-golden-schwarz-golden bewulsteten Helm mit rechts rot-goldenen und links schwarz-goldenen Decken ein goldener Lilienstengel zwischen einem roten Fasanen- und einem schwarzen Hahnenfederbusch.

Eingetragen auf Antrag von Siegfried Landers, * Bocholt 14. 9. 1924, für sich und seine ehelichen Nachkommen im Mannesstamm.

Entwurf: 1952, † Carl O. Klötzner, Altenau am Harz, und der Wappenstifter.

Eingereicht von PRO HERALDICA®, Stuttgart.

Eingetragen unter Nr. 85140.

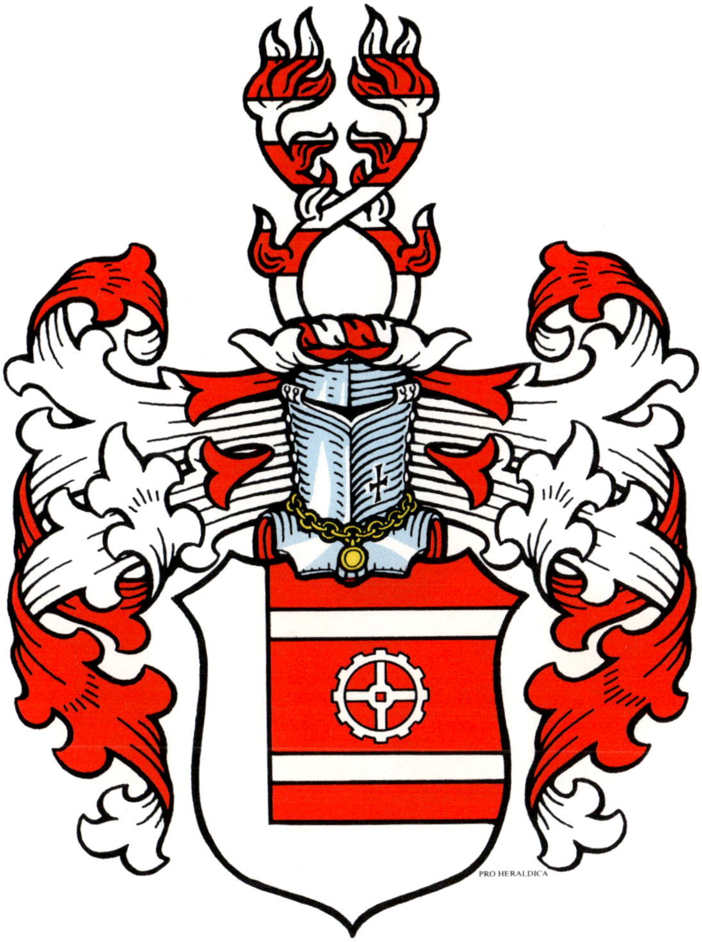

Landgrebe

aus Dittershausen, heute Fuldabrück

Ältester bekannter Vorfahr im Mannesstamm: Joh. Conrad Landgrebe, Leineweber, * Dittershausen 8. 4. 1775, † Dörnhagen 2. 4. 1830.

In Rot eine rechte Schildfußflanke und zwischen zwei Balkenleisten ein vierspeichiges Zahnrad, alle Figuren silbern.
Auf dem rot-silbern bewulsteten Helm mit rot-silbernen Decken zwei sich überkreuzende, sechsmal silbern-rot geteilte Löwenschwänze.

Neu angenommen am 30. November 1984 von Dipl.-Ing. Klaus Landgrebe, * Hannover 3. 4. 1936, für sich und seine ehelichen Nachkommen im Mannesstamm.

Entwurf: PRO HERALDICA®, unter Leitung von
Dr. Ottfried Neubecker und Barbara Potzka.

Eingereicht von PRO HERALDICA®, Stuttgart.

Eingetragen unter Nr. 85014.

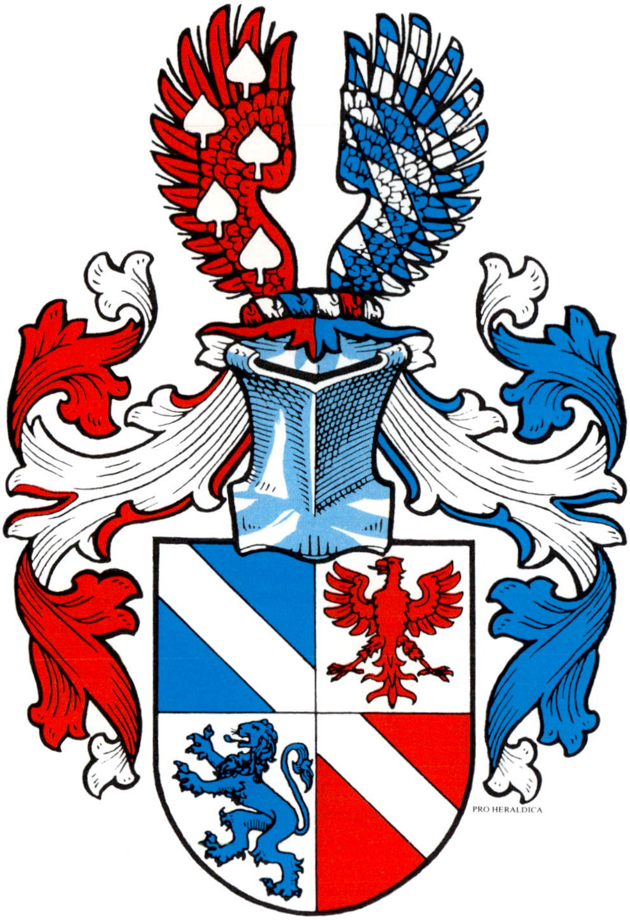

Laner

aus Lüsen/Südtirol

Ältester bekannter Vorfahr im Mannesstamm: Josef Laner, Schmied, * Lüsen 23. 2. 1811, † Fulpmes/Tirol 9. 1. 1879.

In blau-silbern-rot geviertem Schilde 1) und 4) ein silberner Schrägbalken, 2) ein roter Adler, 3) ein blauer Löwe.
Auf dem rot-silbern-blau-silbern bewulsteten Helm mit rechts rot-silbernen und links blau-silbernen Decken ein rechts roter, mit fünf silbernen Lindenblättern belegter, links silbern-blau schräggerauteter Flug.

Neu angenommen am 2. März 1984 von Engelbert Laner, Kaufmann, * Kiefersfelden 4. 12. 1938, für sich und seine ehelichen Nachkommen im Mannesstamm.

Entwurf: PRO HERALDICA®, Dr. Ottfried Neubecker
in Verbindung mit Barbara Potzka.

Eingereicht von PRO HERALDICA®, Stuttgart.

Eingetragen unter Nr. 84206.

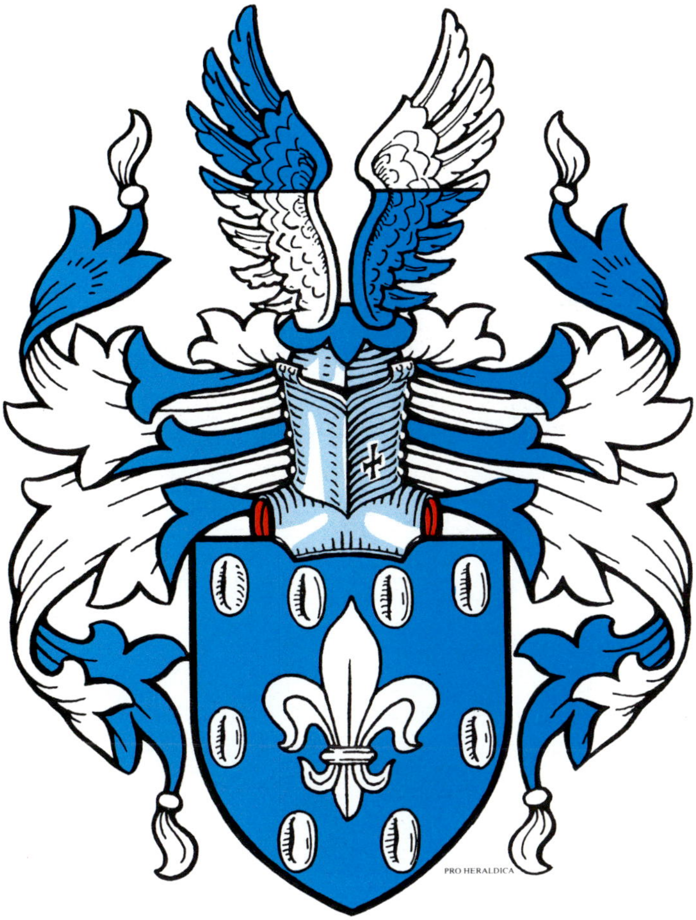

Langen

aus Lövenich

Ältester bekannter Vorfahr im Mannesstamm: Herbert Konrad Langen, Weber, Vater des Hermann Josef Langen, * Lövenich 7. 10. 1884, † Medebach 29. 12. 1947.

In Blau eine Lilie, bordweise begleitet von acht Kaffeebohnen, alle Figuren silbern. Auf dem Helm mit blau-silbernen Decken ein blau-silbern übereckgeteilter Flug.

Neu angenommen am 29. Juni 1984 von Günter Franz Langen, Kaufmann und Bürgermeister, * Düsseldorf 12. 10. 1935, für sich und seine ehelichen Nachkommen im Mannesstamm.

Entwurf: PRO HERALDICA®, Dr. Ottfried Neubecker
in Verbindung mit Barbara Potzka.

Eingereicht von PRO HERALDICA®, Stuttgart.

Eingetragen unter Nr. 84297.

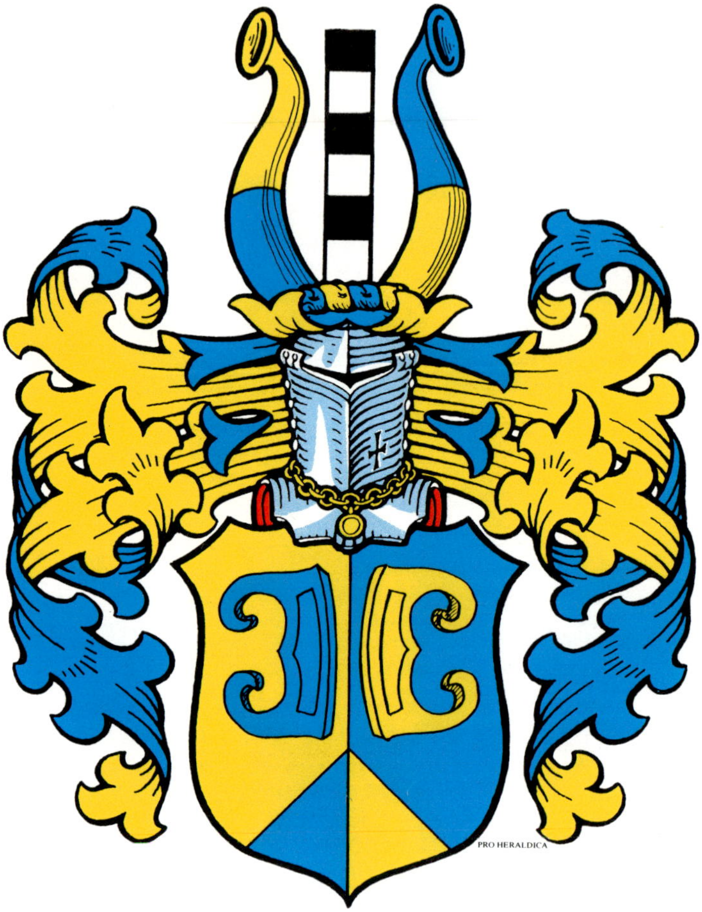

Langer

aus Steti/CSSR

Ältester bekannter Vorfahr im Mannesstamm: Johannes Langer, * um 1660, Vater des Georg Langer, ~ Steti 20. 1. 1692.

In golden-blau gespaltenem Schilde eine erniedrigte Spitze, überhöht von zwei mit der Schlagseite einander zugewendeten Feuerstählen, alles in verwechselten Farben.
Auf dem blau-golden bewulsteten Helm mit blau-goldenen Decken zwischen zwei golden-blau übereckgeteilten Büffelhörnern eine schwarz-silbern sechsfach gestückte Pfahlleiste.

Neu angenommen am 2. März 1984 von Rudolf Langer, Ingenieur, Kaufmann, * Alexandrien/Ägypten 24. 12. 1936, für sich und seine ehelichen Nachkommen im Mannesstamm.

Entwurf: PRO HERALDICA®, Dr. Ottfried Neubecker
in Verbindungmit Barbara Potzka.

Eingereicht von PRO HERALDICA®, Stuttgart.

Eingetragen unter Nr. 84256.

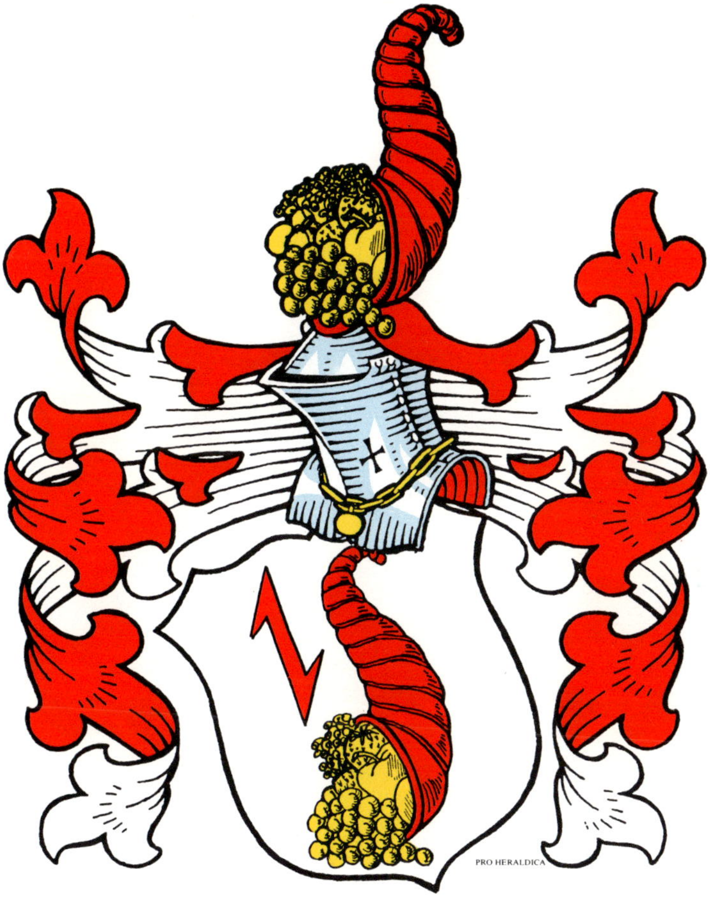

Large

aus Wallstadt/Mannheim

Ältester bekannter Vorfahr im Mannesstamm: Friedrich Large, * Wallstadt um 1890.

In Silber ein gestürztes rotes Füllhorn mit goldenen Früchten, oben rechts pfahlweise beseitet von einem roten Doppelhaken.
Auf dem Helm mit rot-silbernen Decken das Füllhorn wie im Schilde.

Neu angenommen am 16. April 1982 von Friedrich Eugen Large, Bauzeichner, * Mannheim 24. 4. 1942, für sich und seine ehelichen Nachkommen im Mannesstamm sowie zugunsten der übrigen ehelichen Nachkommen im Mannesstamm seines obengenannten Großvaters Friedrich Large.

Entwurf: PRO HERALDICA®, Dr. Ottfried Neubecker
in Verbindung mit Barbara Potzka.

Eingereicht von PRO HERALDICA®, Stuttgart.

Eingetragen unter Nr. 84455.

Laube

aus Böbikon/Schweiz

Ältester bekannter Vorfahr im Mannesstamm: Mathäus Laubi, Vater des Jakob Martin Laube, Lehrers, * Böbikon 31. 3. 1801, † Böbikon 11. 11. 1866.

In Gold auf grünem Dreiberg ein grünes Blatt, mit dem umgebogenen Stiel aufsitzend. Auf dem Helm mit grün-goldenen Decken eine goldene Waage im Gleichgewicht, der Fuß überdeckt von einem aufgeschlagenen grünbeschnittenen goldenen Buch.

Eingetragen am 26. April 1985 auf Antrag von Peter Laube, Bankdirektor, * Seligenstadt 1. 6. 1929, für sich und seine ehelichen Nachkommen im Mannesstamm sowie die übrigen ehelichen Nachkommen im Mannesstamm seines obengenannten dreifachen Urgroßvaters Mathäus Laubi.

Ergänzung des im Staatsarchiv des Kantons Aargau verzeichneten Wappens »Laube von Böbikon« durch:

PRO HERALDICA®, unter der Leitung von Dr. Ottfried Neubecker und Barbara Potzka.

Eingereicht von PRO HERALDICA®, Stuttgart.

Eingetragen unter Nr. 85211.

Lehnert

aus Löbau/Sachsen

Ältester bekannter Vorfahr im Mannesstamm: Karl Franz Lehnert, Vater des Robert Lehnert, verm. Uhrmachers, * Löbau 22. 3. 1816.

Über blauem Wellenschildfuß eine goldene rechte Fußflanke, pfahlweise belegt oben mit einem blauen Schlägel und unten einem blauen Hammer, die Bahn rechts, und begleitet in Blau von einem naturfarbenen Storch.
Auf dem blau-golden bewulsteten Helm mit blau-goldenen Decken die wachsende goldene Figur einer heiligen Barbara, mit der Linken das Modell eines Kirchturmes haltend.

Neu angenommen am 19. Dezember 1984 von Dr. med. Horst Lehnert, Frauenarzt, * Aue/Erzgebirge 1. 3. 1921, für sich und seine ehelichen Nachkommen im Mannesstamm sowie zugunsten der übrigen ehelichen Nachkommen im Mannesstamm seines Ururgroßvaters Karl Franz Lehnert.

Entwurf: PRO HERALDICA®, unter Leitung von
Dr. Ottfried Neubecker und Barbara Potzka.

Eingereicht von PRO HERALDICA®, Stuttgart.

Eingetragen unter Nr. 85058.

Leick

aus Essen

In golden-schwarz erniedrigt geviertem Schilde ein Weinblatt, grün in den goldenen und golden in den schwarzen Plätzen.
Auf dem grün-golden-schwarz-golden bewulstcten Helm mit rechts grün-goldenen und links schwarz-goldenen Decken ein goldener Hummer.

Neu angenommen am 31. März 1980 von Günter Wilhelm Leick, Hotel-Kaufmann, * Essen 25. 8. 1931, für sich und seine ehelichen Nachkommen im Mannesstamm.

Entwurf: PRO HERALDICA®, unter Leitung von Dr. Ottfried Neubecker und Barbara Potzka.

Eingereicht von PRO HERALDICA®, Stuttgart.

Eingetragen unter Nr. 85270.

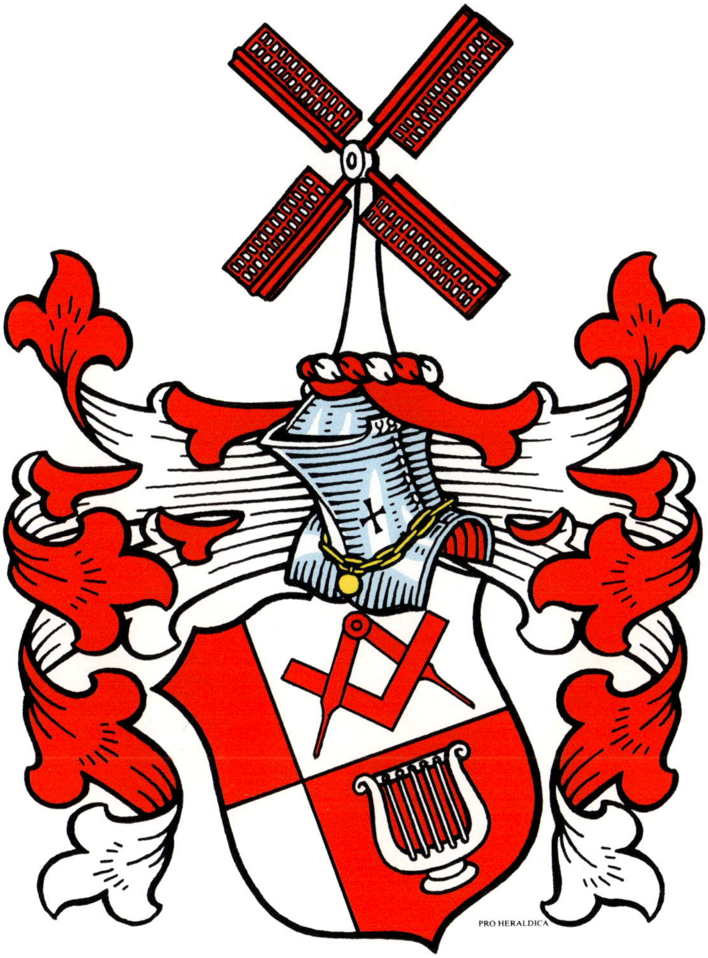

Leimke

aus Neuhof, Krs. Alfeld

Ältester bekannter Vorfahr im Mannesstamm: Winter Louis Leimke, Werkmeister, * Neuhof 20. 6. 1852.

In silbern-rot geteiltem Schilde eine rechte Flanke, daneben oben ein mit einem offenen Zirkel verschränktes, nach oben offenes Winkelmaß und unten eine Lyra, alles in verwechselten Farben. Auf dem rot-silbern bewulsteten Helm mit rot-silbernen Decken vier rote Windmühlenflügel an silbernem Schaft.

Neu angenommen am 10. Mai 1985 von Harry Karl-Heinz Leimke, Zahntechnikermeister, * Bremen 1. 5. 1922, für sich und seine ehelichen Nachkommen im Mannesstamm.

Entwurf: PRO HERALDICA®, unter Leitung von Dr. Ottfried Neubecker und Barbara Potzka.

Eingereicht von PRO HERALDICA®, Stuttgart.

Eingetragen unter Nr. 85240.

Lengenfelder

aus Unterzaunsbach, heute Pretzfeld, Krs. Forchheim

Ältester bekannter Vorfahr im Mannesstamm: Hannß Lengenfelder, Müller, * um 1700, † um 1730, Vater des Joannes Lengenfelder, Müllers, * Unterzaunsbach um 1730, † nach 1772.

In schwarz-silbern geviertem Schilde 1) und 4) pfahlweise ein silbernes Mühleisen, 2) ein schwarzer schrägrechtsgestürzter verkürzter rechtwinkliger Sparren, 3) ein Sparren wie in 2), jedoch schräglinks aufwärts.
Auf dem Helm mit schwarz-silbernen Decken ein wachsender silberngeflügelter schwarzer Greif, zwei aufeinandergesetzte silberne Druckerballen haltend.

Neu angenommen am 7. Dezember 1984 von Bernhard Andreas Lengenfelder, Inhaber einer Buchdruckerei, * Erlangen 3. 3. 1948, für sich und seine ehelichen Nachkommen im Mannesstamm sowie zugunsten der übrigen ehelichen Nachkommen im Mannesstamm seines obengenannten fünffachen Urgroßvaters Hannß Lengenfelder.

Entwurf: PRO HERALDICA®, unter Leitung von Dr. Ottfried Neubecker und Barbara Potzka.

Eingereicht von PRO HERALDICA®, Stuttgart.

Eingetragen unter Nr. 85059.

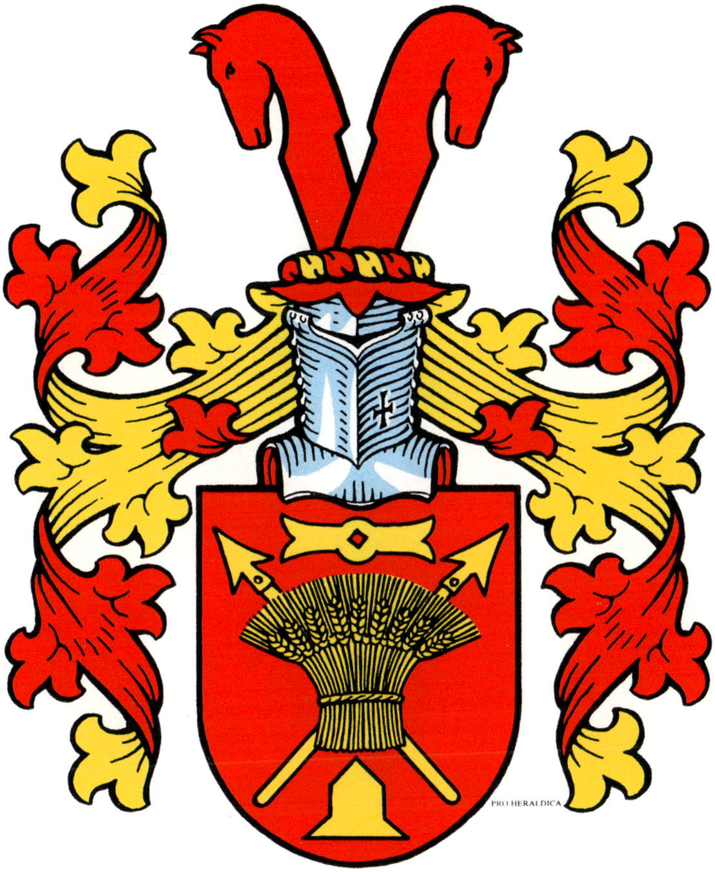

Lezius

aus Uelzen

Ältester bekannter Vorfahr im Mannesstamm: Karl Lezius, Hoflakai beim Prinzen von Homburg, * Uelzen, † Kronberg/Taunus, Vater des Gustav Lezius, * Frankfurt/Main 25. 7. 1905.

In Rot zwei gekreuzte unbeflitschte Pfeile, überdeckt von einer Ährengarbe, begleitet oben balkenweise von einem Mühleisen, unten von einem Eisenhut, alle Figuren golden.
Auf dem rot-golden bewulsteten Helm mit rot-goldenen Decken zwei gekreuzte rote Pferdekopfgiebelbretter.

Neu angenommen am 31. August 1984 von Günther Hermann Lezius, Tankwart, * Oberursel 23. Oktober 1942, für sich und seine ehelichen Nachkommen im Mannesstamm.

Entwurf: PRO HERALDICA®, Dr. Ottfried Neubecker
in Verbindung mit Barbara Potzka.

Eingereicht von PRO HERALDICA®, Stuttgart.

Eingetragen unter Nr. 84492.

Liebig

Wolfshau, Krs. Hirschberg/Schlesien

Ältester bekannter Vorfahr im Mannesstamm: Gottlieb Liebig, Schuhmacher, Vater des Joh. Gottlieb Liebig, Schuhmachers, * Wolfshau 28. 2. 1751, † ebd. 5. 11. 1806.

In Grün ein mit acht tulpenförmigen Blüten besteckter Ring, drei (2,1) mit den Stielen verschlungene Seerosenblätter einschließend, alle Figuren golden.
Auf dem Helm mit schwarz-goldenen Decken ein silbernbewehrter schwarzer Wolfsrumpf, rechts eine goldene Holzfälleraxt schulternd.

Neu angenommen am 19. November 1982 von Heinz Adolf Liebig, Gartengestalter, * Offenbach/Main 25. 7. 1936, für sich und seine ehelichen Nachkommen im Mannesstamm sowie zugunsten der übrigen ehelichen Nachkommen im Mannesstamm seines obengenannten fünffachen Urgroßvaters Gottlieb Liebig.

Entwurf: PRO HERALDICA®, Dr. Ottfried Neubecker
in Verbindung mit Barbara Potzka.

Eingereicht von PRO HERALDICA®, Stuttgart.

Eingetragen unter Nr. 82087.

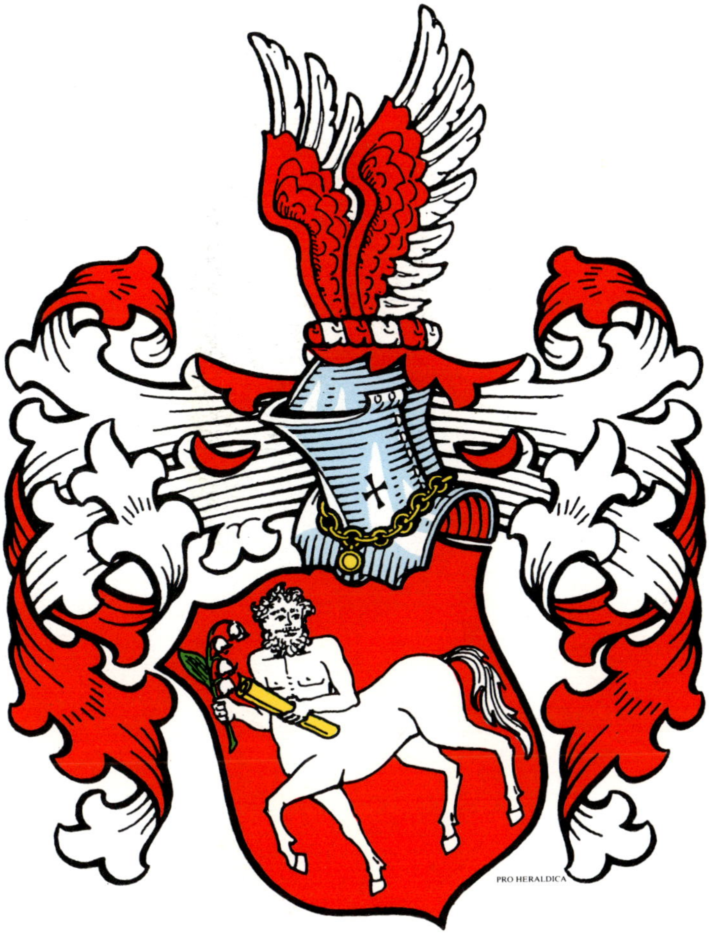

Liere

aus Potsdam

Ältester bekannter Vorfahr im Mannesstamm: Friedrich-Christian Liere, Gastwirt, * Potsdam, † Ketzin, Vater des Hermann Franz Liere, Lehrers und Küsters, * Deetz a.d. Havel 24. 2. 1839, † Berlin 1919.

In Rot ein silberner Kentaur, in der Rechten eine natürliche Maiglöckchenpflanze, in der Linken eine goldene Schriftrolle haltend.
Auf dem rot-silbern bewulsteten Helm mit rot-silbernen Decken ein roter Flug mit silbernen Schwungfedern.

Neu angenommen am 29. Juni 1984 von Dr. med. Klaus-Peter Liere, Arzt, * Berlin 29. 2. 1936, für sich und seine ehelichen Nachkommen im Mannesstamm.

Entwurf: PRO HERALDICA®, Dr. Ottfried Neubecker
in Verbindung mit Barbara Potzka.

Eingereicht von PRO HERALDICA®, Stuttgart.

Eingetragen unter Nr. 84298.

Lindemann

aus Buxtehude

Ältester bekannter Vorfahr im Mannesstamm: Johann Hinrich Lindemann, Kaufmann, * Finkenreich, Gemeinde Moorende, Landkreis Harburg, † Buxtehude 29. 1. 1948, Vater des Emil Lindemann, Kaufmanns, * Finkenreich 27. 10. 1888, † Buxtehude 24. 11. 1967, Großvaters des Wappenstifters.

In Blau ein zwischen zwei silbernen Rahen gespanntes Segeltuch, geviert 1) siebenmal rot-silbern gespalten, 2) in Silber ein blauer bewurzelter Lindenbaum, 3) in Silber eine schwebende rote Mauer mit zwei Zinnentürmen, 4) in Rot drei silberne Pfähle, das Ganze überdeckt von einem goldenen Merkurstab ohne Schlangen.
Auf dem blau-golden bewulsteten Helm mit blau-goldenen Decken zwischen einem goldenen Flug ein blaues Fußspitztatzenkreuz.

Neu angenommen am 26. Oktober 1983 von Volker Emil Otto Lindemann, Kaufmann in Buxtehude, für sich und seine ehelichen Nachkommen im Mannesstamm.

Entwurf: Wappen-Krölls, Johannes Krölls.

Eingereicht: Wappen-Krölls, Eggenstein

Eingetragen unter Nr. 84304.

Lippert

aus Waldaschaff, Krs. Aschaffenburg

Ältester bekannter Vorfahr im Mannesstamm: Joh. Caspar Lebert, Bauer auf dem Forsthof, * Waldaschaff um 1650, Vater des Johann Adam Lippert (Lebert), Bauern, * Waldaschaff 23. 8. 1676, † ebd.

In rot-blau gespaltenem Schilde ein silberner Adler, im rechten Fang eine goldene Ähre und im linken eine goldene Schlange haltend.
Auf dem Helm mit rechts rot-silbernen und links blau-silbernen Decken ein blauer, auf den Saxen mit je einer silbernen Schlange belegter Flug mit roten, mit silbernen Ähren abwechselnden Schwungfedern.

Neu angenommen am 14. Januar 1983 von Dr. med. Josef Lippert, Chefarzt für Chirurgie a. D., * Keilberg, Gem. Bessenbach, Krs. Aschaffenburg, 1. 4. 1915, für sich und seine ehelichen Nachkommen im Mannesstamm.

Entwurf: PRO HERALDICA®, Dr. Ottfried Neubecker
in Verbindung mit Barbara Potzka.

Eingereicht von PRO HERALDICA®, Stuttgart.

Eingetragen unter Nr. 85212.

Littmann

aus Pläswitz, Krs. Neumarkt, Reg.-Bez. Breslau

Ältester bekannter Vorfahr im Mannesstamm: Johann Gottlieb Littmann, Gutsbesitzer, * um 1820, Vater des Ernst Julius Littmann, Braumeisters, * Pläswitz 4. 7. 1851, † Amerika vor 2. 12. 1902.

In Blau ein mit einer goldenen Hopfendolde besetzter, liegender silberner Halbmond, in den oberen Schildecken begleitet von je einem silbernen fünfzackigen Stern.
Auf dem Helm mit blau-silbernen Decken ein wachsender silbernbewehrter blauer Löwe, mit den Pranken einen silbernen Blitz haltend.

Neu angenommen am 10. Dezember 1982 von Peter Walter Littmann, Elektromeister, * Kuttelberg, Krs. Jägerndorf, Reg.-Bez. Troppau, 11. 2. 1940, für sich und seine ehelichen Nachkommen im Mannesstamm sowie zugunsten der übrigen ehelichen Nachkommen im Mannesstamm seines obengenannten Ururgroßvaters Johann Gottlieb Littmann.

Entwurf: PRO HERALDICA®, Dr. Ottfried Neubecker
in Verbindung mit Barbara Potzka.

Eingereicht von PRO HERALDICA®, Stuttgart.

Eingetragen unter Nr. 85164.

Lohr

aus Heggelbach bei Pfullendorf, Krs. Sigmaringen

Ältester bekannter Vorfahr im Mannesstamm: Thomas Lohr, Bauer, * Heggelbach, Vater des Johann Lohr, Bauer, * Mettenbuch, Stadt Ostrach, 12. 12. 1928.

In Silber ein rotes Schräggitter, überdeckt von einer goldenen, mit einer roten Weintraube mit zwei Blättern belegten erniedrigten Spitze.
Auf dem Helm mit rot-goldenen Decken auf einem goldenbequasteten roten Kissen eine silberne Pelzkugel.

Neu angenommen am 27. Januar 1984 von Günther Lohr, Kaufmann, * Karlsruhe 26. 9. 1937, für sich und seine ehelichen Nachkommen im Mannesstamm.

Entwurf: PRO HERALDICA®, Dr. Ottfried Neubecker
in Verbindung mit Barbara Potzka.

Eingereicht von PRO HERALDICA®, Stuttgart.

Eingetragen unter Nr. 84210.

Lublinsky

aus Lublinitz/Oberschlesien

Ältester bekannter Vorfahr im Mannesstamm: Rudolf Lublinsky, Schlossermeister, * Lublinitz 17. 1. 1839.

In Gold pfahlweise fünf (2,1,2) blaue Schlüssel, die Bärte unten und nach rechts gewendet. Auf dem blau-golden bewulsteten Helm mit blau-goldenen Decken ein wachsender goldener Löwe, pfahlweise einen blauen Schlüssel, der Bart oben und nach rechts gewendet, haltend.

Neu angenommen am 4. April 1985 von Rudolf Lublinsky, Ingenieur und Schlossermeister, * Köln 12. 9. 1920, und dessen Sohn Rolf Lublinsky, Diplom-Ingenieur und Schweißfachingenieur, * Brühl 25. 7. 1949, für sich und ihre ehelichen Nachkommen im Mannesstamm.

Entwurf: PRO HERALDICA®, unter Leitung von
Dr. Ottfried Neubecker und Barbara Potzka.

Eingereicht von PRO HERALDICA®, Stuttgart.

Eingetragen unter Nr. 85213.

Ludewig

aus Hamburg

Ältester bekannter Vorfahr im Mannesstamm: Cordt Joachim Ludewig, Vater des Johann Asmus Ludewig, * Hamburg 1751.

In Rot ein Schiffssteuerrad, umgeben von den fünf Sternen des Südlichen Kreuzes, alle Figuren silbern. Auf dem rot-silbern bewulsteten Helm mit rot-silbernen Decken ein silberner Strauß von drei (1,2) Pfingstrosen, der mittlere Stiel mit drei, die seitlichen mit zwei Blättern.

Neu angenommen am 2. März 1984 von Erwin Max Ludewig, Reedereikaufmann, * Hamburg 22. 9. 1929, für sich und seine ehelichen Nachkommen im Mannesstamm.

Entwurf: PRO HERALDICA®, Dr. Ottfried Neubecker in Verbindung mit Barbara Potzka.

Eingereicht von PRO HERALDICA®, Stuttgart.

Eingetragen unter Nr. 84423.

Ludwig

aus Borna, Bez. Leipzig

In Grün eine silberne geschweifte Spitze, darin eine schwarze Pflugschar, die Spitze nach unten, sparrenweise begleitet rechts von einem Schwert, links von einem Malerpinsel, der Griff oben, beide Figuren unten begleitet von je einer Scheibe, alle Figuren golden.
Auf dem grün-silbern bewulsteten Helm mit grün-silbernen Decken ein schwarzes Hirschhaupt mit goldenem Geweih.

Neu angenommen am 1. März 1985 von Manfred Ludwig, Kaufmann, * Borna 30. 4. 1925, für sich und seine ehelichen Nachkommen im Mannesstamm.

Entwurf: PRO HERALDICA®, unter Leitung von
Dr. Ottfried Neubecker und Barbara Potzka.

Eingereicht von PRO HERALDICA®, Stuttgart.

Eingetragen unter Nr. 85241.

Lütticke

aus Berlinghausen, heute Stadt Meinerzhagen

In grün-rot durch eine eingebogene silberne Spitze, darin ein naturfarbener rechter Fuß, gespaltenem Schilde oben rechts eine pfahlweise gelegte silberne Schreibfeder, überdeckt von einem silbernen offenen Buch, und links ein silbernes dreispeichiges Lenkrad.
Auf dem Helm mit rechts grün-silbernen und links rot-silbernen Decken ein wachsender silbernbewehrter roter Löwe, sich in einem silbernen Handspiegel betrachtend.

Neu angenommen am 9. November 1984 von Franz Lütticke, Selbständiger Kaufmann, * Berlinghausen 31. 7. 1938, für sich und seine ehelichen Nachkommen im Mannesstamm.

Entwurf des Wappenstifters.

Eingereicht von PRO HERALDICA®, Stuttgart.

Eingetragen unter Nr. 84549.

Lung

aus Kottenheim, Krs. Mayen-Koblenz

Ältester bekannter Vorfahr im Mannesstamm: Peter Lung, Schmiedemeister, * Kottenheim 1870.

In Gold ein grüner bewurzelter fünfblättriger Maienbaum, der Stamm überdeckt von einem blauen Amboß.
Auf dem Helm mit rechts grün-goldenen und links blau-goldenen Decken ein bewurzelter fünfblättriger goldener Maienbaum.

Neu angenommen am 30. März 1984 von Peter Lung, selbst. Kaufmann, * Mendig, Krs. Mayen-Koblenz, 19. 6. 1947, für sich und seine ehelichen Nachkommen im Mannesstamm sowie zugunsten der übrigen ehelichen Nachkommen im Mannesstamm seines obengenannten Großvaters Peter Lung.

Entwurf: PRO HERALDICA®, Dr. Ottfried Neubecker
in Verbindung mit Barbara Potzka.

Eingereicht von PRO HERALDICA®, Stuttgart.

Eingetragen unter Nr. 85060.

Lutz

aus Maibach, heute Poppenhausen/Ufr.

Ältester bekannter Vorfahr im Mannesstamm: Adelbert Lutz, Landwirt, * Maibach 3. 6. 1876, † 15. 7. 1941.

In Grün eine in ein linkes Untereck ausgezogene Pfahlleiste, beseitet von zwei Stierhörnern, alle Figuren silbern.
Auf dem Helm mit rechts grün-goldenen und links grün-silbernen Decken ein rechts grün-silbern und links golden-grün geteilter Flug.

Neu angenommen am 22. März 1985 von Wendelin Lutz, Landwirt, * Schweinfurt 1. 11. 1937, für sich und seine ehelichen Nachkommen im Mannesstamm.

Entwurf: PRO HERALDICA®, unter Leitung von
Dr. Ottfried Neubecker und Barbara Potzka.

Eingereicht von PRO HERALDICA®, Stuttgart.

Eingetragen unter Nr. 85242.

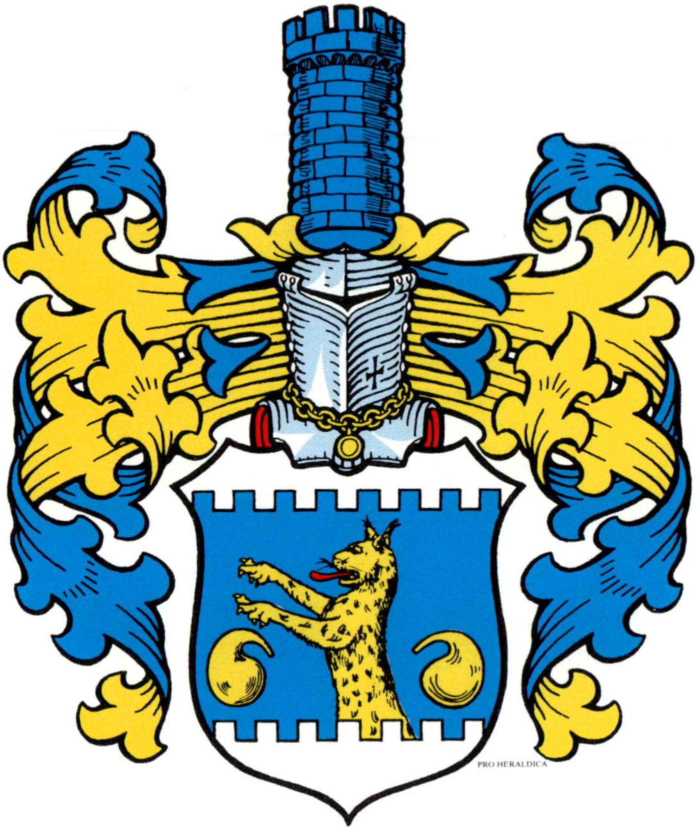

Lutzenberger

aus Mörgen, Krs. Unterallgäu/Bayern

Ältester bekannter Vorfahr im Mannesstamm: Bonaventura Lutzenberger, Vater des Ignaz Lutzenberger, Taglöhners, * Mörgen 23. 11. 1799, † Eppishausen 13. 2. 1878.

In Blau unter silbernem Zinnenschildhaupt aus silbernem Zinnenschildfuß wachsend ein goldener, rechts und links von je einer goldenen Retorte begleiteter Luchs.
Auf dem Helm mit blau-goldenen Decken ein blauer Zinnenturm.

Neu angenommen am 20. August 1982 von Dr. phil. Eduard Maximilian Lutzenberger, Diplom-Chemiker, * Kaufbeuren/Allgäu 3. 2. 1908, für sich und seine ehelichen Nachkommen im Mannesstamm sowie zugunsten der übrigen ehelichen Nachkommen im Mannesstamm seines obengenannten Urgroßvaters Bonaventura Lutzenberger.

Entwurf: PRO HERALDICA®, Dr. Ottfried Neubecker
in Verbindung mit Barbara Potzka.

Eingereicht von PRO HERALDICA®, Stuttgart.

Eingetragen unter Nr. 85061.

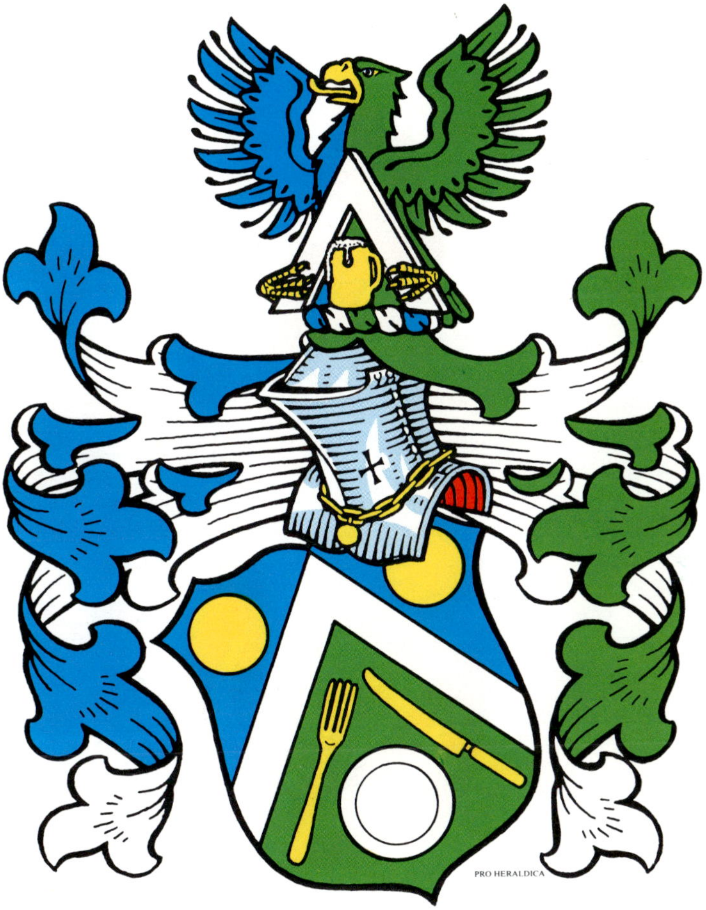

Mahn

aus Türchau, Krs. Zittau/Sachsen

Ältester bekannter Vorfahr im Mannesstamm: Gottlob Mahn, Hofgärtner in Reibersdorf, Vater des Johann Gottfried Mahn, Häuslers und Webers, * Türchau 9. 1. 1795, † ebd. 9. 1. 1849.

In durch einen silbernen Sparren blau-grün geteiltem Schilde unten ein silberner, von einer goldenen Gabel und einem goldenen Messer begleiteter Teller, oben zwei goldene Scheiben.
Auf blau-silbern-grün-silbern bewulstetem Helm mit rechts blau-silbernen und links grün-silbernen Decken ein goldenbewehrter, blau-grün gespaltener Adler, mit den Fängen einen einen überschäumenden goldenen Bierkrug einschließenden silbernen Sparren ergreifend.

Neu angenommen am 1. Februar 1985 von Udo Richard Marion Mahn, Gastronom, Industriefachwirt, * Zittau/Sachsen 16. 9. 1943, für sich und seine ehelichen Nachkommen.

Entwurf: PRO HERALDICA®, unter Leitung von
Dr. Ottfried Neubecker und Barbara Potzka.

Eingereicht von PRO HERALDICA®, Stuttgart.

Eingetragen unter Nr. 85214.

Maier

aus Winterlingen/Zollernalbkreis

Ältester bekannter Vorfahr im Mannesstamm: Gustav Maier, Bäckermeister, * Winterlingen, Großvater des Antragstellers.

In Rot ein goldener Keil, unten überdeckt von einem liegenden, in eine schwarze Brennesselpflanze ausgezogenen Halbmond, golden in den roten Plätzen und schwarz im goldenen.
Auf dem schwarz-golden-rot-golden bewulsteten Helm mit rechts schwarz-goldenen und links rot-goldenen Decken ein mit einem roten Puffärmel bekleideter aufgereckter Arm, einen schwarzgegrifften goldenen Krummsäbel mit gespaltener Klinge schwingend.

Neu angenommen am 31. Oktober 1984 von Helmut Maier, Heilpraktiker, * Sigmaringen 20. 2. 1948, für sich und seine ehelichen Nachkommen im Mannesstamm.

Entwurf: PRO HERALDICA®, Dr. Ottfried Neubecker
in Verbindung mit Barbara Potzka.

Eingereicht von PRO HERALDICA®, Stuttgart.

Eingetragen unter Nr. 85015.

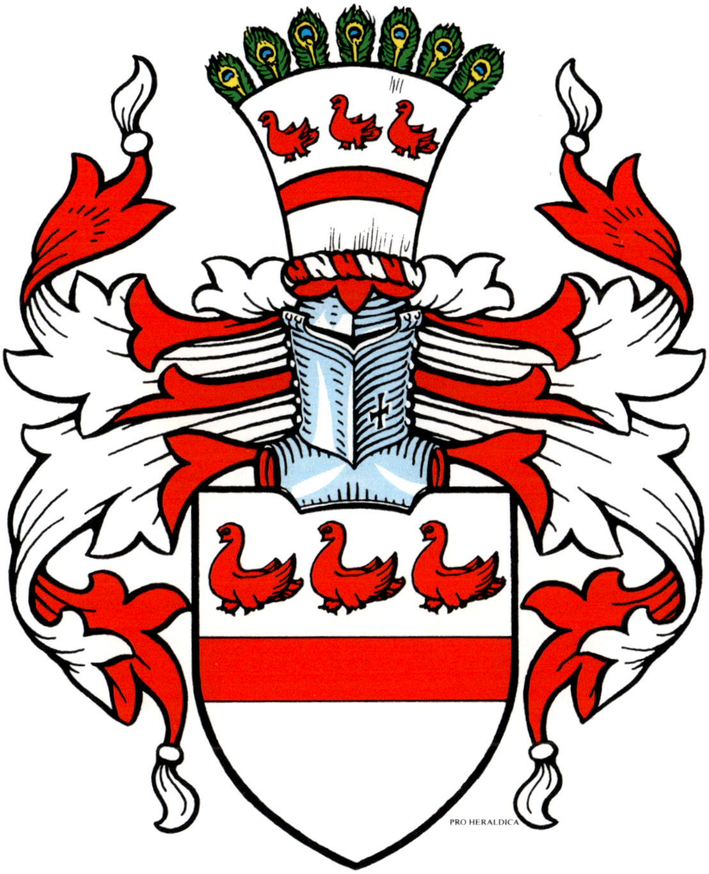

Marbaise

aus Verviers, Prov. Lüttich/Belgien

Ältester bekannter Vorfahr im Mannesstamm: Jean Marbaise, * um 1548, † 28. 7. 1620, vierfacher Urgroßvater des Martinus Stephanus Marbaise, Bierbrauers, * Aachen 7. 4. 1746, † 20. 7. 1795.

In Silber ein roter Balken, oben begleitet von drei roten Merletten.
Auf dem rot-silbern bewulsteten Helm mit rot-silbernen Decken ein wie der Schild bezeichnetes trapezähnliches Schirmbrett, oben besteckt mit sieben Pfauenfedern.

Belegt für o.g. Martinus Stephanus Marbaise um 1770 (nach Macco, Wappenbilderkartei des Deutschen Museums für Familienwappen e.V.), und auf Antrag von Dr. Jürgen Marbaise, Zahnarzt, * Limbach 12. 2. 1947, für sich und seine ehelichen Nachkommen im Mannesstamm sowie zugunsten der übrigen ehelichen Nachkommen im Mannesstamm seines obengenannten zehnfachen Urgroßvaters Jean Marbaise eingetragen.

Eingereicht von PRO HERALDICA®, Stuttgart.

Eingetragen unter Nr. 84494.

Matthiesen

aus Flensburg

Ältester bekannter Vorfahr im Mannesstamm: Carl Bernhard Stephan Matthiesen, * Flensburg 16. 12. 1862, † ebd. 3. 10. 1953.

In golden-blau schräggeviertem Schilde eine kreisförmige Figur, in den goldenen Plätzen als blaue Windrose, in den blauen als silbernes Rad ausgebildet.
Auf dem Helm mit blau-goldenen Decken ein blau-silbern übereckgeteilter Flug.

Neu angenommen am 27. Juli 1984 von Uwe Karl Gottfried Matthiesen, Kaufmann, * Hamburg-Altona 12. 4. 1935, für sich und seine ehelichen Nachkommen im Mannesstamm.

Entwurf: PRO HERALDICA®, Dr. Ottfried Neubecker
in Verbindung mit Barbara Potzka.

Eingereicht von PRO HERALDICA®, Stuttgart.

Eingetragen unter Nr. 84299.

Mayer

aus Wessingen bei Hechingen

Ältester bekannter Vorfahr im Mannesstamm: Georg Mayer, Bauer, * Wessingen um 1655, † ebd. 30. 1. 1710.

In Schwarz drei (2,1) grünbeblätterte goldenbebutzte Silberdisteln, begleitet von drei (1,2) silbernen stilisierten Hermelinschwänzchen.
Auf dem schwarz-silbern bewulsteten Helm mit schwarz-silbernen Decken ein wachsendes schwarzbewehrtes silbernes Einhorn.

Neu angenommen am 18. Oktober 1985 von Reinhold Mayer, Handelsvertreter, Kaufmann, * Wessingen 21. 3. 1938, für sich und seine ehelichen Nachkommen im Mannesstamm sowie zugunsten der übrigen ehelichen Nachkommen im Mannesstamm seines obengenannten fünffachen Urgroßvaters Georg Mayer.

Entwurf: Der Wappenstifter in Zusammenarbeit mit PRO HERALDICA®.

Eingereicht von PRO HERALDICA®, Stuttgart.

Eingetragen unter Nr. 85576.

Meier

aus Basel

Ältester bekannter Vorfahr im Mannesstamm: Basil Meier, Vater des Christian Meier, Seidenbandwebers, * Basel 1. 6. 1850, † Inzlingen 17. 4. 1918.

In Gold zwei rote verstutzte und mit je einem blauen Wellenpfahl besetzte Sparren.
Auf dem rot-golden bewulsteten Helm mit rot-goldenen Decken eine natürliche Basilikumpflanze zwischen zwei natürlichen Maiglöckchenpflanzen.

Neu angenommen am 24. August 1984 von Horst Meier, Installateurmeister, * Lörrach 22. 5. 1939, für sich und seine ehelichen Nachkommen im Mannesstamm sowie zugunsten der übrigen ehelichen Nachkommen im Mannesstamm seines Ururgroßvaters Basil Meier.

Entwurf: PRO HERALDICA®, Dr. Ottfried Neubecker
in Verbindung mit Barbara Potzka.

Eingereicht von PRO HERALDICA®, Stuttgart.

Eingetragen unter Nr. 85123.

Meinerz

aus Mastershausen, Rhein-Hunsrück-Kreis

Ältester bekannter Vorfahr im Mannesstamm: Johann Georg Meinerz, * err. um 1760, Vater des Johann Georg Meinerz, Ackerers, * Mastershausen 7. 7. 1793, † ebd. 10. 12. 1868.

In golden-schwarz im Schwalbenschwanzschnitt gespaltenem Schilde ein oben gezinnter Balken, blau im goldenen und silbern im schwarzen Platz, die mittlere Zinne breiter als die beiden äußeren. Auf dem schwarz-golden bewulsteten Helm mit schwarz-goldenen Decken ein schwarzes ausgebrochenes Dreieck, von dessen Spitze oben ein goldenes Lot herabhängt.

Neu angenommen am 21. Juni 1985 von Karl Wilhelm Meinerz, Architekt, * Oberhausen 12. 1. 1915, für sich und seine ehelichen Nachkommen im Mannesstamm.

Entwurf: PRO HERALDICA®, unter Leitung von Dr. Ottfried Neubecker und Barbara Potzka.

Eingereicht von PRO HERALDICA®, Stuttgart.

Eingetragen unter Nr. 85271.

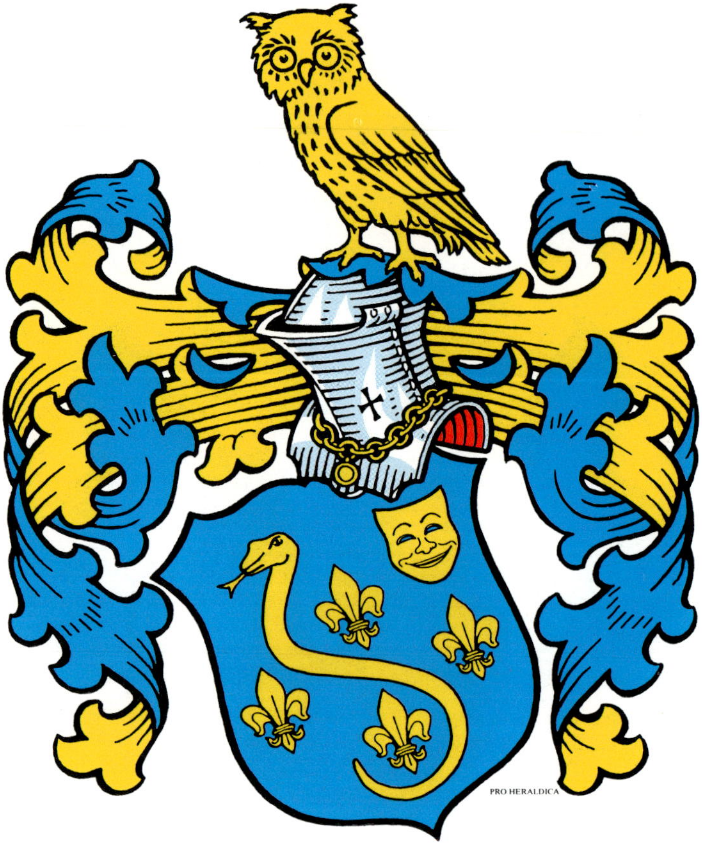

Meinhardt

aus Berlin

Ältester bekannter Vorfahr im Mannesstamm: Karl Heinrich Andreas Leonhard Christoph Ehrhard Meinhardt, Stadtführer, * Garsitz, Lkrs. Rudolstadt/Thür., † Arnstadt 1. 6. 1866.

In Blau vier (1,2,1) Lilien, begleitet links oben von einer Komödienmaske und von einer sich durch die Herzstelle schlängelnden Schlange, der Kopf in der rechten oberen Schildecke, alle Figuren golden. Auf dem Helm mit blau-goldenen Decken eine goldene Eule.

Neu angenommen am 6. April 1984 von Karl Heinrich Meinhardt, Arzt für Orthopädie, * Torgau 22. 8. 1920, für sich und seine ehelichen Nachkommen im Mannesstamm.

Entwurf: PRO HERALDICA®, Dr. Ottfried Neubecker in Verbindung mit Barbara Potzka.

Eingereicht von PRO HERALDICA®, Stuttgart.

Eingetragen unter Nr. 85117.

Menzel

aus Lampersdorf, Krs. Trautenau, Reg.-Bez. Aussig

Ältester bekannter Vorfahr im Mannesstamm: Ferdinand Menzel, Schlosser, * Lampersdorf 2. 2. 1874, † Offenbach 2. 7. 1961.

In Rot schrägrechts eine Ahle, überkreuzt von einem Schlüssel, der Bart oben und nach links gewendet, diese Figur bewinkelt von vier Münzen, alle Figuren golden.
Auf dem rot-golden bewulsteten Helm mit rot-goldenen Decken eine natürliche Mangoldpflanze.

Neu angenommen am 24. August 1984 von Friedrich Wilhelm Menzel, Bankkaufmann, * Bad Homburg 13. 6. 1937, für sich und seine ehelichen Nachkommen im Mannesstamm sowie zugunsten der übrigen ehelichen Nachkommen im Mannesstamm seines Großvaters Ferdinand Menzel.

Entwurf: PRO HERALDICA®, Dr. Ottfried Neubecker
in Verbindung mit Barbara Potzka.

Eingereicht von PRO HERALDICA®, Stuttgart.

Eingetragen unter Nr. 84495.

Meyer

aus Eckerde, heute Barsinghausen

Ältester bekannter Vorfahr im Mannesstamm: Christof Meyer, Steiger, * Eckerde um 1870, † Barsinghausen, Großvater des Antragstellers.

In rot-silbern geteiltem Schilde oben eine schreitende silberne Taube, eine goldene Ähre im Schnabel haltend, unten eine schwarze Eule mit ausgebreiteten Flügeln.
Auf dem Helm mit rot-silbernen Decken ein roter Flug mit silbernen Schwungfedern.

Neu angenommen am 10. Mai 1985 von Werner Meyer, Werksdirektor, * Alfeld/Leine 6. 7. 1929, für sich und seine ehelichen Nachkommen im Mannesstamm.

Entwurf: PRO HERALDICA®, unter Leitung von Dr. Ottfried Neubecker und Barbara Potzka.

Eingereicht von PRO HERALDICA®, Stuttgart.

Eingetragen unter Nr. 85243.

Meyer

aus Kaldenkirchen/Niederrhein

Ältester bekannter Vorfahr im Mannesstamm: Johann Meyer, * Kaldenkirchen, † Wevelinghoven 1875.

In schwarz-golden geviertem Schilde an der Herzstelle fünf konzentrische Kreise, begleitet oben balkenweise von einem Schwert und unten von einem nach oben offenen Hufeisen, alles in verwechselten Farben.
Auf dem Helm mit schwarz-goldenen Decken ein schwarzer Flug mit goldenen Blitzen anstelle der Schwungfedern.

Neu angenommen am 27. November 1981 von Bernhard Erich Meyer, Kaufmann, * Wevelinghoven 19. 1. 1936, für sich und seine ehelichen Nachkommen im Mannesstamm.

Entwurf: PRO HERALDICA®, unter Leitung von Dr. Ottfried Neubecker und Barbara Potzka.

Eingereicht von PRO HERALDICA®, Stuttgart.

Eingetragen unter Nr. 85258.

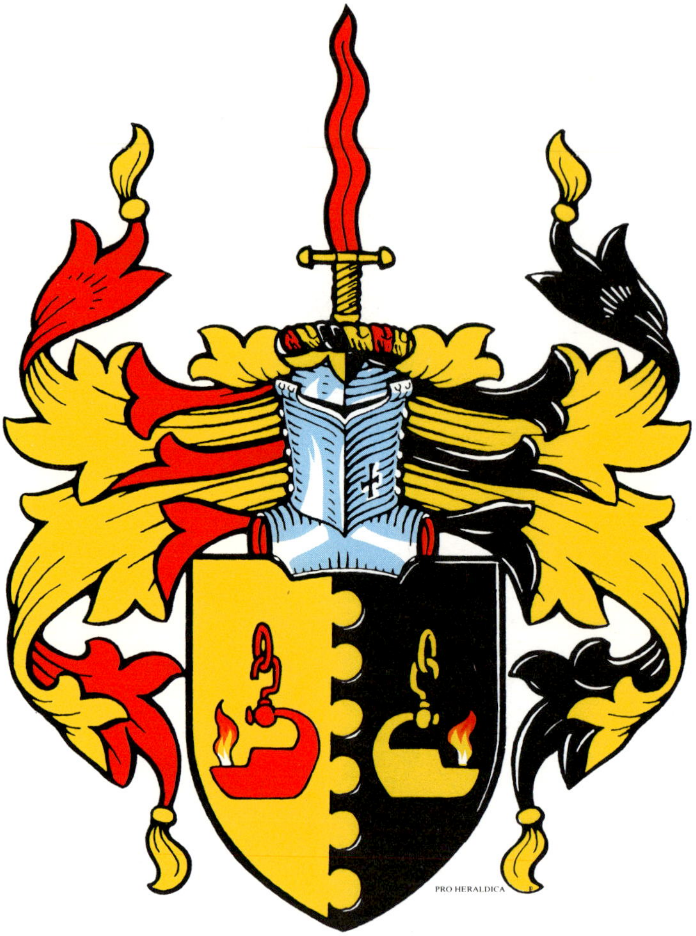

Michel

aus Stahlberg, Krs. Rockenhausen

Ältester bekannter Vorfahr im Mannesstamm: Jakob I. Michel, * Stahlberg 1874, † ebd. 1934.

In golden-schwarz im Pfropfschnitt gespaltenem Schilde zwei antike Grubenlampen, die natürlichen Flammen außen, rot im goldenen und golden im schwarzen Platz.
Auf dem rot-golden-schwarz-golden bewulsteten Helm mit rechts rot-goldenen und links schwarz-goldenen Decken ein goldengegrifftes rotes Flammenschwert.

Neu angenommen am 2. März 1984 von Udo Michel, Oberstudienrat, * Rockenhausen 20. 9. 1940, für sich und seine ehelichen Nachkommen im Mannesstamm sowie zugunsten der übrigen ehelichen Nachkommen im Mannesstamm seines obengenannten Großvaters Jakob I. Michel.

Entwurf: PRO HERALDICA®, Dr. Ottfried Neubecker
in Verbindung mit Barbara Potzka.

Eingereicht von PRO HERALDICA®, Stuttgart.

Eingetragen unter Nr. 84259.

Mittelbach

aus Leitmeritz/Nordböhmen

In Schwarz ein goldener, an der Hauptstelle durch einen Stern unterbrochener Wellenbalken, begleitet von drei (2,1) silbernen Schildchen.
Auf dem Helm mit schwarz-silbernen Decken ein offener schwarzer Flug, belegt mit einem von drei (2,1) silbernen Schildchen begleiteten goldenen Stern.

Neu angenommen am 15. Februar 1985 von Professor Dr. med. Franz Mittelbach, Arzt, * Leitmeritz 9. 10. 1931, für sich und seine ehelichen Nachkommen im Mannesstamm.

Entwurf: PRO HERALDICA®, unter Leitung von Dr. Ottfried Neubecker und Barbara Potzka.

Eingereicht von PRO HERALDICA®, Stuttgart.

Eingetragen unter Nr. 85166.

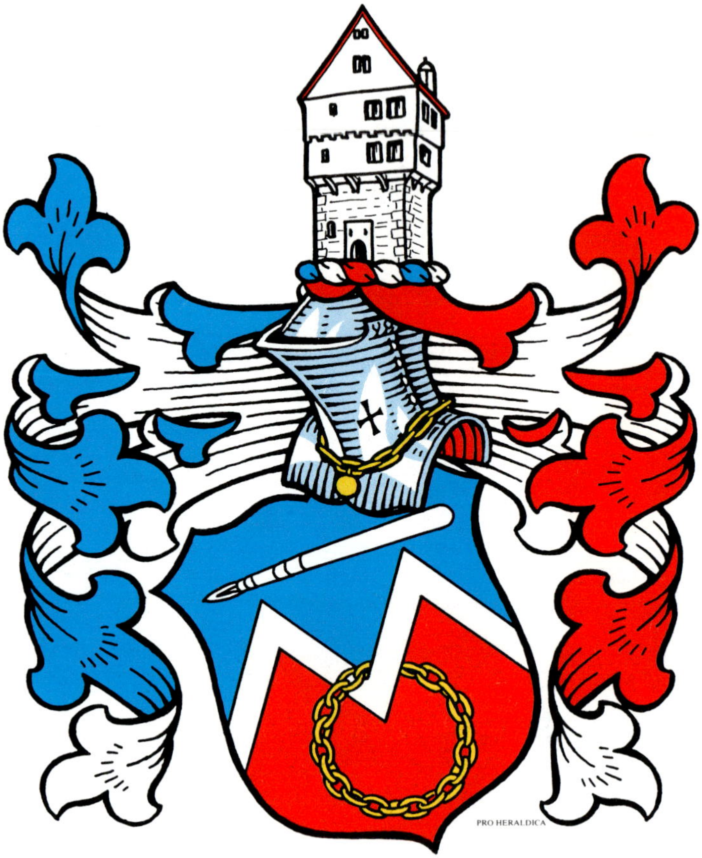

Möller

aus Hanau

In durch einen silbernen Doppelsparren blau-rot geteiltem Schilde oben balkenweise ein silberner Stichel, unten kreisförmig eine mit dem Sparren verschränkte goldene Kette.
Auf dem blau-silbern-rot-silbern bewulsteten Helm mit rechts blau-silbernen und links rot-silbernen Decken ein silbernes Turmhaus mit rotem Dach (das Topplerschlößchen im Taubertal).

Neu angenommen am 14. Juni 1985 von Wolfgang Möller, Programmierer, * Hanau 8. 5. 1943, für sich und seine ehelichen Nachkommen im Mannesstamm sowie zugunsten der übrigen ehelichen Nachkommen im Mannesstamm seines Vaters Rudolf Möller, Goldschmiedemeisters und Kupferstechers, * Hanau 4. 12. 1910, † Großkrotzenburg 31. 12. 1979.

Entwurf: PRO HERALDICA®, unter Leitung von Dr. Ottfried Neubecker und Barbara Potzka.

Eingereicht von PRO HERALDICA®, Stuttgart.

Eingetragen unter Nr. 85244.

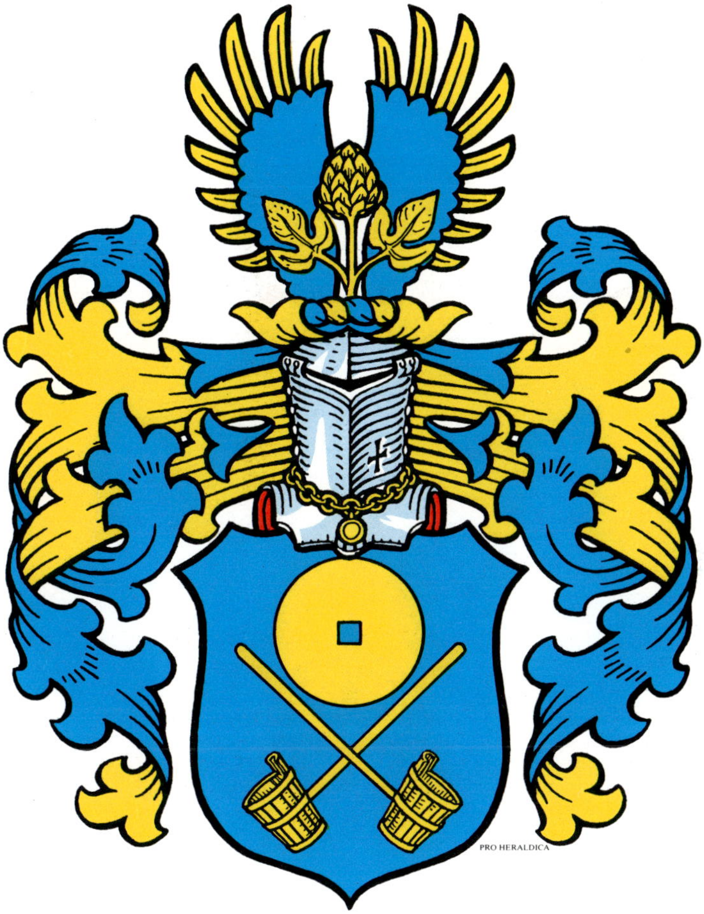

Mohaupt

aus Kachel, Krs. Trebnitz/Niederschlesien

Ältester bekannter Vorfahr im Mannesstamm: Carl Christian Mohaupt, Müller, * Kachel 7. 9. 1793.

In Blau, oben ein Mühlstein, unten begleitet von zwei gekreuzten Brauerschöpflöffeln, die Eimerchen unten, alle Figuren golden.
Auf dem blau-golden bewulsteten Helm mit blau-goldenen Decken eine goldene beblätterte Hopfenblüte vor einem blauen Flug mit goldenen Schwungfedern.

Neu angenommen am 12. Juli 1985 von Liese-Lotte Joeckle, geb. Mohaupt, * Hamburg 1. 10. 1913, für sich und ihre ehelichen Nachkommen im Mannesstamm sowie zugunsten der übrigen ehelichen Nachkommen im Mannesstamm ihres Ururgroßvaters Carl Christian Mohaupt.

Entwurf: PRO HERALDICA®, unter Leitung von
Dr. Ottfried Neubecker und Barbara Potzka.

Eingereicht von PRO HERALDICA®, Stuttgart.

Eingetragen unter Nr. 85298.

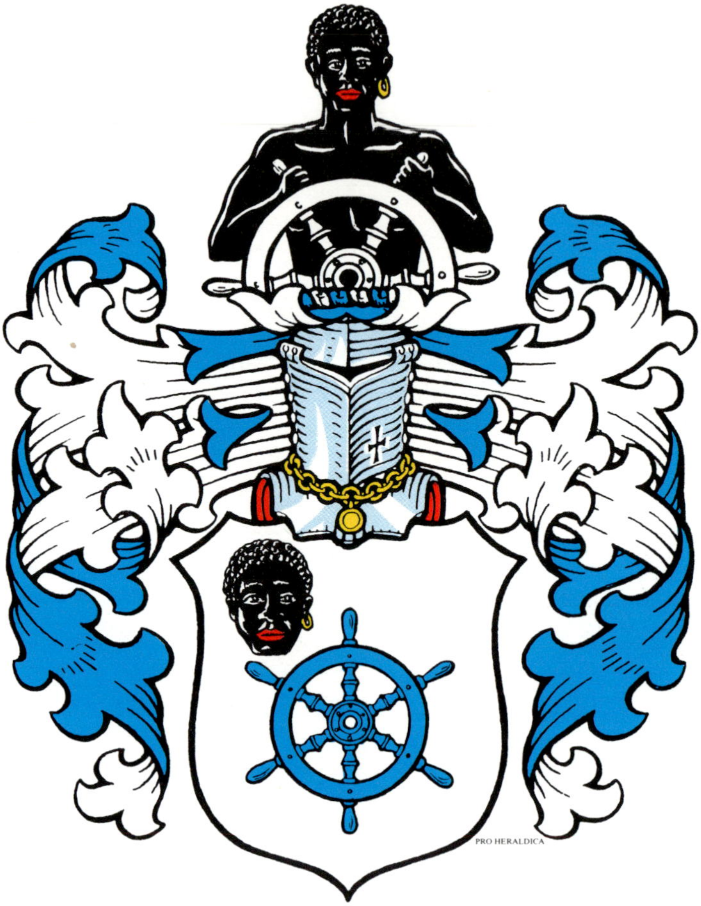

Mohrbeck

aus Elsfleth, Krs. Wesermarsch

Ältester bekannter Vorfahr im Mannesstamm: Heinrich Mohrbeck, Schiffszimmermann, * Elsfleth, † ebd. 1954/55.

In Silber ein sechsspeichiges blaues Schiffssteuerrad, begleitet rechts oben von einem Mohrenkopf im Visier, mit einem goldenen Ring im linken Ohr.
Auf dem blau-silbern bewulsteten Helm mit blau-silbernen Decken ein wachsender Mohr, mit beiden Händen die zwei mittleren Griffe eines oberhalben silbernen Schiffssteuerrades mit vier sichtbaren Speichen haltend.

Neu angenommen am 19. April 1984 von Peter Christian Mohrbeck, Kapitän, * Nordenham 2. 11. 1938, für sich und seine ehelichen Nachkommen im Mannesstamm sowie zugunsten der übrigen ehelichen Nachkommen im Mannesstamm seines obengenannten Großvaters Heinrich Mohrbeck.

Entwurf: PRO HERALDICA®, Dr. Ottfried Neubecker
in Verbindung mit Barbara Potzka.

Eingereicht von PRO HERALDICA®, Stuttgart.

Eingetragen unter Nr. 84261.

Mohren

aus Langerwehe, Krs. Düren

Ältester bekannter Vorfahr: Kaspar Mohren, * Langerwehe 1788, † Aachen 6. 4. 1858.

In golden-schwarz geviertem Schilde 1) und 4) ein Mohrenkopf mit rot-silberner Stirnbinde, 2) und 3) eine silberne, von einer goldenen Schlange umwundene Retorte.
Auf dem Helm mit schwarz-goldenen Decken ein wachsender rotbewehrter schwarzer Löwe.

Neu angenommen am 28. Mai 1984 von Dr. med. Wilhelm Mohren, Arzt, * Aachen 8. 8. 1920, für sich und seine ehelichen Nachkommen im Mannesstamm.

Entwurf: PRO HERALDICA®, Dr. Ottfried Neubecker in Verbindung mit Barbara Potzka.

Eingereicht von PRO HERALDICA®, Stuttgart.

Eingetragen unter Nr. 84262.

Mohring

aus Rudolstadt/Thüringen

Ältester bekannter Vorfahr im Mannesstamm: Otto Mohring, Klempner und Installateur, * Rudolstadt 11. 1. 1904.

In Gold ein mit zwei aufwärtsschwimmenden Fischen belegter blauer Wellenschrägbalken, begleitet oben von einer Waage im Gleichgewicht und unten von dem astrologischen Zeichen »Zwillinge«, alles in verwechselten Farben.
Auf dem blau-golden bewulsteten Helm mit blau-goldenen Decken ein blauer Flug mit goldenen Schwungfedern, die Saxen belegt mit je drei goldenen Scheiben.

Neu angenommen am 23. November 1984 von Adolf Otto Mohring, Selbst. Unternehmensberater, * Bad Sachsa 2. 10. 1937, für sich und seine ehelichen Nachkommen im Mannesstamm sowie zugunsten der übrigen ehelichen Nachkommen im Mannesstamm seines obengenannten Vaters Otto Mohring.

Entwurf: PRO HERALDICA®, unter Leitung von Dr. Ottfried Neubecker und Barbara Potzka.

Eingereicht von PRO HERALDICA®, Stuttgart.

Eingetragen unter Nr. 85040.

Molitor

aus Alten-Wedig bei Magdeburg

Ältester bekannter Vorfahr im Mannesstamm: Johann Heinrich Molitor, Victualienhändler in Alten-Wedig bei Magdeburg, † nach 1799, Vater des Johann Heinrich Christian Molitor, Polizei-Sergants, Nagelschmieds, Ratsdieners, * 1772.

In Blau ein goldenes Wassermühlrad, begleitet von drei (2,1) silbernen Schildchen. Auf dem blau-golden-blau-silbern bewulsteten Helm mit rechts blau-goldenen und links blau-silbernen Decken eine flugbereite goldenbewehrte silberne Taube.

Neu angenommen am 16. Juni 1983 von Dr. Horst Molitor, Unternehmensberater, * Stuttgart 13. 6. 1943, für sich und seine ehelichen Nachkommen im Mannesstamm sowie zugunsten der übrigen ehelichen Nachkommen im Mannesstamm seines obengenannten fünffachen Urgroßvaters Johann Heinrich Molitor.

Entwurf: PRO HERALDICA®, Dr. Ottfried Neubecker
in Verbindung mit Barbara Potzka.

Eingereicht von PRO HERALDICA®, Stuttgart.

Eingetragen unter Nr. 83329.

Mombauer

aus Köln a. Rh.

In Schwarz pfahlweise ein aufgerichtetes Schwert, die Parierstange fächerweise besteckt mit zwei Ähren, oben beseitet von je einer Gruppe von fünf (2,1,2) Tatzenkreuzchen, alle Figuren golden. Auf dem schwarz-golden bewulsteten Helm mit schwarz-goldenen Decken eine goldene, aus drei Zweigen mit je drei Blättern gebildete Maurerrautenpflanze.

Neu angenommen am 19. April 1984 von Eugen Mombauer, Maler, * Köln 8. 12. 1946, für sich und seine ehelichen Nachkommen im Mannesstamm.

Entwurf: PRO HERALDICA®, Dr. Ottfried Neubecker in Verbindung mit Barbara Potzka.

Eingereicht von PRO HERALDICA®, Stuttgart.

Eingetragen unter Nr. 84456.

Müller

aus Hartenrod, heute Stadt Bad Endbach

In Blau aus dem linken Schildrand hervorkommend der goldene Bug eines Drachenschiffes, die Reling besetzt mit silbernen Rundschilden.
Auf dem Helm mit blau-goldenen Decken zwei blaugekleidete goldene Arme, mit beiden Händen einen goldengehörnten blauen Wikingerhelm emporhaltend.

Neu angenommen am 19. Oktober 1984 von Rolf Müller, Selbständiger Kaufmann, * Gladenbach 17. 6. 1947, für sich und seine ehelichen Nachkommen im Mannesstamm sowie zugunsten der übrigen ehelichen Nachkommen im Mannesstamm seines Vaters Herbert Müller, * Hartenrod 24. 6. 1921, † Gladenbach 29. 8. 1963.

Entwurf: PRO HERALDICA®, Dr. Ottfried Neubecker in Verbindung mit Barbara Potzka.

Eingereicht von PRO HERALDICA®, Stuttgart.

Eingetragen unter Nr. 84542.

Müller

aus Böhringen, Gem. Römerstein, Krs. Reutlingen

Ältester bekannter Vorfahr im Mannesstamm: Johann Jakob Müller, * Böhringen err. 1775.

In Blau ein silberner Kelch, überhöht von einer goldenen Strahlensonne und begleitet von zwei goldenen beblätterten Ähren.
Auf dem blau-golden-blau-silbern bewulsteten Helm mit rechts blau-goldenen und links blau-silbernen Decken ein wachsendes rotgezäumtes und -gehuftes schwarzes Pferd.

Neu angenommen am 30. November 1984 von Siegfried Rudolf Müller, Koch und Gastronom, * Stuttgart 24. 3. 1938, für sich und seine ehelichen Nachkommen im Mannesstamm.

Entwurf: PRO HERALDICA®, unter Leitung von
Dr. Ottfried Neubecker und Barbara Potzka.

Eingereicht von PRO HERALDICA®, Stuttgart.

Eingetragen unter Nr. 85167.

Müller

aus Schiefbahn, Stadt Willich

Ältester bekannter Vorfahr im Mannesstamm: Gottfried Johann Müller, Postbote, * Schiefbahn 15. 7. 1882, † Krefeld 21. 9. 1950.

In golden-rot geteiltem Schilde oben ein schwarzes vierspeichiges Mühlrad, unten nebeneinander drei goldene Festungstürme mit schwarzen Fenstern und Toreingängen.
Auf dem rot-golden bewulsteten Helm mit rot-goldenen Decken ein wachsender rotgezungter goldenbewehrter schwarzer Adler.

Eingetragen auf Antrag von Dr. Irmgard Müller, Kauffrau, * Lingen/Ems 18. 8. 1948, für sich sowie zugunsten der übrigen ehelichen Nachkommen im Mannesstamm ihres Vaters Johannes (Hans) Heinrich Müller, Verwaltungsangestellter, * Krefeld 13. 8. 1909, † Lingen/Ems 4. 3. 1980.

Entwurf der Wappenstifterin.

Eingereicht von PRO HERALDICA®, Stuttgart.

Eingetragen unter Nr. 85473.

Mundschenk

aus Astheim, Stadt Trebur/Hessen

Ältester bekannter Vorfahr im Mannesstamm: Ludovicus Mundschenk, * Astheim 31. 3. 1764.

In golden-rot gespaltenem Schilde ein aus dem linken Schildrand hervorkommender, einen Pokal haltender geharnischter Arm, diese Figur blau im goldenen und golden im roten Platz.
Auf dem blau-golden-rot-golden bewulsteten Helm mit rechts blau-goldenen und links rot-goldenen Decken ein von zwei grünen Lindenzweigen umrankter goldener Pokal.

Neu angenommen am 10. August 1984 von Egon Mundschenk, Kaufmann, * Hamburg 23. 8. 1929, für sich und seine ehelichen Nachkommen im Mannesstamm sowie zugunsten der übrigen ehelichen Nachkommen im Mannesstamm seines Urgroßvaters Ludovicus Mundschenk.

Entwurf: PRO HERALDICA®, Dr. Ottfried Neubecker
in Verbindung mit Barbara Potzka.

Eingereicht von PRO HERALDICA®, Stuttgart.

Eingetragen unter Nr. 84458.

Mutsch

aus Willich bei Krefeld

In Grün unter einem in drei verstutzte Pfahlleisten, die mittlere länger als die äußeren, ausgezogenen Schildhaupt sparrenweise nebeneinander ein Ölzweig und ein Schwert, alle Figuren golden. Auf dem Helm mit grün-goldenen Decken eine flugbereite natürliche Taube.

Neu angenommen am 28. September 1984 von Hubert Mutsch, Hauptmann a. D., * Willich bei Krefeld 10. 11. 1920, für sich und seine ehelichen Nachkommen im Mannesstamm.

Entwurf: PRO HERALDICA®, Dr. Ottfried Neubecker in Verbindung mit Barbara Potzka.

Eingereicht von PRO HERALDICA®, Stuttgart.

Eingetragen unter Nr. 85085.

Nesper

aus Karlsruhe

Ältester bekannter Vorfahr im Mannesstamm: Karl Nesper, Bierführer, * Karlsruhe, † ebd., Großvater des Antragstellers.

Durch einen rot-golden schräggeteilten Pfahl gespalten von Rot und Gold, die Spaltlinien überdeckt von drei Scheiben, golden in den roten und schwarz in den goldenen Plätzen.
Auf dem rot-golden bewulsteten Helm mit rot-goldenen Decken ein wachsender goldenbewehrter schwarzer Adler mit goldenen Schwungfedern.

Neu angenommen am 31. Oktober 1984 von Hans-Peter Nesper, Industriekaufmann, * Oppenau-Renchen 16. 10. 1943, für sich und seine ehelichen Nachkommen im Mannesstamm.

Entwurf: PRO HERALDICA®, Dr.Ottfried Neubecker
in Verbindung mit Barbara Potzka.

Eingereicht von PRO HERALDICA®, Stuttgart.

Eingetragen unter Nr. 84557.

Nieder

aus Silbach, Stadt Winterberg/Sauerland

Ältester bekannter Vorfahr im Mannesstamm: Joseph Nieder, Maurer, Handelsreisender, * Silbach 5. 12. 1843, † ebd. 19. 1. 1897.

In rot-golden schräglinksgeteiltem Schilde auf rotem Dreiberg mit verstärkter Mittelkuppe, darin ein goldengesäumtes schwarzes Stollenloch, ein springendes Pferd, oben rechts begleitet von einer Pilgermuschel, alles in verwechselten Farben.
Auf dem rot-golden bewulsteten Helm mit rot-goldenen Decken zwischen einem roten Flug angestemmt eine goldene Pilgermuschel.

Neu angenommen am 21. Oktober 1983 von Joseph Aloys Nieder, Kaufmann, * Silbach 14. 9. 1935, für sich und seine ehelichen Nachkommen im Mannesstamm sowie zugunsten der übrigen ehelichen Nachkommen im Mannesstamm seines Vaters Joseph Willibrord Nieder.

Entwurf: PRO HERALDICA®, Dr. Ottfried Neubecker
in Verbindung mit Barbara Potzka.

Eingereicht von PRO HERALDICA®, Stuttgart.

Eingetragen unter Nr. 84263.

Noeske

aus Schneidemühl

Ältester bekannter Vorfahr im Mannesstamm: Wilhelm Noeske, Zimmerer und Stellmachermeister, * Schneidemühl 24. 6. 1753, † ebd. 6. 12. 1828.

In Gold, überhöht von zwei schrägabwärtsgerichteten silbernen Bienen in den oberen Schildecken, ein schwarzes achtspeichiges Wagenrad, die Speichen überdeckt von einer blauen Scheibe, darin vier mit der Krümmung nach innen gewendete, übergreifend aufeinanderfolgende silberne Halbmonde und, den Mittelpunkt abdeckend, eine goldene Scheibe, darin ein roter, mit drei silbernen anstoßenden Rauten belegter Schrägbalken.
Auf dem Helm mit rechts blau-silbernen und links schwarz-goldenen Decken ein wachsender goldenbewehrter schwarzer Hirsch, zwischen den Läufen einen blauen Fisch haltend.

Neu angenommen am 19. November 1982 von Heinz Noeske, Kaufmann, * Packisch, Gem. Blumberg/Sachsen, 3. 2. 1931, für sich und seine ehelichen Nachkommen im Mannesstamm.

Entwurf: PRO HERALDICA®, unter Leitung von Dr. Ottfried Neubecker und Barbara Potzka.

Eingereicht von PRO HERALDICA®, Stuttgart.

Eingetragen unter Nr. 85216.

Noetzel

aus Steinspring/Brandenburg

Ältester bekannter Vorfahr im Mannesstamm: Martin Noetzel, * Steinspring 1692.

In Rot zwei silberne Hirschstangen nebeneinander, überdeckt von zwei gekreuzten goldenen Schäferstäben, der schrägrechte mit Schippe und Haken, der linke mit Krümme.
Auf dem Helm mit rot-goldenen Decken ein wachsender goldenbewehrter roter Adler mit goldenen Kleestengeln auf den Flügeln.

Führungsberechtigt sind: Günther Noetzel, Kfz.-Meister, * Dahlenburg/Elbe 22. 3. 1923, seine ehelichen Nachkommen im Mannesstamm beiderlei Geschlechts sowie alle übrigen ehelichen Nachkommen im Mannesstamm seines obengenannten vierfachen Urgroßvaters Martin Noetzel.

Entwurf: PRO HERALDICA®, unter Leitung von
Dr. Ottfried Neubecker und Barbara Potzka.

Eingereicht von PRO HERALDICA®, Stuttgart.

Eingetragen unter Nr. 85217.

Nottarp

aus Sendenhorst/Westfalen

Ältester bekannter Vorfahr im Mannesstamm: Theodorus Nottarp, Zimmermann, * Sendenhorst 4. 2. 1751, † Ottmarsbocholt/Westfalen 9. 6. 1836, dreifacher Urgroßvater des Antragstellers.

In Gold ein von drei roten Rauten begleiteter roter Sparren.
Auf dem Helm mit rot-goldenen Decken eine rote Raute zwischen einem goldenen Flug.

Angenommen um 1890 und eingetragen auf Antrag von Hermann Nottarp, Goldschmiedemeister, * Ahaus/Westf. 23. 9. 1929, für sich und seine Nachkommen sowie für die übrigen Nachkommen seines Urgroßvaters Johannes Nottarp, Kaufmann zu Münster/Westf. (1813–1874), soweit und solange sie den Familiennamen des Wappenstifters führen.

Eingereicht von PRO HERALDICA®, Stuttgart.

Eingetragen unter Nr. 84403.

Nübel

aus Walternienburg, Bez. Magdeburg

Ältester bekannter Vorfahr im Mannesstamm: Peter Anton Nübel, Böttchermeister, * Walternienburg, Vater des Gottfried Heinrich Nübel, Stationsrendanten, * Walternienburg 26. 7. 1841, † Duisburg 16. 12. 1920.

In Blau ein Balken, begleitet oben von einem Hundekopf über zwei gekreuzten Palmzweigen, unten von einem Rechts- und einem Linkssparren bis zur Mitte, alle Figuren silbern.
Auf dem blau-silbern bewulsteten Helm mit blau-silbernen Decken ein blaubemähnter silberner Pferderumpf.

Eingetragen auf Antrag von Rolf-Dietrich Nübel, Diplom-Soziologe, * Fürstenfeldbruck 23. 8. 1943, für sich und seine ehelichen Nachkommen im Mannesstamm sowie zugunsten der übrigen ehelichen Nachkommen im Mannesstamm seines obengenannten Ururgroßvaters Peter Anton Nübel.

Richtiggestellt von PRO HERALDICA®, unter Leitung von
Dr. Ottfried Neubecker und Barbara Potzka.

Eingereicht von PRO HERALDICA®, Stuttgart.

Eingetragen unter Nr. 85218.

Oberreich

aus Großbrembach, Krs. Weimar

Ältester bekannter Vorfahr im Mannesstamm: Paul Oberreich, Bauglaser und Tischler, * Großbrembach 19. 9. 1868.

In Schwarz eine goldene eingebogene Rautenkranzsparrenleiste, begleitet oben nach der Figur von zwei silbernen, in der Höhlung mit einem Kreuzchen besetzten Halbmonden, unten von einem goldenen Adler.
Auf dem Helm mit schwarz-goldenen Decken ein wachsendes goldenbemähntes und -gehuftes schwarzes Pferd, zwischen den Beinen einen silbernen Äskulapstab haltend.

Eingetragen auf Antrag von Dr. Lothar Paul Oberreich, Zahnarzt, * Leipzig 11. 11. 1928, für sich und seine ehelichen Nachkommen im Mannesstamm sowie zugunsten der übrigen ehelichen Nachkommen im Mannesstamm seines obengenannten Großvaters Paul Oberreich.

Richtiggestellt von PRO HERALDICA®,
Dr. Ottfried Neubecker in Verbindung mit Barbara Potzka.

Eingereicht von PRO HERALDICA®, Stuttgart.

Eingetragen unter Nr. 84543.

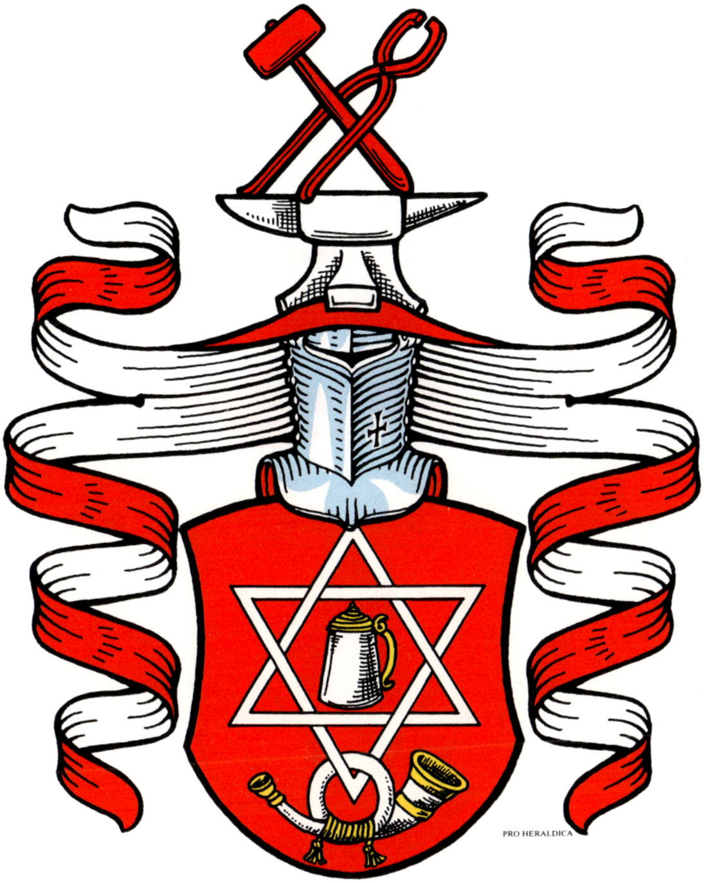

Overkamp

aus Dortmund-Höchsten

Ältester bekannter Vorfahr im Mannesstamm: Moritz Overkamp, ⚭ 1700, vermutlich identisch mit Mauritz Hindrich Overkamp, ~ 1677, Sohn von Johan am Zollbrett, später auch Johan Overkamp auf'm Höchsten.

In Rot ein silbernes, einen silbernen Humpen mit goldenem Deckel und goldenem Henkel einschließendes Hexagramm, in die untere Spitze eingehängt ein goldenbeschlagenes silbernes Jagdhorn mit goldener Wickelung, das Schalloch links.
Auf dem Helm mit rot-silbernen Decken auf silbernem Amboß eine rote Schmiedezange schräglinks, die Griffe schrägrechts durchsteckt von einem roten Schmiedehammer.

Neu angenommen am 22. Juni 1984 von Heinrich Wilhelm Overkamp, Koch, Gastronom, * Dortmund 11. 5. 1946, für sich und seine ehelichen Nachkommen im Mannesstamm.

Entwurf: PRO HERALDICA®, Dr. Ottfried Neubecker
in Verbindung mit Barbara Potzka.

Eingereicht von PRO HERALDICA®, Stuttgart.

Eingetragen unter Nr. 85120.

Pahl

aus Schülldorf, Krs. Rendsburg-Eckernförde

Innerhalb roten, mit aus dem Rand hervorkommenden silbernen Meßstrichen bezeichneten Schildrandes in Silber vier einen Mohrenkopf mit grüner Stirnbinde einschließende, rautenförmig gelegte grüne Ähren, je zwei Fruchtstände nach oben bzw. nach unten gerichtet.
Auf dem schwarz-silbern bewulsteten Helm mit schwarz-silbernen Decken zwischen je zwei grünen, fächerförmig gestellten Ähren ein Mohrenrumpf mit grüner Stirnbinde

Neu angenommen am 19. Oktober 1984 von Hans Pahl, Ingenieur, * Glückstadt 13. 9. 1922, für sich und seine ehelichen Nachkommen im Mannesstamm.

Entwurf: PRO HERALDICA®, Dr. Ottfried Neubecker
in Verbindung mit Barbara Potzka.

Eingereicht von PRO HERALDICA®, Stuttgart.

Eingetragen unter Nr. 85142.

Pamme

aus Delbrück, Krs. Paderborn

Ältester bekannter Vorfahr im Mannesstamm: Anton Pamme, Vater des Franz Joachim Pamme, Sattlers, * Delbrück 11. 2. 1813, † ebd. 1880.

In Gold ein durchgehendes rotes Kreuz, begleitet oben rechts von einem schwarzen Pferdesattel und unten links von einem schwarzen Polstererhammer.
Auf dem rot-golden bewulsteten Helm mit rot-goldenen Decken ein wachsender schwarzer Windhund zwischen einem goldenen Flug mit roten Schwungfedern.

Neu angenommen am 20. April 1985 von Conrad Pamme, Fabrikant, * Delbrück 20. 4. 1925, für sich und seine ehelichen Nachkommen im Mannesstamm.

Entwurf: PRO HERALDICA®, unter Leitung von
Dr. Ottfried Neubecker und Barbara Potzka.

Eingereicht von PRO HERALDICA®, Stuttgart.

Eingetragen unter Nr. 85086.

Pauly

aus Bettenfeld, Krs. Wittlich

Ältester bekannter Vorfahr im Mannesstamm: Johannes Pauli, Vater des Johann Pauli, * Bettenfeld 1775, † Deudesfeld 17. 9. 1818.

In rot-golden gespaltenem Schild ein Fensterrautenkopfpfahl, unten begleitet von zwei Distelblüten, alles in verwechselten Farben.
Auf dem Helm mit rot-goldenen Decken ein rechts roter, links goldener Flug, belegt je mit einem Zickzackbalken in verwechselten Farben.

Neu angenommen im Juli 1978 von Dr. phil. Peter Paul Pauly, Oberstudiendirektor, * Duisburg 17. 2. 1928, für sich und seine ehelichen Nachkommen im Mannesstamm sowie zugunsten der übrigen ehelichen Nachkommen im Mannesstamm seines obengenannten Stammvaters Johann Pauli.

Entwurf: Lothar Müller-Westphal, Düren.

Eingereicht von PRO HERALDICA®, Stuttgart.

Eingetragen unter Nr. 85273.

von Perbandt

aus Ostpreußen

Ältester bekannter Vorfahr im Mannesstamm: Mathias von Windekaym genannt Perband, 1400 bis 1450, auf Windekeim, Kremitten, Schiewenau und Podewitten, Bannerführer des Gebiets Königsberg.

In Gold ein aufgerichteter schwarzer Bär mit goldenem Halsband, begleitet von einem ihm zugewandten schwarzen Igel.

Auf dem schwarz-golden bewulsteten und goldengekrönten Bügelhelm mit schwarz-goldenen Decken ein mittels goldener Fessel an goldenem Halsband an einen grünbelaubten schwarzen Baumstamm gebundener schwarzer Bär.

Altüberliefert und eingetragen auf Antrag von Herbert von Perbandt, Elektromonteur, * Sehnde 12. 3. 1919, für sich und seine ehelichen Nachkommen im Mannesstamm sowie zugunsten der übrigen ehelichen Nachkommen im Mannesstamm seines Stammvaters Mathias von Windekaym genannt Perband.

Eingereicht von PRO HERALDICA®, Stuttgart.

Eingetragen unter Nr. 85219.

Peuthen

aus Mönchengladbach

In Gold ein Dreiweg-Schuhleisten, überhöht von einer Waage im Gleichgewicht, alle Figuren blau. Auf dem blau-golden bewulsteten Helm mit blau-goldenen Decken wachsend der goldennimbierte heilige Vitus in rotem Gewand, in der Rechten eine grüne Märtyrerpalme haltend.

Neu angenommen am 30. November 1984 von Heinrich Helmut Peuthen, Steuerberater, * Mönchengladbach 18. 10. 1938, für sich und seine ehelichen Nachkommen im Mannesstamm.

Entwurf: PRO HERALDICA®, unter Leitung von
Dr. Ottfried Neubecker und Barbara Potzka.

Eingereicht von PRO HERALDICA®, Stuttgart.

Eingetragen unter Nr. 85220.

Pilgramm

aus Golzau, Krs. Karthaus/Westpreußen

Ältester bekannter Vorfahr im Mannesstamm: Wilhelm Gustav Pilgramm, Bauer, * Golzau 15. 8. 1881.

In Gold eine schwarze flugbereite Eule, überhöht balkenweise von einer schwarzen, mit einer roten Schlange verschränkten Stimmgabel.
Auf dem schwarz-golden bewulsteten Helm mit schwarz-goldenen Decken ein mit einem goldenen Adler belegter schwarzer Wappenschild.

Neu angenommen am 22. März 1985 von Dr. med. Manfred Pilgramm, Arzt, * Bamberg 7. 4. 1956, für sich und seine ehelichen Nachkommen.

Entwurf: PRO HERALDICA®, unter Leitung von
Dr. Ottfried Neubecker und Barbara Potzka.

Eingereicht von PRO HERALDICA®, Stuttgart.

Eingetragen unter Nr. 85287.

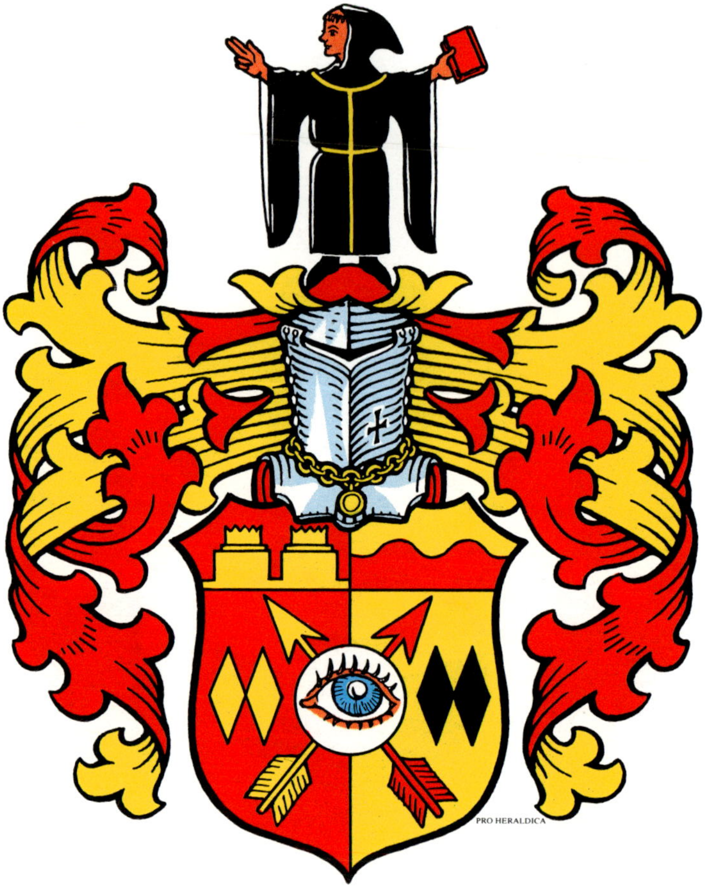

Piller

aus Ulmenau (Topogr. N. O. 19,2° – 45,6°)

Ältester bekannter Vorfahr im Mannesstamm: Josef Piller, * 1774 (Ermittlungsstand 1985 im Kirchenregister).

In einem mit erhöhter Teilung rot-golden gevierten Schilde oben in oszillographischem Wellenschnitt in verwechselten Farben geteilt, rechts in Gestalt des Fernseh-Bildsignals, links des Rundfunk-Tonsignals, unten an der Herzstelle zwei von einer mit einem natürlichen blauen Auge belegten silbernen Scheibe überdeckte gekreuzte Pfeile in verwechselten Farben, beseitet von je zwei aneinanderhängenden Rauten, golden im roten und schwarz im goldenen Platz.
Auf dem Helm mit rot-goldenen Decken das in ein goldenbordiertes schwarzes Mönchsgewand mit Gugel gekleidete »Münchner Kindl«, die Arme ausgebreitet, die Rechte segnend, in der Linken ein rotes Buch haltend.

Neu angenommen am 21. Juni 1985 von Fabian Piller, Diplom-Ingenieur für Hochfrequenz- und Fernsehimpulstechnik, * Ulmenau 16. 12. 1919, für sich und seine ehelichen Nachkommen im Mannesstamm sowie zugunsten der übrigen ehelichen Nachkommen im Mannesstamm seines obengenannten dreifachen Urgroßvaters Josef Piller.

Entwurf des Wappenstifters unter Mitwirkung von PRO HERALDICA®, Stuttgart.
Eingereicht von PRO HERALDICA®, Stuttgart.
Eingetragen unter Nr. 85259.

Pinkernell

aus Erxleben bei Haldensleben

Ältester bekannter Vorfahr im Mannesstamm: Johann Friedrich Gabriel Pinkernell, Ackerbürger, * Erxleben 16. 9. 1791, † ebd. 6. 8. 1865.

In Gold ein achtspeichiges Rad, pfahlweise überdeckt von einem Schmiedehammer, die Bahn rechts, bordweise begleitet von acht (2,2,2,2) Nägeln, alle Figuren blau.
Auf dem blau-golden bewulsteten Helm mit blau-goldenen Decken zwei emporgereckte goldene Löwenpranken, die rechtsstehende einen blauen Nagel, die andere einen blauen Schmiedehammer in Arbeitsstellung haltend.

Neu angenommen am 16. November 1984 von Dr. rer. pol. Hans-Jochen Pinkernell, Diplom-Kaufmann, * Münchehagen 25. 10. 1923, für sich und seine ehelichen Nachkommen im Mannesstamm sowie zugunsten der übrigen ehelichen Nachkommen im Mannesstamm seines obengenannten Ururgroßvaters Johann Friedrich Gabriel Pinkernell.

Entwurf: PRO HERALDICA®, unter Leitung von Dr. Ottfried Neubecker und Barbara Potzka.

Eingereicht von PRO HERALDICA®, Stuttgart.

Eingetragen unter Nr. 85106.

Pinzel

aus Gosberg bei Forchheim

Ältester bekannter Vorfahr im Mannesstamm: Konrad Pinsel, Vater des Johann Pinsel und Großvater des Johann Georg Pinsel, Bauern, * Gosberg um 1840.

In Silber ein roter Schrägbalken, belegt mit einem goldenen schreitenden Löwen und begleitet von zwei schwarzen Punzen.
Auf dem Helm mit rechts rot-goldenen und links schwarz-silbernen Decken ein wachsender goldener Löwe zwischen zwei Büffelhörnern, das rechte rot, das linke schwarz.

Eingetragen auf Antrag von Johann Pinzel, Pfarrer, * Effeltrich bei Erlangen 17. 12. 1912, für sich und seine ehelichen Nachkommen im Mannesstamm sowie zugunsten der übrigen ehelichen Nachkommen im Mannesstamm seines obengenannten Ururgroßvaters Konrad Pinsel.

Richtiggestellt von PRO HERALDICA®,
Dr. Ottfried Neubecker in Verbindung mit Barbara Potzka.

Eingereicht von PRO HERALDICA®, Stuttgart.

Eingetragen unter Nr. 85221.

Podewils

aus Großtychow, Lkrs. Belgard/Pommern

Ältester bekannter Vorfahr im Mannesstamm: Christian Friedrich Podewils, Vater des Maximilian Podewils, ⚭ Rummelsburg 11. 7. 1868.

In gespaltenem Schilde vorne in Silber ein aufgerichteter schwarzer Rüde (Dobermann), hinten in drei Reihen golden-blau geschacht.

Auf dem schwarz-silbern-blau-golden bewulsteten Helm mit rechts schwarz-silbernen und links blau-goldenen Decken ein wachsender goldenbewehrter schwarzer Greif.

Neu angenommen am 15. Juni 1984 von Michael Müller-Podewils, Rechtsanwalt, * Wiesbaden 7. 10. 1947, für sich und seine ehelichen Nachkommen im Mannesstamm sowie zugunsten der übrigen ehelichen Nachkommen im Mannesstamm des Christian Friedrich Podewils.

Entwurf: PRO HERALDICA®, Dr. Ottfried Neubecker
in Verbindung mit Barbara Potzka.

Eingereicht von PRO HERALDICA®, Stuttgart.

Eingetragen unter Nr. 84404.

Pollmeier

aus Sende

Ältester bekannter Vorfahr im Mannesstamm: Johann Pollmeyer, Heuerling, * Sende 1800, Urgroßvater des Antragstellers.

In Gold ein blauer erhöhter Dreiberg, belegt mit einer goldenen Brezel und überhöht von zwei sparrenweise niederfahrenden blauen Blitzen.
Auf dem Helm mit blau-goldenen Decken ein blauer, mit einem silbern-rot in zwei Reihen geschachten Balken bezeichneter Flug.

Neu angenommen am 29. Juni 1984 von Paul Otto Pollmeier, Elektromeister, Kaufmann, * Hamm 30. 12. 1926, für sich und seine ehelichen Nachkommen im Mannesstamm.

Entwurf: PRO HERALDICA®, Dr. Ottfried Neubecker
in Verbindung mit Barbara Potzka.

Eingereicht von PRO HERALDICA®, Stuttgart.

Eingetragen unter Nr. 84525.

Pommer

aus Eisenach

Ältester bekannter Vorfahr im Mannesstamm: Christian Pommer, Einzelhandels-Kaufmann, * Eisenach um 1870, † Kassel.

In Blau schrägrechts ein goldener Merkurstab, mit einem goldenen Ährenbündel gekreuzt, kreuzweise begleitet von vier silbernen mit den Zeigefingern zur Herzstelle weisenden Händen, die Hände an der Balkenstelle sind rechte, die an der Pfahlstelle linke.
Auf dem Helm mit blau-silbernen Decken ein silberner Flug, rechts mit sieben, links mit sechs auswärts gewendeten blauen Kleeblättern belegt.

Neu angenommen am 29. Januar 1982 von Wolfgang Christian August Pommer, Industrie-Kaufmann, * Kassel 18. 5. 1931, für sich und seine ehelichen Nachkommen.

Entwurf: PRO HERALDICA®, unter Leitung von Dr. Ottfried Neubecker und Barbara Potzka.

Eingereicht von PRO HERALDICA®, Stuttgart.

Eingetragen unter Nr. 85222.

Pott

aus Oelde, Krs. Warendorf

Ältester bekannter Vorfahr im Mannesstamm: Rotger Pott, Vater des Ernst Pott, * Oelde 7. 12. 1659.

In Rot zwei kreisförmig gelegte goldene Gerstenährenfruchtstände, einen goldenen Bierkrug, der Dekkel mit einer grünen Hopfendolde besetzt, einschließend.
Auf dem Helm mit rechts grün-goldenen und links rot-goldenen Decken eine flugbereite silberne Taube vor einer grünen Hopfenranke mit zwei Blättern und vier Dolden rechts, und zwei goldenen beblätterten Gerstenähren links.

Neu angenommen am 23. November 1984 von Rainer Josef Pott, Diplom-Braumeister, * Oelde 1. 5. 1946, für sich und seine ehelichen Nachkommen im Mannesstamm.

Entwurf: PRO HERALDICA®, unter Leitung von
Dr. Ottfried Neubecker und Barbara Potzka.

Eingereicht von PRO HERALDICA®, Stuttgart.

Eingetragen unter Nr. 85017.

Prahl

aus Wusen, Krs. Braunsberg/Ostpreußen

Ältester bekannter Vorfahr im Mannesstamm: Michael Prahl, Bauer, * um 1750.

In silbern-rot gespaltenem Schilde oben zwei Pflugscharen in Seitenansicht, die Spitze nach unten, unten begleitet von einem gleichschenkligen Zeichendreieck, die Hypotenuse unten, alle Figuren schwarz im silbernen und silbern im roten Grunde.
Auf dem schwarz-silbern-rot-silbern bewulsteten Helm mit rechts schwarz-silbernen und links rot-silbernen Decken eine um eine silberne Stielschale geringelte schwarze Schlange.

Neu angenommen am 25. September 1981 von Georg Joseph Heinrich Prahl, Bauingenieur (grad.), * Breitenfeld/Schlesien 29. 5. 1920, für sich und seine ehelichen Nachkommen im Mannesstamm sowie zugunsten der übrigen ehelichen Nachkommen im Mannesstamm seines obengenannten dreifachen Urgroßvaters Michael Prahl.

Entwurf: PRO HERALDICA®, unter Leitung von
Dr. Ottfried Neubecker und Barbara Potzka.

Eingereicht von PRO HERALDICA®, Stuttgart.

Eingetragen unter Nr. 85288.

Preuß

aus Stettin

Ältester bekannter Vorfahr im Mannesstamm: Gustav Preuß, Buchdrucker, * Stettin, Vater des Albert Preuß, Soldaten und Maschinenbauers, * Stettin 3. 2. 1894, † Kolberg 30. 6. 1930.

In silbern-rot im Lindenblattschnitt gespaltenem Schilde zwei Flügel, der rechte schwarz, der linke silbern.
Auf dem schwarz-silbern-rot-silbern bewulsteten Helm mit rechts schwarz-silbernen und links rot-silbernen Decken eine mit einem schwarzen Flatterband gebundene silberne Ährengarbe.

Neu angenommen am 12. Oktober 1984 von Georg Albert Wilhelm Preuß, Kaufmann, * Berlin 4. 9. 1918, für sich und seine ehelichen Nachkommen im Mannesstamm.

Entwurf: PRO HERALDICA®, Dr. Ottfried Neubecker
in Verbindung mit Barbara Potzka.

Eingereicht von PRO HERALDICA®, Stuttgart.

Eingetragen unter Nr. 84546.

Pritschens

aus Memel/Ostpreußen

Ältester bekannter Vorfahr im Mannesstamm: Johann Pritschens, Zollbeamter, * Memel 3. 4. 1903, † Freiburg 28. 3. 1969.

Durch einen silbern-schwarz mit drei aufrechten Spickeln gestückten Balken geteilt von Grün, darin das schwarzgesäumte silberne Brandzeichen von Trakehnen (Elchschaufel), unten in Silber ein grünes Jagdhorn, die Riemen und deren Halterungen schwarz, das Schalloch rechts.
Auf dem grün-silbern bewulsteten Helm mit grün-silbernen Decken ein schwarzer Elchrumpf.

Neu angenommen am 18. Mai 1984 von Hans-Joachim Pritschens, Zahnarzt, * Eydtkuhnen (seit 1938 Eydtkau), Reg.-Bez. Gumbinnen, 15. 10. 1931, für sich und seine ehelichen Nachkommen im Mannesstamm sowie zugunsten der übrigen ehelichen Nachkommen im Mannesstamm seines obengenannten Vaters Johann Pritschens.

Entwurf: PRO HERALDICA®, Dr. Ottfried Neubecker
in Verbindung mit Barbara Potzka.

Eingereicht von PRO HERALDICA®, Stuttgart.

Eingetragen unter Nr. 84405.

Probst

aus Neuessing bei Kelheim/Bayern

Ältester bekannter Vorfahr im Mannesstamm: Michael Probst, Tagelöhner, * Neuessing 24. 9. 1781.

In Silber unter rechtem und linkem blauen Stufenschräghaupt auf blauem Stufenschildfuß ein grüner Laubbaum, überhöht von einem schwarzen Propsthut mit beiderseits je drei Quasten.
Auf dem Helm mit blau-silbernen Decken der grüne Laubbaum auf blauem Stufengiebel wie im Schilde.

Neu angenommen am 7. Oktober 1983 von Herbert Josef Probst, Elektroinstallateur, * Lenting, Krs. Eichstätt, 27. 5. 1959, für sich und seine ehelichen Nachkommen im Mannesstamm sowie zugunsten der übrigen ehelichen Nachkommen im Mannesstamm seines obengenannten vierfachen Urgroßvaters Michael Probst.

Entwurf: PRO HERALDICA®, Dr. Ottfried Neubecker
in Verbindung mit Barbara Potzka.

Eingereicht von PRO HERALDICA®, Stuttgart.

Eingetragen unter Nr. 84218.

Pulvermüller

aus Reichenbach im Täle, heute Stadt Deggingen

Ältester bekannter Vorfahr im Mannesstamm: Wilhelm Pulvermüller, Stukkateurmeister, * Reichenbach im Täle 23. 9. 1876, † Schweinfurt 24. 1. 1934.

In Grün oben ein Stern, unten eine zwischen den Schenkeln eines nach oben offenen Zirkels hervorkommende Gipserkelle, alle Figuren golden.
Auf dem grün-golden bewulsteten Helm mit grün-goldenen Decken zwei goldene Elchschaufeln.

Neu angenommen am 23. November 1984 von Wilhelm Max Jens Pulvermüller, Stukkateurmeister, * Schweinfurt 20. 1. 1940, für sich und seine ehelichen Nachkommen im Mannesstamm sowie zugunsten der übrigen ehelichen Nachkommen im Mannesstamm seines obengenannten Großvaters Wilhelm Pulvermüller.

Entwurf: PRO HERALDICA®, unter Leitung von
Dr. Ottfried Neubecker und Barbara Potzka.

Eingereicht von PRO HERALDICA®, Stuttgart.

Eingetragen unter Nr. 85018.

Putsch

aus Witten/Ruhr

Ältester bekannter Vorfahr im Mannesstamm: Johannes Putsch, ⚭ Witten 7. 6. 1745, dreifacher Urgroßvater des Antragstellers.

In grün-silbern gespaltenem Schilde ein Amboß, silbern im grünen und rot im silbernen Platz. Auf dem grün-silbern-rot-silbern bewulsteten Helm mit rechts grün-silbernen und links rot-silbernen Decken eine silberne Kristalldruse.

Neu angenommen am 10. Februar 1984 von Karl-Wilhelm August Putsch, Hütten-Direktor, Diplom-Ingenieur, * Graz 16. 8. 1922, für sich und seine ehelichen Nachkommen im Mannesstamm.

Entwurf: PRO HERALDICA®, Dr. Ottfried Neubecker
in Verbindung mit Barbara Potzka.

Eingereicht von PRO HERALDICA®, Stuttgart.

Eingetragen unter Nr. 84219.

Raddatz

aus Westpreußen

In grün-silbern gespaltenem Schilde eine golden-rot gespaltene Figur, bestehend aus einem Schwert, die Spitze ausgezogen in eine Palmbaumkrone und darunter in einen mit zwei Scheiben behängten Waagbalken.

Auf dem Helm mit rechts grün-goldenen und links rot-silbernen Decken ein hockender goldener Löwe.

Neu angenommen am 23. November 1984 von Dr. Hans-Peter Raddatz M. A., Finanzdirektor, * Koblenz 18. 8. 1941, für sich und seine ehelichen Nachkommen im Mannesstamm.

Entwurf: PRO HERALDICA®, unter Leitung von
Dr. Ottfried Neubecker und Barbara Potzka.

Eingereicht von PRO HERALDICA®, Stuttgart.

Eingetragen unter Nr. 85019.

Rader

aus Langwied, Stadt München

Ältester bekannter Vorfahr: Katharina Rader, * Langwied 30. 4. 1859, † Willenbach 7. 6. 1931.

In Blau ein schräggelegtes silberngeschäftetes goldenes Lilienszepter, begleitet rechts und links von je einem goldenen Posthorn, Schall- und Mundloch nach außen gerichtet, sowie oben und unten von je einem silbernen Rad.
Auf dem Helm mit blau-silbernen Decken ein silberngegürteter blaugekleideter bärtiger Mann, in der rechten Hand ein silbernes Mühlrad, in der Linken pfahlweise ein Lilienszepter wie im Schilde haltend.

Neu angenommen am 16. Juni 1983 von Johann Rader, Postbetriebsassistent, * Langwied 4. 7. 1949, für sich und seine ehelichen Nachkommen.

Entwurf: PRO HERALDICA®, Dr. Ottfried Neubecker
in Verbindung mit Barbara Potzka.

Eingereicht von PRO HERALDICA®, Stuttgart.

Eingetragen unter Nr. 85223.

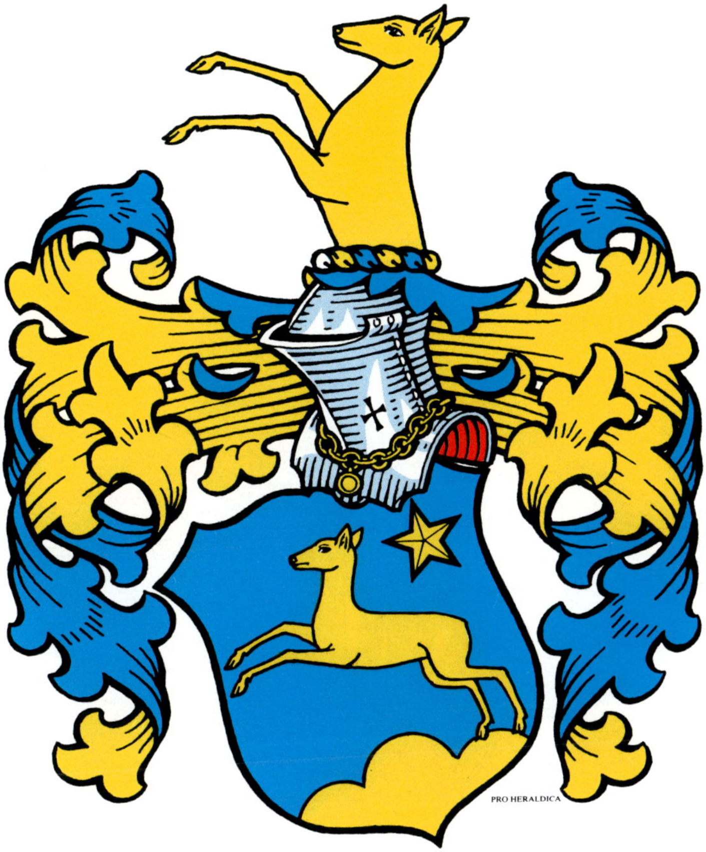

Reeh

aus Willingen im Hohen Westerwald

Ältester bekannter Vorfahr im Mannesstamm: Johann Georg Reeh, Landmann, * Willingen 8. 3. 1699.

In Blau auf einem Dreiberg ein springendes Reh, oben links begleitet von einem fünfzackigen facettierten Stern, alle Figuren golden.
Auf dem blau-golden bewulsteten Helm mit blau-goldenen Decken ein wachsendes goldenes Reh.

Eingetragen auf Antrag von Dr. Kurt Reeh, Werksdirektor, * Mühlhausen 20. 8. 1897, für sich und seine ehelichen Nachkommen im Mannesstamm sowie zugunsten der übrigen ehelichen Nachkommen im Mannesstamm seines obengenannten vierfachen Urgroßvaters Johann Georg Reeh.

Richtiggestellt von PRO HERALDICA®,
unter Leitung von Dr. Ottfried Neubecker und Barbara Potzka.

Eingetragen unter Nr. 85062.

Reissland

aus Dannheim bei Arnstadt/Thüringen

Ältester bekannter Vorfahr im Mannesstamm: Johann Michael Reißland, ⚭ Dannheim 13. 11. 1730, Vater des Johann Tobias Reißland, * Dannheim 31. 7. 1731.

In Blau auf goldenem Dreiberg drei silberngestielte goldene Rohrkolben mit je zwei silbernen Blättern. Auf dem blau-silbern-blau-golden bewulsteten Helm mit rechts blau-silbernen und links blau-goldenen Decken ein wachsendes silbernes Pferd, ein goldenes Eichenreis mit vier Blättern und einer Eichel haltend.

Neu angenommen am 7. Dezember 1984 von Dr. med. Gerhard Reissland, Internist, Chefarzt, * Gumbinnen 18. 4. 1924, für sich und seine ehelichen Nachkommen im Mannesstamm.

Entwurf: PRO HERALDICA®, unter Leitung von Dr. Ottfried Neubecker und Barbara Potzka.

Eingereicht von PRO HERALDICA®, Stuttgart.

Eingetragen unter Nr. 85041.

Reitz

aus Breidenbach, Krs. Biedenkopf

Ältester bekannter Vorfahr im Mannesstamm: Jost Reitz, Vater des Daniel Reitz, * Breidenbach 6. 1. 1645, † Wolzhausen 14. 4. 1706.

In Blau ein mit einem blauen Schwert belegter silberner Schrägbalken, oben von einer silberngeflügelten Hand, unten von einem silbernen Kleeblatt begleitet.
Auf dem blau-silbern bewulsteten Helm mit blau-silbernen Decken ein wachsender, blau mit silbernem Kragen gekleideter Mann mit blauer Mütze, in der Rechten ein mit Schriftzügen bezeichnetes silbernes Blatt Papier haltend, die Linke in die Seite gestützt.

Wahlspruch: Allzeit bereit.

Eingetragen auf Antrag von Dr. rer. comm. Joachim Reitz, Lehrer, * Kassel 23. 12. 1936, für sich und seine ehelichen Nachkommen sowie zugunsten der übrigen ehelichen Nachkommen seines obengenannten achtfachen Urgroßvaters Jost Reitz.

Richtiggestellt von PRO HERALDICA®,
Dr. Ottfried Neubecker in Verbindung mit Barbara Potzka.

Eingereicht von PRO HERALDICA®, Stuttgart.

Eingetragen unter Nr. 85020.

Remagen

aus Köln a. Rh.

Ältester bekannter Vorfahr im Mannesstamm: Gottfried Remagen, Rohrleger, * Köln um 1820.

Unter rotem Schildhaupt, darin drei goldene Kronen, in Silber sieben (4,3) natürliche Flammen. Auf dem Helm mit rot-silbernen Decken ein schwarzer fünfarmiger Leuchter mit fünf silbernen brennenden Kerzen.

Neu angenommen am 7. Dezember 1984 von den Gebrüdern Heinrich Remagen, Diplom-Kaufmann, * Köln a. Rh. 11. 10. 1951, und Gottfried Remagen, Kaufmann, * Köln a. Rh. 25. 1. 1954, für sich und ihre ehelichen Nachkommen im Mannesstamm sowie zugunsten der übrigen ehelichen Nachkommen im Mannesstamm ihres obengenannten Urgroßvaters Gottfried Remagen.

Entwurf: PRO HERALDICA®, unter Leitung von
Dr. Ottfried Neubecker und Barbara Potzka.

Eingereicht von PRO HERALDICA®, Stuttgart.

Eingetragen unter Nr. 85153.

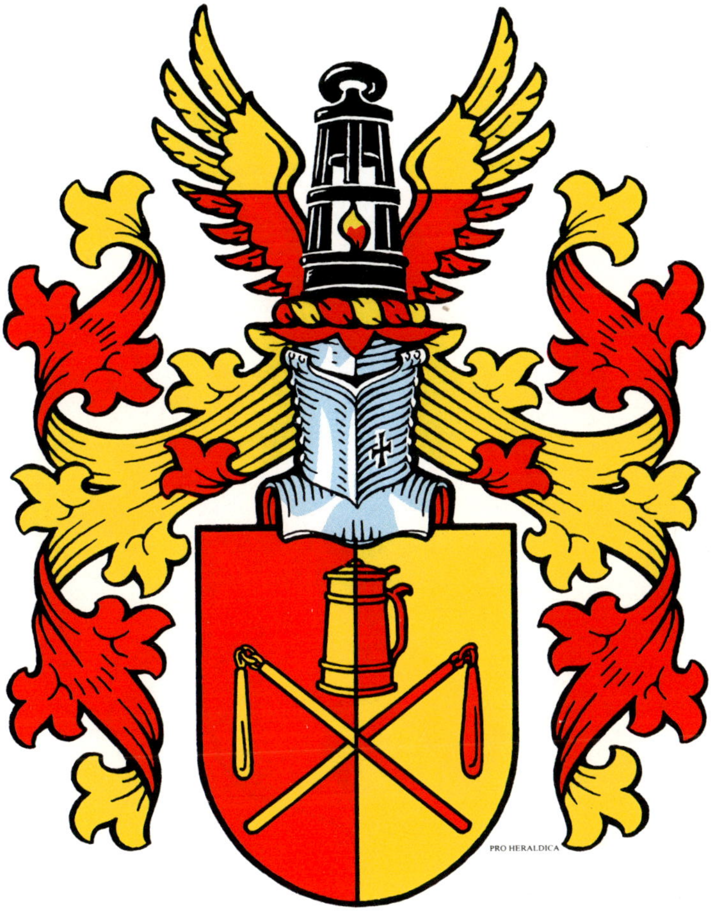

Reschop

des Stammes Niermann

von Niermanns Hof in Bommern, heute Witten/Ruhr

Ältester bekannter Vorfahr im Mannesstamm: Johann Niermann, Bauer auf Niermanns Hof, † vor November 1610.

In rot-golden gespaltenem Schilde zwei gekreuzte Dreschflegel, überhöht von einem Deckelkrug, alles in verwechselten Farben.
Auf dem rot-golden bewulsteten Helm mit rot-goldenen Decken eine schwarze neuzeitliche Grubenlampe zwischen einem golden-rot geteilten Flug.

Neu angenommen am 30. November 1984 von Karl Reschop, Kaufmann, * Silschede 21. 3. 1924, für sich und seine ehelichen Nachkommen im Mannesstamm.

Entwurf: PRO HERALDICA®, unter Leitung von
Dr. Ottfried Neubecker und Barbara Potzka.

Eingereicht von PRO HERALDICA®, Stuttgart.

Eingetragen unter Nr. 84558.

Reutter

aus Bauhofen, Gem. Gospoldshofen, Stadt Bad Wurzach

Ältester bekannter Vorfahr im Mannesstamm: Anton Reutter, Bauer, * Bauhofen 5. 5. 1759, † ebd. 16. 1. 1831.

In Gold unter schwarzem Schildhaupt, darin ein goldenes Eggenschräggitter, zwischen drei (2,1) schwarzen bewurzelten Baumstümpfen ein roter Sparren, der Giebel belegt mit einer goldenen Lilie. Auf dem schwarz-golden-rot-golden bewulsteten Helm mit rechts schwarz-goldenen und links rot-goldenen Decken ein goldenes Posthorn mit grüner Umwicklung.

Neu angenommen am 25. Januar 1985 von Dipl.-Ing. Wolfgang Reutter, Vermessungs- und Bauingenieur, * Wangen im Allgäu 10. 2. 1936, für sich und seine ehelichen Nachkommen im Mannesstamm.

Entwurf: PRO HERALDICA®, unter Leitung von Dr. Ottfried Neubecker und Barbara Potzka.

Eingereicht von PRO HERALDICA®, Stuttgart.

Eingetragen unter Nr. 85121.

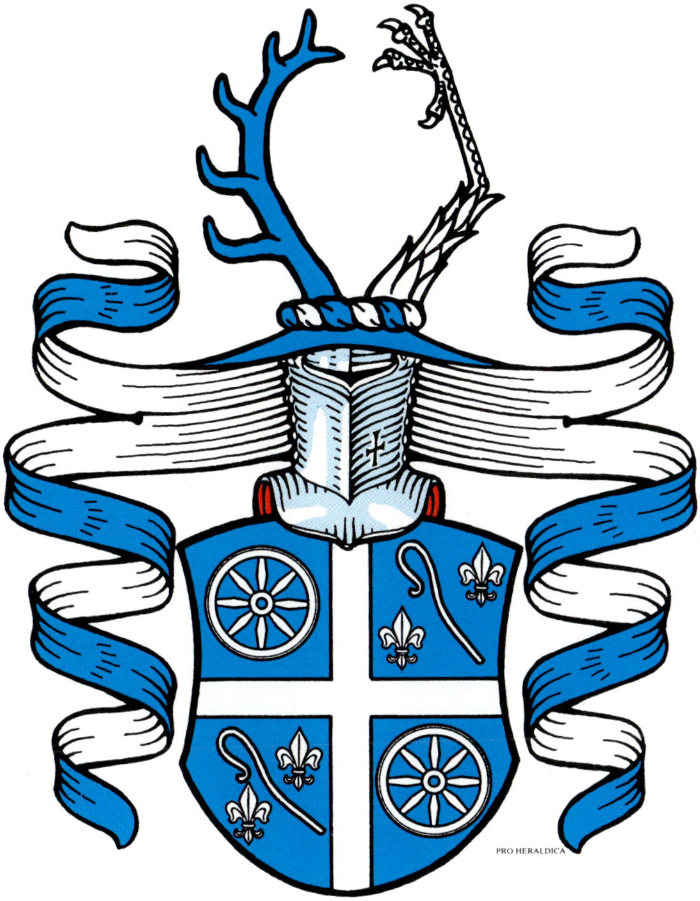

Riegger

aus Aixheim, Gem. Aldingen, Krs. Tuttlingen

Ältester bekannter Vorfahr im Mannesstamm: Johannes Riegger, Gipser, * Aixheim 2. 12. 1923, Vater des Antragstellers.

In Blau ein durchgehendes Kreuz, begleitet in 1) und 4) von einem achtspeichigen Wagenrad, in 2) und 3) von einem schräggelegten Schäferstab zwischen zwei Lilien, alle Figuren silbern.
Auf dem blau-silbern bewulsteten Helm mit blau-silbernen Decken rechts eine blaue Hirschstange, links eine silberne Greifenklaue.

Neu angenommen am 19. Oktober 1984 von Johannes Karl Riegger, Elektro-Techniker, * Tuttlingen 28. 6. 1949, für sich und seine ehelichen Nachkommen im Mannesstamm.

Entwurf: PRO HERALDICA®, Dr. Ottfried Neubecker
in Verbindung mit Barbara Potzka.

Eingereicht von PRO HERALDICA®, Stuttgart.

Eingetragen unter Nr. 85063.

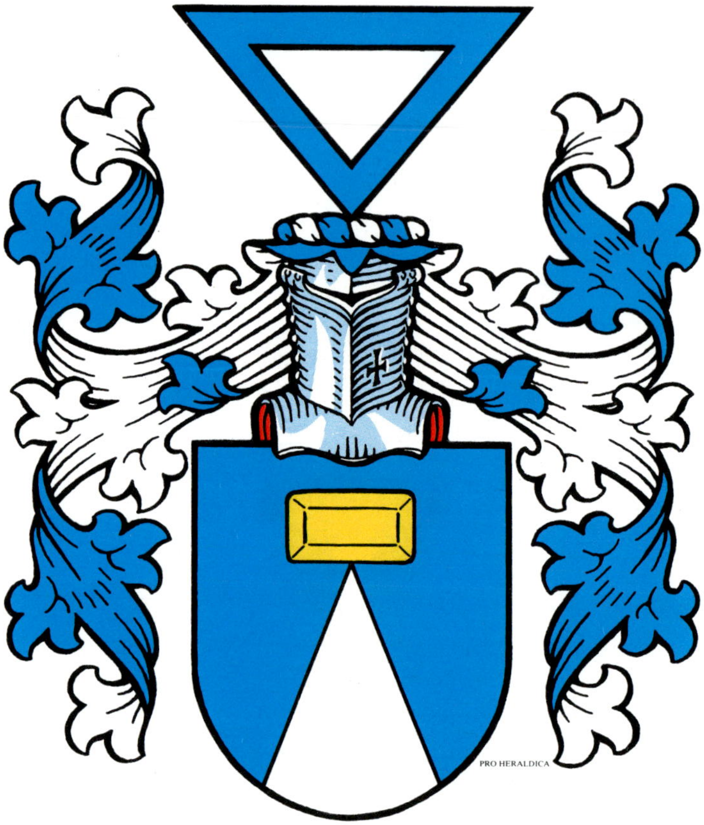

Rienecker

aus Martinsheim, Post Marktbreit

Ältester bekannter Vorfahr im Mannesstamm: Gottlob Rienecker, Großvater des Antragstellers.

In Blau eine silberne erniedrigte Spitze, oben balkenweise besetzt mit einem goldenen Bernstein. Auf dem blau-silbern bewulsteten Helm mit blau-silbernen Decken ein gestürztes ausgebrochenes blaues Dreieck.

Neu angenommen am 31. Oktober 1984 von Dr.-Ing. Wolfgang Rienecker, Geschäftsführer, * Martinsheim, Post Marktbreit, 17. 7. 1952, für sich und seine ehelichen Nachkommen im Mannesstamm.

Entwurf: PRO HERALDICA®, Dr. Ottfried Neubecker
in Verbindung mit Barbara Potzka.

Eingereicht von PRO HERALDICA®, Stuttgart.

Eingetragen unter Nr. 85077.

Roesberg

aus Bonn

Ältester bekannter Vorfahr im Mannesstamm: Johann Roesberg, Licht- und Fotopauser, † Bonn 1911, Vater des Johann Wilhelm Roesberg, Licht- und Fotopausers, * Bonn 22. 12. 1907.

In schwarz-silbern gespaltenem Schild auf grünem Dreiberg drei grüngestielte und -beblätterte goldenbebutzte Rosen, silbern im schwarzen und rot im silbernen Platz.
Auf dem Helm mit schwarz-silbernen Decken der Dreiberg mit den Rosen wie im Schild.

Auf Antrag von Jakob Johann Roesberg, Reprograf, * Bonn 25. 7. 1931, für sich und seine ehelichen Nachkommen im Mannesstamm sowie zugunsten der übrigen ehelichen Nachkommen im Mannesstamm seines obengenannten Großvaters Johann Roesberg eingetragen.

Richtiggestellt von PRO HERALDICA®,
Dr. Ottfried Neubecker in Verbindung mit Barbara Potzka.

Eingereicht von PRO HERALDICA®, Stuttgart.

Eingetragen unter Nr. 84242.

Rohaczek

aus Lukau/Böhmen

Ältester bekannter Vorfahr im Mannesstamm: Vendelin Rohaczek, Vater des Robert Rohatschek, Gräflichen Kontrolleurs, * Lukau 23. 8. 1847, † Ostrau 1914.

In Blau zwei silbern-rot geschachte Flügel, überhöht von drei (2,1) verschlungenen, mit je einem Brillanten besetzten goldenen Ringen.
Auf dem Helm mit blau-silbernen Decken zwei blaue Schröterhörner, einen silbernen Brillanten haltend.

Neu angenommen am 5. Oktober 1984 von Robert Jan Rohaczek, Goldschmiedemeister, * Mähr. Ostrau-Wittkowiz 28. 6. 1931, für sich und seine ehelichen Nachkommen im Mannesstamm sowie zugunsten der übrigen ehelichen Nachkommen im Mannesstamm seines obengenannten Ururgroßvaters Vendelin Rohaczek.

Entwurf: PRO HERALDICA®, Dr. Ottfried Neubecker
in Verbindung mit Barbara Potzka.

Eingereicht von PRO HERALDICA®, Stuttgart.

Eingetragen unter Nr. 85087.

Rohen

aus Neuenlande, heute Loxstedt, Krs. Cuxhaven

Ältester bekannter Vorfahr im Mannesstamm: Otto Rohn, Landwirt, * Neuenlande 1768, † ebd. 19. 4. 1822.

In Rot zwei gekreuzte Metzgerbeile, begleitet von vier (1,2,1) Hackklötzen, alle Figuren silbern. Auf dem rot-silbern bewulsteten Helm mit rot-silbernen Decken pfahlweise eine rote Armbrust, der Bogen oben.

Neu angenommen am 7. Dezember 1984 von Hinrich Friedrich Rohen, Schlachter, * Hahnen Knoop/ Loxstedt 24. 3. 1918, für sich und seine ehelichen Nachkommen im Mannesstamm sowie zugunsten der übrigen ehelichen Nachkommen im Mannesstamm seines Ururgroßvaters Otto Rohn.

Entwurf: PRO HERALDICA®, unter Leitung von Dr. Ottfried Neubecker und Barbara Potzka.

Eingereicht von PRO HERALDICA®, Stuttgart.

Eingetragen unter Nr. 85143.

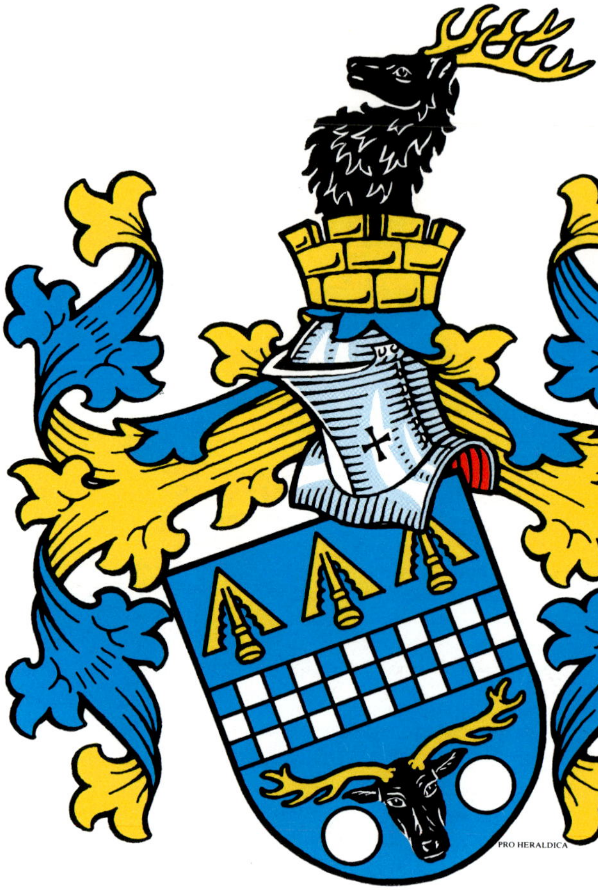

Rohmer

aus Erlangen

In Blau ein blau-silberner Schachbalken von drei Reihen zu elf Plätzen, begleitet oben von drei goldenen Pfeilspitzen, unten von einem von zwei silbernen Münzen beseiteten goldenbewehrten schwarzen hersehenden Hirschkopf.
Auf dem Helm mit blau-goldenen Decken ein aus einer goldenen Mauerkrone hervorkommender goldenbewehrter schwarzer Hirschrumpf.

Eingetragen auf Antrag der Gebrüder Werner Rohmer, Metzgermeister, * Erlangen 8. 8. 1937, und Hans Rohmer, Programmierer, * Erlangen-Eltersdorf 11. 10. 1938, für sich und ihre ehelichen Nachkommen im Mannesstamm.

Richtiggestellt von PRO HERALDICA®,
Dr. Ottfried Neubecker in Verbindung mit Barbara Potzka.

Eingereicht von PRO HERALDICA®, Stuttgart.

Eingetragen unter Nr. 85168.

Romahn

aus Seeburg, Krs. Röfsel/Ostpreußen

In Blau ein mit zwei Flügeln besetzter abwärtszuckender Blitz, unten begleitet von zwei Lorbeerzweigen, alle Figuren golden.
Auf dem blau-golden bewulsteten Helm mit blau-goldenen Decken eine mit einem blauen Wellenbalken bezeichnete goldene Elchschaufel.

Neu angenommen am 28. September 1984 von Dieter Romahn, Elektromeister, Kaufmann, * Seeburg 4. 8. 1939, für sich und seine ehelichen Nachkommen im Mannesstamm.

Entwurf: PRO HERALDICA®, Dr. Ottfried Neubecker in Verbindung mit Barbara Potzka.

Eingereicht von PRO HERALDICA®, Stuttgart.

Eingetragen unter Nr. 84528.

von der Ropp-Brenner

aus Neumünster/Schleswig-Holstein

In Silber ein fünffach gezinnter schräglinker schwarzer Sparren bis zur Hauptstelle, einen aus dem Schildfuß hervorkommenden rotgekleideten bärtigen Mann, auf dem Haupt eine rote Kappe tragend, in der Rechten eine brennende schwarze Fackel haltend, einschließend.
Auf dem goldengekrönten Helm mit rechts schwarz-silbernen und links rot-silbernen Decken ein Pfauenstoß mit fünf (3,2) Federn.

Neu angenommen am 19. Dezember 1984 von Hans-Jörn Baron von der Ropp-Brenner, Selbst. Garten- und Landschaftsgestalter, * Neumünster 6. 3. 1943, für sich und seine ehelichen Nachkommen im Mannesstamm.

Entwurf: PRO HERALDICA®, unter Leitung von Dr. Ottfried Neubecker und Barbara Potzka.

Eingereicht von PRO HERALDICA®, Stuttgart.

Eingetragen unter Nr. 85064.

Roser

aus Hofen im Wiesental

In silbern-rot geteiltem Schilde oben ein hervorkommender roter Löwe, eine grünbespitzte und goldenbesamte rote Rose in den Pranken haltend, unten ein goldener Wellenschrägbalken. Auf dem Helm mit rechts rot-silbernen und links rot-goldenen Decken eine schwarze Tanne.

Neu angenommen am 22. März 1985 von Artur Roser, Direktor, * Essen 30. 12. 1926, für sich und seine ehelichen Nachkommen im Mannesstamm.

Entwurf: PRO HERALDICA®, unter Leitung von Dr. Ottfried Neubecker und Barbara Potzka.

Eingereicht von PRO HERALDICA®, Stuttgart.

Eingetragen unter Nr. 85154.

Rothstein

aus Solingen

Ältester bekannter Vorfahr im Mannesstamm: Johann Christian Rothstein, Vater des Samuel Rothstein, * Dorp 29. 7. 1801.

In Gold ein schwarzes Paragraphenzeichen, eine kleine schwarze Raute einschließend und anstoßend beseitet von zwei roten Degen, der Korb des rechten unten, des linken oben.
Auf dem rot-golden-schwarz-golden bewulsteten Helm mit rechts rot-goldenen und links schwarz-goldenen Decken ein wachsender schwarzbewehrter goldener Löwe, zwischen den Pranken pfahlweise einen roten Backstein haltend.

Neu angenommen am 30. November 1984 von Dr. jur. Siegmar Rothstein, Notar, * Haan 30. 7. 1937, für sich und seine ehelichen Nachkommen im Mannesstamm.

Entwurf: PRO HERALDICA®, unter Leitung von
Dr. Ottfried Neubecker und Barbara Potzka.

Eingereicht von PRO HERALDICA®, Stuttgart.

Eingetragen unter Nr. 85027.

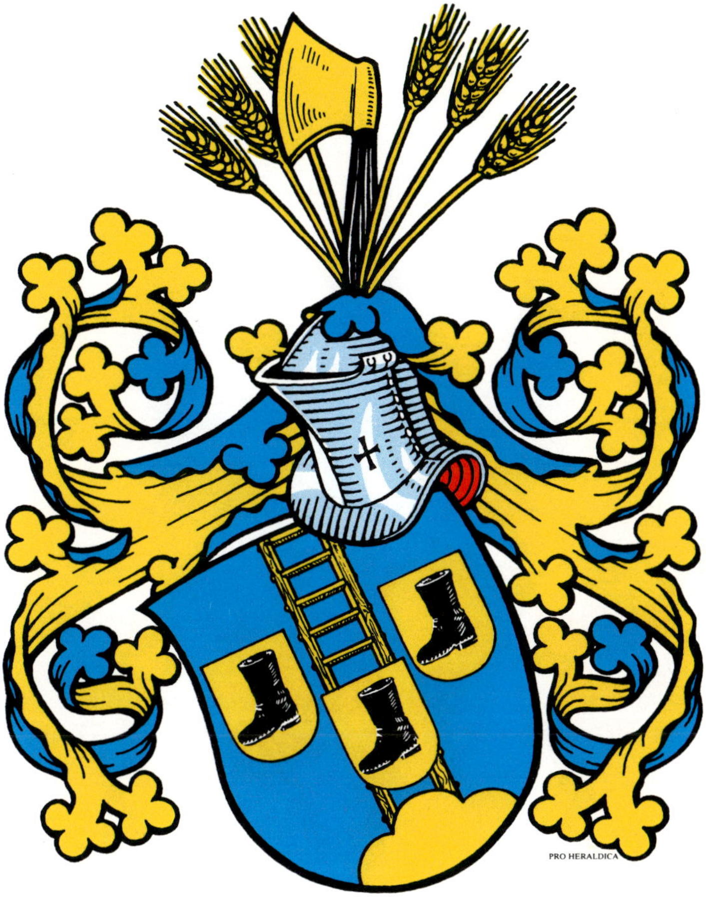

Ruprecht

aus Krauchenwies, Krs. Sigmaringen

Ältester bekannter Vorfahr im Mannesstamm: Hans Kaspar Ruprecht, wohnhaft in Hausen am Andelsbach, Vater des Jakob Ruprecht, Zimmermanns, * um 1668, † Krauchenwies 21. 9. 1725.

In Blau auf goldenem Dreiberg pfahlweise eine goldene Leiter bis zum oberen Schildrand, unten überdeckt und oben beseitet von je einem goldenen, mit einem schwarzen Stiefel bezeichneten Schildchen. Auf dem Helm mit blau-goldenen Decken zwischen sechs goldenen Ähren ein schwarzgegrifftes goldenes Beil.

Neu angenommen am 30. September 1982 von Gottfried Ruprecht, Malermeister, * Krauchenwies, Krs. Sigmaringen, 23. 5. 1934, für sich und seine ehelichen Nachkommen im Mannesstamm sowie zugunsten der übrigen ehelichen Nachkommen im Mannesstamm seines obengenannten sechsfachen Urgroßvaters Hans Kaspar Ruprecht.

Entwurf: PRO HERALDICA®, unter Leitung von
Dr. Ottfried Neubecker und Barbara Potzka.

Eingereicht von PRO HERALDICA®, Stuttgart.

Eingetragen unter Nr. 85169.

Sahm

aus Rehe/Westerwaldkreis

Ältester bekannter Vorfahr im Mannesstamm: Gottlieb Sahm, Landmann, * Rehe 31. 5. 1823, † ebd. 21. 8. 1903.

In Gold eine rote Rose, begleitet oben von drei (1,2) roten Scheiben und unten von einem rotberiemten schwarzen Jagdhorn, das Schalloch rechts.
Auf dem rot-golden-schwarz-golden bewulsteten Helm mit rechts rot-goldenen und links schwarz-goldenen Decken ein rotbewehrter schwarzer Adler, einen mit einem goldenen schwebenden Zinnenturm, das schwarze Fallgatter im Tor hochgezogen, belegten blauen Schild vor den Leib haltend.

Neu angenommen am 19. Oktober 1984 von Karl Sahm, Fabrikant, * Mademühlen/Westerwald 7. 10. 1919, für sich und seine ehelichen Nachkommen im Mannesstamm.

Entwurf: PRO HERALDICA®, Dr. Ottfried Neubecker
in Verbindung mit Barbara Potzka.

Eingereicht von PRO HERALDICA®, Stuttgart.

Eingetragen unter Nr. 84529.

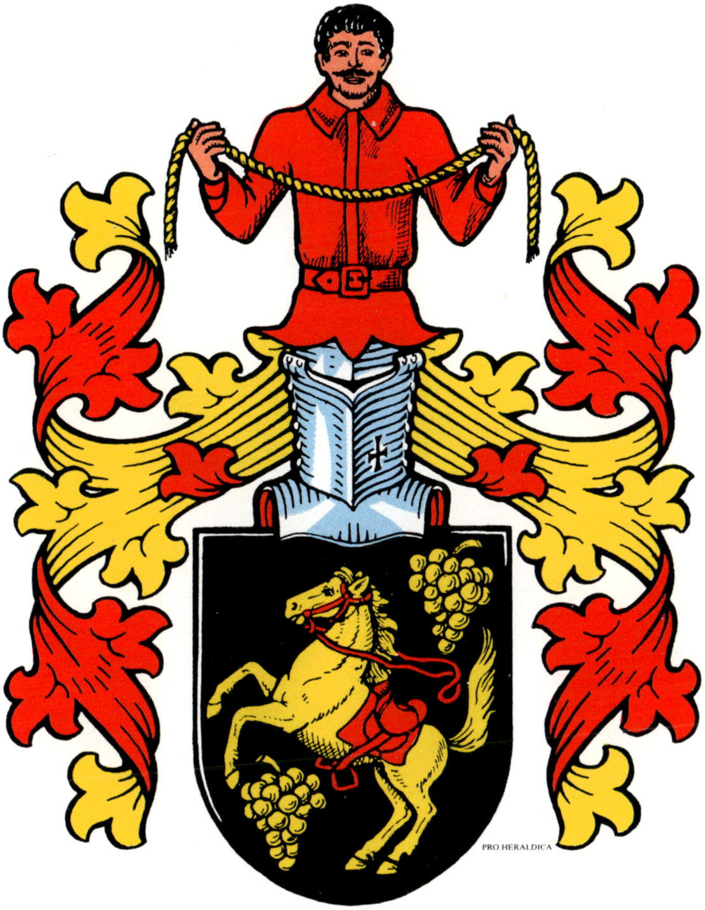

Sailler

aus Osann, Krs. Wittlich/Mosel

Ältester bekannter Vorfahr im Mannesstamm: Peter Sailler, Winzer, * Osann 6. 12. 1813, † ebd. 11. 3. 1888.

In Schwarz ein rotgesatteltes und -gezäumtes springendes goldenes Pferd, begleitet oben links und unten rechts von je einer goldenen Weintraube.
Auf dem Helm mit rot-goldenen Decken ein wachsender rotgekleideter barhäuptiger Mann, mit beiden Händen ein goldenes Seil quer vor die Brust haltend.

Neu angenommen am 24. April 1984 von Egon Sailler, Bankkaufmann, * Bacharach a. Rh. 3. 11. 1922, für sich und seine ehelichen Nachkommen im Mannesstamm sowie zugunsten der übrigen ehelichen Nachkommen im Mannesstamm seines obengenannten Urgroßvaters Peter Sailler.

Entwurf: PRO HERALDICA®, Dr. Ottfried Neubecker
in Verbindung mit Barbara Potzka.

Eingereicht von PRO HERALDICA®, Stuttgart.

Eingetragen unter Nr. 84220.

Salewski

aus Lüneburg

Ältester bekannter Vorfahr im Mannesstamm: August Salewski, Arbeiter, Vater des August Heinrich Hermann Salewski, Arbeiters, * Lüneburg 1. 12. 1907, ⚔ Warschau 28. 8. 1944.

In Schwarz eine oben mit einem natürlichen Pfauenstoß besteckte silberne Säule, beseitet von zwei abgewendeten goldengegrifften silbernen Zimmermannsbeilen.
Auf dem schwarz-silbern bewulsteten Helm mit schwarz-silbernen Decken ein Zimmermannsbeil wie im Schilde vor einem natürlichen Pfauenstoß.

Neu angenommen am 26. Oktober 1984 von Kurt Franz Paul Salewski, Zimmermeister, * Hamburg-Altona 18. 8. 1929, für sich und seine ehelichen Nachkommen im Mannesstamm sowie zugunsten der übrigen ehelichen Nachkommen im Mannesstamm seines obengenannten Großvaters August Salewski.

Entwurf: PRO HERALDICA®, Dr. Ottfried Neubecker
in Verbindung mit Barbara Potzka.

Eingereicht von PRO HERALDICA®, Stuttgart.

Eingetragen unter Nr. 85261.

Sammet

aus München

Grün-silbern S-förmig im Anschluß an eine goldene Kreisscheibe gespalten.
Auf dem grün-silbern bewulsteten Helm mit grün-silbernen Decken ein wachsender rotbewehrter goldener Löwe.

Neu angenommen am 4. April 1985 von Thomas Sammet, Steuerbevollmächtigter, * München 16. 1. 1954, für sich und seine ehelichen Nachkommen im Mannesstamm.

Entwurf: PRO HERALDICA®, unter Leitung von
Dr. Ottfried Neubecker und Barbara Potzka.

Eingereicht von PRO HERALDICA®, Stuttgart.

Eingetragen unter Nr. 85155.

Sapinsky

aus Gersdorf/Steiermark

Ältester bekannter Vorfahr im Mannesstamm: Johann Sapinsky, Lokomotivführer, * Gersdorf 6. 4. 1840.

In rot-silbern gespaltenem Schilde eine S-förmig gelegte, nach links gewendete Schlange, golden im roten und rot im silbernen Platz.
Auf dem rot-golden-rot-silbern bewulsteten Helm mit rechts rot-goldenen und links rot-silbernen Decken zwei rotgezungte goldene Adlerrümpfe.

Neu angenommen am 30. November 1984 von Dr. med. Herbert Stephan Sapinsky, Arzt, * Innsbruck 23. 8. 1951, für sich und seine ehelichen Nachkommen im Mannesstamm.

Entwurf: PRO HERALDICA®, unter Leitung von Dr. Ottfried Neubecker und Barbara Potzka.

Eingereicht von PRO HERALDICA®, Stuttgart.

Eingetragen unter Nr. 85102.

Sauer

aus Burscheid-Dohm

Ältester bekannter Vorfahr im Mannesstamm: Rütger Suer, Vater des Wilhelm Saur, * Dohm um 1600, † ebd. nach 1666, achtfachen Urgroßvaters des Wappenstifters.

Eine schwarz-silberne, an der Herzstelle nach oben rechts und nach unten links halbkreisförmig ausgezogene Spaltung, die entstehenden Halbkreise ausgezogen in je sechs konische Strahlen.
Auf dem Helm mit schwarz-silbernen Decken ein schwarzer Flug mit je dreizehn silbernen Schwungfedern.

Neu angenommen im Januar 1984 von Rolf Sauer, Kaufmann in Burscheid, für sich und seine ehelichen Nachkommen im Mannesstamm.

Entwurf des Wappenstifters.

Eingetragen unter Nr. 84307.

Sauer

aus Hersfeld, heute Bad Hersfeld

Ältester bekannter Vorfahr im Mannesstamm: Johann Jacob Sauer, Tuchmacher, * Hersfeld 15. 11. 1791, † ebd. 2. 4. 1861.

In Silber oben ein rotbewehrter schwarzer Stierkopf, unten schräglinks ein von einem roten Schlachtermesser überkreuzter blauer Wetzstahl.
Auf dem blau-silbern-rot-silbern bewulsteten Helm mit rechts blau-silbernen und links rot-silbernen Decken ein rot mit goldenem Kragen, goldenen Manschetten und braunem Gürtel gekleideter Mann, auf dem Haupt einen braunen Hut tragend, mit der rechten Hand einen schwarzen Feuerhaken quer vor der Brust, in der linken einen braunen Eimer haltend.

Neu angenommen am 7. Dezember 1984 von Friedrich Sauer, Fleischermeister, * Bad Hersfeld 6. 2. 1936, für sich und seine ehelichen Nachkommen im Mannesstamm sowie zugunsten der übrigen ehelichen Nachkommen im Mannesstamm seines obengenannten Ururgroßvaters Johann Jacob Sauer.

Entwurf: PRO HERALDICA®, unter Leitung von Dr. Ottfried Neubecker und Barbara Potzka.

Eingereicht von PRO HERALDICA®, Stuttgart.

Eingetragen unter Nr. 85042.

Sausmikat

aus Styrmingken (Neudorf)/Ostpreußen

Im Sturzwogenschnitt S-förmig rot-golden gespalten.
Auf dem rot-golden bewulsteten Helm mit rot-goldenen Decken ein neunflügeliges goldenes Windrad.

Neu angenommen am 22. Dezember 1983 von Norbert Hans Peter Sausmikat, Gastronom, * Westerland/Sylt 7. 2. 1949, für sich und seine ehelichen Nachkommen im Mannesstamm.

Entwurf: PRO HERALDICA®, Dr. Ottfried Neubecker
in Verbindung mit Barbara Potzka.

Eingereicht von PRO HERALDICA®, Stuttgart.

Eingetragen unter Nr. 85065.

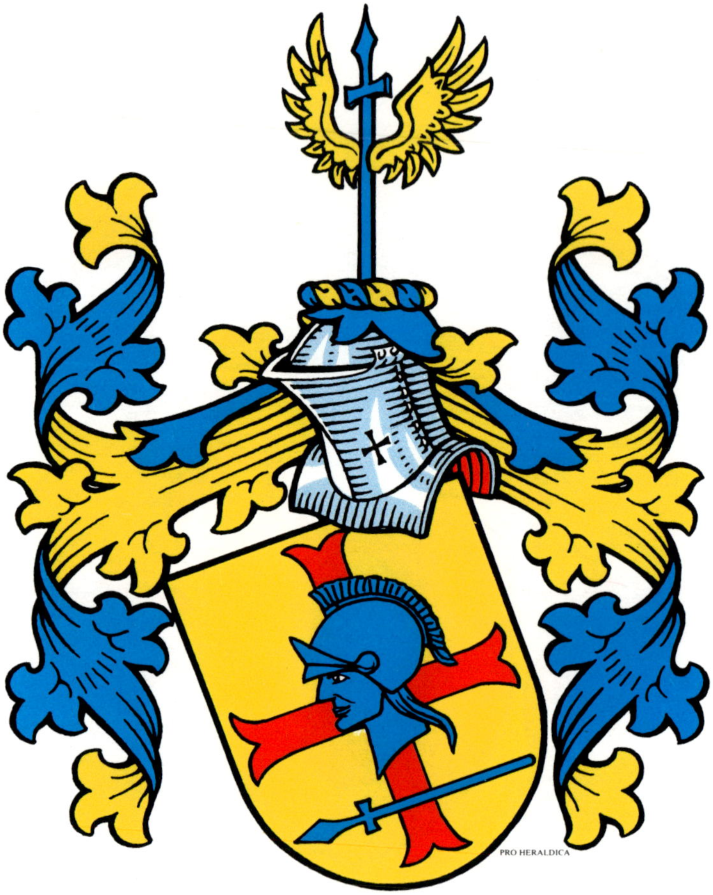

Schaeber

aus Rischenau, Stadt Lügde

Ältester bekannter Vorfahr im Mannesstamm: Simon Henrich Schaeber aus Rischenau, Vater des Jacob Ignatius Bernhard Schaeber, * Rischenau 1726, † ebd. 20. 7. 1813.

In Gold ein rotes Ankerkreuz, überdeckt an der Herzstelle von einem blauen, antik behelmten Kopf und unten von einem querliegenden blauen Spieß.
Auf dem blau-golden bewulsteten Helm mit blau-goldenen Decken pfahlweise ein goldengeflügelter blauer Spieß.

Eingetragen auf Antrag von Helmut Schaeber, Großhandelskaufmann, * Nonnenhorn/Bayern 31. 5. 1919, für sich und seine ehelichen Nachkommen im Mannesstamm sowie zugunsten der übrigen ehelichen Nachkommen im Mannesstamm seines obengenannten vierfachen Urgroßvaters Simon Henrich Schaeber.

Richtiggestellt von PRO HERALDICA®,
unter Leitung von Dr. Ottfried Neubecker und Barbara Potzka.

Eingereicht von PRO HERALDICA®, Stuttgart.

Eingetragen unter Nr. 85170.

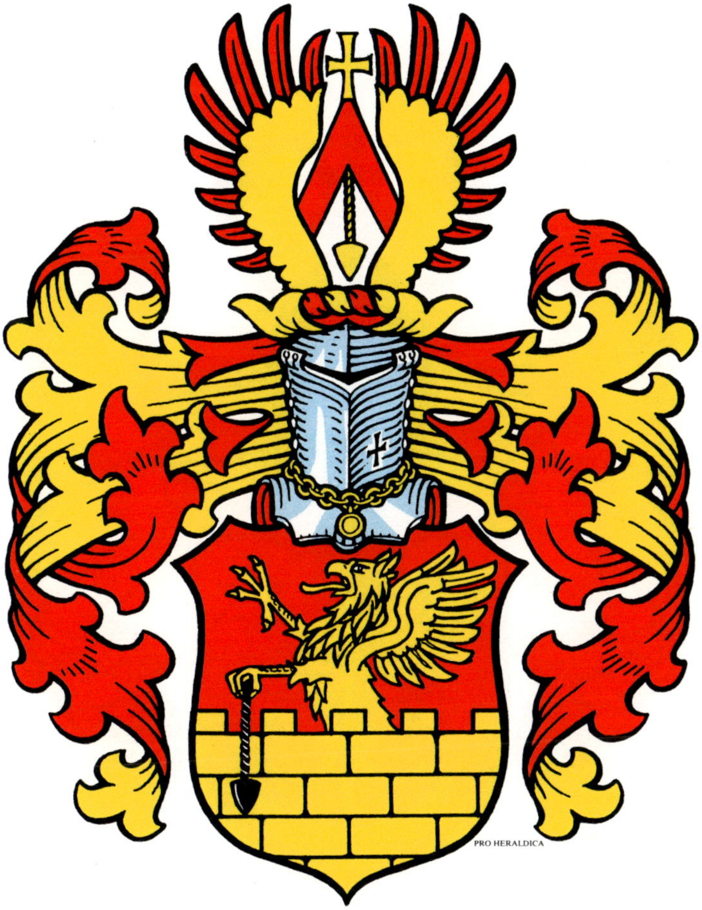

Schädler

aus Rot a. d. Rot

Bisher ältester bekannter Vorfahr im Mannesstamm: Michael Schädler, ⚭ 20. 12. 1692, Vater des Wilhelm Schädler, * Murrwangen 31. 10. 1692.

In Rot ein aus einer goldenen Zinnenmauer hervorkommender goldener Greif, im linken Fang ein schwarzes Lot bis an die Fußstelle haltend.
Auf dem rot-golden bewulsteten Helm mit rot-goldenen Decken zwischen einem goldenen Flug mit roten Schwungfedern angestemmt ein roter Sparren, oben besetzt mit einem goldenen Kreuz und unten ein goldenes Lot einschließend.

Neu angenommen am 31. Oktober 1984 von August Schädler, Architekt und Bauingenieur, * Rot a. d. Rot 16. 8. 1938, für sich und seine ehelichen Nachkommen im Mannesstamm sowie zugunsten der übrigen ehelichen Nachkommen im Mannesstamm seines obengenannten sechsfachen Urgroßvaters Michael Schädler.

Entwurf: PRO HERALDICA®, unter Leitung von Dr. Ottfried Neubecker und Barbara Potzka.

Eingereicht von PRO HERALDICA®, Stuttgart.

Eingetragen unter Nr. 85028.

Schäfer

aus Koblenz

In Rot drei mit einer silbernen Klammer zusammengehaltene silberne Pfeile, die Spitzen oben, die beiden äußeren halbmondförmig nach außen gebogen, begleitet oben von zwei goldenen Sternen, unten von einer liegenden goldenen Mondsichel.
Auf dem rot-golden bewulsteten Helm mit rot-goldenen Decken die drei Pfeile wie im Schilde, aber schwarz.

Eingetragen auf Antrag von Dr. med. Hans Schäfer, Chirurg, * Mühlhausen/Thüringen 28. 1. 1912, für sich und seine ehelichen Nachkommen im Mannesstamm.

Richtiggestellt von PRO HERALDICA®,
unter der Leitung von Dr. Ottfried Neubecker und Barbara Potzka.

Eingereicht von PRO HERALDICA®, Stuttgart.

Eingetragen unter Nr. 85066.

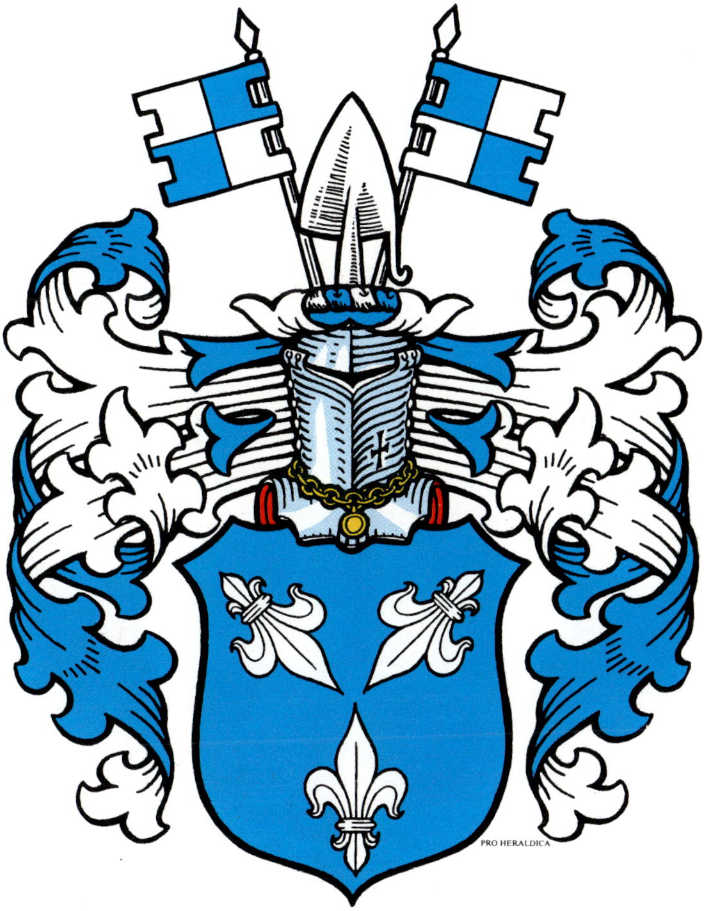

Schäfer

aus Gernach, Krs. Schweinfurt

Ältester bekannter Vorfahr im Mannesstamm: Schäfer/Schäffer, Bauer, † Herlheim 24. 8. 1830, Vater des Johann Schäfer, Bauern, * Gernach 15. 8. 1793, † Würzburg 9. 8. 1849.

In Blau drei deichselweise mit den Spitzen nach innen gestellte silberne Lilien.
Auf dem blau-silbern bewulsteten Helm mit blau-silbernen Decken die silberne Schippe eines Schäferstabes zwischen zwei auswärtsgeneigten blau-silbern gevierten quadratischen, an den Flugseiten zweimal eingekerbten Fahnen an silbernen Lanzen.

Neu angenommen am 18. Mai 1984 von Isidor Max Alois Schäfer, Kaufmann, * Würzburg 10. 1. 1906, für sich und seine ehelichen Nachkommen im Mannesstamm sowie zugunsten der übrigen ehelichen Nachkommen im Mannesstamm seines obengenannten Ururgroßvaters Schäfer/Schäffer.

Entwurf: PRO HERALDICA®, unter Leitung von
Dr. Ottfried Neubecker und Barbara Potzka.

Eingereicht von PRO HERALDICA®, Stuttgart.

Eingetragen unter Nr. 85171.

Schaffrath

aus Geldern

Ältester bekannter Vorfahr im Mannesstamm: Nicolaes Joffrau, * 17. 2. 1687, † 8. 7. 1758, Vater des Nicolaus Schaffrath (Joffrau), * Geldern 18. 9. 1710, † 4. 5. 1784.

In rot-golden geviertem Schilde 1) ein geschlossenes schwarzbeschlagenes goldenes Buch, der Rücken gegen die Spaltlinie gekehrt, der Rückendeckel mit einer schwarzen Marke bezeichnet, bestehend aus einem mit der Ziffer 4 besetzten Buchstaben S, 2) pfahlweise ein rotgestielter schwarzer Druckerballen, 3) eine schwarzbespitzte und -besamte rote Rose, 4) ein flügelloser goldener Mühlenturm. Auf dem rot-golden bewulsteten Helm mit rot-goldenen Decken ein wachsender rotbewehrter goldener Löwe, auf der linken Pranke eine schwarze Druckletter tragend und mit der rechten einen roten Gießlöffel schräglinks abwärts haltend.

Neu angenommen am 28. Mai 1984 von Dr. rer. pol. Alexander Georg Nicolaus Schaffrath, Kaufmann, * Geldern 21. 12. 1930, für sich und seine ehelichen Nachkommen im Mannesstamm sowie zugunsten der übrigen ehelichen Nachkommen im Mannesstamm seines obengenannten fünffachen Urgroßvaters Nicolaes Joffrau.

Entwurf: PRO HERALDICA®, unter Leitung von
Dr. Ottfried Neubecker und Barbara Potzka.
Eingereicht von PRO HERALDICA®, Stuttgart.
Eingetragen unter Nr. 84269.

Schafheutle

aus Ahausen, heute Gemeinde Bermatingen/Bodensee

Ältester bekannter Vorfahr im Mannesstamm: Friedrich Schafheutle, Wagnermeister, Großvater des Antragstellers.

In Rot ein blaugemauerter goldener Sparren, ein goldenes hängendes Schaffell einschließend. Auf dem blau-golden bewulsteten Helm mit blau-goldenen Decken ein rotes Wassermühlrad mit acht Schaufeln.

Neu angenommmen am 24. August 1984 von Werner Manfred Leopold Schafheutle, Immobilienkaufmann, * Markdorf, Lkr. Überlingen, 4. 1. 1944, für sich und seine ehelichen Nachkommen im Mannesstamm.

Entwurf: PRO HERALDICA®, Dr. Ottfried Neubecker
in Verbindung mit Barbara Potzka.

Eingereicht von PRO HERALDICA®, Stuttgart.

Eingetragen unter Nr. 84460.

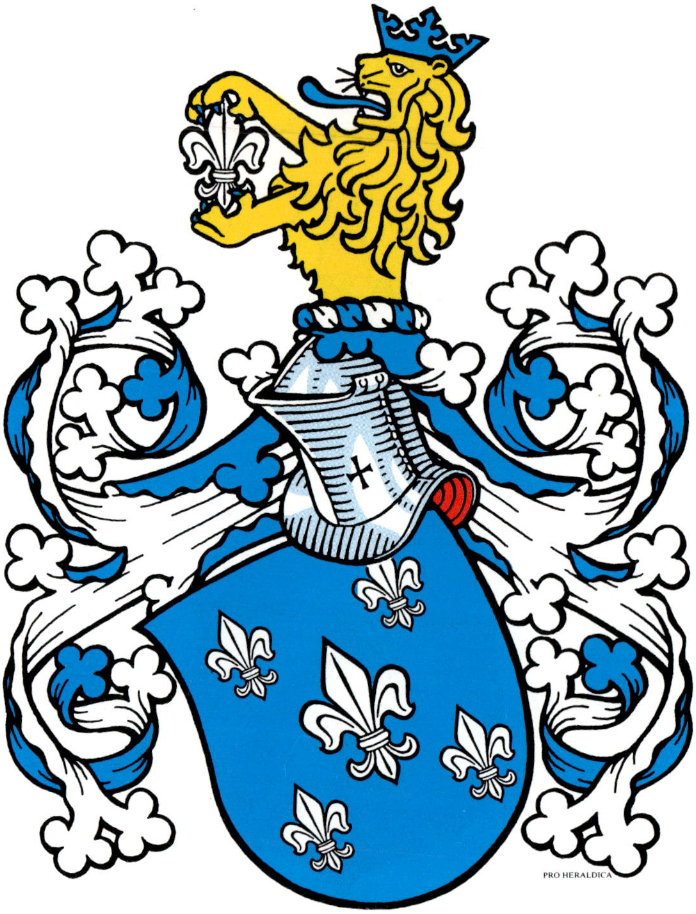

Schaller

aus Plauen im Vogtland

In Blau fünf (2,1,2) silberne Lilien, die mittlere größer als die anderen.
Auf dem blau-silbern bewulsteten Helm mit blau-silbernen Decken ein wachsender blaugekrönter, -bewehrter und -gezungter goldener Löwe, eine silberne Lilie in den Pranken haltend.

Neu angenommen am 23. November 1984 von Dr. Kurt Oswald Schaller, Vorstandsmitglied, * Hof/Saale 4. 2. 1938, für sich und seine ehelichen Nachkommen im Mannesstamm sowie zugunsten der übrigen ehelichen Nachkommen im Mannesstamm seines Vaters Kurt Oswald Schaller.

Entwurf: PRO HERALDICA®, unter Leitung von
Dr. Ottfried Neubecker und Barbara Potzka.

Eingereicht von PRO HERALDICA®, Stuttgart.

Eingetragen unter Nr. 85029.

Schell

aus Höpfingen/Neckar-Odenwaldkreis

Ältester bekannter Vorfahr im Mannesstamm: Melchior Schell, Gutsbesitzer, * Höpfingen 19. 3. 1658.

In Gold ein goldengekrönter rotbewehrter schwarzer Löwe, mit der erhobenen rechten Pranke eine rote Schelle am Ringlein ergreifend.
Auf dem rot-golden bewulsteten Bügelhelm mit rot-goldenen Decken eine goldene Krone, angestemmt zwischen einem schwarzen Flug.

Eingetragen auf Antrag von Direktor Kurt Walter Schell, Elektro-Ingenieur, * Mannheim 24. 9. 1933, für sich und seine ehelichen Nachkommen im Mannesstamm sowie zugunsten der übrigen ehelichen Nachkommen im Mannesstamm seines obengenannten sechsfachen Urgroßvaters Melchior Schell.

Überarbeitet von PRO HERALDICA®,
unter Leitung von Dr. Ottfried Neubecker und Barbara Potzka.

Eingereicht von PRO HERALDICA®, Stuttgart.

Eingetragen unter Nr. 85030.

Schewe

aus Hagen-Delstern

Ältester bekannter Vorfahr im Mannesstamm: Friedrich Wilhelm Schewe, Landwirt, * Hagen-Delstern 19. 7. 1830, † ebd. 15. 8. 1903.

In Blau drei goldene Schrägbalken, der mittlere nach der Figur begleitet von je drei silbernen Eichenblättern.
Auf dem blau-golden bewulsteten Helm mit blau-goldenen Decken zwei blaue Büffelhörner, die goldenen Mundstücke je mit einem silbernen dreiblättrigen Eichenbruch besteckt.

Neu angenommen am 9. März 1984 von Professor Dr. med. Günter Schewe, Arzt, * Hamburg 12. 11. 1930, für sich und seine ehelichen Nachkommen im Mannesstamm sowie zugunsten der übrigen ehelichen Nachkommen im Mannesstamm seines obengenannten Urgroßvaters Friedrich Wilhelm Schewe.

Entwurf: PRO HERALDICA®, Dr. Ottfried Neubecker
in Verbindung mit Barbara Potzka.

Eingereicht von PRO HERALDICA®, Stuttgart.

Eingetragen unter Nr. 84223.

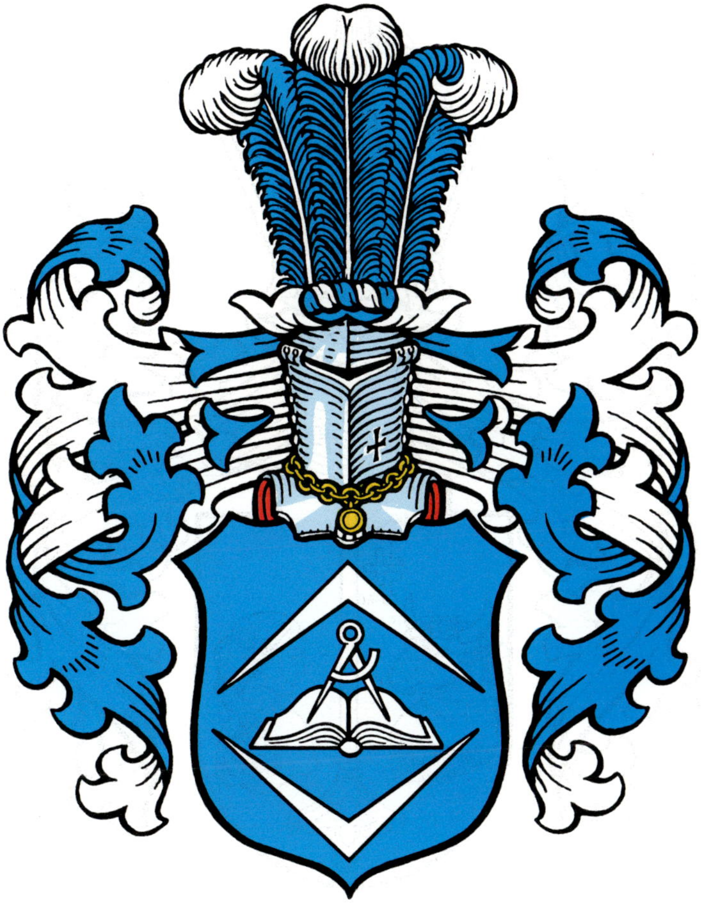

Schindler

aus Münsterberg/Schlesien

Ältester bekannter Vorfahr im Mannesstamm: Josef Schindler, Metzgermeister, * Münsterberg 11. 2. 1891, † Bernsdorf/Hessen 26. 7. 1936.

In Blau ein auf die Seiten eines aufgeklappt liegenden Buches gestützter geöffneter Architektenzirkel, rautenweise eingeschlossen von zwei schwebenden Sparren, beide außen rechteckig, innen stumpfwinklig und spitz zulaufend, der untere gestürzt.
Auf dem blau-silbern bewulsteten Helm mit blau-silbernen Decken drei blaue Straußenfedern mit silberner nach vorne umgeklappter Rückseite.

Neu angenommen am 25. Januar 1985 von Wolfgang Siegfried Schindler, Product-Manager, * Lörrach 15. 1. 1953, für sich und seine ehelichen Nachkommen im Mannesstamm sowie zugunsten der übrigen ehelichen Nachkommen im Mannesstamm seines obengenannten Großvaters Josef Schindler.

Entwurf: Wolfgang Siegfried Schindler, Lörrach.

Eingereicht von PRO HERALDICA®, Stuttgart.

Eingetragen unter Nr. 85067.

Schlüter

aus Gladbeck-Zweckel

Ältester bekannter Vorfahr im Mannesstamm: Hotte Schlüter, erwähnt im Vestischen Schatzzettel aus dem Jahre 1574, neunfacher Urgroßvater des Antragstellers.

In Blau pfahlweise ein Schlüssel, der Bart oben und nach rechts gewendet, begleitet rechts von einem nach innen gewendeten Stierrumpf und links von einem Frauenrumpf mit gelockt lang herabfallendem Haar, alle Figuren golden.
Auf dem Helm mit blau-goldenen Decken eine goldene Laute zwischen zwei fächerförmig gestellten blauen Schlüsseln, die Bärte oben und nach innen gekehrt.

Neu angenommen am 9. Juli 1982 von Heinz Schlüter, Kammermusiker, * Bottrop 30. 4. 1935, für sich und seine ehelichen Nachkommen im Mannesstamm.

Entwurf: PRO HERALDICA®, Dr. Ottfried Neubecker
in Verbindung mit Barbara Potzka.

Eingereicht von PRO HERALDICA®, Stuttgart.

Eingetragen unter Nr. 84243.

Schmelter

aus Münster i. W.

Ältester bekannter Vorfahr im Mannesstamm: Peter Schmelter, Landwirt in Oberhundem, Krs. Olpe, * vor 1600, Vater des Hans Schmelter, Landwirts, * um 1610, † Oberhundem 27. 10. 1654.

Unter silbern-schwarz im Stufengiebelschnitt geteiltem Schildhaupt geteilt, oben silbern, unten geteilt von Gold mit rotem rechten und blauem linken oberen Schrägeck und Schwarz, der silberne und der goldene Platz belegt mit einem bewurzelten grünen Laubbaum mit schwarzem Stamm.
Auf dem schwarz-silbern bewulsteten Helm mit schwarz-silbernen Decken ein wachsendes silbernes Pferd.

Eingetragen auf Antrag von Reinhold Schmelter, techn. Kaufmann für Mikrografie und medizinische Dokumentation, * Münster/Westfalen 2. 6. 1934, für sich und seine ehelichen Nachkommen im Mannesstamm.

Richtiggestellt von PRO HERALDICA®,
Dr. Ottfried Neubecker in Verbindung mit Barbara Potzka.

Eingereicht von PRO HERALDICA®, Stuttgart.

Eingetragen unter Nr. 84409.

Conte di Schmieder-Roccaforzata

aus Kufstein/Tirol

Gevierter Schild. 1) und 4) in Blau ein hervorkommender goldener Zinnenturm, 2) und 3) in Gold ein blauer gezackter Dreiberg, überhöht von einem aus dem linken Schildrand hervorkommenden, einen blauen Schmiedehammer haltenden blaugekleideten Arm.
Auf dem Schild ruht eine Grafenkrone.

Eingetragen auf Antrag von Othmar Albert Conte di Schmieder-Roccaforzata, Diplom-Kaufmann, * Kufstein 19. 11. 1927, für sich und seine ehelichen Nachkommen im Mannesstamm.

Richtiggestellt von PRO HERALDICA®,
Dr. Ottfried Neubecker in Verbindung mit Barbara Potzka.

Eingereicht von PRO HERALDICA®, Stuttgart.

Eingetragen unter Nr. 84239.

Schmitz

aus Oberstreit, Krs. Bad Kreuznach

Ältester bekannter Vorfahr im Mannesstamm: Peter Schmitz, Landwirt, * Oberstreit 1800, † ebd. 1876.

Halbgeteilt und gespalten, rechts oben in Gold zwei schwarze Flügel, unten in vier Reihen schwarz-golden geschacht, links in Rot pfahlweise drei zusammenhängende goldene Eggenrauten. Auf dem Helm mit rechts schwarz-goldenen und links rot-goldenen Decken ein wachsender rotbewehrter goldener Löwe, eine goldene Eggenraute in den Pranken haltend.

Neu angenommen am 4. April 1985 von Otmar Schmitz, Beamter, * Bad Kreuznach 15. 11. 1937, für sich und seine ehelichen Nachkommen im Mannesstamm.

Entwurf: PRO HERALDICA®, unter Leitung von Dr. Ottfried Neubecker und Barbara Potzka.

Eingereicht von PRO HERALDICA®, Stuttgart.

Eingetragen unter Nr. 85245.

Schock

aus Bielitz/Oberschlesien

Ältester bekannter Vorfahr im Mannesstamm: Rudolf Schock, Finanzbeamter, † Höxter 30. 11. 1983.

In Grün zwei goldene Sparren, zwei nach der Figur gelegte silberne Wachsmesser einschließend und begleitet von drei silbernen Gartenlilien.
Auf dem grün-silbern bewulsteten Helm mit grün-silbernen Decken ein wachsender goldener Adler.

Neu angenommen am 15. Februar 1985 von Klaus Dieter Schock, Zahntechnikermeister, * Bielitz 17. 11. 1941, für sich und seine ehelichen Nachkommen im Mannesstamm.

Entwurf: PRO HERALDICA®, unter Leitung von
Dr. Ottfried Neubecker und Barbara Potzka.

Eingereicht von PRO HERALDICA®, Stuttgart.

Eingetragen unter Nr. 85172.

Schoen

aus Sommerau, Krs. Rosenberg in Westpreußen

Ältester bekannter Vorfahr im Mannesstamm: Christian Schoen, * Sommerau 22. 8. 1788, † Rosenberg 17. 12. 1875.

In blau-golden gespaltenem Schilde an der Herzstelle eine Lilie, begleitet rechts oben und links unten von je einer Rose, links oben und rechts unten von je einer Scheibe, alles in verwechselten Farben. Auf dem blau-golden bewulsteten Helm mit blau-goldenen Decken ein wachsender goldener Bär, ein sechsspeichiges blaues Rad in den Pranken haltend.

Neu angenommen am 15. Februar 1985 von Dieter Schoen, Kaufmann, * Bramsche 21. 5. 1941, für sich und seine ehelichen Nachkommen im Mannesstamm.

Entwurf: PRO HERALDICA®, unter Leitung von Dr. Ottfried Neubecker und Barbara Potzka.

Eingereicht von PRO HERALDICA®, Stuttgart.

Eingetragen unter Nr. 85274.

Schraffenberger

aus Bierbach, Stadt Blieskastel/Saar

Ältester bekannter Vorfahr im Mannesstamm: Friedrich Schraffenberger, Eisengießer, * Bierbach, † Zweibrücken um 1933, Großvater des Antragstellers.

In Silber eine grüne Spitze, die rechte Seite kammartig viermal ausgebrochen, überhöht von einem schwebenden grünen dreilatzigen Turnierkragen.
Auf dem grün-silbern bewulsteten Helm mit grün-silbernen Decken die Spitze wie im Schilde, aber plastisch, auf einen kurzen Pfosten gesetzt.

Neu angenommen am 27. Januar 1984 von Bernd Schraffenberger, Postbeamter, * Sand, Stadt Willstätt, 22. 4. 1955, für sich und seine ehelichen Nachkommen im Mannesstamm sowie zugunsten der übrigen ehelichen Nachkommen im Mannesstamm seines Großvaters Friedrich Schraffenberger.

Entwurf: PRO HERALDICA®, Dr. Ottfried Neubecker
in Verbindung mit Barbara Potzka.

Eingereicht von PRO HERALDICA®, Stuttgart.

Eingetragen unter Nr. 84224.

Schrattenholzer

aus Hafnerbach, Bez. St. Pölten/Niederösterreich

Ältester bekannter Vorfahr im Mannesstamm: Hans Schrattenholzer, Huf- und Kurschmied, * Hafnerbach 1608, † 13. 5. 1675, Vater des Mathias Schrattenholzer, Maurermeisters, * 1653.

In Blau ein goldener, an der Herzstelle bogenförmig verdickter Balken, beiderseits nach der Figur begleitet von einer goldenen Leiste, das Ganze an der Herzstelle überdeckt von einem silbernen Hammer, die Bahn oben und rechts, überkreuzt von einer silbernen Maurerkelle.
Auf dem blau-golden bewulsteten Helm mit blau-goldenen Decken zwei oben mit goldenen Bäumchen besteckte blaue Spitzen.

Neu angenommen am 7. Dezember 1984 von Hans Schrattenholzer, Mathematischer Berater, * Wien 23. 12. 1926, für sich und seine ehelichen Nachkommen im Mannesstamm sowie zugunsten der übrigen ehelichen Nachkommen im Mannesstamm seines siebenfachen Urgroßvaters Hans Schrattenholzer.

Entwurf: PRO HERALDICA®, unter Leitung von
Dr. Ottfried Neubecker und Barbara Potzka.

Eingereicht von PRO HERALDICA®, Stuttgart.

Eingetragen unter Nr. 85173.

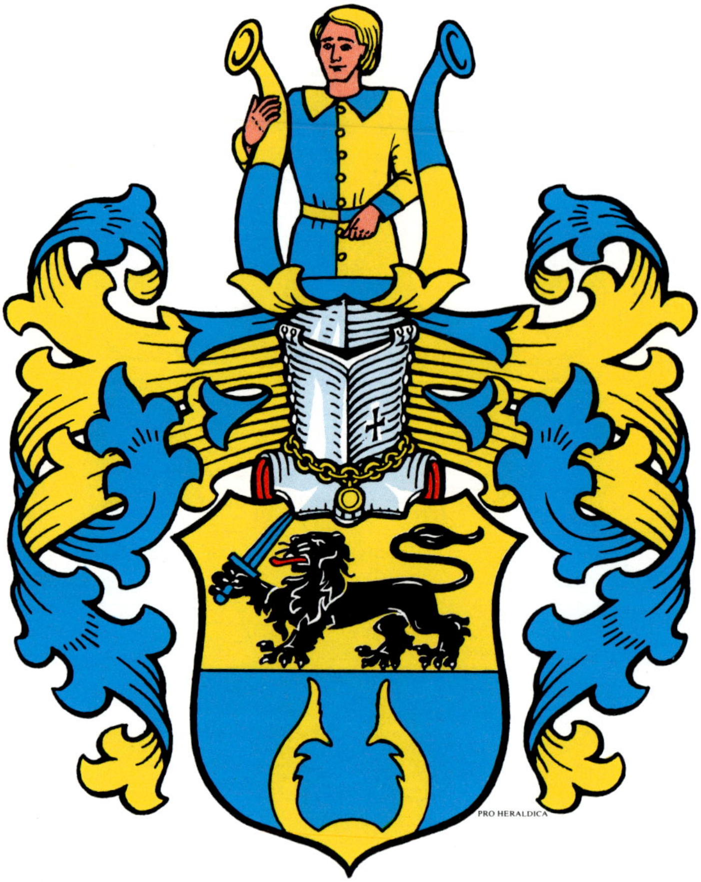

Schrodt

aus Stuttgart

Ältester bekannter Vorfahr im Mannesstamm: Karl Schrodt, Vater des Albert Schrodt, Mechanikers, * Stuttgart 4. 8. 1916.

In golden-blau geteiltem Schilde oben ein schreitender schwarzer Löwe, ein blaues Schwert in der rechten Pranke haltend, unten ein aus dem Schildrand hervorkommendes goldenes Paar Schröterhörner. Auf dem Helm mit blau-goldenen Decken ein wachsender Mann in blau-golden gespaltener Kleidung, Kragen und Gürtel in verwechselten Farben, zwischen zwei golden-blau übereckgeteilten Büffelhörnern, deren rechtes der Mann oben mit dem Arm umfaßt.

Eingetragen auf Antrag von Manfred Schrodt, Unternehmensberater, * Tübingen 9. 12. 1942, für sich und seine ehelichen Nachkommen im Mannesstamm sowie zugunsten der übrigen ehelichen Nachkommen im Mannesstamm seines Großvaters Karl Schrodt.

Richtiggestellt von PRO HERALDICA®,
unter Leitung von Dr. Ottfried Neubecker und Barbara Potzka.

Eingereicht von PRO HERALDICA®, Stuttgart.

Eingetragen unter Nr. 85145.

Schröder

aus Hagedorn, Krs. Höxter

Ältester bekannter Vorfahr im Mannesstamm: Johann Hermann Schröder, Stellmachermeister, * Hagedorn um 1770, ⚭ Hagedorn 20. 6. 1802.

In blau-golden geteiltem Schilde ein Mittelschild, unten belegt mit einem achtspeichigen Rad, alles in verwechselten Farben.
Auf dem blau-golden bewulsteten Helm mit blau-goldenen Decken das Rad wie im Schilde.

Neu angenommen am 26. Oktober 1984 von Dr. med. Eckhard Schröder, Augenarzt, * Siegen 28. 2. 1939, für sich und seine ehelichen Nachkommen im Mannesstamm.

Entwurf: PRO HERALDICA®, Dr. Ottfried Neubecker
in Verbindung mit Barbara Potzka.

Eingereicht von PRO HERALDICA®, Stuttgart.

Eingetragen unter Nr. 84530.

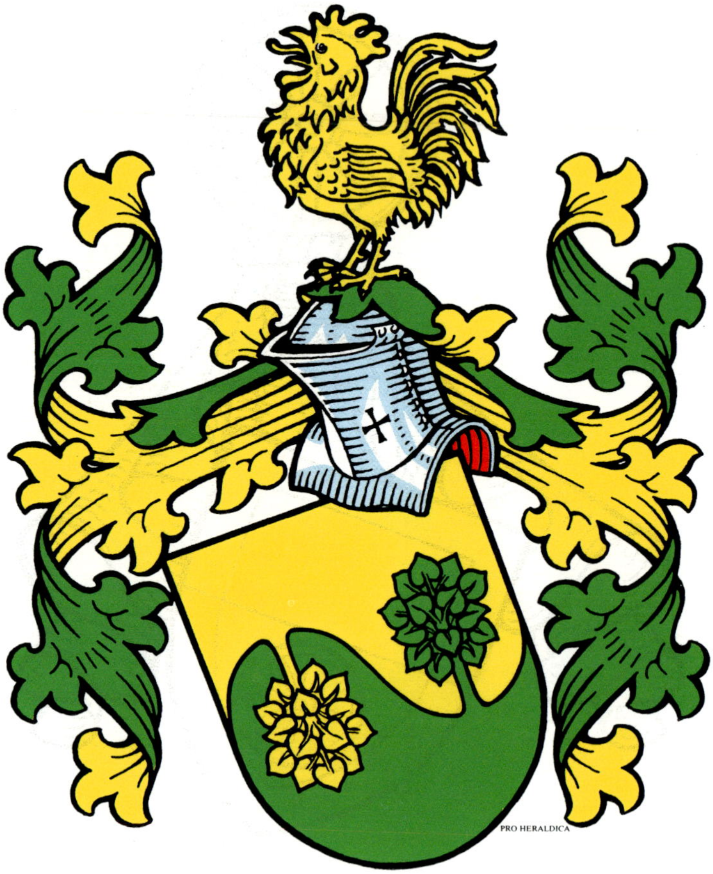

Schütte

aus Wenden, Krs. Olpe

Golden-grün durch eine Sinus-Kurve geteilt, die Kulminationen ausgezogen in eine Linde, die rechte gestürzt.
Auf dem Helm mit grün-goldenen Decken ein goldener Hahn.

Neu angenommen am 23. November 1984 von Frau Dr. med. Martha Schütte, geb. Jaeger, Ärztin, * Wenden 27. 11. 1926, für sich und ihre ehelichen Nachkommen im Mannesstamm.

Entwurf: PRO HERALDICA®, unter Leitung von
Dr. Ottfried Neubecker und Barbara Potzka.

Eingereicht von PRO HERALDICA®, Stuttgart.

Eingetragen unter Nr. 85174.

Schulz

aus Natterheide, Krs. Osterburg

Ältester bekannter Vorfahr im Mannesstamm: Joachim Christoph (Christian) Schulz, Müllermeister, Kossath, * ca. 1826, † vor 5. 6. 1883, ⚭ Friederike Wilhelmine Juliane Flügge.

In Rot ein goldener doppelköpfiger Adlerrumpf.
Auf dem gekrönten Helm mit rot-goldenen Decken ein goldener Flug.

Auf Antrag von Günter Heinrich Schulz, Geschäftsführer, Gesellschafter, * Delmenhorst 18. 9. 1938, für sich und seine ehelichen Nachkommen im Mannesstamm eingetragen.

Eingereicht von PRO HERALDICA®, Stuttgart.

Eingetragen unter Nr. 83093.

Schulze Henne

des Stammes Kruse

aus Gabrechten, Gem. Bad Sassendorf, Lkrs. Soest

Ältester bekannter Vorfahr im Mannesstamm: Johann Heinrich Kruse, * Gabrechten 29. 9. 1733, † ebd. 3. 3. 1792.

In rot-silbern schräggeviertem Schilde oben und unten je eine mit drei silbernen Blättern besteckte schwarze Kugel, rechts und links je ein zugewendeter roter Flügel.
Auf dem Helm mit rot-silbernen Decken ein silberngehörntes rotes Stierhaupt, im Maul einen querliegenden goldenen beblätterten Maiskolben haltend.

Wappenspruch: SEMPER TALIS

Neu angenommen am 31. Oktober 1984 von Carl Schulze Henne, Diplom-Volkswirt, * Ahlen 2. 7. 1905, für sich und seine ehelichen Nachkommen im Mannesstamm sowie zugunsten der übrigen ehelichen Nachkommen im Mannesstamm seines Vaters Carl Schulze Henne.

Entwurf: PRO HERALDICA®, Dr. Ottfried Neubecker
in Verbindung mit Barbara Potzka.

Eingereicht von PRO HERALDICA®, Stuttgart.

Eingetragen unter Nr. 85068.

Schulze ten Berge

aus Epe, heute Gronau/Westfalen

Ältester bekannter Vorfahr im Mannesstamm: Joan Gerhard Schulte Tenberge, Zeller, Vater des Joan Gerhard Henrich Schulte Tenberge, Zellers, Colons, * Epe 4. 1775, † ebd. 15. 4. 1834.

Unter schwarzem, mit fünf anstoßenden silbernen Rauten belegten Schildhaupt in Silber ein mit zwei gekreuzten silbernen Lilienszeptern belegter erhöhter roter Dreiberg.
Auf dem Helm mit rechts rot-silbernen und links schwarz-silbernen Decken zwei schwarze Büffelhörner, die Mundlöcher mit je einer silbernen Lilie besteckt.

Neu angenommen am 26. April 1985 von Claus Wilhelm Schulze ten Berge, Handelsvertreter, Assessor, * Ramsdorf 4. 9. 1947, für sich und seine ehelichen Nachkommen im Mannesstamm sowie zugunsten der übrigen ehelichen Nachkommen im Mannesstamm seines obengenannten vierfachen Urgroßvaters Joan Gerhard Schulte Tenberge.

Entwurf: PRO HERALDICA®, unter Leitung von Dr. Ottfried Neubecker und Barbara Potzka.

Eingereicht von PRO HERALDICA®, Stuttgart.

Eingetragen unter Nr. 85470.

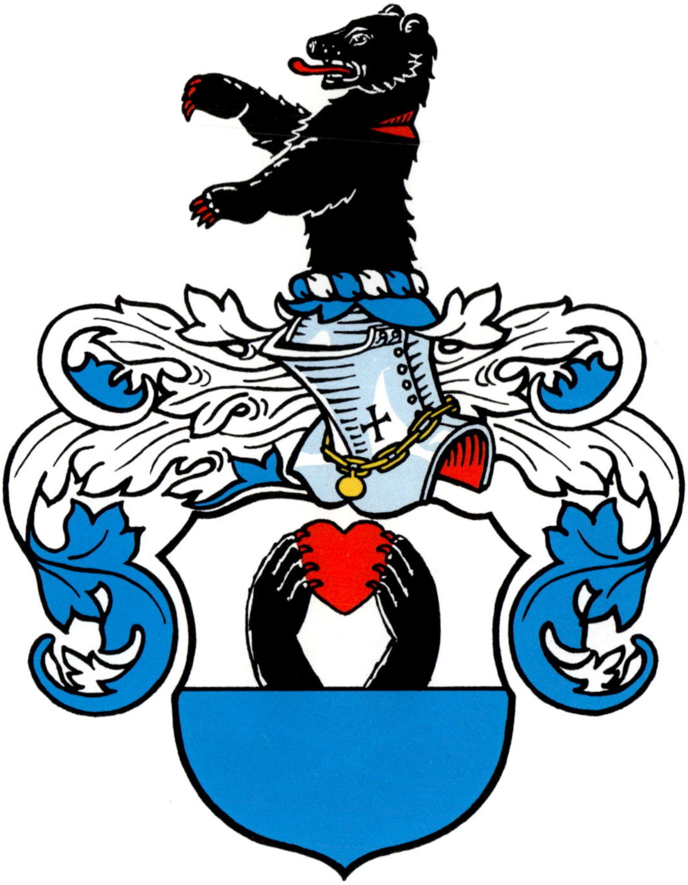

Schumacher-Ziegler

aus Paam bei Gottschdorf, Bez. Dresden, und Schmerwitz,
Krs. Zauch-Belzig/Mark Brandenburg

In silbern-blau geteiltem Schilde oben zwei hervorkommende, ein rotes Herz emporhaltende rotbewehrte schwarze Bärenpranken.
Auf dem blau-silbern bewulsteten Helm mit blau-silbernen Decken ein wachsender rotbewehrter schwarzer Bär, im Nacken mit einer roten Hiebwunde.

Richtiggestellt am 1. Februar 1985 von Heinz-Georg Ziegler, * Berlin 23. 8. 1924, für sich und seine ehelichen Nachkommen im Mannesstamm sowie zugunsten der übrigen ehelichen Nachkommen im Mannesstamm seiner Eltern Georg Martin Ziegler und Elli Margarete Antonie Ziegler, geb. Schumacher.

Eingereicht von PRO HERALDICA®, Stuttgart.

Eingetragen unter Nr. 85090.

Schuppe

aus Mannheim

Ältester bekannter Vorfahr im Mannesstamm: August Wilhelm Anton Schuppe, Holz- und Kohlenhändler, * Mannheim 14. 1. 1852.

In silberngefugtem rotem Mauerwerk ein silberner Wolkenbalken, in die oberen Täler hereinragend drei gesenkte grüne Eicheln, in die unteren vier grüne Eichenblätter.
Auf dem Helm mit rot-silbernen Decken eine hochspringende rotgefloßte natürliche Forelle.

Neu angenommen am 31. Mai 1985 von Bruno Schuppe, Maurermeister, Geschäftsmann, * Walldorf 2. 8. 1940, für sich und seine ehelichen Nachkommen im Mannesstamm sowie zugunsten der übrigen ehelichen Nachkommen im Mannesstamm seines obengenannten Urgroßvaters August Wilhelm Anton Schuppe.

Entwurf: PRO HERALDICA®, unter Leitung von
Dr. Ottfried Neubecker und Barbara Potzka.

Eingereicht von PRO HERALDICA®, Stuttgart.

Eingetragen unter Nr. 85246.

Schweikhardt

aus Bönnigheim, Lkrs. Ludwigsburg

Ältester bekannter Vorfahr im Mannesstamm: Johann Friedrich Schweikhardt, Sieder in der Saline Clemenshall, * Bönnigheim 10. 10. 1797, † Jagstfeld 16. 9. 1875.

In golden-rot geviertem Schilde ein silbernes vierspeichiges Wassermühlrad. Auf dem Helm mit rot-goldenen Decken ein wachsender, rot mit goldenen Aufschlägen und goldengestulpter roter Zipfelmütze bekleideter Mann, in der Rechten eine brennende goldene Fackel haltend, die Linke in die Hüfte gestützt.

Eingetragen auf Antrag von Dieter Schweikhardt, Hauptlehrer, * Kirchheim/Teck 15. 9. 1935, für sich und seine ehelichen Nachkommen im Mannesstamm sowie zugunsten der übrigen ehelichen Nachkommen im Mannesstamm seines obengenannten Urgroßvaters Johann Friedrich Schweikhardt.

Ergänzt von PRO HERALDICA®, unter Leitung von Dr. Ottfried Neubecker und Barbara Potzka.

Eingereicht von PRO HERALDICA®, Stuttgart.

Eingetragen unter Nr. 85069.

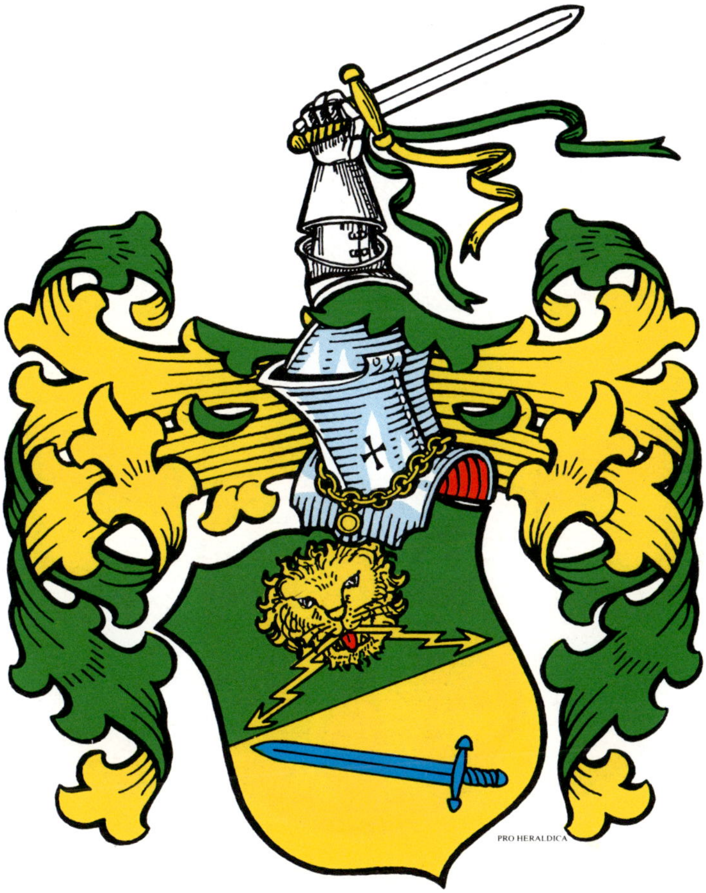

Schwerdtner

aus Albertstadt (heute Dresden-Neustadt)

In grün-golden geteiltem Schilde oben ein rotgezungter goldener Leopardenkopf, aus dessen Maul sparrenweise zwei goldene Blitze hervorkommen, unten schrägrechts ein blaues Schwert.
Auf dem Helm mit grün-goldenen Decken ein aufgereckter geharnischter Arm, ein goldengegrifftes silbernes Schwert schwingend, von dessen Griff drei Bänder, ein goldenes zwischen zwei grünen, abflattern.

Neu angenommen am 2. Dezember 1983 von Jochen Schwerdtner, Kaufmann, * Albertstadt 9. 11. 1938, für sich und seine ehelichen Nachkommen im Mannesstamm sowie zugunsten der übrigen ehelichen Nachkommen im Mannesstamm seines Vaters Helmut Schwerdtner, Elektriker, * 23. 11. 1911.

Entwurf: PRO HERALDICA®, Dr. Ottfried Neubecker
in Verbindung mit Barbara Potzka.

Eingereicht von PRO HERALDICA®, Stuttgart.

Eingetragen unter Nr. 84225.

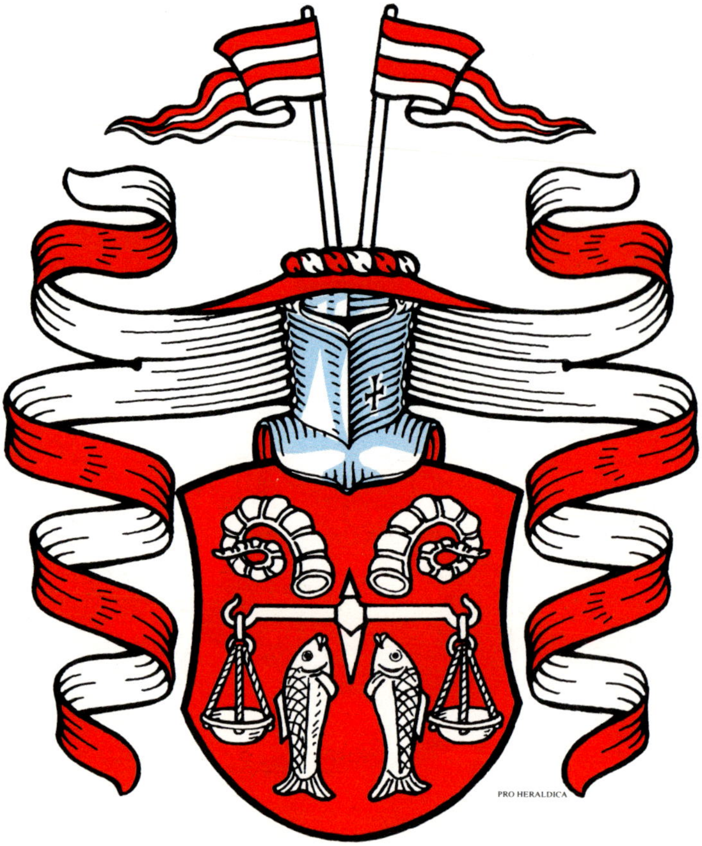

Seifert

aus Breslau

Ältester bekannter Vorfahr im Mannesstamm: Richard Seifert, Malermeister, ⚭ Breslau 12. 4. 1903, Großvater der Antragstellerin.

In Rot eine Waage im Gleichgewicht, begleitet oben von zwei Widderhörnern, unten pfahlweise von zwei zugewendeten Fischen, die Köpfe oben, alle Figuren silbern.
Auf dem rot-silbern bewulsteten Helm mit rot-silbernen Decken zwei auswärtsgeneigte, dreimal rot-silbern geteilte Wimpel an silbernen Fahnenstangen.

Neu angenommen am 19. Oktober 1984 von Gisela Seifert, Kauffrau, * Berlin 17. 4. 1929, für sich und ihre Tochter Lydia Seifert, * Berlin 1. 3. 1961, sowie deren eheliche Nachkommen im Mannesstamm.

Entwurf: PRO HERALDICA®, unter Leitung von
Dr. Ottfried Neubecker und Barbara Potzka.

Eingereicht von PRO HERALDICA®, Stuttgart.

Eingetragen unter Nr. 85175.

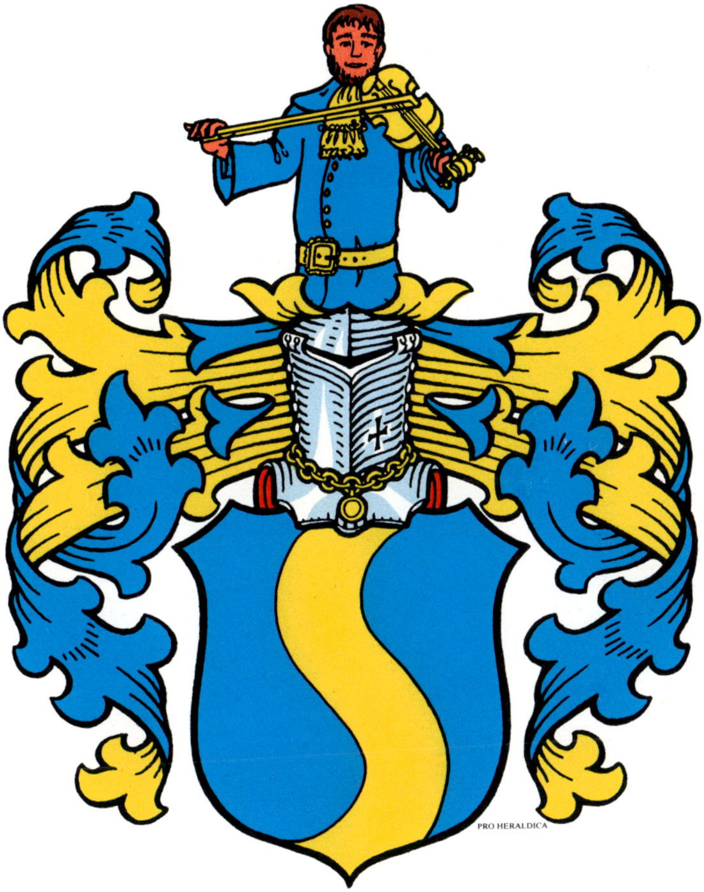

Seifert

aus Schwaderbach, Krs. Graslitz/Westböhmen

Ältester bekannter Vorfahr im Mannesstamm: Ferdinand Seifert, Zimmermann, * Schwaderbach 1. 12. 1811.

In Blau ein S-förmiger goldener Wellenpfahl.
Auf dem Helm mit blau-goldenen Decken ein wachsender, blau mit goldenem Gürtel gekleideter barhäuptiger Geigenspieler, Kinntuch, Geige und Bogen golden.

Neu angenommen am 19. April 1985 von Lothar Seifert, Bogenbaumeister, * Kirchberg, Krs. Graslitz, 23. 4. 1932, für sich und seine ehelichen Nachkommen im Mannesstamm sowie zugunsten der übrigen ehelichen Nachkommen im Mannesstamm seines obengenannten Ururgroßvaters Ferdinand Seifert.

Entwurf: PRO HERALDICA®, unter Leitung von
Dr. Ottfried Neubecker und Barbara Potzka.

Eingereicht von PRO HERALDICA®, Stuttgart.

Eingetragen unter Nr. 85275.

Seifried

aus Dietelhofen bei Riedlingen/Donau

Ältester bekannter Vorfahr im Mannesstamm: Josef Seifried, Vater des Josef Seifried, Spediteurs und Landwirts, * Riedlingen 2. 5. 1902.

In Blau zwei gekreuzte silberne Ruder, die Blätter nach unten, begleitet von vier goldenen Wagenrädern.
Auf dem blau-golden-blau-silbern bewulsteten Helm mit rechts blau-goldenen und links blau-silbernen Decken zwei goldene, durch eine Achse verbundene Wagenräder.

Neu angenommen am 20. Januar 1984 von Alfred Seifried, Spediteur, * Riedlingen 27. 3. 1934, für sich und seine ehelichen Nachkommen im Mannesstamm.

Entwurf: PRO HERALDICA®, unter Leitung von
Dr. Ottfried Neubecker und Barbara Potzka.

Eingereicht von PRO HERALDICA®, Stuttgart.

Eingetragen unter Nr. 85078.

Severing

aus Stettin

Ältester bekannter Vorfahr im Mannesstamm: Gustaf Severing, Modellformer, Soldat und Polizist, Vater des Rolf Friedel Severing, Staatsbeamten, * Stettin 29. 12. 1922.

In schwarz-silbern S-förmig geteiltem Schilde je balkenweise zwei rote Schwerter, der Griff des oberen rechts, des unteren links.
Auf dem Helm mit schwarz-silbernen Decken ein rotgezungter schwarzer Doppeladlerrumpf.

Neu angenommen am 19. Oktober 1984 von Rolf Severing, Zahnarzt, * Engeln, Krs. Diepholz, 3. 9. 1948, für sich und seine ehelichen Nachkommen im Mannesstamm.

Entwurf: PRO HERALDICA®, unter Leitung von
Dr. Ottfried Neubecker und Barbara Potzka.

Eingereicht von PRO HERALDICA®, Stuttgart.

Eingetragen unter Nr. 84531.

Sigel

aus Weilheim a.d. Teck

Ältester bekannter Vorfahr im Mannesstamm: Joh. Sigel, Hofbauer auf dem Pfundhardthof in Weilheim, * 8. 5. 1787, † 8. 11. 1837.

In Gold ein blauer Pfahl, überdeckt von einer roten Scheibe, darin pfahlweise eine goldene Schafschere, in den goldenen Plätzen kreisförmig acht rote Scheiben.
Auf dem rot-golden bewulsteten Helm mit rot-goldenen Decken ein rotgezungter, golden-schwarz schrägrechts mit Spaltungen gerauteter Brackenrumpf.

Neu angenommen am 26. Oktober 1984 von Karl Sigel, Kaufmann, * Weilheim a.d. Teck 1. 5. 1928, für sich und seine ehelichen Nachkommen im Mannesstamm.

Entwurf: PRO HERALDICA®, unter Leitung von
Dr. Ottfried Neubecker und Barbara Potzka.

Eingereicht von PRO HERALDICA®, Stuttgart.

Eingetragen unter Nr. 84533.

Sigl

aus Kapfing, Gem. Vilsheim, Krs. Landshut

Ältester bekannter Vorfahr im Mannesstamm: Hans Sigl, Schneider zu Kemoden, Langenvils und Kapfing, * um 1590, † vor 1647, achtfacher Urgroßvater des Antragstellers.

In Grün an der Fußstelle eine in einer silbernen Pflugschar steckende goldene Lilie, oben beseitet von je einer goldenen Sturmhutpflanze.
Auf dem grün-golden bewulsteten Helm mit grün-goldenen Decken pfahlweise eine goldene Laute.

Gestiftet von Dr. med. Heinrich Robert Sigl, Arzt für Innere Medizin, Oberarzt, * Straubing 21. 3. 1936, zugunsten seines Vaters Dr. med. August Sigl, Arzt, * Regenstauf 6. 5. 1891, † München 20. 4. 1971, und auf Antrag des Wappenstifters für sich und seine ehelichen Nachkommen im Mannesstamm sowie zugunsten der übrigen ehelichen Nachkommen im Mannesstamm seines obengenannten Vaters eingetragen.

Entwurf: PRO HERALDICA®, unter Leitung von
Dr. Ottfried Neubecker und Barbara Potzka.

Eingereicht von PRO HERALDICA®, Stuttgart.

Eingetragen unter Nr. 85092.

Sobottka

aus Rain am Lech

In blau-silbern geviertem Schilde 1) und 4) ein schwebendes silbernes Krückenkreuz, 2) und 3) drei (2,1) grünbespitzte silbernbesamte rote Rosen.
Auf dem blau-silbern-rot-silbern bewulsteten Helm mit rechts blau-silbernen und links rot-silbernen Decken ein mit einem silbernen Krückenkreuz bezeichneter blauer Kegelstumpf, besteckt mit drei (1,2) aus einer goldenen Krone hervorkommenden grüngestielten und -beblätterten Rosen wie im Schilde.

Neu angenommen ca. 1980 von Günther Sobottka, Nibelungenring 3, 8902 Neusäss, für sich und seine ehelichen Nachkommen im Mannesstamm.

Entwurf: Augsburger Heraldisches Atelier, Dieter Engelhardt.

Eingereicht von PRO HERALDICA®, Stuttgart.

Eingetragen unter Nr. 84472.

Soltyszeck

aus Bochum

Ältester bekannter Vorfahr im Mannesstamm: Johann Soltyszeck, Fabrikarbeiter, Vater des Ernst Soltyszeck, Rangierers, * Bochum 31. 3. 1901, † 10. 11. 1962.

In Blau ein aus dem linken Schildrand hervorkommender goldener Adlerrumpf, einen silbernen Kessel an den Schnabel gehängt, aus dem eine silberne Kochmütze und eine silberne Wolke hervorkommen. Auf dem Helm mit rechts blau-goldenen und links blau-silbernen Decken ein wachsender goldener Adler mit emporgerecktem geharnischtem Arm, balkenweise einen goldenen Lilienstab über dem Kopf haltend.

Neu angenommen am 7. Dezember 1984 von Ernst Rüdiger Soltyszeck, Staatl. geprüfter Hotelfachmann, * Wetter/Ruhr 23. 9. 1943, für sich und seine ehelichen Nachkommen im Mannesstamm sowie zugunsten der übrigen ehelichen Nachkommen im Mannesstamm seines obengenannten Großvaters Johann Soltyszeck.

Entwurf: PRO HERALDICA®, unter Leitung von
Dr. Ottfried Neubecker und Barbara Potzka.

Eingereicht von PRO HERALDICA®, Stuttgart.

Eingetragen unter Nr. 85070.

Sonnenburg

aus Behle, Krs. Czarnikau, ehem. Provinz Posen, Reg.-Bez. Bromberg

Ältester bekannter Vorfahr im Mannesstamm: Michael Sonnenburg, Häusler, * Behle um 1830.

In Rot über einer silbernen Zinnenmauer eine goldene gesichtete Sonne.
Auf dem rot-silbern bewulsteten Helm mit rot-silbernen Decken ein wachsender goldenbewehrter schwarzer Adler, um den Hals eine silberne Feldbinde.

Neu angenommen am 15. März 1985 von Dr. phil. Reinhold Sonnenburg, Diplom-Ingenieur, * Hungen 8. 9. 1936, für sich und seine ehelichen Nachkommen im Mannesstamm sowie zugunsten der übrigen ehelichen Nachkommen im Mannesstamm seines obengenannten Ururgroßvaters Michael Sonnenburg.

Entwurf: PRO HERALDICA®, unter Leitung von
Dr. Ottfried Neubecker und Barbara Potzka.

Eingereicht von PRO HERALDICA®, Stuttgart.

Eingetragen unter Nr. 85224.

Spanka

aus Gladbeck

In golden-schwarz S-förmig gespaltenem Schilde rechts pfahlweise ein von zwei schwarzen Schlangen umwundener roter Schlüssel, der Bart oben und nach rechts gewendet, links eine goldene Weltkugel. Auf dem Helm mit schwarz-goldenen Decken ein mit einem goldenen Gezähe (Schlägel und Eisen) belegter schwarzer Flug.

Neu angenommen am 15. Februar 1985 von Dieter Spanka, Immobilienkaufmann, * Gladbeck 4. 9. 1954, für sich und seine ehelichen Nachkommen im Mannesstamm.

Entwurf: PRO HERALDICA®, unter Leitung von Dr. Ottfried Neubecker und Barbara Potzka.

Eingereicht von PRO HERALDICA®, Stuttgart.

Eingetragen unter Nr. 85177.

Speer

aus Wronin (Vierraben), Krs. Ratibor/OS

Ältester bekannter Vorfahr im Mannesstamm: Josef Pyka, * Wronin 1. 3. 1805.

In Schwarz ein von einem goldenen Hufeisen, die Stollen oben, umschlossenes silbernes Tatzenkreuz, der obere Arm in eine Speerspitze ausgezogen.
Auf dem Helm mit schwarz-goldenen Decken ein flugbereiter goldener Falke, in der rechten Klaue Hufeisen und Kreuz wie im Schilde haltend.

Neu angenommen am 10. Mai 1985 von Ulrich Speer, Kaufmann, * Eslohe/Sauerland 26. 2. 1949, für sich und die übrigen ehelichen Nachkommen im Mannesstamm seines Vaters, Dr. med. vet. Georg Speer.

Entwurf: PRO HERALDICA®, unter Leitung von
Dr. Ottfried Neubecker und Barbara Potzka.

Eingereicht von PRO HERALDICA®, Stuttgart.

Eingetragen unter Nr. 85225.

Speldrich

aus Kunzendorf, Krs. Löwenberg/Schlesien

In Schwarz oben pfahlweise ein Lindenblatt, der Stiel zwischen zwei pfahlweise gelegten Hobeln, die Klingen oben und außen, alle Figuren golden.
Auf dem schwarz-golden bewulsteten Helm mit schwarz-goldenen Decken ein aus einem schwarzen Dreiberg hervorkommender goldener Löwe.

Neu angenommen am 22. Februar 1985 von Bernd Heinz Erich Speldrich, Tischler, * Seelze 13. 2. 1957, für sich und seine ehelichen Nachkommen im Mannesstamm.

Entwurf: PRO HERALDICA®, unter Leitung von
Dr. Ottfried Neubecker und Barbara Potzka.

Eingereicht von PRO HERALDICA®, Stuttgart.

Eingetragen unter Nr. 85276.

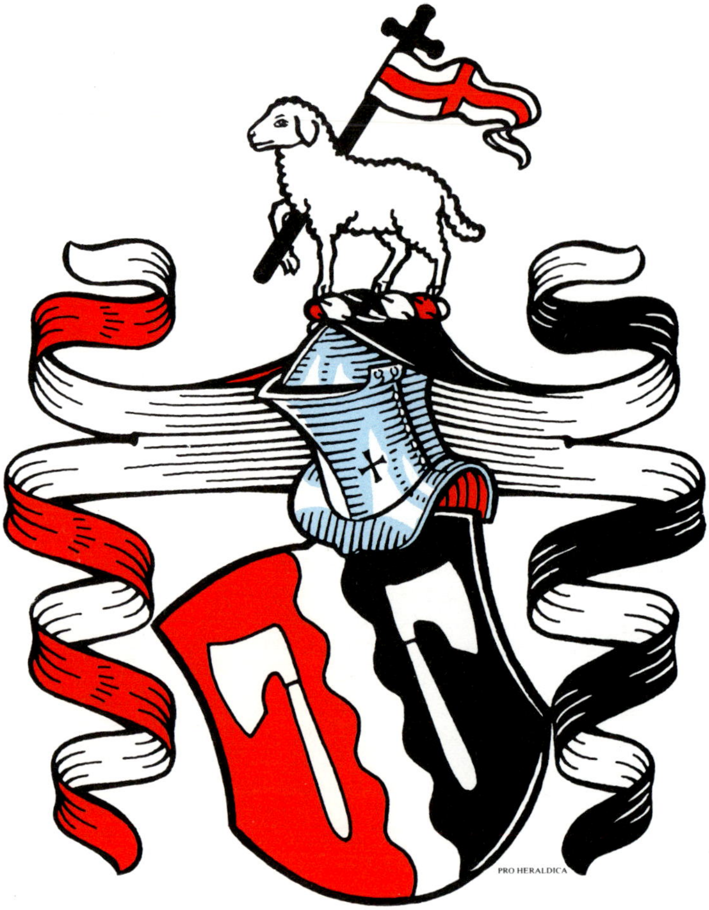

Sprenger

aus Kirchlinde, heute Stadt Dortmund

Ältester bekannter Vorfahr im Mannesstamm: Josef Sprenger, * um 1845, † Westernkotten Januar 1917, Vater des Wilhelm Sprenger, * Kirchlinde 29. 9. 1877, † ebd. 25. 9. 1942.

In durch einen Wellenpfahl rot-schwarz gespaltenem Schilde pfahlweise zwei abgewendete Metzgerbeile, alle Figuren silbern.
Auf dem rot-silbern-schwarz-silbern bewulsteten Helm mit rechts rot-silbernen und links schwarz-silbernen Decken ein silbernes Osterlamm, an schwarzer kreuzbesetzter Stange eine silberne, mit einem roten durchgehenden Kreuz bezeichnete Wimpelfahne schulternd.

Neu angenommen am 17. August 1984 von Karl-Gustav Sprenger, Fleischermeister und Kaufmann, * Dortmund 15. 4. 1941, für sich und seine ehelichen Nachkommen im Mannesstamm.

Entwurf: PRO HERALDICA®, Dr. Ottfried Neubecker
in Verbindung mit Barbara Potzka.

Eingereicht von PRO HERALDICA®, Stuttgart.

Eingetragen unter Nr. 84466.

Stahl

aus Lübeck

Ältester bekannter Vorfahr im Mannesstamm: Jacob Clas Stahl, Förster und Hegereiter, * Lübeck um 1650.

In silbern-blau gespaltenem Schilde ein Wellenbalken, begleitet oben von einem Feuerstahl, die Schlagseite oben, unten von einem Hufeisen, die Stollen unten, alles in verwechselten Farben. Auf dem blau-silbern bewulsteten Helm mit blau-silbernen Decken eine mit einem blauen Band gebundene silberne Getreidegarbe.

Neu angenommen am 30. März 1984 von den Eheleuten Ute, geb. Geerken, Arzthelferin, * Neustadt Holst. 30. 1. 1944, und Wilfried Stahl, Landw. Agrar-Ingenieur, * Gumbinnen/Ostpr. 3. 3. 1939, für sich und ihre ehelichen Nachkommen im Mannesstamm sowie zugunsten der übrigen ehelichen Nachkommen im Mannesstamm des obengenannten fünffachen Urgroßvaters Jacob Clas Stahl.

Entwurf: PRO HERALDICA®, Dr. Ottfried Neubecker
in Verbindung mit Barbara Potzka.

Eingereicht von PRO HERALDICA®, Stuttgart.

Eingetragen unter Nr. 84222.

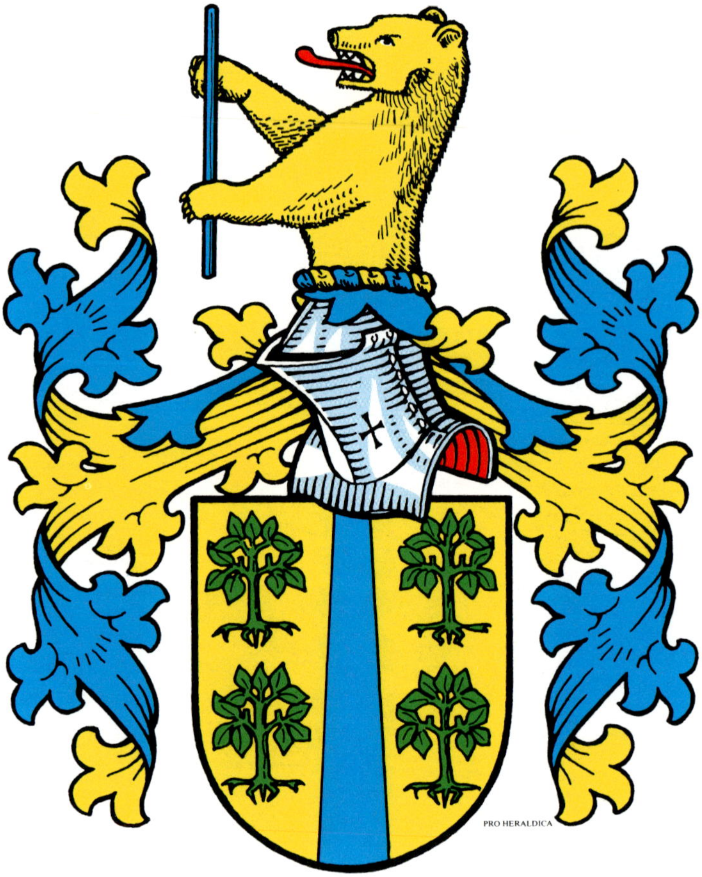

Stange

aus Pillau-Fischhausen/Ostpreußen

In Gold ein blauer, sich oben konisch verengender Pfahl, begleitet von vier grünen bewurzelten Laubbäumen.
Auf dem blau-golden bewulsteten Helm mit blau-goldenen Decken ein wachsender goldener Bär, in den Pranken pfahlweise eine blaue Stange haltend.

Neu angenommen am 27. Januar 1984 von Gisela Martha Frieda Stange, Sozialrätin, * Berlin 14. 3. 1929, für sich und zugunsten der übrigen ehelichen Nachkommen im Mannesstamm ihres Vaters Robert Walter Richard Julius Stange, Stadtbaumeisters, * Pillau-Fischhausen 26. 11. 1887, † Berlin 23. 8. 1965.

Entwurf: PRO HERALDICA®, Dr. Ottfried Neubecker
in Verbindung mit Barbara Potzka.

Eingereicht von PRO HERALDICA®, Stuttgart.

Eingetragen unter Nr. 85178.

Steegmüller

aus Schwenningen am Neckar

In blau-golden gestuft gespaltenem Schilde mit einer verlängerten Zinne links oben und einer verlängerten Scharte rechts unten pfahlweise eine aus zwei Rädern verschränkte Figur, das obere Rad ein Uhrenzahnrad, das untere ein Wassermühlrad, golden im blauen und rot im goldenen Platz und vom Spaltungsschnitt ausgespart.

Auf dem Helm mit rechts blau-goldenen und links rot-goldenen Decken ein flugbereiter goldener Kakadu.

Neu angenommen am 22. März 1985 von Heinz Steegmüller, Kaufmann, * Schwenningen 19. 4. 1939, für sich und seine ehelichen Nachkommen im Mannesstamm.

Entwurf: PRO HERALDICA®, unter Leitung von Dr. Ottfried Neubecker und Barbara Potzka.

Eingereicht von PRO HERALDICA®, Stuttgart.

Eingetragen unter Nr. 85179.

Steffens

aus Köln a. Rh.

In golden-rot gespaltenem Schilde je sechs (2,1,2,1) Scheiben, rot im goldenen und silbern im roten Platz.
Auf dem rot-golden-rot-silbern bewulsteten Helm mit rechts rot-goldenen und links rot-silbernen Dekken ein wachsender goldenbewehrter schwarzer Adler, belegt mit einem goldenen halbkreisförmigen Lorbeerkranz.

Neu angenommen am 23. November 1984 von Herbert Erich Steffens, Versicherungs-Kaufmann, * Köln am Rhein 26. 3. 1934, für sich und seine ehelichen Nachkommen im Mannesstamm.

Entwurf: PRO HERALDICA®, unter Leitung von Dr. Ottfried Neubecker und Barbara Potzka.

Eingereicht von PRO HERALDICA®, Stuttgart.

Eingetragen unter Nr. 85071.

Stemmler

aus Breckenheim, heute Wiesbaden

Ältester bekannter Vorfahr im Mannesstamm: Franz Stemmler, Vater des Georg Heinrich Stemmler, Gemeinsmanns, * Breckenheim 2. 11. 1785, † ebd. 8. 6. 1848.

In Gold zwischen zwei blauen geasteten Flanken oben eine beblätterte Weintraube, unten eine Brezel, diese Figuren rot.
Auf dem rot-golden-blau-golden bewulsteten Helm mit rechts rot-goldenen und links blau-goldenen Decken ein wachsender rotbewehrter blauer Adler, belegt mit einem goldenen Rad.

Neu angenommen am 22. März 1985 von Klaus D. Stemmler, Angestellter, * Mainz 7. 8. 1930, für sich und seine ehelichen Nachkommen im Mannesstamm.

Entwurf: PRO HERALDICA®, unter Leitung von Dr. Ottfried Neubecker und Barbara Potzka.

Eingereicht von PRO HERALDICA®, Stuttgart.

Eingetragen unter Nr. 85226.

Stienen

aus Recke, Krs. Tecklenburg

Ältester bekannter Vorfahr im Mannesstamm: Johannes Stienen, * Recke um 1720, ⚭ 12. 8. 1745 Katharina Adelheid Klausmann, vierfacher Urgroßvater des Wappenstifters.

In Blau auf grünem Hügel ein aufspringender silberner Widder, oben begleitet von einer von einem silbernen liegenden Halbmond überhöhten goldenen unteren Hälfte einer Sonne mit acht langen und abwechselnd damit acht kurzen spitzen Strahlen.
Auf dem blau-golden bewulsteten Helm mit blau-goldenen Decken zwischen einem silbernen Flug ein goldener, oben mit einem Stern besteckter linksgewendeter Äskulapstab, die Schlange silbern.

Wahrscheinlich neu angenommen von Joan Gerard Stienen, einem Sohn des obengenannten Vorfahren Johannes Stienen, Besitzer großer Schafsherden, und 1976 um den Äskulapstab vermehrt von Dr. med. Gert Stienen, Facharzt in Reinbek, * Weidenau/Westfalen 2. 12. 1922, für sich und seine ehelichen Nachkommen im Mannesstamm.

1976 heraldisch überarbeitet vom Deutschen Wappenmuseum, Berchtesgaden.

Eingereicht von PRO HERALDICA®, Stuttgart.

Eingetragen unter Nr. 85103.

Stöhr

aus Erfurt-Hochheim

Ältester bekannter Vorfahr im Mannesstamm: Louis Stöhr, Zimmermann und Bierfahrer, * Hochheim 3. 6. 1871, † ebd. 10. 5. 1915.

In Silber ein rotes achtspeichiges Rad, begleitet von drei (2,1) blauen Retorten. Auf dem Helm mit blau-silbernen Decken ein silberner Flug, je bezeichnet mit einem von einer Retorte überhöhten Rad wie im Schilde.

Neu angenommen am 26. Oktober 1984 von Thomas Anton Stöhr, Diplom-Chemiker, * Nürnberg 25. 2. 1958, für sich und seine ehelichen Nachkommen im Mannesstamm.

Entwurf: PRO HERALDICA®, unter Leitung von Dr. Ottfried Neubecker und Barbara Potzka.

Eingereicht von PRO HERALDICA®, Stuttgart.

Eingetragen unter Nr. 85146.

Stoll

aus Euskirchen

In Rot ein goldener, aus dem Schildfuß hervorkommender, beiderseits je einen Schößling treibender Baumstumpf, besetzt mit einem goldenen Kelch, um den sich eine silberne, ihr Gift in die Schale spritzende Schlange windet.
Auf dem Helm mit rot-goldenen Decken der goldennimbierte heilige Dominikus in Ordenstracht, in der linken Hand ein rotes Buch mit silberner Schließe tragend.

Neu angenommen am 9. November 1984 von den Eheleuten Bernd Stoll, Geschäftsführer, * Euskirchen 11. 2. 1931, und Brigitte Stoll, Apothekerin, * Schweinfurt 21. 3. 1942, für sich und ihre ehelichen Nachkommen im Mannesstamm.

Entwurf: PRO HERALDICA®, unter Leitung von Dr. Ottfried Neubecker und Barbara Potzka.

Eingereicht von PRO HERALDICA®, Stuttgart.

Eingetragen unter Nr. 85079.

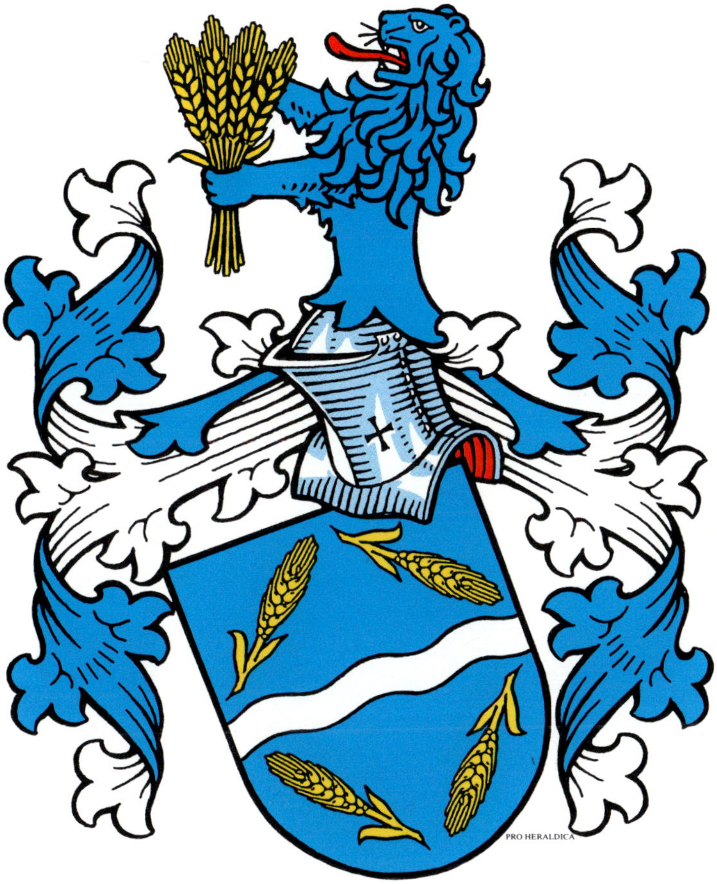

Stratenschulte

aus Arnsberg

In Blau ein silberner Wellenbalken, rautenförmig begleitet von vier goldenen, im Uhrzeigersinn gelegten beblätterten Ähren.
Auf dem Helm mit blau-silbernen Decken ein wachsender, vier goldene beblätterte Ähren haltender blauer Löwe.

Neu angenommen am 24. August 1984 von Theodor Stratenschulte, Bäcker, * Arnsberg 27. 2. 1948, für sich und seine ehelichen Nachkommen im Mannesstamm.

Entwurf: PRO HERALDICA®, Dr. Ottfried Neubecker
in Verbindung mit Barbara Potzka.

Eingereicht von PRO HERALDICA®, Stuttgart.

Eingetragen unter Nr. 84468.

Streitwieser

aus Hausen, Krs. Berchtesgadener Land

In Gold über grünem, in drei Kleeblätter ausgezogenem und mit diesen abwechselnd mit zwei schwarzen Streitkolben besetzten Schildfuß eine querliegende schwarze, an beiden Enden lilienendige Türhaspe mit acht offenen Nagellöchern.
Auf dem Helm mit grün-goldenen Decken ein schwarzer Sparren vor drei goldenen beblätterten Ähren.

Neu angenommen am 19. Oktober 1984 von Helene Streitwieser, Kauffrau, * Rosenheim 7. 4. 1907, Witwe nach Franz Xaver Streitwieser, Architekt und Bauunternehmer, 1902–1977, für sich und ihre ehelichen Nachkommen im Mannesstamm.

Entwurf: PRO HERALDICA®, Dr. Ottfried Neubecker
in Verbindung mit Barbara Potzka.

Eingereicht von PRO HERALDICA®, Stuttgart.

Eingetragen unter Nr. 85043.

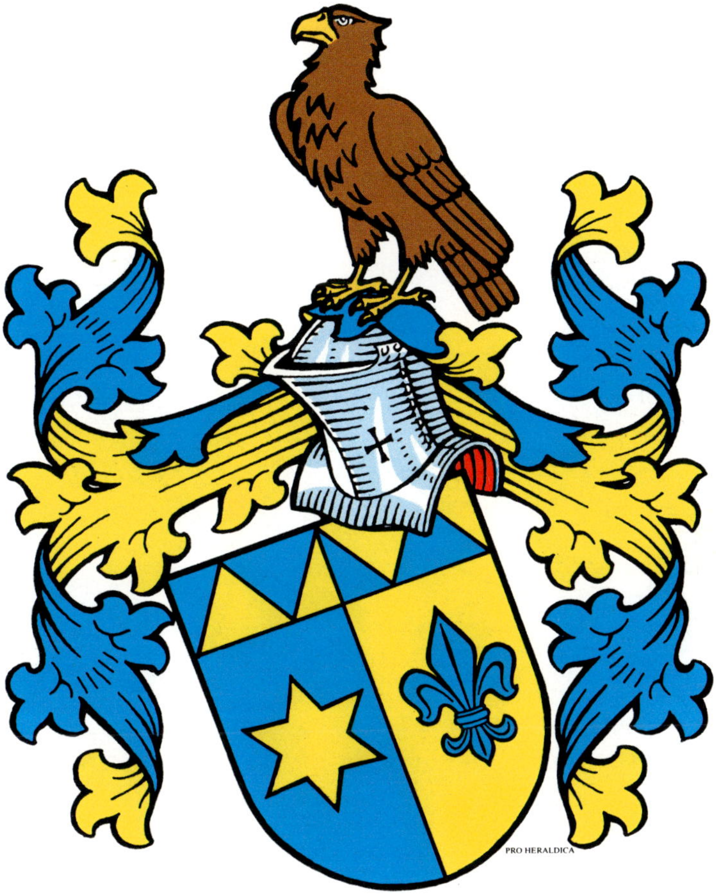

Streng

aus Sommerach, Krs. Kitzingen/Main

Ältester bekannter Vorfahr im Mannesstamm: Anton Streng, * 1723, † 1772, vierfacher Urgroßvater des Antragstellers.

In blau-golden gespaltenem Schilde unter einem mit drei Spitzen in verwechselten Farben belegten Schildhaupt rechts ein goldener Stern und links eine blaue Lilie.
Auf dem Helm mit blau-goldenen Decken ein stehender goldenbewehrter naturfarbener Seeadler.

Neu angenommen am 27. Juli 1984 von Diplom-Betriebswirt, Diplom-Volkswirt, Hanno Gottfried Streng, Steuerberater, Rechtsbeistand, * Hamburg 4. 6. 1935, für sich und seine ehelichen Nachkommen im Mannesstamm.

Entwurf: PRO HERALDICA®, Dr. Ottfried Neubecker
in Verbindung mit Barbara Potzka.

Eingereicht von PRO HERALDICA®, Stuttgart.

Eingetragen unter Nr. 84411.

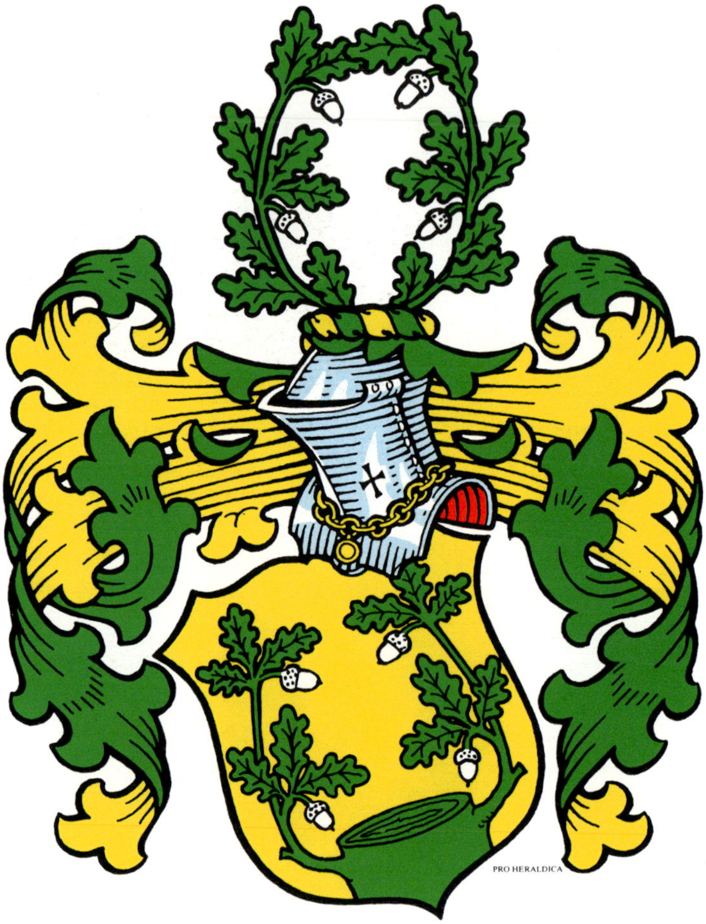

Stumpf

aus Hillenberg, Gem. Hausen, Krs. Rhön-Grabfeld

Ältester bekannter Vorfahr im Mannesstamm: Totnand Stumpf, Wagner, * Hillenberg, † Leubach, Krs. Rhön-Grabfeld, März 1923.

In Gold ein aus dem Schildfuß hervorkommender grüner Baumstumpf, beiderseits je ein grünes Eichenreis mit sechs Blättern und vier silbernen Früchten treibend.
Auf dem grün-golden bewulsteten Helm mit grün-goldenen Decken kranzförmig zwei grüne Eichenreiser mit vier silbernen Früchten.

Neu angenommen am 17. August 1984 von Berthold Stumpf, Baukaufmann, * Leubach 31. 5. 1949, für sich und seine ehelichen Nachkommen im Mannesstamm.

Entwurf: PRO HERALDICA®, Dr. Ottfried Neubecker
in Verbindung mit Barbara Potzka.

Eingereicht von PRO HERALDICA®, Stuttgart.

Eingetragen unter Nr. 84469.

Sussmann

aus Teschwitz, Krs. Falkenau a.d. Eger

Ältester bekannter Vorfahr im Mannesstamm: Johann Sussmann, Vater des Josef Sussmann, Bauern, * Teschwitz 4. 6. 1792.

In schwarz-rot gespaltenem Schilde auf einem pfahlweise mit einer schwarzen Wellenleiste belegten Dreiberg ein Apfelbaum mit Früchten, begleitet rechts von einem Adlerkopf und links von einem Mörser mit eingelegtem Pistill, alle Figuren golden.
Auf dem schwarz-golden-rot-golden bewulsteten Helm mit rechts schwarz-goldenen und links rot-goldenen Decken ein schwarzer Flug mit goldenen Schwungfedern.

Neu angenommen am 30. März 1984 von Hans Jürgen Sussmann, Drogist, * Kaufbeuren 3. 9. 1947, für sich und seine ehelichen Nachkommen im Mannesstamm sowie zugunsten der übrigen ehelichen Nachkommen im Mannesstamm seines obengenannten vierfachen Urgroßvaters Johann Sussmann.

Entwurf: PRO HERALDICA®, Dr. Ottfried Neubecker
in Verbindung mit Barbara Potzka.

Eingereicht von PRO HERALDICA®, Stuttgart.

Eingetragen unter Nr. 84273.

Tenz

aus Grafenhausen, Krs. Waldshut

Ältester bekannter Vorfahr im Mannesstamm: Johann Denz, Bürger und Säger, * Grafenhausen 12. 8. 1769, † ebd. 30. 4. 1836.

In Rot ein Moriskentänzer mit blauem Hemd, blaugefüttertem silbernem Anzug, blauer Leibbinde mit abfliegenden Enden, blauen Schuhen und blauen Schellen an den Strümpfen, auf dem Haupt eine blau-silberne Stirnbinde mit abfliegenden blauen Bändern.
Auf dem Helm mit rechts blau-silbernen und links rot-silbernen Decken ein mit einem silbernen Balken belegter roter Flug.

Neu angenommen am 22. Dezember 1983 von Wolfgang Willy Tenz, Geschäftsführer, * Freiburg i.Br. 7. 11. 1921, für sich und seine ehelichen Nachkommen sowie zugunsten der übrigen ehelichen Nachkommen im Mannesstamm seines Ururgroßvaters Johann Denz.

Entwurf: PRO HERALDICA®, Dr. Ottfried Neubecker
in Verbindung mit Barbara Potzka.

Eingereicht von PRO HERALDICA®, Stuttgart.

Eingetragen unter Nr. 84226.

Thesenfitz

aus Thesenvitz auf Rügen

Ältester bekannter Vorfahr im Mannesstamm: ... Thesenvitz, Bauer in Thesenvitz, Stammvater des Johann Thesenvitz, Landwirts und Fischers, * Zingst 1825, † ebd.

In Blau ein goldenes achtspeichiges Steuerrad, an der Hauptstelle pfahlweise überdeckt von einer nach unten divergierend silbern spritzenden schwarzen Teereinspritzdüse.
Auf dem blau-silbern bewulsteten Helm mit blau-silbernen Decken ein widersehender schwarzer Seeadler mit silbernem Kopf und goldenem Schnabel.

Neu angenommen am 29. November 1985 von Klaus Thesenfitz, Diplom-Kaufmann, * Rostock/Mecklenburg 17. 10. 1941, für sich und seine ehelichen Nachkommen im Mannesstamm sowie für seine Mutter Christine Thesenfitz und deren übrige eheliche Nachkommen im Mannesstamm.

Entwurf: PRO HERALDICA®, unter Leitung von
Dr. Ottfried Neubecker und Barbara Potzka.

Eingereicht von PRO HERALDICA®, Stuttgart.

Eingetragen unter Nr. 86007.

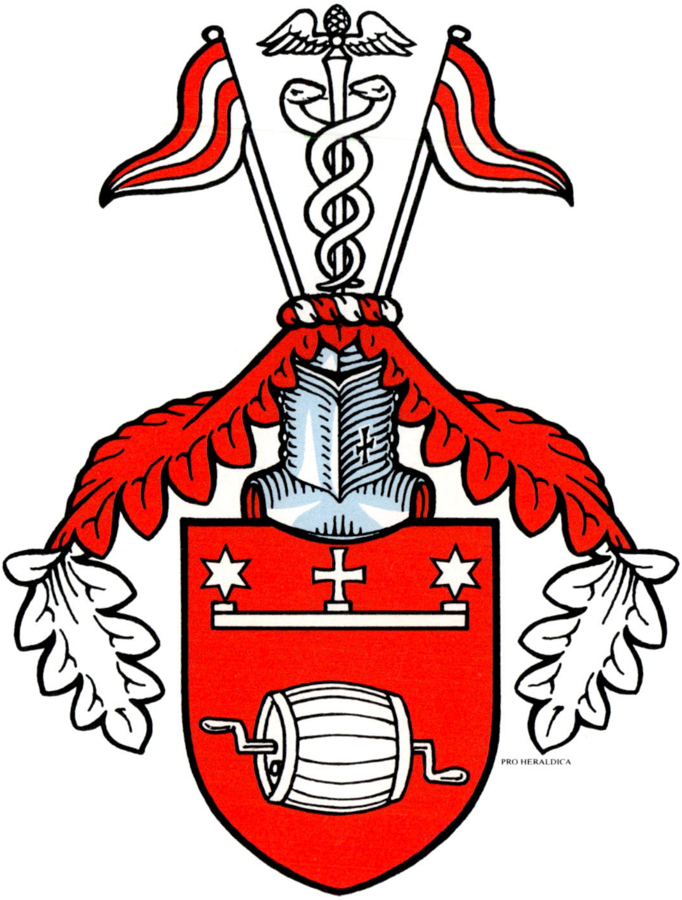

Thiel

aus Schickerwitz, Lkrs. Oels, Reg.-Bez. Breslau

Ältester bekannter Vorfahr im Mannesstamm: Carl Gottlieb Thiel, Vater des Maximilian Ferdinand Thiel, * vermutl. Schickerwitz 3. 9. 1814.

In Rot balkenweise ein Butterfaß, überhöht von einem gestürzten dreilätzigen Turnierkragen, rechts und links je mit einem Stern, in der Mitte mit einem Kreuzchen besetzt, alle Figuren silbern. Auf dem rot-silbern bewulsteten Helm mit rot-silbernen Decken ein silberner Merkurstab zwischen zwei je dreimal von Rot und Silber geteilten Fahnen an silbernen Stangen.

Neu angenommen am 10. September 1984 von Fritz Thiel, Geschäftsführer, * Breslau 10. 9. 1924, für sich und seine ehelichen Nachkommen im Mannesstamm.

Entwurf: PRO HERALDICA®, Dr. Ottfried Neubecker
in Verbindung mit Barbara Potzka.

Eingereicht von PRO HERALDICA®, Stuttgart.

Eingetragen unter Nr. 85147.

von der Thüsen

aus Kettwig/Ruhr

Ältester bekannter Vorfahr im Mannesstamm: Johannes Gottfried von der Thüsen, † Kettwig 29. 9. 1781, Vater des Adam Adolf von der Thüsen, Tuchfabrikant, ~ Kettwig 24. 2. 1782.

In Gold ein roter Hauptpfahl, darin eine silberne Schlange, beseitet von zwei Backenzähnen, golden in den roten und rot in den goldenen Plätzen.
Auf dem Helm mit rot-goldenen Decken zwei von einem rot-silbern in drei Reihen geschachten Reifen umschlossene silberne Stierhörner.

Neu angenommen am 23. November 1984 von Frau Dr. med. dent. Hanneliese von der Thüsen, Zahnärztin, * Wuppertal 23. 1. 1930, für sich und ihre ehelichen Nachkommen im Mannesstamm sowie zugunsten der übrigen ehelichen Nachkommen im Mannesstamm ihres obengenannten fünffachen Urgroßvaters Johannes Gottfried von der Thüsen.

Entwurf: PRO HERALDICA®, unter Leitung von
Dr. Ottfried Neubecker und Barbara Potzka.

Eingereicht von PRO HERALDICA®, Stuttgart.

Eingetragen unter Nr. 85088.

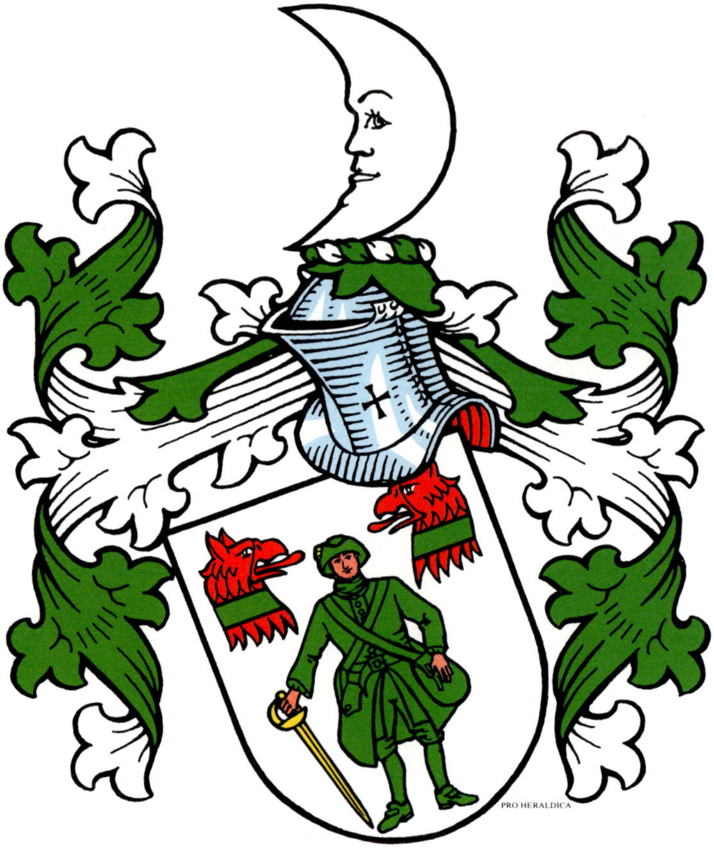

Trabandt

aus Bütow, Reg.-Bez. Köslin

Ältester bekannter Vorfahr im Mannesstamm: Otto Trabandt, Fleischermeister und Viehhändler, Vater des Otto Trabandt, Bäckermeisters, * Bütow 16. 6. 1911.

In Silber ein grüngekleideter Soldat in der Tracht des 17. Jahrhunderts, mit der Rechten einen goldenen Degen abwärts haltend, die Linke an die an einem Kreuzband hängende Tasche gestützt, in den Oberecken begleitet von zwei zugewendeten roten, mit einem grünen Balken belegten Greifenköpfen. Auf dem grün-silbern bewulsteten Helm mit grün-silbernen Decken ein silberner gesichteter zunehmender Mond.

Neu angenommen am 7. Dezember 1984 von Jürgen Otto Trabandt, Industriekaufmann, * Stolp/Pommern 29. 9. 1936, für sich und seine ehelichen Nachkommen im Mannesstamm sowie zugunsten der übrigen ehelichen Nachkommen im Mannesstamm seines obengenannten Großvaters Otto Trabandt.

Entwurf: PRO HERALDICA®, unter Leitung von
Dr. Ottfried Neubecker und Barbara Potzka.

Eingereicht von PRO HERALDICA®, Stuttgart.

Eingetragen unter Nr. 85072.

Trapp

aus Königsberg/Ostpreußen

Ältester bekannter Vorfahr im Mannesstamm: Rudolf Trapp, Korbmacher, Vater des Erich Trapp, Kaufmanns, * Königsberg 19. 1. 1897, † Neckargemünd 17. 7. 1977.

In Silber auf blauem Dreiberg eine natürliche Trappe (Vogel), oben begleitet von zwei blauen fünfblättrigen Blüten.
Auf dem Helm mit blau-silbernen Decken die Trappe wie im Schilde.

Neu angenommen am 13. Juli 1984 von Dr. med. Gunther Lothar Trapp, Augenarzt, * Königsberg 14. 12. 1943, für sich und seine ehelichen Nachkommen im Mannesstamm.

Entwurf: PRO HERALDICA®, Dr. Ottfried Neubecker
in Verbindung mit Barbara Potzka.

Eingereicht von PRO HERALDICA®, Stuttgart.

Eingetragen unter Nr. 84412.

Unger

aus Frankenthal/Pfalz

Ältester bekannter Vorfahr im Mannesstamm: Johann Conrad Unger,* um 1800, Vater des Wilhelm Unger, * Frankenthal 15. 6. 1828.

In Schwarz eine goldene Tierhaut, belegt mit einem Gänsekiel schräglinks zwischen zwei Lindenblättern, diese Figuren rot.
Auf dem schwarz-golden bewulsteten Helm mit schwarz-goldenen Decken ein wachsender rotbewehrter schwarzer Löwe, zwischen den Pranken einen goldenen facettierten dreieckigen Stein haltend.

Neu angenommen am 24. April 1984 von Siegfried Daniel Unger, Lehrer, * Mannheim 13. 6. 1941, für sich und seine ehelichen Nachkommen im Mannesstamm sowie zugunsten der übrigen ehelichen Nachkommen im Mannesstamm seines obengenannten Ururgroßvaters Johann Conrad Unger.

Entwurf: PRO HERALDICA®, Dr. Ottfried Neubecker
in Verbindung mit Barbara Potzka.

Eingereicht von PRO HERALDICA®, Stuttgart.

Eingetragen unter Nr. 84227.

Völker

aus Glüsing, Krs. Dithmarschen

Ältester bekannter Vorfahr im Mannesstamm: Ludwig Friedrich Völker, ⚭ Christiane Ernestine Henriette Unbhaun, Vater des Alexander Otto Richard Völker, * Augstadt 11. 11. 1867, Großvater der Wappenstifterin.

In Schwarz eine in eine Pflugschar gesteckte Lanzenspitze mit seitlichen Dornen, beseitet von zwei abgewendeten Hahnenschwänzen, alle Figuren silbern.
Auf dem schwarz-silbern bewulsteten Helm mit schwarz-silbernen Decken ein halber rotbewehrter silberner Adler und eine halbe schwarze Lilie monogrammatisch aneinandergeschoben.

Neu angenommen von Frau Charlotte Völker, Inhaberin eines Großkoch- und Kühlanlagenbetriebes in Glüsing.

Entwurf: E. G. Bartlau, Hamburg.

Eingetragen unter Nr. 82067.

Volz

aus Bergheim, Krs. Büdingen

Ältester bekannter Vorfahr im Mannesstamm: Johann Jacob Volz (Voltz), * err. 1680, □ Bergheim 2. 6. 1755.

In Rot eine Sparrenleiste, begleitet von dreimal vier kreuzweise, die Spitzen nach außen, gestellten Tropfen, alle Figuren silbern.
Auf dem rot-silbern bewulsteten Helm mit rot-silbernen Decken ein wachsender flugbereiter rotbewehrter silberner Schwan.

Neu angenommen am 4. März 1983 von Wolfgang Volz, Kaufmann, * Hanau 1. 6. 1937, für sich und seine ehelichen Nachkommen im Mannesstamm sowie zugunsten der übrigen ehelichen Nachkommen im Mannesstamm seines obengenannten sechsfachen Urgroßvaters Johann Jakob Volz (Voltz).

Entwurf: PRO HERALDICA®, Dr. Ottfried Neubecker
in Verbindung mit Barbara Potzka.

Eingereicht von PRO HERALDICA®, Stuttgart.

Eingetragen unter Nr. 83269.

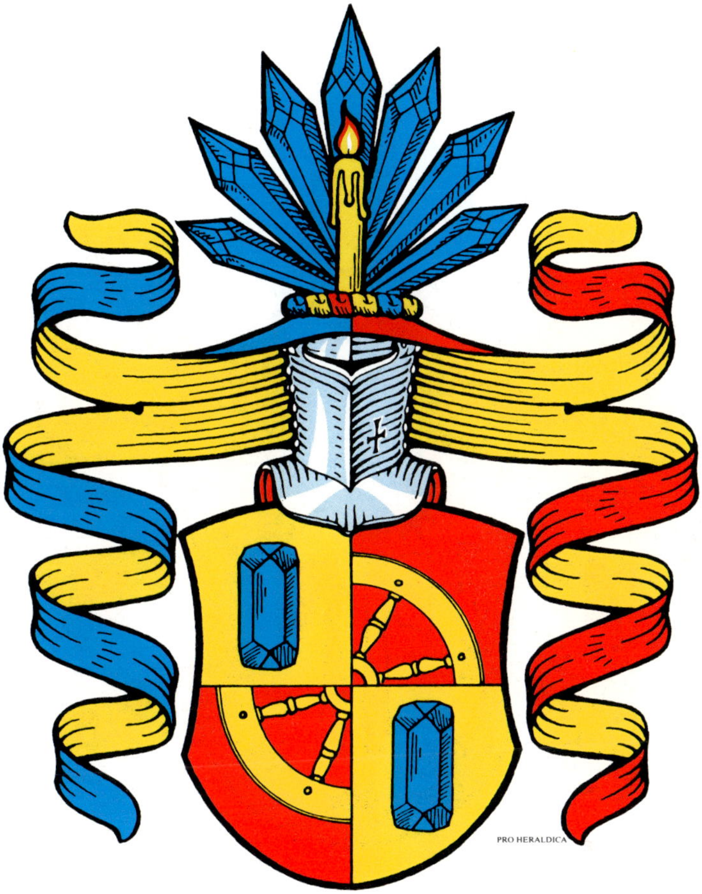

Wagner

aus St. Goarshausen, Rhein-Lahn-Kreis

Ältester bekannter Vorfahr im Mannesstamm: Adam Wagner, Kaufmann, * St. Goarshausen, Großvater des Antragstellers.

In golden-rot geviertem Schilde 1) und 4) pfahlweise ein blauer facettiert geschliffener schindelförmiger Glaskristall, 2) und 3) je ein Viertel eines goldenen, auf die Herzstelle zentrierten Rades. Auf dem blau-golden-rot-golden bewulsteten Helm mit rechts blau-goldenen und links rot-goldenen Decken eine brennende goldene Kerze vor sieben fächerweise gestellten blauen, facettiert geschliffenen speerförmigen Glaskristallen.

Neu angenommen am 30. März 1984 von Klaus Wagner, Kaufmann, * Wiesbaden 6. 5. 1938, für sich und seine ehelichen Nachkommen im Mannesstamm.

Entwurf: PRO HERALDICA®, Dr. Ottfried Neubecker
in Verbindung mit Barbara Potzka.

Eingereicht von PRO HERALDICA®, Stuttgart.

Eingetragen unter Nr. 84229.

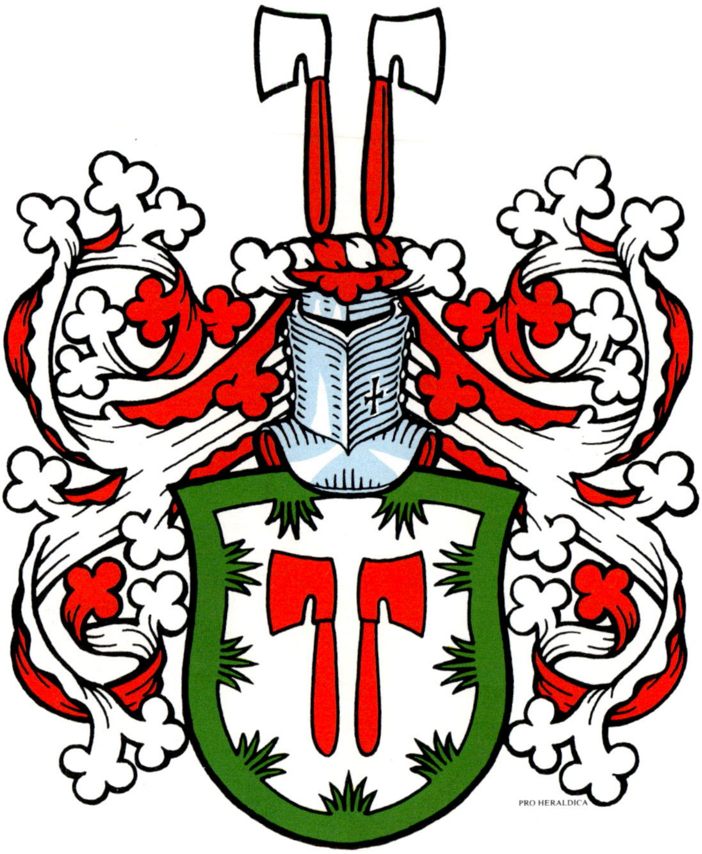

Wassmer

aus Ehrsberg, Gem. Häg-Ehrsberg, Lkrs. Lörrach

Ältester bekannter Vorfahr im Mannesstamm: August Wassmer, Landwirt, * Ehrsberg um 1870.

In Silber innerhalb eines in neun Grasbüschel ausgezogenen grünen Schildrandes zwei abgewendete rote Metzgerbeile.
Auf dem rot-silbern bewulsteten Helm mit rot-silbernen Decken die Beile wie im Schilde, jedoch die Blätter silbern.

Neu angenommen am 1. Februar 1985 von Adolf Wassmer, Metzgermeister, * Ehrsberg 16. 10. 1938, für sich und seine ehelichen Nachkommen im Mannesstamm.

Entwurf: PRO HERALDICA®, unter Leitung von
Dr. Ottfried Neubecker und Barbara Potzka.

Eingereicht von PRO HERALDICA®, Stuttgart.

Eingetragen unter Nr. 85089.

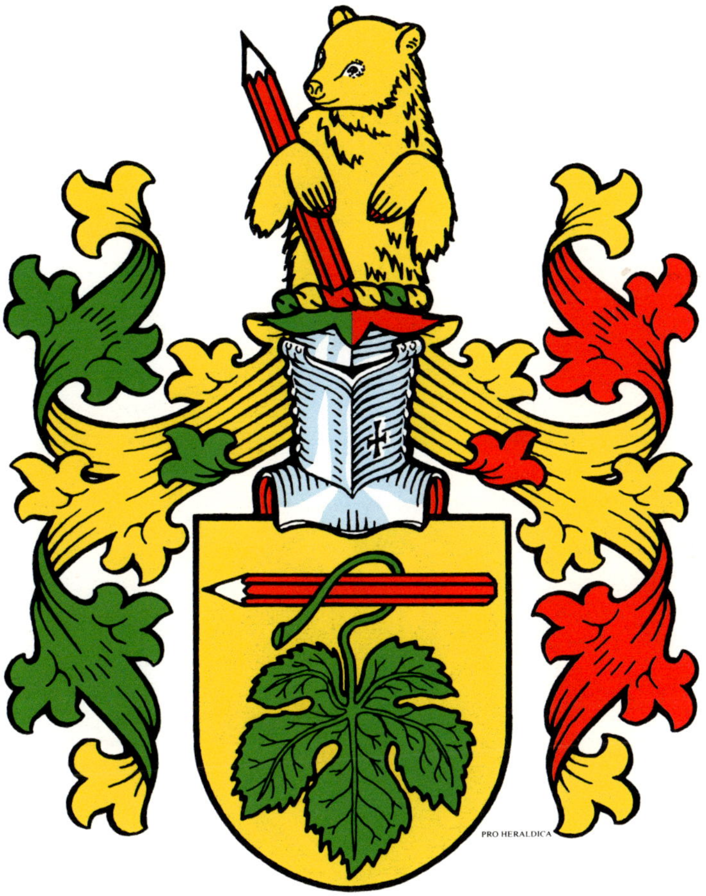

Weber

aus Gersfeld/Rhön

Ältester bekannter Vorfahr im Mannesstamm: Leonhard Weber, * Gersfeld um 1750.

In Gold ein hängendes grünes Weinblatt mit um einen balkenweise gelegten roten Bleistift geschlungenem Stiel.
Auf dem grün-golden-rot-golden bewulsteten Helm mit rechts grün-goldenen und links rot-goldenen Decken ein wachsender goldener Bär mit vor die Brust gehaltenen Pranken, einen roten Bleistift schrägrechts an den Körper lehnend.

Neu angenommen am 4. April 1985 von Karlklaus Weber, Architekt, * Bernkastel 15. 12. 1927, für sich und seine ehelichen Nachkommen im Mannesstamm.

Entwurf: PRO HERALDICA®, unter Leitung von
Dr. Ottfried Neubecker und Barbara Potzka.

Eingereicht von PRO HERALDICA®, Stuttgart.

Eingetragen unter Nr. 85156.

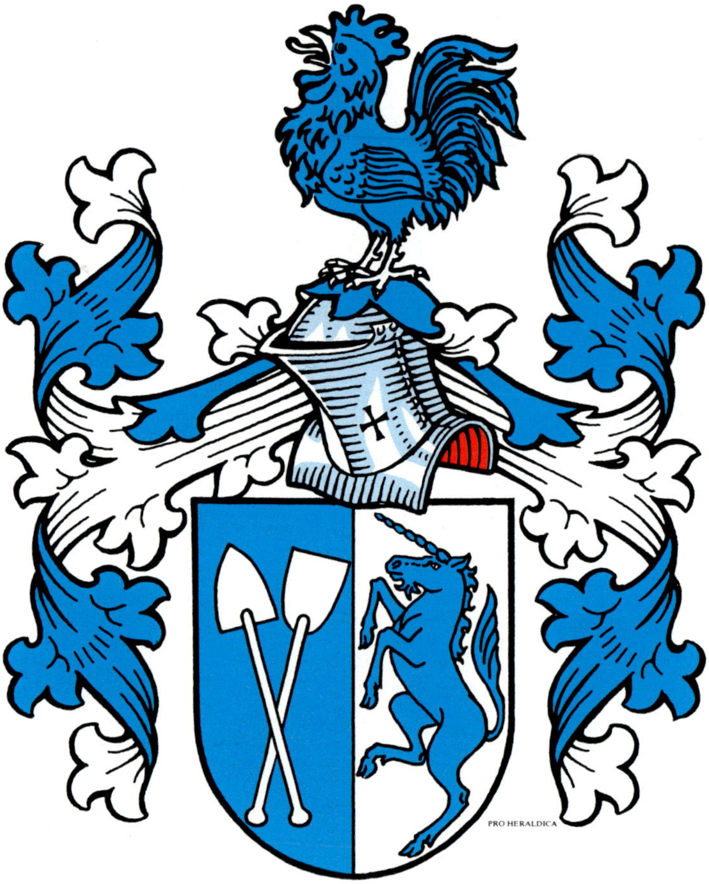

Wehrens

aus Aachen

Ältester bekannter Vorfahr im Mannesstamm: Johann Peter Wehrens, Vater des Konrad Wehrens, Kaufmanns, * Aachen 8. 9. 1800, † ebd. 19. 1. 1881.

In blau-silbern gespaltenem Schilde rechts zwei gekreuzte verschiedenartige Brauschaufeln, links ein Einhorn, alles in verwechselten Farben.
Auf dem Helm mit blau-silbernen Decken ein silbernbewehrter blauer Hahn.

Eingetragen auf Antrag von Dr. Hans Georg Wehrens, Notar, * Hermeskeil 4. Juli 1932, für sich und seine ehelichen Nachkommen im Mannesstamm sowie zugunsten der übrigen ehelichen Nachkommen im Mannesstamm seines obengenannten dreifachen Urgroßvaters Johann Peter Wehrens.

Richtiggestellt von PRO HERALDICA®,
unter Leitung von Dr. Ottfried Neubecker und Barbara Potzka.

Eingereicht von PRO HERALDICA®, Stuttgart.

Eingetragen unter Nr. 85105.

Weidler

aus Urbach im Remstal, Amt Schorndorf

Ältester bekannter Vorfahr im Mannesstamm: Leonhard Weydler in Unterurbach, * um 1620.

In Silber auf grünem Hügel eine natürliche Weide, begleitet rechts von einer blauen Hellebardenspitze, links von einer blauen Pflugschar, die Spitze oben.
Auf dem grün-silbern bewulsteten Helm mit grün-silbernen Decken zwei auswärtsgeneigte grüne Weidenzweige.

Eingetragen auf Antrag von Dipl.-Ing. Peter-Wilhelm Weidler, Bauunternehmer, * Schwäbisch Gmünd 18. 4. 1943, für sich und seine ehelichen Nachkommen im Mannesstamm.

Richtiggestellt von PRO HERALDICA®,
unter Leitung von Dr. Ottfried Neubecker und Barbara Potzka.

Eingereicht von PRO HERALDICA®, Stuttgart.

Eingetragen unter Nr. 85148.

Weniger

aus Gerichtstetten, Main-Tauber-Kreis

Ältester bekannter Vorfahr im Mannesstamm: Balthasar Winninger, * Gerichtstetten um 1608.

In Rot schrägliegend ein goldener gesichteter abnehmender Mond, rechts unten überdeckt von einer rotgefugten silbernen Stufenmauer.
Auf dem Helm mit rot-silbernen Decken der Mond wie im Schilde, jedoch von einem roten Stufengiebel unterstützt.

Neu angenommen am 21. September 1984 von Jürgen-Willi Weniger, Geschäftsleiter, * Mannheim 1. 8. 1941, für sich und seine ehelichen Nachkommen im Mannesstamm.

Entwurf: PRO HERALDICA®, Dr. Ottfried Neubecker
in Verbindung mit Barbara Potzka.

Eingereicht von PRO HERALDICA®, Stuttgart.

Eingetragen unter Nr. 84505.

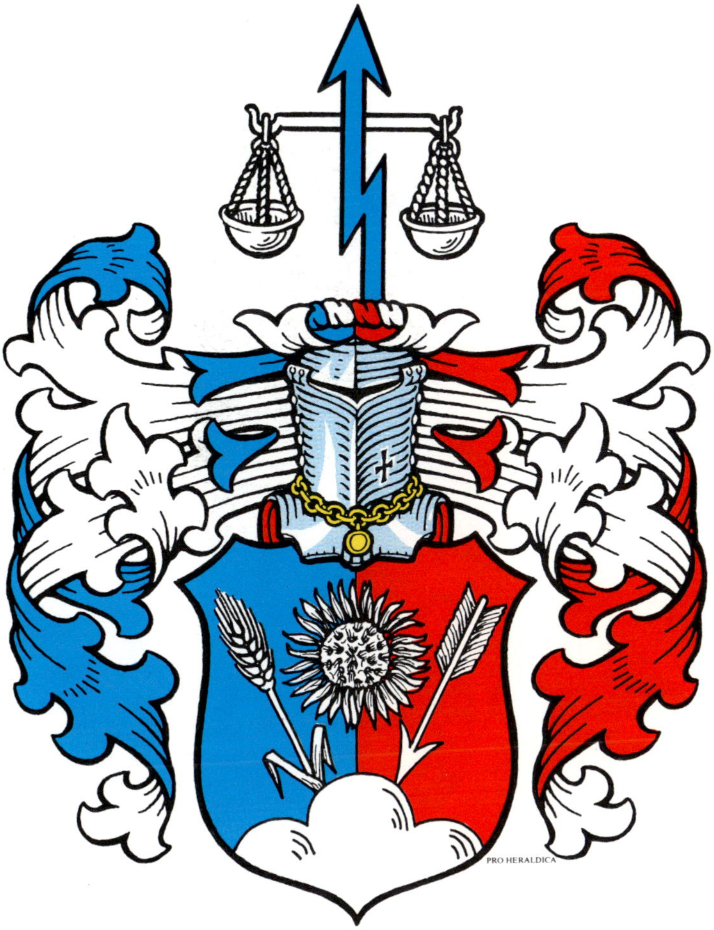

Werner

aus Hausen a. d. Lauchert, Lkrs. Reutlingen

Ältester bekannter Vorfahr im Mannesstamm: Bernhard Werner, Weber, * Hausen 25. 3. 1827, † ebd. 16. 11. 1891.

In blau-rot gespaltenem Schilde ein Dreiberg, der mittlere Hügel fächerweise besteckt mit einer Ähre und einem Pfeil, eine Distelblüte einschließend, alle Figuren silbern.
Auf dem blau-silbern-rot-silbern bewulsteten Helm mit rechts blau-silbernen und links rot-silbernen Decken eine silberne Waage im Gleichgewicht, überdeckt von einem blauen Blitz, die Spitze nach oben.

Neu angenommen am 22. Dezember 1983 von Manfred Werner, Kaufmann, * Ebingen 10. 5. 1938, für sich und seine ehelichen Nachkommen im Mannesstamm sowie zugunsten der übrigen ehelichen Nachkommen im Mannesstamm seines obengenannten Urgroßvaters Bernhard Werner.

Entwurf: PRO HERALDICA®, Dr. Ottfried Neubecker
in Verbindung mit Barbara Potzka.

Eingereicht von PRO HERALDICA®, Stuttgart.

Eingetragen unter Nr. 84128.

Werner

aus Würzburg

In silbern-schwarz mit positiver Sinuskurve geteiltem Schilde pfahlweise rechts eine gestürzte Kinderrassel, links eine aufgerichtete Zahnzange, alle Figuren schwarz im silbernen und golden im schwarzen Platz.

Auf dem schwarz-silbern-schwarz-golden bewulsteten Helm mit rechts schwarz-silbernen und links schwarz-goldenen Decken ein natürlicher Bonsai-Baum.

Neu angenommen am 7. Dezember 1984 von Dr. Harald Werner, Zahnarzt, * Würzburg 9. 7. 1951, für sich und seine ehelichen Nachkommen im Mannesstamm.

Entwurf: PRO HERALDICA®, unter Leitung von Dr. Ottfried Neubecker und Barbara Potzka.

Eingereicht von PRO HERALDICA®, Stuttgart.

Eingetragen unter Nr. 85080.

Weßling

aus Langeneicke, Krs. Lippstadt

Ältester bekannter Vorfahr im Mannesstamm: Johann Adam Weßling, Landwirt, * Langeneicke 12. 7. 1783.

In rot-golden geteiltem Schilde oben ein fünfspeichiges Rad, unten ein mit einer offenen Zange pfahlweise belegter Dreiberg, alles in verwechselten Farben.
Auf dem rot-golden bewulsteten Helm mit rot-goldenen Decken ein wachsender rotbewehrter goldener Löwe, pfahlweise eine rote Zange haltend.

Neu angenommen am 26. Oktober 1984 von Dr. med. dent. Joachim Weßling, Zahnarzt, * Herne 16. 10. 1946, für sich und seine ehelichen Nachkommen im Mannesstamm.

Entwurf: PRO HERALDICA®, Dr. Ottfried Neubecker
in Verbindung mit Barbara Potzka.

Eingereicht von PRO HERALDICA®, Stuttgart.

Eingetragen unter Nr. 84552.

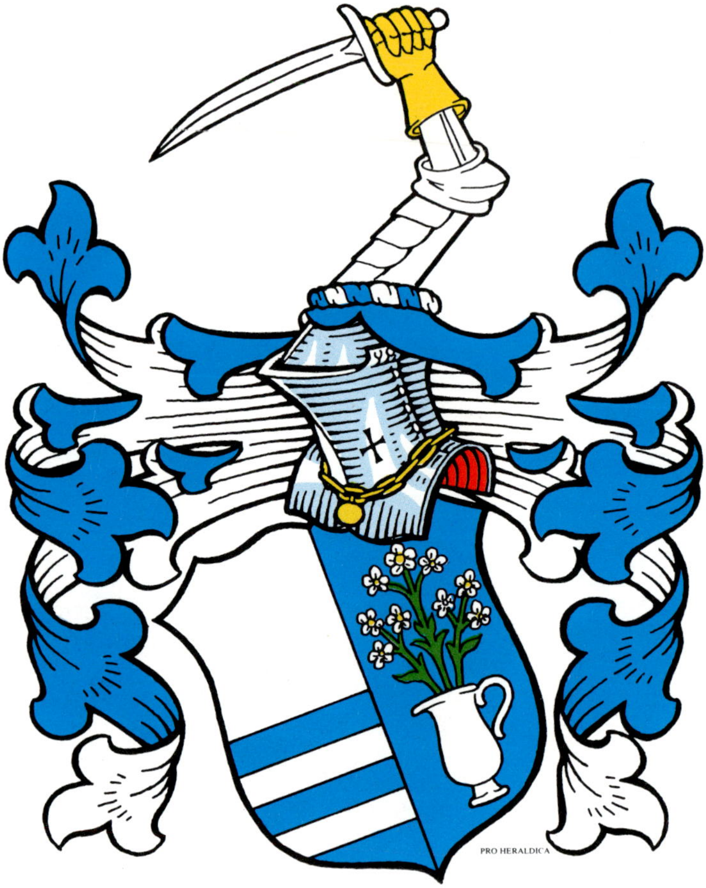

Weyhausen

aus Schohasbergen (Hasbergen), Krs. Delmenhorst

Ältester bekannter Vorfahr im Mannesstamm: Heinrich Weyhausen, * Schohasbergen 1. 1. 1668, † 27. 2. 1723.

Halbgeteilt und gespalten; rechts oben silbern, unten in Blau zwei silberne Balken, links in Blau drei grüngestielte und -beblätterte Blumen mit je drei silbernen Blüten, in einen silbernen Henkelkrug gesteckt.
Auf dem blau-silbern bewulsteten Helm mit blau-silbernen Decken ein silberngeharnischter linker Arm mit goldenem Handschuh, einen naturfarbenen Säbel nach rechts schwingend.

Auf Antrag von Eduard Weyhausen, Bankkaufmann, * Bremen 8. 12. 1951, für sich und seine ehelichen Nachkommen im Mannesstamm sowie zugunsten der übrigen ehelichen Nachkommen im Mannesstamm seines obengenannten sechsfachen Urgroßvaters Heinrich Weyhausen eingetragen.

Richtiggestellt von PRO HERALDICA®,
Dr. Ottfried Neubecker in Verbindung mit Barbara Potzka.

Eingereicht von PRO HERALDICA®, Stuttgart.

Eingetragen unter Nr. 84471.

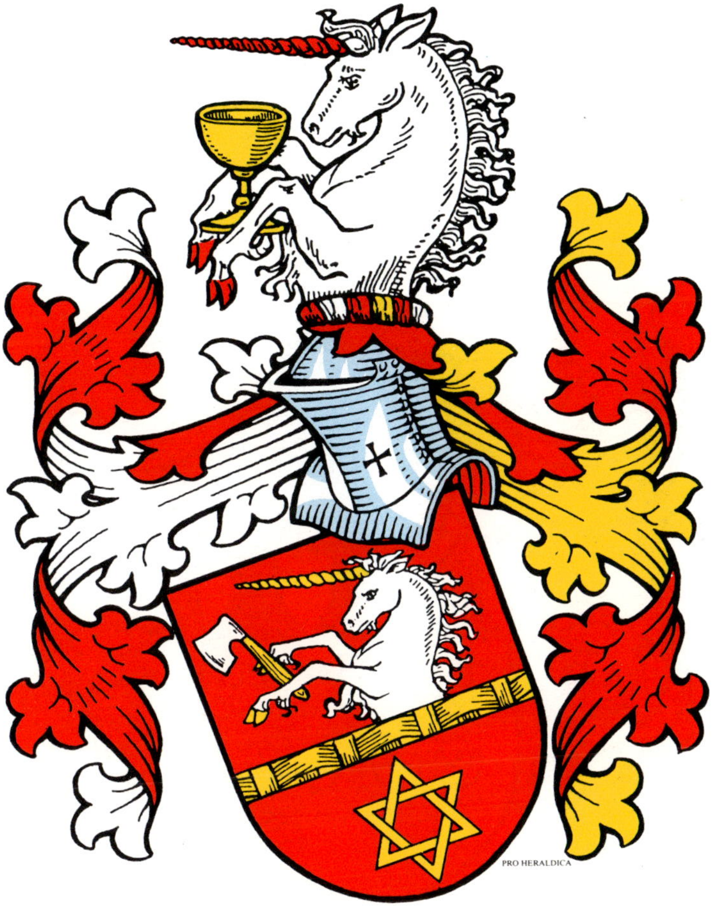

Wiedmann

aus Schwäbisch Gmünd

Ältester bekannter Vorfahr im Mannesstamm: Eugen Wiedmann, Fasser, * Schwäbisch Gmünd 2. 6. 1876, † ebd. 7. 9. 1959.

In Rot eine goldene Weidengeflechtleiste, oben besetzt mit einem wachsenden, ein goldengegrifftes silbernes Metzgerbeil schrägrechts haltenden, goldenbewehrten silbernen Einhorn, an der Fußstelle begleitet von einem goldenen Hexagramm.
Auf dem rot-silbern-rot-golden bewulsteten Helm mit rechts rot-silbernen und links rot-goldenen Dekken das Einhorn wie im Schilde, aber rotbewehrt und einen goldenen Pokal zwischen den Vorderbeinen haltend.

Neu angenommen am 1. Februar 1985 von Manfred Wiedmann, Gastwirt, Metzger, * Schwäbisch Gmünd 9. 10. 1939, für sich und seine ehelichen Nachkommen im Mannesstamm sowie zugunsten der übrigen ehelichen Nachkommen im Mannesstamm seines Großvaters Eugen Wiedmann.

Entwurf: PRO HERALDICA®, unter Leitung von
Dr. Ottfried Neubecker und Barbara Potzka.

Eingereicht von PRO HERALDICA®, Stuttgart.

Eingetragen unter Nr. 85149.

Wilhelm

aus Ormesheim, Saar-Pfalz-Kreis

Ältester bekannter Vorfahr im Mannesstamm: Johann Wilhelm, Großvater des Antragstellers.

Unter Sturzfeh-Schildhaupt aus einer Reihe mit drei silbernen Eisenhüten in Rot doppelsturzsparrenweise neun silberne runde Semmeln.
Auf dem rot-silbern bewulsteten Helm mit rot-silbernen Decken ein beiderseits mit je drei roten Rosen besteckter silberner Abtstab.

Neu angenommen am 4. April 1985 von Norbert Wilhelm, Konditormeister, * Ensheim/Saar, für sich und seine ehelichen Nachkommen im Mannesstamm.

Entwurf: PRO HERALDICA®, unter Leitung von
Dr. Ottfried Neubecker und Barbara Potzka.

Eingereicht von PRO HERALDICA®, Stuttgart.

Eingetragen unter Nr. 85227.

Winter

aus Herdecke/Ennepe-Ruhr-Kreis

Ältester bekannter Vorfahr im Mannesstamm: Walter Winter, Schriftsetzer, * Herdecke, Vater des Antragstellers.

In Rot ein goldener Druckerballen, aus dem Stiel zwei silberne Eichenblätter wachsend. Auf dem rot-golden bewulsteten Helm mit rot-goldenen Decken ein wachsender rotbewehrter silberner Greif, in der rechten Klaue einen silbernen Eichenbruch mit drei Blättern und zwei goldenen Früchten haltend.

Neu angenommen am 27. Februar 1984 von Ulrich Winter, Schriftsetzermeister, * Herdecke 27. 2. 1924, für sich und seine ehelichen Nachkommen im Mannesstamm.

Entwurf: PRO HERALDICA®, Dr. Ottfried Neubecker
in Verbindung mit Barbara Potzka.

Eingereicht von PRO HERALDICA®, Stuttgart.

Eingetragen unter Nr. 84230.

Wirichs

aus Krefeld

Ältester bekannter Vorfahr im Mannesstamm: Stephan Wirichs, * um 1780, † 3. 1. 1841.

In Silber ein auf einer grünen Hopfenranke mit zwei Blättern und zwei Dolden fußender schwarzer Adler mit rotem Schnabel, die Saxen mit goldenen Kleestengeln belegt.
Auf dem Helm mit grün-silbernen Decken ein wachsender rotgezungter grüner geschwänzter Löwe, ein goldenes Kleeblatthochkreuz haltend.

Neu angenommen am 29. August 1986 von den Eheleuten Walburga Maria Magdalena Ursula Wirichs, geb. Ramisch, Hausfrau, * Krefeld 22. 4. 1944, und Dr. Ernst Wirichs, Mitinhaber und Geschäftsführer der Brauerei Rhenania, * Kempen/Rhein 25. 2. 1938, für sich und ihre ehelichen Nachkommen im Mannesstamm.

Entwurf: PRO HERALDICA®, unter Leitung von
Dr. Ottfried Neubecker und Barbara Potzka.

Eingereicht von PRO HERALDICA®, Stuttgart.

Eingetragen unter Nr. 86305.

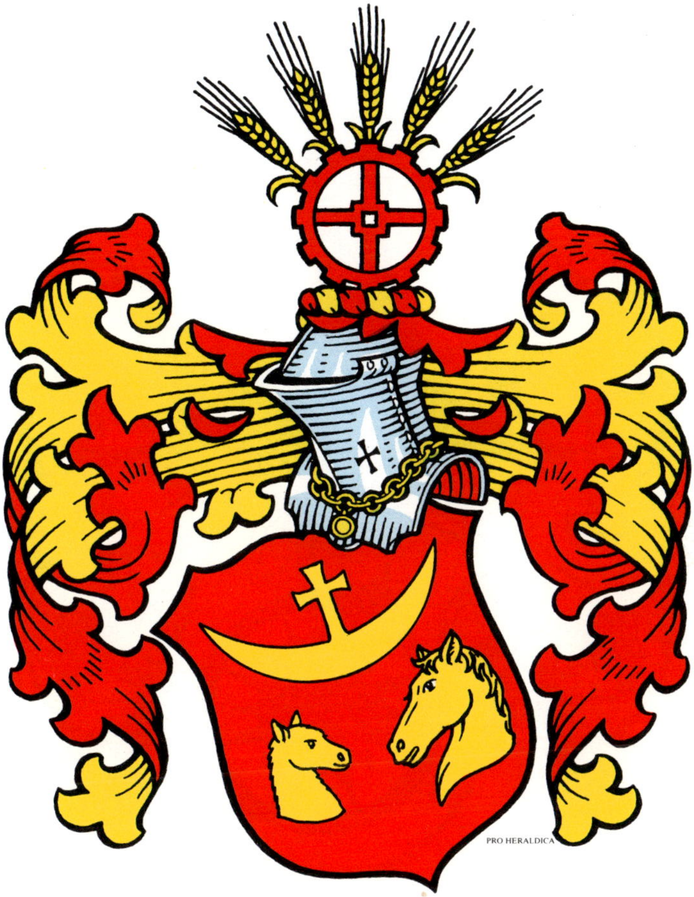

Witowski

aus Karlsberg, Bez. Radautz/Rumänien

Ältester bekannter Vorfahr im Mannesstamm: Johann Witowski, Großvater des Antragstellers.

In Rot einander zugewandt rechts ein Fohlenkopf, links ein Pferdekopf, überhöht von einem in der Höhlung in ein Tatzenhochkreuz ausgezogenen liegenden Halbmond, alle Figuren golden.
Auf dem rot-golden bewulsteten Helm mit rot-goldenen Decken ein oben mit fünf goldenen beblätterten Ährenfruchtständen bestecktes rotes vierspeichiges Zahnrad.

Neu angenommen am 31. Mai 1985 von Erwin Witowski, Mechanikermeister, * Karlsberg 2. 2. 1936, für sich und seine ehelichen Nachkommen im Mannesstamm.

Entwurf: PRO HERALDICA®, unter Leitung von
Dr. Ottfried Neubecker und Barbara Potzka.

Eingereicht von PRO HERALDICA®, Stuttgart.

Eingetragen unter Nr. 85247.

Wittmann

aus Erlangen

In Gold eine in den Oberecken von zwei hochovalen, kranzförmig facettierten roten Edelsteinen begleitete blaue Windrose.
Auf dem Helm mit blau-goldenen Decken ein wachsender blau mit goldenem Gürtel gekleideter Mann mit silbernem Haar, in der Rechten einen goldenen Merkurstab haltend, die Linke in die Seite gestützt.

Neu angenommen am 7. September 1984 von Erich Wittmann, Kaufmann, * Erlangen 5. 3. 1927, für sich und seine ehelichen Nachkommen im Mannesstamm.

Entwurf: PRO HERALDICA®, Dr. Ottfried Neubecker in Verbindung mit Barbara Potzka.

Eingereicht von PRO HERALDICA®, Stuttgart.

Eingetragen unter Nr. 85181.

Wohlers

aus Schwaförden, Krs. Diepholz

Ältester bekannter Vorfahr im Mannesstamm: HeinrichWohlers, Landwirt, * Schwaförden um 1750, † ebd.

In Schwarz an der Herzstelle ein Apfel, begleitet von drei aus den Oberecken und dem Schildfuß hervorkommenden Eichenbrüchen, die beiden oberen bestehend aus einem Blatt mit einer Eichel und der untere mit zwei Eicheln, alle Figuren golden.
Auf dem Helm mit schwarz-goldenen Decken ein silbernbewehrter schwarzer Keilerrumpf zwischen zwei goldenen Eichenzweigen mit je zwei Blättern und zwei Eicheln.

Neu angenommen am 30. März 1984 von Werner Wohlers, Landwirtschaftsmeister und Kaufmann, * Apelstedt, Stadt Bassum, 26. 2. 1924, für sich und seine ehelichen Nachkommen im Mannesstamm sowie zugunsten der übrigen ehelichen Nachkommen im Mannesstamm seines obengenannten vierfachen Urgroßvaters Heinrich Wohlers.

Entwurf: PRO HERALDICA®, Dr. Ottfried Neubecker
in Verbindung mit Barbara Potzka.

Eingereicht von PRO HERALDICA®, Stuttgart.

Eingetragen unter Nr. 84231.

Wojkowsky

aus Neudorf, Bez. Teschen

Ältester bekannter Vorfahr im Mannesstamm: Joseph (Josef) Wojkowsky, Pensionist, Vater des Johann (Jan) Wojkowsky, Werkzeugmacher, Maschinist, * Neudorf 4. 5. 1857, † Tabor 1945.

In silbern-blau gespaltenem Schilde zwei Büffelhörner, rot im silbernen und silbern im blauen Platz. Auf dem Helm mit rechts rot-silbernen und links blau-silbernen Decken die Büffelhörner wie im Schilde.

Neu angenommen am 23. September 1983 von Herbert Wojkowsky, Diplom-Ingenieur (Maschinenbau), * Schlesisch-Ostrau, Verw.-Bez. Friedeck/Mähren, 25. 10. 1939, für sich und seine ehelichen Nachkommen im Mannesstamm sowie zugunsten der übrigen ehelichen Nachkommen im Mannesstamm seines obengenannten Urgroßvaters Joseph (Josef) Wojkowsky.

Entwurf: PRO HERALDICA®, Dr. Ottfried Neubecker
in Verbindung mit Barbara Potzka.

Eingereicht von PRO HERALDICA®, Stuttgart.

Eingetragen unter Nr. 84232.

Wolber

aus Alpirsbach, Lkrs. Freudenstadt

Ältester bekannter Vorfahr im Mannesstamm: Johann Friedrich Wolber, Schäfter (Schuhmacher), * Alpirsbach 2. 12. 1818.

In Schwarz schräglinks ein goldener Pfeil, überdeckt von einem goldenen, mit einem rotbewehrten schwarzen Bären belegten Schrägbalken.
Auf dem Helm mit schwarz-goldenen Decken ein wachsender rotbewehrter schwarzer Bär, ein goldenes Zahnrad zwischen den Pranken haltend.

Neu angenommen am 23. November 1984 von Wilhelm Wolber, Maschinenbaumeister, * Basel 10. 1. 1934, für sich und seine ehelichen Nachkommen im Mannesstamm sowie zugunsten der übrigen ehelichen Nachkommen im Mannesstamm seines obengenannten Ururgroßvaters Johann Friedrich Wolber.

Entwurf: PRO HERALDICA®, unter Leitung von Dr. Ottfried Neubecker und Barbara Potzka.

Eingereicht von PRO HERALDICA®, Stuttgart.

Eingetragen unter Nr. 85032.

Wronka

aus Fylitz, Lkrs. Neidenburg/Ostpreußen

Ältester bekannter Vorfahr im Mannesstamm: Joseph Wronka, Bahnarbeiter, Vater des Johann Wronka, Bahnarbeiters, * Fylitz 5. 12. 1870, † Bochum 19. 3. 1943.

In schwarz-golden schräggeteiltem Schilde zwei zugewandte Flügel, golden im schwarzen und blau im goldenen Platz.
Auf dem schwarz-golden bewulsteten Helm mit schwarz-goldenen Decken zwei goldene Elchschaufeln, die vorderen Stangen besetzt mit zwei zugewandten goldenbewehrten schwarzen Krähen.

Neu angenommen und seinen Eltern gewidmet am 15. 6. 1984 von Gerhard Wronka, Fernmeldemonteur, * Bochum 17. 9. 1956, für sich und die übrigen ehelichen Nachkommen seiner Eltern Alfons Wronka, * Bochum 14. 11. 1916, † Essen 8. 8. 1977, und Agnes, geb. Janning, * Essen 14. 3. 1922.

Entwurf: PRO HERALDICA®, Dr. Ottfried Neubecker
in Verbindung mit Barbara Potzka.

Eingereicht von PRO HERALDICA®, Stuttgart.

Eingetragen unter Nr. 84416.

Wuhrer

aus dem Zollernalbkreis

In Gold ein von einem an beiden Enden verstutzten roten Pfahl überdeckter blauer Wellenbalken, überhöht von einer schwarzen Hirschstange.
Auf dem blau-golden-rot-golden bewulsteten Helm mit rechts blau-goldenen und links rot-goldenen Decken ein wachsender schwarzbewehrter goldener Hirsch, eine aus drei (2,1) schwarzen Dreiecken bestehende Figur, die Dreiecke rechts innen und unten golden bordiert, zwischen den Läufen haltend.

Neu angenommen am 21. September 1984 von Manfred Wuhrer, Geschäftsführer, * Balingen 6. 4. 1940, für sich und seine ehelichen Nachkommen im Mannesstamm sowie zugunsten der übrigen ehelichen Nachkommen im Mannesstamm seines Vaters Robert Wuhrer, † Schömberg, Krs. Balingen, um 1954.

Entwurf: PRO HERALDICA®, unter Leitung von Dr. Ottfried Neubecker und Barbara Potzka.

Eingereicht von PRO HERALDICA®, Stuttgart.

Eingetragen unter Nr. 85228.

Wulf

aus Halverde, heute Stadt Hopstein, Krs. Steinfurt

Ältester bekannter Vorfahr im Mannesstamm: Lukas Wulf, Bauer, * Halverde 30. 8. 1814.

In Gold innerhalb roten, im Schildfuß einmal schwarz gestückten und mit acht (3,2,2,1) goldenen Münzen belegten Schildrandes ein schwarzes Wolfshaupt.
Auf dem Helm mit rechts rot-goldenen und links schwarz-goldenen Decken eine goldene Herkulesstatue mit Keule.

Neu angenommen am 13. Juli 1984 von Hubert Josef Wulf, Fabrikant, Industriekaufmann, * Rheine 19. 3. 1924, für sich und seine ehelichen Nachkommen im Mannesstamm.

Entwurf: PRO HERALDICA®, Dr. Ottfried Neubecker
in Verbindung mit Barbara Potzka.

Eingereicht von PRO HERALDICA®, Stuttgart.

Eingetragen unter Nr. 84417.

Wunderle

aus Marktoffingen, Krs. Donau-Ries

Ältester bekannter Vorfahr im Mannesstamm: Franz Wunderle, Gutsverwalter, * um 1740.

In Rot eine goldene Schrägleiste, daraus hervorkommend ein silberngekleideter Mann mit Kordelgürtel, mit der linken Hand eine goldene Maske vors Gesicht, mit der Rechten einen silbernen Pokal empor haltend; unten aus einem goldenen Dreiberg hervorkommend ein naturfarbener Arm mit goldenem Stulphandschuh, in der Hand eine silberne Weltkugel haltend.
Auf dem rot-silbern bewulsteten Helm mit rot-silbernen Decken ein wachsendes goldenbewehrtes silbernes Einhorn, eine goldene Münze zwischen den Beinen haltend.

Neu angenommen am 9. März 1984 von Helmut Stefan Kaspar Wunderle, Kaufmann, * Nördlingen 1. 6. 1927, für sich und seine ehelichen Nachkommen im Mannesstamm sowie zugunsten der übrigen ehelichen Nachkommen im Mannesstamm seines obengenannten dreifachen Urgroßvaters Franz Wunderle.

Entwurf des Antragstellers.

Eingereicht von PRO HERALDICA®, Stuttgart.

Eingetragen unter Nr. 84418.

Zapf

aus Hof a.d. Saale

Innerhalb roten Schildrandes in Silber drei (2,1) rote Fichtenzapfen.
Auf dem Helm mit rot-silbernen Decken ein roter Wolfsrumpf.

Neu angenommen am 28. September 1984 von Wolf-Gunther Zapf, Verkehrsmeister, * Castrop-Rauxel 22. 10. 1941, für sich und seine ehelichen Nachkommen im Mannesstamm sowie zugunsten der übrigen ehelichen Nachkommen im Mannesstamm seines Vaters Richard Zapf, Angestellten, * Hof/Saale 2. 2. 1913.

Entwurf: PRO HERALDICA®, Dr. Ottfried Neubecker
in Verbindung mit Barbara Potzka.

Eingereicht von PRO HERALDICA®, Stuttgart.

Eingetragen unter Nr. 84535.

Zenker

aus Kunnersdorf, Krs. Reichenberg

Ältester bekannter Vorfahr im Mannesstamm: Anton Zenker, Schuldirektor, * Kunnersdorf 11. 5. 1854, † Oberursel 6. 5. 1920, Vater des Friedrich Zenker, Oberlehrers, * Kunnersdorf 25. 9. 1892, † Oberursel 16. 11. 1972.

Zwischen blauem Schildhaupt und silbernem Schildfuß silbern-rot schräglinksgeteilt, in jedem Platz ein Flügel in verwechselten Farben.
Auf dem Helm mit rot-silbernen Decken ein wachsender silbernbewehrter roter Adler mit silbernen Kleestengeln auf den Saxen.

Neu angenommen am 12. Oktober 1984 von Wolfgang Zenker, Kaufmann, * Neheim-Hüsten 2. 3. 1946, für sich und seine ehelichen Nachkommen im Mannesstamm.

Entwurf: PRO HERALDICA®, Dr. Ottfried Neubecker
in Verbindung mit Barbara Potzka.

Eingereicht von PRO HERALDICA®, Stuttgart.

Eingetragen unter Nr. 84536.

Ziesing

aus Duderstadt

Ältester bekannter Vorfahr im Mannesstamm: Ernst Ziesing, Metzgermeister, Vater des Bernhard Ziesing, Kaufmanns, * Duderstadt 8. 5. 1911.

In Blau unter goldenem Zackenschildhaupt, die sechs Spitzen eingekerbt, ein flatternder goldener Zeisig.

Auf dem blau-golden bewulsteten Helm mit blau-goldenen Decken ein wachsendes goldenes Pferd.

Neu angenommen am 23. November 1984 von Bernd-Jürgen Ziesing, Elektro-Ingenieur, Elektromeister, * Wiesbaden 16. 10. 1940, für sich und seine ehelichen Nachkommen im Mannesstamm.

Entwurf: PRO HERALDICA®, unter Leitung von
Dr. Ottfried Neubecker und Barbara Potzka.

Eingereicht von PRO HERALDICA®, Stuttgart.

Eingetragen unter Nr. 85033.

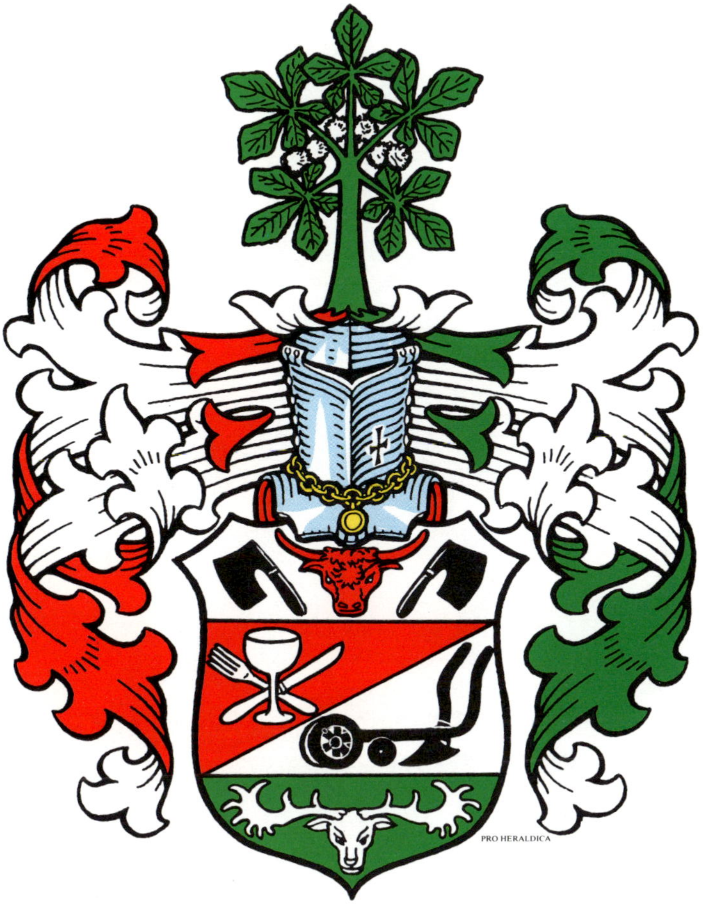

Zöll

aus Wollseiffen, Gem. Dreiborn, Krs. Schleiden

Unter silbernem Schildhaupt, darin ein von zwei auswärtsgeneigten schwarzen Beilen beseiteter roter Stierkopf, und über grünem Schildfuß, darin ein silbernes Damhirschhaupt, rot-silbern schräglinksgeteilt darin oben eine von einem silbernen Messer gekreuzte silberne Gabel, überdeckt von einem silbernen Weinglas, unten ein schwarzer Pflug.
Auf dem Helm mit rechts rot-silbernen und links grün-silbernen Decken ein grüner Kastanienbaum mit silbernen Früchten.

Eingetragen auf Antrag von Heinrich Zöll, Fleischer, Land- und Gastwirt, * Wollseiffen 11. 12. 1941, für sich und seine ehelichen Nachkommen im Mannesstamm.

Richtiggestellt von PRO HERALDICA®,
Dr. Ottfried Neubecker in Verbindung mit Barbara Potzka.

Eingereicht von PRO HERALDICA®, Stuttgart.

Eingetragen unter Nr. 85081.

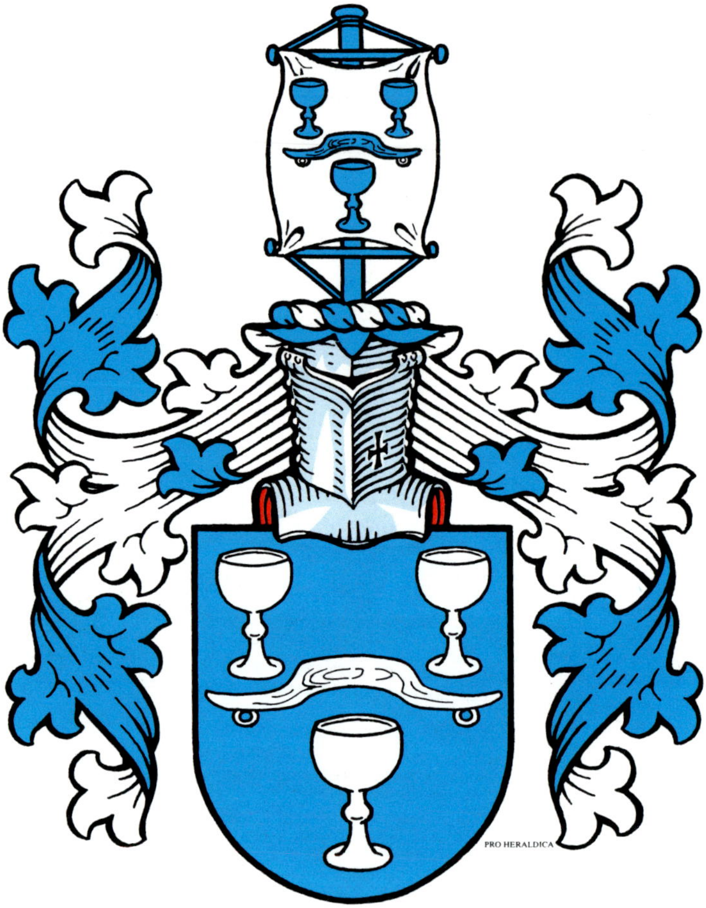

Zuspann

aus Breunigweiler bei Börrstadt/Pfalz

In Blau ein Ochsenjoch, begleitet von drei (2,1) Pokalen, alle Figuren silbern.
Auf dem blau-silbern bewulsteten Helm mit blau-silbernen Decken an blauem Mast zwischen zwei Rahen mit blauen Tauen ein silbernes Segel, bezeichnet wie der Schild, die Figuren jedoch blau.

Neu angenommen am 22. Februar 1985 von Elmar Zuspann, Hotelier, * Breunigweiler 8. 6. 1949, für sich und seine ehelichen Nachkommen im Mannesstamm.

Entwurf: PRO HERALDICA®, unter Leitung von
Dr. Ottfried Neubecker und Barbara Potzka.

Eingereicht von PRO HERALDICA®, Stuttgart.

Eingetragen unter Nr. 85230.

ANHANG

Berichtigungen

ADW VI, Seite 66/67:

BUHL

Thomas	* um 1763 † Malapane 4. 2. 1815	Häusler
Urban	* Malapane 9. 5. 1807 † 20. 1. 1864	Ackerhäusler
Franz	* Schodnia (Malapane) 30. 9. 1839 † Schodnia 3. 5. 1923	Landwirt
Anton	* Malapane, Krs. Oppeln 13. 6. 1882 † Malapane 21. 9. 1961	Landwirt und Speditionskfm.

dessen Söhne:

Josef	* Malapane 5. 8. 1911	Großhandelskaufmann
Herbert, Dr. med.	* Malapane 14. 3. 1925	Arzt

ARCHIV: DEUTSCHES MUSEUM FÜR FAMILIENWAPPEN, STUTTGART.

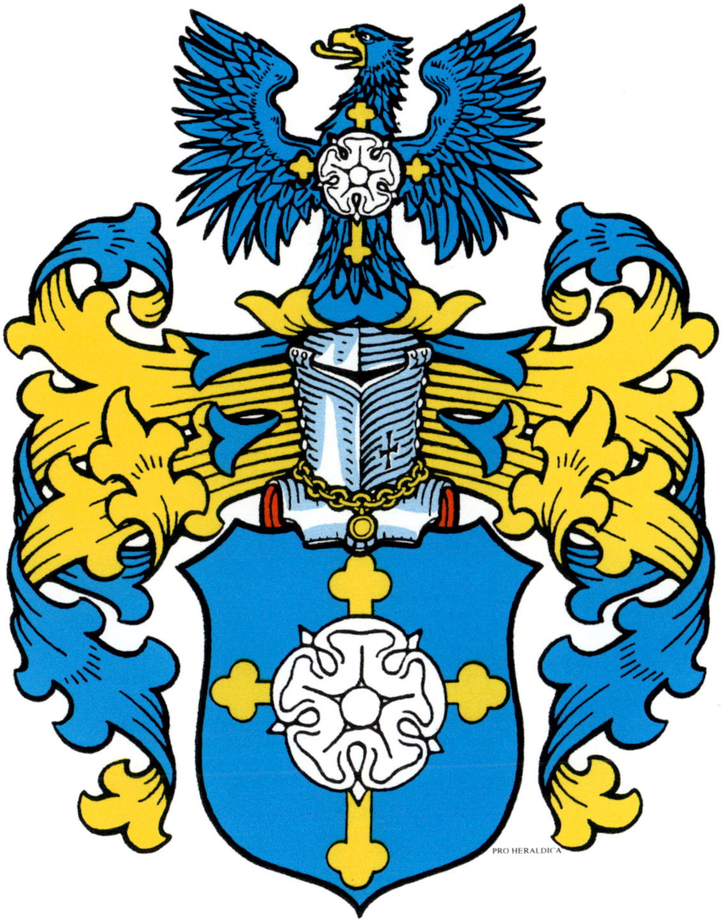

Buhl

aus Malapane, Krs. Oppeln/Oberschlesien

Ältester bekannter Vorfahr im Mannesstamm: Thomas Buhl, Häusler, * um 1763, † Malapane 4. 2. 1815, □ Sczedrzik, Krs. Oppeln, 6. 2. 1815.

In Blau ein goldenes Kleeblatthochkreuz, an der Herzstelle überdeckt von einer silbernen Rose. Auf dem Helm mit blau-goldenen Decken ein wachsender goldenbewehrter blauer Adler, auf Brust und Saxen mit dem Schildbild belegt.

Neu angenommen am 18. Februar von den Brüdern Josef Buhl, Großhandelskaufmann in Frankfurt/M., und Dr. med. Herbert Buhl, Arzt in Homburg, für sich und ihre ehelichen Nachkommen im Mannesstamm sowie zugunsten der übrigen ehelichen Nachkommen im Mannesstamm ihres obengenannten Urgroßvaters Thomas Buhl.

Entwurf: PRO HERALDICA®, unter Leitung von Dr. Ottfried Neubecker und Barbara Potzka.

Eingereicht von PRO HERALDICA®, Stuttgart.

Eingetragen unter Nr. 83120.

ADW VI, Seite 86/87:

ERFELING

des Stammes Havergoe (Haverich)

Johan Cordt Christopher Erfeling, * 30. 4. 1709 war ein geborener Havergoe. Er nahm den Namen Erfeling erst an, als er in seiner ersten Ehe am 25. 6. 1731 die Witwe des Cord Hermann Erfeling, geb. Limerthümer, heiratete.

Johannes	* Wellentrup 1398 † Wellentrup 1466	Gutsbesitzer
Cordt	* Wellentrup 1449 † Wellentrup 1525	Gutsbesitzer
Johannes	* Wellentrup 1481 † Wellentrup 1565	Gutsbesitzer
Heinrich	* Wellentrup 1553 † Wellentrup 1606	Gutsbesitzer
Heinrich	* Wellentrup 1561 † Wellentrup 1616	Gutsbesitzer
Cordt	* Wellentrup 1598 † Wellentrup 1665	Gutsbesitzer
Cordt	* Wellentrup 1627 † Wellentrup 1698	Gutsbesitzer
Johann Hermann	* Wellentrup 1685 † Wellentrup 16. 3. 1739	Gutsbesitzer
Johan Cordt Christopher	Wellentrup 30. 4. 1709 † Wellentrup 7. 11. 1785	Gutsbesitzer
Hinrich Christopher	* Kachtenhausen 28. 7. 1765 † Jheringsfehn 31. 10. 1827	Kolonist
Christian Christophers	* Jheringsfehn 27. 2. 1789 † Jheringsfehn 11. 2. 1875	Kapitän
Hinrich Christians	* Jheringsfehn 22. 2. 1818 † Jheringsfehn 21. 3. 1895	Kapitän
Christian Hinrichs	* Jheringsfehn 18. 2. 1851 † Jheringsfehn 3. 1. 1891	Kapitän
Etteus Johann	* Jheringsfehn 28. 1. 1889 † Leer 7. 6. 1965	Kapitän
Christian Theodor	* Jheringsfehn 22. 10. 1914	Kapitän, vereid. Schiffahrtssachverständiger
⚭ mit:		
Gretchen Johanne	* Warsingsfehn 1. 8. 1917	
deren Kinder:		
Theo Erich	* Warsingsfehn 7. 8. 1941	Kapitän, vereid. Schiffahrtssachverständiger
Werner Gerhard	* Jheringsfehn 3. 5. 1946	Diplom-Ingenieur Betriebsleiter
Christa Gerda	* Leer 15. 2. 1951	Krankenschwester

ARCHIV: DEUTSCHES MUSEUM FÜR FAMILIENWAPPEN, STUTTGART.

Erfeling

des Stammes Havergoe (Haverich)
aus Wellentrup, Krs. Lemgo

Ältester bekannter Vorfahr im Mannesstamm: Johannes Havergoe, Gutsbesitzer, * Wellentrup 1398, † ebd. 1466, sechsfacher Urgroßvater des Johan Cordt Christopher Havergoe, Gutsbesitzers, ~ Wellentrup 30. 4. 1709, † ebd. 7. 11. 1785, ⚭ 25. 6. 1731 die Witwe nach Cordt Hermann Erfeling, geb. Limerthümer, und führt fortan den Namen Erfeling.

Unter goldenem Wellenschildhaupt, darin drei grünbespitzte und goldenbesamte rote Rosen, in Blau auf goldenem Dreiberg fünf goldene Haferrispen.
Auf dem Helm mit blau-goldenen Decken zwei gekreuzte goldene klare Anker, überdeckt von einem roten achtspeichigen Steuerrad, der Lenkring bezeichnet mit acht silbernen Eiskristallen.

Neu angenommen am 20. Mai 1983 von Christian Theodor Erfeling, Kapitän, vereidigter Schiffahrtssachverständiger, * Jheringsfehn/Niedersachsen 22. 10. 1914, für sich und seine ehelichen Nachkommen sowie zugunsten der übrigen ehelichen Nachkommen seines obengenannten vierfachen Urgroßvaters Johan Cordt Christopher Erfeling.

Entwurf: PRO HERALDICA®, unter Leitung von Dr. Ottfried Neubecker und Barbara Potzka. in Zusammenarbeit mit dem Wappenstifter.

Eingereicht von PRO HERALDICA®, Stuttgart.

ADW VI, Seite 110/111:

HOFFMEISTER

Christoph	* Groß-Wanzleben † Angermünde 13. 1. 1695	Schmiedegeselle Bürger von Angermünde 16. 7. 1673
Heinrich	* Angermünde 23. 6. 1676 † Angermünde 13. 1. 1743	Bürger und Altmeister der Töpfer
Martin Friedrich d. Ä.	* Angermünde 30. 10. 1734 † Danzig 3. 1. 1811	Tischlermeister
Martin Friedrich d. J.	* Danzig 11. 10. 1771 † Danzig 31. 1. 1847	Tischlermeister
Eduard Julius	* Danzig 26. 7. 1812 † Danzig 16. 11. 1889	Zollbeamter
Hermann August	* Danzig 9. 8. 1861 † Krakau am See/Mecklenburg 20. 8. 1945	Kassenassistent
Arnold Otto	* Danzig 30. 1. 1908	Glasermeister
⚭ mit: Anna Liese (Anneliese) Jablonski	* Danzig 15. 4. 1911	Hausfrau
deren Söhne: Volkmar Armin	* Danzig 13. 11. 1937	Glasermeister
dessen Kinder: Claudia Theresia Elmar Armin Arnold	 * Leverkusen 29. 10. 1961 * Leverkusen 8. 2. 1964	
Frank Bodo	* Danzig 22. 12. 1943	Glasermeister
dessen Söhne: Dirk Udo Lutz Ulrich	 * Leverkusen 11. 5. 1973 * Leverkusen 17. 12. 1978	

ARCHIV: DEUTSCHES MUSEUM FÜR FAMILIENWAPPEN, STUTTGART.

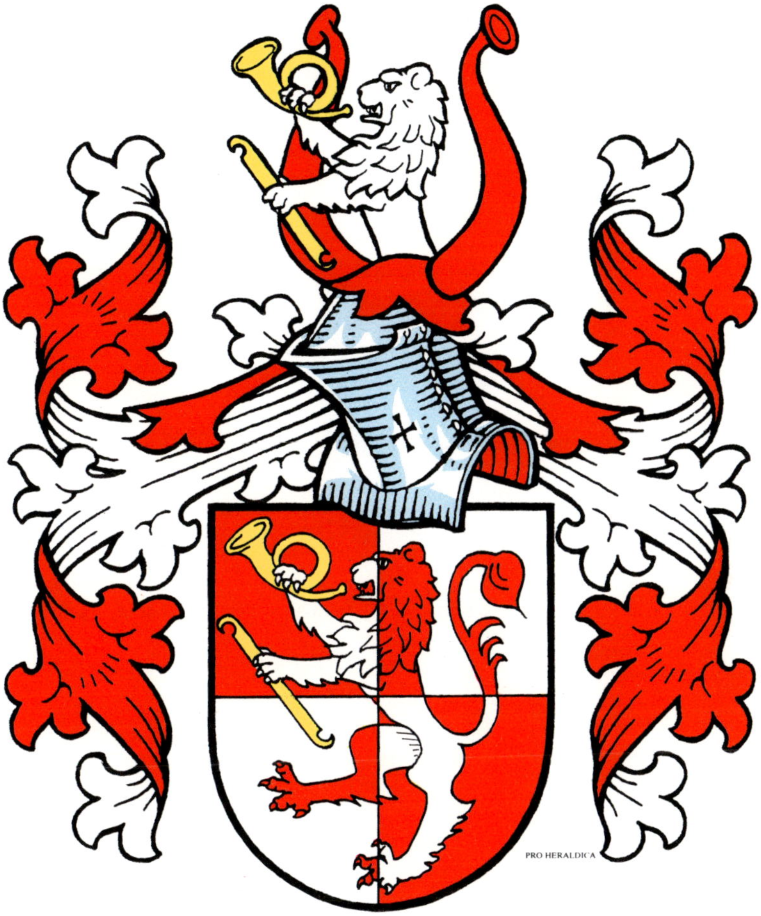

Hoffmeister

aus Groß-Wanzleben bei Magdeburg

Ältester bekannter Vorfahr im Mannesstamm: Christoph Hoffmeister, Schmiedegeselle, * Groß-Wanzleben, † Angermünde 13. 1. 1695.

In rot-silbern geviertem Schilde ein Löwe in verwechselten Farben, in der Rechten ein goldenes Jagdhorn zum Blasen ansetzend, in der Linken ein goldenes Kröseleisen haltend.
Auf dem Helm mit rot-silbernen Decken ein wachsender silberner Löwe mit Jagdhorn und Kröseleisen, wie im Schilde, zwischen zwei roten Büffelhörnern.

Eingetragen auf Antrag am 16. September 1983 von Arnold Otto Hoffmeister, Glasermeister, * Danzig 30. 1. 1908, für sich und seine ehelichen Nachkommen im Mannesstamm sowie zugunsten der übrigen ehelichen Nachkommen im Mannesstamm seines obengenannten vierfachen Urgroßvaters Christoph Hoffmeister.

Richtiggestellt von PRO HERALDICA®, unter Leitung von Dr. Ottfried Neubecker und Barbara Potzka.

Eingereicht von PRO HERALDICA®, Stuttgart.

Eingetragen unter Nr. 83371.

ADW VII, Seite 68/69:

KNOCHE

(Altenmeyer)

Theodory	* um 1625 ☐ Verl 8. 3. 1691	
Johann	* Kaunitz, Krs. Gütersloh/ Westf. err. 1654 † Kaunitz 8. 11. 1714	
Joan Hermann	* Kaunitz 12. 9. 1683	
Hermann	* err. 1754 † Kaunitz 28. 1. 1824	Leibzüchter aus Liemke
Hermann	* Kaunitz 8. 11. 1797 † Wadersloh 13. 2. 1870	Landwirt, Neubauer, Taglöhner
Friedrich Wilhelm	* Wadersloh 19. 4. 1844 † Holzwickede 27. 8. 1903	Eisenbahner
Friedrich Wilhelm	* Holzwickede 10. 8. 1874 † Unna 19. 5. 1949	Eisenbahnsekretär
Friedrich Wilhelm	* Holzwickede 15. 3. 1904	Ingenieur
Edmund Ulrich	* Dortmund 1. 2. 1942	Kaufmann
⚭ mit: Ingrid Änne Brigitte Elisabeth Hülpert	* Dortmund 16. 3. 1943	
deren Töchter: Eva Ingrid	* Dortmund 7. 10. 1969	
Anja Elisabeth	* Dortmund 15. 12. 1970	

ARCHIV: DEUTSCHES MUSEUM FÜR FAMILIENWAPPEN, STUTTGART.

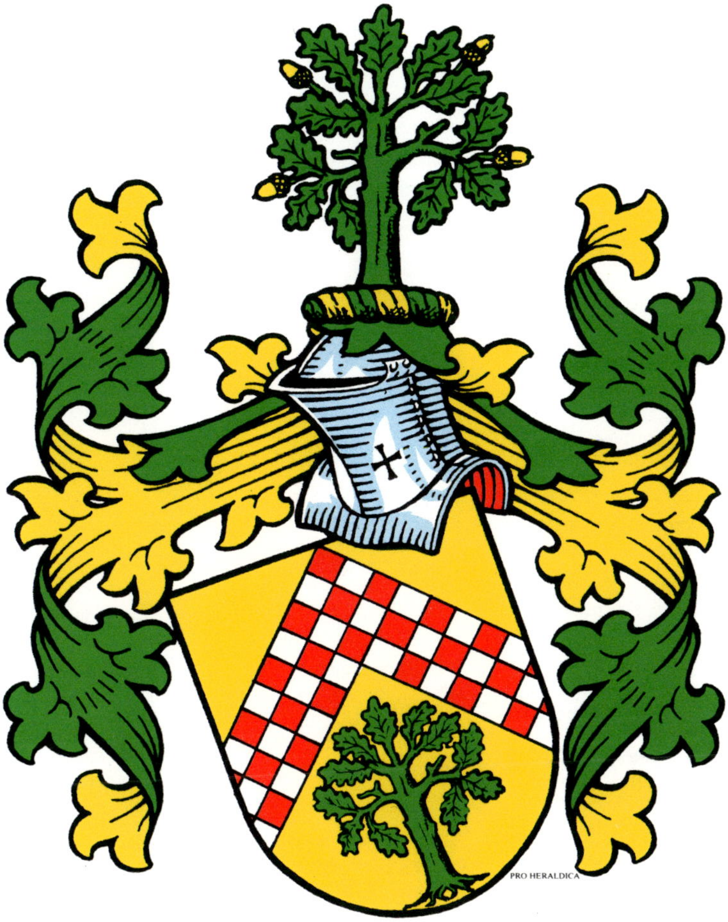

Knoche

aus Kaunitz, heute Verl/Westfalen

In Gold ein rot-silbern in drei Reihen nach der Figur geschachter Sparren, eine grüne bewurzelte Eiche einschließend.
Auf dem grün-golden bewulsteten Helm mit grün-goldenen Decken eine grüne Eiche mit vier goldenen Früchten.

Neu angenommen am 16. Juni 1983 von Edmund Ulrich Knoche, Kaufmann, * Dortmund 1. 2. 1942, für sich, seine ehelichen Nachkommen im Mannesstamm und seinen Vater Friedrich Wilhelm Knoche, Ingenieur, * Holzwickede 15. 3. 1904, sowie dessen übrige eheliche Nachkommen im Mannesstamm.

Entwurf: PRO HERALDICA®, unter Leitung von
Dr. Ottfried Neubecker und Barbara Potzka.

Eingereicht von PRO HERALDICA®, Stuttgart.

Eingetragen unter Nr. 83315.

POGGENDORFF

Johann Friedrich	* um 1800	Eigentümer in – Bartelshagen
Robert Christian Wilhelm	* Lüdershagen/Pommern 31. 12. 1843 † Hohenmühl 25. 11. 1888	Gutspächter in Hohenmühl
Max Karl Ernst	* Hohenmühl 29. 3. 1875 † Stralsund 4. 2. 1949	Sergeant
Heinrich August Otto	* Metz/Frankreich 12. 11. 1904 † Krefeld 29. 6. 1977	Regierungsrat
Gert Robert, Dr. med.	* Krefeld 27. 10. 1936	Urologe
⚭ I. mit: Barbara Hüchtker	* Illertissen 5. 11. 1945	
deren Sohn: Frank	* Ahaus 12. 11. 1968	
⚭ II. mit: Isolde Nitzsche	* Krefeld 5. 5. 1951	
deren Kinder: Jens Christian Anja Alexandra	 * Willich 5. 5. 1978 * Willich 27. 5. 1981	

ARCHIV: DEUTSCHES MUSEUM FÜR FAMILIENWAPPEN, STUTTGART.

Poggendorff

aus Bartelshagen/Pommern

In blau-rot geteiltem Schilde oben zwei silberne facettierte Sterne, unten ein silberner Schrägbalken. Auf dem rot-silbern-blau-silbern bewulsteten Helm mit rechts rot-silbernen und links blau-silbernen Decken zwei Büffelhörner, das rechte rot-silbern, das linke silbern-blau geteilt.

Eingetragen auf Antrag von Dr. med. Gert Robert Poggendorff, Urologe, * Krefeld 27. 10. 1936, für sich und seine ehelichen Nachkommen im Mannesstamm sowie zugunsten der übrigen ehelichen Nachkommen im Mannesstamm seines Ururgroßvaters Johann Friedrich Poggendorff.

Richtigstellung: PRO HERALDICA®, unter Leitung von
Dr. Ottfried Neubecker und Barbara Potzka.

Eingereicht von PRO HERALDICA®, Stuttgart.

Eingetragen unter Nr. 84524.

ADW VII, Seite 185:

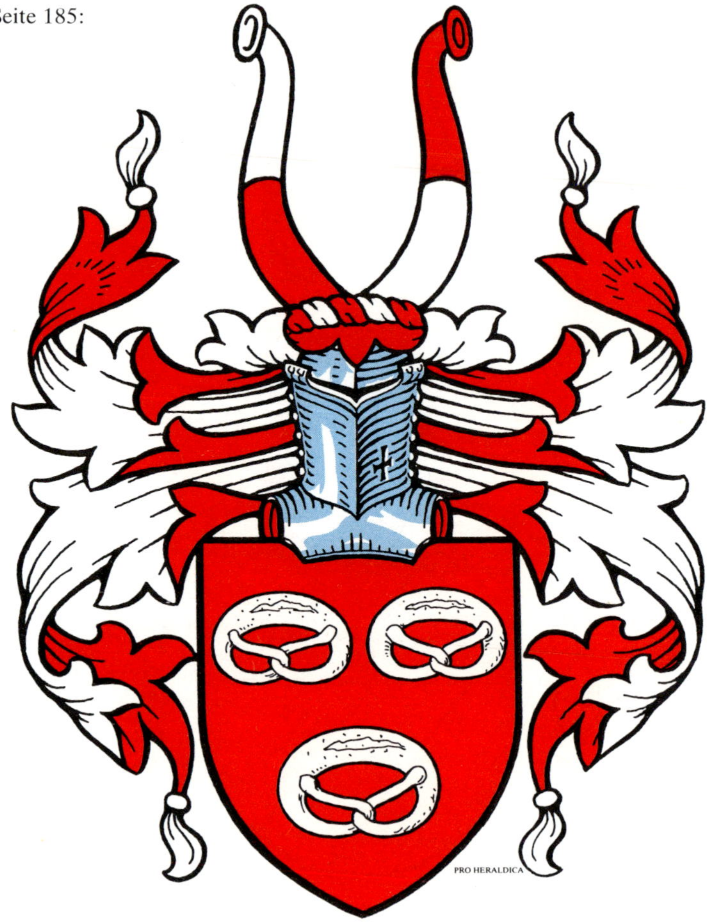

Beck

aus Wendelstein bei Nürnberg

Ältester bekannter Vorfahr im Mannesstamm: Johann Christof Beck, Melbermeister, † Wendelstein, Vater des Johann Beck, Getreidehändlers, * Fürth 1. 6. 1852, † Wendelstein 20. 10. 1916.

In Rot drei (2, 1) silberne Brezeln.
Auf dem rot-silbern bewulsteten Helm mit rot-silbernen Decken zwei silbern-rot übereckgeteilte Büffelhörner.

Eingetragen auf Antrag von Siegfried Arnulf Walter Beck, Bankvorstand, * Dinkelsbühl 19. 8. 1924, für sich und seine ehelichen Nachkommen im Mannesstamm sowie zugunsten der übrigen ehelichen Nachkommen im Mannesstamm seines obengenannten Urgroßvaters Johann Christof Beck.

Richtiggestellt von PRO HERALDICA®, unter Leitung von
Dr. Ottfried Neubecker und Barbara Potzka.

Eingereicht von PRO HERALDICA®, Stuttgart.

Eingetragen unter Nr. 84129.

von Döllen

aus Bonrechtern, Gem. Visbek, Krs. Vechta

Ältester bekannter Vorfahr im Mannesstamm: Joan Hermann von Döllen, * Bonrechtern um 1780.

In rot-golden schräglinksgeteiltem Schilde schrägrechts ein vier Lindenblätter treibendes Aststück in verwechselten Farben.
Auf dem rot-golden bewulsteten Helm mit rot-goldenen Decken drei Straußenfedern, eine goldene zwischen zwei roten.

Neu angenommen am 23. September 1983 von Heinz Karl Hinrich von Döllen, Mechaniker, * Oldenburg i. O. 16. 8. 1932, für sich und seine ehelichen Nachkommen im Mannesstamm.

Entwurf: PRO HERALDICA®, unter Leitung von
Dr. Ottfried Neubecker und Barbara Potzka.

Eingereicht von PRO HERALDICA®, Stuttgart.

Eingetragen unter Nr. 84081.

FRICK

Ludowigg (vermuteter Stammvater der Erpfinger Frick)	erw. Erpfingen 1454	
Jacob	* um 1615	
Johannes	* Erpfingen 19. 9. 1645 † Erpfingen 6. 3. 1687	Gastwirt
Johann Jakob	* err. 1668 † Erpfingen 14. 5. 1722	Bürger, Chirurg, Barbier, Bruchschneider
Jacob Peter	* Erpfingen 8. 10. 1700 † Erpfingen 22. 7. 1772	Bürger, Schuhmacher
Johann Peter	* Erpfingen 2. 8. 1739 † Erpfingen 14. 4. 1800	Bürgermeister, Bauer, Schuhmacher, Zoller
Philipp Jakob	* Erpfingen 23. 11. 1778 † Erpfingen 12. 9. 1834	Schuster, Bürgermeister
Friedrich Immanuel	* Erpfingen 21. 12. 1805 † Erpfingen 6. 11. 1885	Wundarzt, Gemeinderath
Tobias	* Erpfingen 9. 3. 1844 † Besigheim 28. 12. 1888	Mechaniker, Sägmüller
Friedrich Wilhelm	* Kinzigmühle-Lieblos/Hessen 8. 9. 1871 † Berlin-Buch 11. 12. 1946	Mechanikermeister, Werkführer
Max Wilhelm	* Stuttgart-Cannstatt 12. 1. 1906 † Besigheim 24. 3. 1967	Ingenieur
Hans-Joachim Friedrich Wilhelm	* Berlin-Spandau 3. 9. 1936	Diplom-Ingenieur
⚭ mit: Gertrud Kublik	 * Wulstorf, Krs. Lüneburg 26. 6. 1937	 Optikerin
deren Söhne: Marcus Joachim Andreas	 * Bietigheim/Württ. 23. 11. 1967 * Bietigheim/Württ. 5. 12. 1971	

Frick

aus Feilbingert, Krs. Bad Kreuznach

Ältester bekannter Vorfahr im Mannesstamm: Jakob Frick, Ackersmann, Vater des Jakob Frick, Bauern, * Feilbingert 22.2.1830.

In rot-silbern geviertem Schild ein springendes Pferd in verwechselten Farben, im linken Obereck von einem roten Flügel begleitet.
Auf dem Helm mit rot-silbernen Decken ein silbernes fächerförmiges Schirmbrett mit elf Spitzen, belegt mit einem springenden roten Pferd.

Eingetragen auf Antrag von Rosmarie Frick, Sekretärin,* Münster i.W. 20.3.1938, für sich sowie zugunsten der übrigen ehelichen Nachkommen im Mannesstamm ihres obengenannten Ururgroßvaters Jakob Frick.

Richtiggestellt von PRO HERALDICA®, unter Leitung von
Dr. Ottfried Neubecker und Barbara Potzka.

Eingereicht von PRO HERALDICA®, Stuttgart.

Eingetragen unter Nr. 84112.

Kohnen

aus Fintel, Krs. Rotenburg/Niedersachsen

Ältester bekannter Vorfahr im Mannesstamm: Johann Kohnen, HausMann zu Finteln, * 1676.

Unter einem silbernen Zinnenschildhaupt in Blau an der Fußstelle ein goldenes bebändertes Hiefhorn, balkenweise überhöht zwischen zwei mit der Spitze nach unten gekehrten geschliffenen Diamenten von einem silbernen Steinmetzhammer, die Bahn nach rechts, überdeckt von einem goldenen Zeichendreieck, die Hypotenuse oben, außerdem überdeckt von einem nach unten offenen silbernen Zirkel. Auf dem Helm mit blau-goldenen Decken der goldene »Hauptmann-Franke-Erinnerungsturm« von Omaruru (Deutsch-Südwest-Afrika).

Neu angenommen am 25. Juni 1982 von Georg Rudolf Kohnen, Bauingenieur (grad.), * Omaruru (Deutsch-Südwest-Afrika) 29. 6. 1910, für sich und seine ehelichen Nachkommen im Mannesstamm.

Entwurf: PRO HERALDICA®, unter Leitung von
Dr. Ottfried Neubecker und Barbara Potzka.

Eingereicht von PRO HERALDICA®, Stuttgart.

Eingetragen unter Nr. 84520.

Krug

aus Wolfersdorf, Krs. Tepel, Reg.-Bez. Eger

Ältester bekannter Vorfahr im Mannesstamm: Jakob Krug, * 1633, † Wolfersdorf 25. 2. 1718.

Zwischen zwei roten Flanken in Blau ein silberner Krug, beseitet von zwei silbernen, auf den Spaltlinien liegenden Stäben, rechts ein nach innen gewendeter Schäferstab, links ein Lilienszepter.
Auf dem rot-silbern-blau-silbern bewulsteten Helm mit rechts rot-silbernen und links-blau-silbernen Decken eine flugbereite silberne Eule.

Neu aufgenommen am 16. Juni 1983 von Richard Krug, Rektor a. D., * Pittlau, Krs. Mies, 27. 4. 1913, für sich und seine ehelichen Nachkommen im Mannesstamme seines obengenannten sechsfachen Urgroßvaters Jakob Krug.

Entwurf: PRO HERALDICA®, unter Leitung von
Dr. Ottfried Neubecker und Barbara Potzka.

Eingereicht von PRO HERALDICA®, Stuttgart.

Eingetragen unter Nr. 83455.

ADW VII, Seite 372:

Lubenow

aus Stettin

Ältester bekannter Vorfahr im Mannesstamm: Richard Emil August Lubenow, Vater des Werner Walter Richard Lubenow, Schiffsoffiziers, * Stettin 23. 8. 1913, † Rahden 23. 10. 1982.

In Schwarz links ein liegender Halbmond, überhöht von einer Sonne, rechtwinkelweise begleitet von sieben Sternen, davon vier pfahlweise, alle Figuren golden.
Auf dem schwarz-golden bewulsteten Helm mit schwarz-goldenen Decken ein golden bewehrter schwarzer Schwanenrumpf, balkenweise durchsteckt mit einer goldenen Stange, rechts und links in einen mit einem Pfauenstoß besteckten Zinken ausgehend.

Neu angenommen am 13. Juli 1984 von Ilona Ilse Eveline Lubenow, * Badeleben, Krs. Oschersleben, 11. 9. 1946, für sich und ihre Nachkommen.

Entwurf: PRO HERALDICA®, unter Leitung von
Dr. Ottfried Neubecker und Barbara Potzka.

Eingereicht von PRO HERALDICA®, Stuttgart.

Eingetragen unter Nr. 84522.

Verzeichnis der Wappen

nach Registrierungsnummern in der ALLGEMEINEN DEUTSCHEN WAPPENROLLE

Nummer	Name	Heimat	ADW Band	Seite
84269	Schaffrath	Geldern	VIII	448
84273	Sussmann	Teschwitz, Krs. Falkenau a. d. Eger	VIII	497
84275	Kracht	Mühlenhof, Lkrs. Parchim/Mecklenburg	VIII	320
84279	Benz	Winnenden, Rems-Murr-Kreis	VIII	154
84280	Birkenmaier	Oberurbach/Württ.	VIII	161
84281	Boos	Essen	VIII	171
84283	Dietz	Unterampfrach, Lkrs. Feuchtwangen	VIII	198
84284	Fischer	Weißkirchen, Donaubanschaft	VIII	223
84289	Herrschlein	Schönbühl, Stadt Bad Mergentheim	VIII	73
84292	Köpper	Dorsten-Gahlen	VIII	315
84293	Koltes	Zerf, Krs. Trier-Saarburg	VIII	317
84295	Krebbers	Ottersum, Prov. Limburg/Niederlande	VIII	324
84297	Langen	Lövenich	VIII	343
84298	Liere	Potsdam	VIII	353
84299	Matthiesen	Flensburg	VIII	368
84301	Büssing	Neuß	VIII	182
84303	Bildhäuser	Oberhausen	VIII	159
84304	Lindemann	Buxtehude	VIII	354
84305	Fuchs	Oberleichtersbach/Ufr.	VIII	239
84307	Sauer	Burscheid-Dohm	VIII	441
84309	Hetterich	Marburg	VIII	279
84311	Gleue	Ricklingen	VIII	248
84312	Grelck des Stammes Geppert	Sudauen/Ostpreußen	VIII	254
84313	Grünewald	Gr. Sisbek, Krs. Braunschweig	VIII	259
84314	Herbst	Asselheim/Pfalz	VIII	274
84315	Krakow	Seestadt-Wismar	VIII	321
84316	Kronert d. Stammes (b. 30. 12. 1939) Chrzon	Danzig-Langfuhr	VIII	329
84317	Kropmanns	Berlin-Spandau	VIII	330
84403	Nottarp	Sendenhorst/Westfalen	VIII	394
84404	Podewils	Großtychow, Lkrs. Belgard/Pommern	VIII	407
84405	Pritschens	Memel/Ostpreußen	VIII	413
84409	Schmelter	Münster i. W.	VIII	455
84411	Streng	Sommerach, Krs. Kitzingen/Main	VIII	495
84412	Trapp	Königsberg/Ostpreußen	VIII	503
84416	Wronka	Fylitz, Lkrs. Neidenburg/Ostpreußen	VIII	526
84417	Wulf	Halverde, heute Stadt Hopstein, Krs. Steinfurt	VIII	528
84418	Wunderle	Marktoffingen, Krs. Donau-Ries	VIII	529
84421	Hagen	Lutzhorn, Krs. Pinneberg	VIII	263
84423	Ludewig	Hamburg	VIII	359
84436	Braune	Jeßnitz, Krs. Dessau-Köthen/Anhalt	VIII	174
84437	Buchholz	Seeheim, Krs. Briesen/Westpreußen	VIII	179
84438	Classen	Mönchengladbach	VIII	187
84439	Daumenlang	Straßburg	VIII	191
84441	Everding	Stadthagen, Krs. Schaumburg-Lippe	VIII	215
84442	Fuchs	Hemmingen, Krs. Ludwigsburg/Württ.	VIII	240
84443	Grieger	Tuntschendorf, Lkrs. Glatz	VIII	256
84446	Heinemann	Elgersburg, Krs. Arnstadt/Thüringen	VIII	270
84447	Keutzer	Frischborn, Stadt Lauterbach, Vogelsbergkreis	VIII	305
84448	Klann	Schwellin, Krs. Bublitz/Pommern	VIII	85
84453	Kranz	Obermühltal, Krs. Bad Tölz-Wolfratshausen	VIII	322
84454	Kurlemann	Gersten, Krs. Lingen	VIII	337
84455	Large	Wallstadt/Mannheim	VIII	345

Nummer	Name	Heimat	ADW Band	Seite
84456	Mombauer	Köln a. Rh.	VIII	384
84458	Mundschenk	Astheim, Stadt Trebur/Hessen	VIII	388
84460	Schafheutle	Ahausen, heute Gemeinde Bermatingen/Bodensee	VIII	449
84466	Sprenger	Kirchlinde, heute Stadt Dortmund	VIII	484
84468	Stratenschulte	Arnsberg	VIII	493
84469	Stumpf	Hillenberg, Gem. Hausen, Krs. Rhön-Grabfeld	VIII	496
84471	Weyhausen	Schohasbergen (Hasbergen), Krs. Delmenhorst	VIII	516
84472	Sobottka	Rain am Lech	VIII	478
84473	Blumröder	Jestädt, Krs. Eschwege	VIII	165
84474	Driehorst	Kassel	VIII	204
84475	Deppisch	Gauaschach, Krs. Bad Kissingen	VIII	195
84477	Foertsch	Weissagk	VIII	228
84481	Heßler	Klingenberg, Krs. Miltenberg	VIII	278
84483	Gröner	Stuttgart	VIII	257
84487	Keltenich	Geislar, heute Bonn-Geislar	VIII	302
84489	Kromer	Kenzingen, Krs. Emmendingen	VIII	328
84490	Krüger	Königsberg i. Pr.	VIII	331
84492	Lezius	Uelzen	VIII	351
84494	Marbaise	Verviers, Prov. Lüttich/Belgien	VIII	367
84495	Menzel	Lampersdorf, Krs. Trautenau, Reg.-Bez. Aussig	VIII	373
84505	Weniger	Gerichtstetten, Main-Tauber-Kreis	VIII	512
84506	Bargon	Hasselbach, Krs. Usingen/Hessen	VIII	147
84507	Baumann	Günserode, Krs. Sondershausen/Thüringen	VIII	149
84510	Even	Menne/Westfalen	VIII	214
84514	Harms	Lübeck	VIII	267
84516	Jacob	Stargard/Pommern	VIII	292
84521	Kunz	Johanngeorgenstadt, Krs. Schwarzenberg	VIII	335
84525	Pollmeier	Sende	VIII	408
84528	Romahn	Seeburg, Krs. Röfsel/Ostpreußen	VIII	431
84529	Sahm	Rehe/Westerwaldkreis	VIII	436
84530	Schröder	Hagedorn, Krs. Höxter	VIII	463
84531	Severing	Stettin	VIII	475
84533	Sigel	Weilheim a. d. Teck	VIII	476
84535	Zapf	aus Hof a. d. Saale	VIII	530
84536	Zenker	Kunnersdorf, Krs. Reichenberg	VIII	531
84542	Müller	Hartenrod, heute Stadt Bad Endbach	VIII	385
84543	Oberreich	Großbrembach, Krs. Weimar	VIII	396
84546	Preuß	Stettin	VIII	412
84547	Heister	Langenaubach, Stadt Haiger, Lahn-Dill-Kreis	VIII	272
84549	Lütticke	Berlinghausen, heute Stadt Meinerzhagen	VIII	361
84551	Halbgewachs	Neunkirchen	VIII	264
84552	Weßling	Langeneicke, Krs. Lippstadt	VIII	515
84557	Nesper	Karlsruhe	VIII	390
84558	Reschop des Stammes Niermann	Niermanns Hof in Bommern, heute Witten/Ruhr	VIII	423
85001	Bergener	Gräfenthal, Lkrs. Saalfeld/Thüringen	VIII	155
85002	Blanz	Dannstadt, Krs. Ludwigshafen	VIII	163
85003	Bodenstedt	Hohenhameln, Krs. Peine	VIII	167
85004	Boelke	Nabern, Stadt Kirchheim/Teck, Krs. Esslingen	VIII	168
85005	Fieg	Gernsbach, Krs. Rastatt	VIII	221
85006	Fründt	Kladrum, Lkrs. Parchim	VIII	238
85007	Haupt	Apolda/Thüringen	VIII	269
85008	Hullmann	Buer, heute Gelsenkirchen-Buer	VIII	79

Nummer	Name	Heimat	ADW Band	Seite
85009	Jenkner (Jaenkner)	Jaratschewo, Lkrs. Jarotschin, Reg.-Bez. Posen	VIII	295
85010	Keck	Giengen/Brenz	VIII	301
85011	Kohlenberg	Hamburg-Harburg	VIII	93
85012	Kröger	Trittau, Krs. Stormarn	VIII	327
85013	Laermann	Wetten, heute Stadt Kevelaer	VIII	339
85014	Landgrebe	Dittershausen, heute Fuldabrück	VIII	341
85015	Maier	Winterlingen/Zollernalbkreis	VIII	366
85016	Möller	Zeetze/Altes Amt Neuhaus a. d. Elbe	VIII	105
85017	Pott	Oelde, Krs. Warendorf	VIII	410
85018	Pulvermüller	Reichenbach im Täle, heute Stadt Deggingen	VIII	415
85019	Raddatz	aus Westpreußen	VIII	417
85020	Reitz	Breidenbach, Krs. Biedenkopf	VIII	421
85021	Becker	Obertshausen, Krs. Offenbach	VIII	153
85022	Buchner	Niederroßbach/Westerwaldkreis	VIII	33
85023	Bühler	Niederschopfheim, heute Hohberg b. Offenburg	VIII	181
85024	Claudius	Ripen/Jütland	VIII	37
85025	Klappenberger	Fechenbach, Lkrs. Miltenberg	VIII	310
85026	Kuppler	Öschingen, Stadt Mössingen, Krs. Tübingen	VIII	336
85027	Rothstein	Solingen	VIII	434
85028	Schädler	Rot a. d. Rot	VIII	445
85029	Schaller	Plauen im Vogtland	VIII	450
85030	Schell	Höpfingen/Neckar-Odenwaldkreis	VIII	451
85031	Wiedemann	Klein-Sorheim, Lkrs. Nördlingen	VIII	131
85032	Wolber	Alpirsbach, Lkrs. Freudenstadt	VIII	525
85033	Ziesing	Duderstadt	VIII	532
85034	Bill	Oberlinxweiler, heute St. Wendel/Saar	VIII	160
85035	Decker	Schöneberg, Krs. Bad Kreuznach	VIII	192
85036	Förster	Delbrück, Krs. Paderborn	VIII	227
85037	Hartmann	Kinderbeuern, Krs. Bernkastel-Wittlich	VIII	268
85038	Johé	Weinolsheim, Krs. Mainz-Bingen	VIII	298
85039	Kalle-Vasoldt		VIII	300
85040	Mohring	Rudolstadt/Thüringen	VIII	382
85041	Reissland	Dannheim bei Arnstadt/Thüringen	VIII	420
85042	Sauer	Hersfeld, heute Bad Hersfeld	VIII	442
85043	Streitwieser	Hausen, Krs. Berchtesgadener Land	VIII	494
85044	Schädler	Volkertshausen/Hegau	VIII	121
85045	Dreier	Periam bei Temeschburg, Banat/Rumänien	VIII	203
85046	Blumenthal	Zülpich	VIII	164
85047	Dielmann	Niederneisen, Rhein-Lahn-Kreis	VIII	197
85048	Empl	Heißprechting, Gem. Unterdietfurt, Krs. Rottal-Inn	VIII	210
85049	Falk	Miroslawice, Krs. Mogilno, Reg.-Bez. Bromberg	VIII	220
85050	Fliedner	Sundhausen, Krs. Gotha	VIII	225
85051	Freytag	Serrahn/Mecklenburg	VIII	51
85052	Fröhlich	Aschbach-Gersweiler, Krs. Saarbrücken	VIII	53
85053	Fuss	Maczulki bei Rowno	VIII	241
85054	Geiling	Jenalöbnitz, Krs. Jena	VIII	244
85055	Johanngieseker	Westerwiehe, Stadt Rietberg, Krs. Gütersloh	VIII	297
85056	Kirschner	Darmstadt-Eberstadt	VIII	308
85057	Kopp	Mönsheim, Enzkreis	VIII	318
85058	Lehnert	Löbau/Sachsen	VIII	347
85059	Lengenfelder	Unterzaunsbach, heute Pretzfeld, Krs. Forchheim	VIII	350
85060	Lung	Kottenheim, Krs. Mayen-Koblenz	VIII	362
85061	Lutzenberger	Mörgen, Krs. Unterallgäu/Bayern	VIII	364

Nummer	Name	Heimat	ADW Band	Seite
85062	Reeh	Willingen im Hohen Westerwald	VIII	419
85063	Riegger	Aixheim, Gem. Aldingen, Krs. Tuttlingen	VIII	425
85064	Ropp-Brenner von der	Neumünster/Schleswig-Holstein	VIII	432
85065	Sausmikat	Styrmingken (Neudorf)/Ostpreußen	VIII	443
85066	Schäfer	Koblenz	VIII	446
85067	Schindler	Münsterberg/Schlesien	VIII	453
85068	Schulze Henne des Stammes Kruse	Gabrechten, Gem. Bad Sassendorf, Lkrs. Soest	VIII	466
85069	Schweikhardt	Bönnigheim, Lkrs. Ludwigsburg	VIII	470
85070	Soltyszeck	Bochum	VIII	479
85071	Steffens	Köln a. Rh.	VIII	488
85072	Trabandt	Bütow, Reg.-Bez. Köslin	VIII	502
85074	Gieseking	Kutenhausen bei Minden	VIII	245
85075	Kobold	Reußen im Kistritzer Grund, bei Osterfeld, Krs. Weissenfels	VIII	91
85076	Glitzner	Duppau	VIII	249
85077	Rienecker	Martinsheim, Post Marktbreit	VIII	426
85078	Seifried	Dietelhofen bei Riedlingen/Donau	VIII	474
85079	Stoll	Euskirchen	VIII	492
85080	Werner	Würzburg	VIII	514
85081	Zöll	Wollseiffen, Gem. Dreiborn, Krs. Schleiden	VIII	533
85082	Becht	Hohenecken, Stadt Kaiserslautern	VIII	17
85083	Freese	Südenburg b. Westerbur im alten »Amt Esens«, heute Krs. Aurich	VIII	47
85084	Kunkel	Oberbessenbach, Krs. Aschaffenburg	VIII	334
85085	Mutsch	Willich bei Krefeld	VIII	389
85086	Pamme	Delbrück, Krs. Paderborn	VIII	399
85087	Rohaczek	Lukau/Böhmen	VIII	428
85088	Thüsen von der	Kettwig/Ruhr	VIII	501
85089	Wassmer	Ehrsberg, Gem. Häg.-Ehrsberg, Lkrs. Lörrach	VIII	508
85090	Schumacher-Ziegler	Paam b. Gottschdorf, Bez. Dresden u. Schmerwitz, Krs. Zauch-Belzig	VIII	468
85091	Graf	Bolingen, Stadt Singen/Hohentwiel	VIII	252
85092	Sigl	Kapfing, Gem. Vilsheim, Krs. Landshut	VIII	477
85093	Günther	Hilgershausen, heute Bad Soden-Allendorf	VIII	261
85094	Abée	Salzungen	VIII	13
85095	Aukthun	Freudenberg/Ostpreußen	VIII	142
85096	Baumann	Althornbach bei Zweibrücken	VIII	150
85097	Gadder	Bochum	VIII	242
85099	Goedecke	Berge bei Gardelegen/Altmark	VIII	250
85100	Gölz	Dittelsheim-Hessloch, Krs. Alzey-Worms	VIII	251
85101	Herrmann	Bottrop	VIII	275
85102	Sapinsky	Gersdorf/Steiermark	VIII	440
85103	Stienen	Recke, Krs. Tecklenburg	VIII	490
85104	Delpy de la Roche	Périgord/Frankreich	VIII	194
85105	Wehrens	Aachen	VIII	510
85106	Pinkernell	Erxleben bei Haldensleben	VIII	405
85107	Fluhrer	Burgbernheim	VIII	226
85108	Ahrens	Hamburg	VIII	137
85109	Allgaier	Burtenbach, Krs. Günzburg	VIII	138
85110	Bachmann	Rohrdorf, Krs. Calw	VIII	143
85111	Erdmann	Dahlen, Krs. Stendal, Prov. Sachsen	VIII	211
85112	Halter	Kaiserslautern	VIII	265
85113	Herpel	Erda, heute Hohenahr	VIII	71

Nummer	Name	Heimat	ADW Band	Seite
85114	Hiller	Gruorn, Krs. Münsingen	VIII	281
85115	Isendahl	Burgstall, Reg.-Bez. Magdeburg	VIII	81
85116	Kosmehl	Tschepplau, Krs. Glogau	VIII	97
85117	Meinhardt	Berlin	VIII	372
85118	Mittelstenscheid	Obersten Lehn auf dem Mittelsten Scheid bei Schwelm	VIII	103
85119	Heckmann	Reichensachsen, Gem. Wehretal, Werra-Meißner-Kreis	VIII	61
85120	Overkamp	Dortmund-Höchsten	VIII	397
85121	Reutter	Bauhofen, Gem. Gospoldshofen, Stadt Bad Wurzach	VIII	424
85122	Korkor	Damaskus	VIII	319
85123	Meier	Basel	VIII	370
85124	Berkenfeld	Bottrop	VIII	25
85125	Heinzmann	Göppingen	VIII	271
85127	Burgdorf	Luttrum, Gem. Holle, Krs. Hildesheim	VIII	183
85128	Edelberg, vormals Edelburg	Preußen	VIII	207
85129	Corr	Büsbach bei Stolberg/Rheinland	VIII	189
85130	Bachmann	Horosla/Rumänien	VIII	144
85131	Beinhauer	Jantsch, Krs. Troppau	VIII	19
85132	Bank	Ortelsburg/Ostpreußen	VIII	146
85133	Decker	Essen	VIII	193
85134	Dobler	Ludwigsburg/Württemberg	VIII	200
85135	Frenz	Euskirchen	VIII	232
85136	Halbach	Voßholt/Remscheid	VIII	59
85137	Hörz	Sielmingen	VIII	284
85138	Holl	Gaggenau, Krs. Rastatt	VIII	288
85139	Kretschmer	Bad Freienwalde, Mark Brandenburg	VIII	325
85140	Landers	Alstaden/Rheinland	VIII	340
85141	Crumbach	Horbach/Westerwaldkreis	VIII	190
85142	Pahl	Schülldorf, Krs. Rendsburg-Eckernförde	VIII	398
85143	Rohen	Neuenlande, heute Loxstedt, Krs. Cuxhaven	VIII	429
85145	Schrodt	Stuttgart	VIII	462
85146	Stöhr	Erfurt-Hochheim	VIII	491
85147	Thiel	Schickerwitz, Lkrs. Oels, Reg.-Bez. Breslau	VIII	500
85148	Weidler	Urbach im Remstal, Amt Schorndorf	VIII	511
85149	Wiedmann	Schwäbisch Gmünd	VIII	517
85151	Cormann	Büsbach, Stadt Stolberg, Krs. Aachen	VIII	188
85152	Fricke	Osterwieck	VIII	235
85153	Remagen	Köln a. Rh.	VIII	422
85154	Roser	Hofen im Wiesental	VIII	433
85155	Sammet	München	VIII	439
85156	Weber	Gersfeld/Rhön	VIII	509
85157	Zenker	Weifa bei Neukirch/Lausitz	VIII	133
85158	Blank	Asch, CSSR	VIII	162
85159	Boje	Hennstedt, Krs. Dithmarschen	VIII	169
85160	Brand	Wolfsheim, Krs. Mainz-Bingen	VIII	172
86161	Hofen	Ludwigshafen/Rhein	VIII	285
85162	Intemann	Hellwege, Krs. Rotenburg-Wümme	VIII	291
85163	Kohlmann	Köln	VIII	316
85164	Littmann	Pläswitz, Krs. Neumarkt, Reg.-Bez. Breslau	VIII	356
85165	Mann	Willershausen, Krs. Eschwege	VIII	99
85166	Mittelbach	Leitmeritz/Nordböhmen	VIII	377

Nummer	Name	Heimat	ADW Band	Seite
85167	Müller	Böhringen, Gem. Römerstein, Krs. Reutlingen	VIII	386
85168	Rohmer	Erlangen	VIII	430
85169	Ruprecht	Krauchenwies, Krs. Sigmaringen	VIII	435
85170	Schaeber	Rischenau, Stadt Lügde	VIII	444
85171	Schäfer	Gernach, Krs. Schweinfurt	VIII	447
85172	Schock	Bielitz/Oberschlesien	VIII	458
85173	Schrattenholzer	Hafnerbach, Bez. St. Pölten/Niederösterreich	VIII	461
85174	Schütte	Wenden, Krs. Olpe	VIII	464
85175	Seifert	Breslau	VIII	472
85176	Snay	Stoberau, Krs. Brieg/Schlesien	VIII	125
85177	Spanka	Gladbeck	VIII	481
85178	Stange	Pillau-Fischhausen/Ostpreußen	VIII	486
85179	Steegmüller	Schwenningen am Neckar	VIII	487
85181	Wittmann	Erlangen	VIII	522
85182	Krieger	Pähl/Oberbayern	VIII	326
85183	Arlt	Mühlwitz, Krs. Oels	VIII	139
85184	Asel	Elmstein	VIII	140
85185	Baerbaum	Hamburg	VIII	145
85186	Bauerle	Fellbach	VIII	148
85187	Baur	Mimmenhausen, Gem. Salem	VIII	151
85188	Bonfig	Unsleben, Krs. Rhön-Grabfeld	VIII	170
85189	Braune	Cottbus	VIII	175
85190	Burggraf	Dehrn, Krs. Limburg/Lahn	VIII	185
85191	Deuble	Aidlingen, Krs. Böblingen	VIII	196
85192	Dorst	Oberlind bei Sonneberg/Thüringen	VIII	201
85193	Ehrmann	Witten/Ruhr	VIII	208
85194	Eßwein	Leinweiler/Aalen	VIII	212
85195	Fahrland	Dortmund	VIII	218
85196	Gegner	Roßtal, Krs. Fürth	VIII	243
85197	Geiseler	Landsberg/Warthe	VIII	55
85198	Giesendorf	Frickhofen (Westerwald)	VIII	246
85199	Greef	Wuppertal-Barmen	VIII	253
85200	Güller	Windisch, Kanton Thurgau/Schweiz	VIII	260
85202	Herrmann	Neckargartach, Stadt Heilbronn	VIII	276
85203	Hild	Köln	VIII	280
85204	Keßler	Frankfurt	VIII	303
85205	Klabautschke	Gloschkau/Schlesien	VIII	309
85206	Koenen	Kuchenheim bei Euskirchen	VIII	313
85207	König	Ahaus, Krs. Borken	VIII	314
85208	Kohlmus	Hamburg	VIII	95
85209	Kübler	Lörrach	VIII	332
85210	Koch	Bickensohl, heute Vogtsburg im Kaiserstuhl	VIII	312
85211	Laube	Böbikon/Schweiz	VIII	346
85212	Lippert	Waldaschaff, Krs. Aschaffenburg	VIII	355
85213	Lublinsky	Lublinitz/Oberschlesien	VIII	358
85214	Mahn	Türchau, Krs. Zittau/Sachsen	VIII	365
85215	Mauritz	Vreeswijk, Prov. Utrecht, Niederlande	VIII	101
85216	Noeske	Schneidemühl	VIII	392
85217	Noetzel	Steinspring/Brandenburg	VIII	393
85218	Nübel	Walternienburg, Bez. Magdeburg	VIII	395
85219	Perbandt von	Ostpreußen	VIII	401
85220	Peuthen	Mönchengladbach	VIII	402
85221	Pinzel	Gosberg bei Forchheim	VIII	406
85222	Pommer	Eisenach	VIII	409

Nummer	Name	Heimat	ADW Band	Seite
85223	Rader	Langwied, Stadt München	VIII	418
85224	Sonnenburg	Behle, Krs. Czarnikau, ehem. Prov. Posen, Reg.-Bez. Bromberg	VIII	480
85225	Speer	Wronin (Vierraben), Krs. Ratibor/OS	VIII	482
85226	Stemmler	Breckenheim, heute Wiesbaden	VIII	489
85227	Wilhelm	Ormesheim, Saar-Pfalz-Kreis	VIII	518
85228	Wuhrer	Zollernalbkreis	VIII	527
85229	Frey	Mosbach/Baden	VIII	233
85230	Zuspann	Breunigweiler bei Börrstadt/Pfalz	VIII	534
85231	Atwood	Berlin	VIII	141
85232	Averdung	Köln	VIII	15
85233	Finkbeiner	Baiersbronn, Krs. Freudenstadt	VIII	222
85234	Hansel	Breslau	VIII	266
85235	Hoff	Hänigsen, Krs. Celle	VIII	286
85236	Homuth	Friedrichswaldau bei Glogau/Oberschlesien	VIII	289
85237	Ketels	Uelvesbüll, Nordfriesland	VIII	304
85238	Ketteniss	Aachen	VIII	83
85239	Khatir	Teheran/Iran väterl. und aus Gilgenburg/Ostpreußen mütterl.	VIII	306
85240	Leimke	Neuhof, Krs. Alfeld	VIII	349
85241	Ludwig	Borna, Bez. Leipig	VIII	360
85242	Lutz	Maibach, heute Poppenhausen/Ufr.	VIII	363
85243	Meyer	Eckerde, heute Barsinghausen	VIII	374
85244	Möller	Hanau	VIII	378
85245	Schmitz	Oberstreit, Krs. Bad Kreuznach	VIII	457
85246	Schuppe	Mannheim	VIII	469
85247	Witowski	Karlsberg, Bez. Radautz/Rumänien	VIII	521
85248	Zöller	Großheubach, Lkrs. Miltenberg	VIII	135
85249	Brewi	Hergelshausen, jetzt Hergelshäuser Hof b. Queidersbach/Pfalz	VIII	177
85250	Caliebe	Zamow, Krs. Greifenberg/Pommern	VIII	186
85251	Ding	Seckenheim/Neckar	VIII	199
85252	Eckardt	Kehl, Ortenaukreis	VIII	206
85253	Foißner	Friedberg, Krs. Kaplitz/Böhmen	VIII	229
85254	Fritz	Potsdam	VIII	236
85255	Froese	Haffstrom, Stadtkreis Königsberg i. Pr.	VIII	237
85256	Himml	Luck, Kr. Luditz, Reg.-Bez. Eger	VIII	282
85258	Meyer	Kaldenkirchen/Niederrhein	VIII	375
85259	Piller	Ulmenau (Topogr. N. O. 19,2 Grad + 45,6 Grad)	VIII	404
85260	Rump	Seulingen, Krs. Duderstadt	VIII	117
85261	Salewski	Lüneburg	VIII	438
85262	Grentzer (Grenczer)	Obermetzenseifen, Krs. Göllnitz/Slowakei	VIII	255
85263	Bechstedt	Essleben, Krs. Schweinfurt	VIII	152
85264	Dose	Plön/Holstein	VIII	202
85265	Fabian	Posen	VIII	216
85266	Fähnle	Großbottwar, Krs. Ludwigsburg	VIII	217
85267	Heidelmeier	Wernarz, heute Bad Brückenau-Wernarz	VIII	63
85268	Henze	Rade, Krs. Schweinitz, Reg.-Bez. Merseburg	VIII	273
85269	Hüsam	Billingshausen, Lkrs. Main-Spessart	VIII	77
85270	Leick	Essen	VIII	348
85271	Meinerz	Mastershausen, Rhein-Hunsrück-Kreis	VIII	371
85273	Pauly	Bettenfeld, Krs. Wittlich	VIII	400
85274	Schoen	Sommerau, Krs. Rosenberg in Westpreußen	VIII	459
85275	Seifert	Schwaderbach, Krs. Graslitz/Westböhmen	VIII	473

Nummer	Name	Heimat	ADW Band	Seite
85276	Speldrich	Kunzendorf, Krs. Löwenberg/Schlesien	VIII	483
85277	Wendler	Moderwitz, Krs. Gera	VIII	129
85278	Berger	Kirchanschöring, Krs. Traunstein	VIII	156
85279	Bernick	Landsberg/Warthe	VIII	157
85280	Brahm	Drenzig, Prov. Brandenburg	VIII	29
85281	Büchel	Refrath, Gem. Bensberg, Rheinland	VIII	180
85282	Clüver	Pewsum/Ostfriesland	VIII	39
85283	Durein	Mechtersheim bei Speyer	VIII	205
85284	Fakin	Edlingen/Untersteiermark	VIII	219
85285	Jakob	Waldhub bei Tettnang	VIII	293
85286	Molle	Westerhausen, Krs. Quedlinburg	VIII	107
85287	Pilgramm	Golzau, Krs. Karthaus/Westpreußen	VIII	403
85288	Prahl	Wusen, Krs. Braunsberg/Ostpreußen	VIII	411
85289	Bickel	Graben, heute Graben-Neudorf, Krs. Karlsruhe	VIII	158
85290	Broden	Ratingen	VIII	31
85291	Burger	Breitenbach, Krs. Kusel	VIII	184
85292	Esterer	Miesbach bei Rosenheim	VIII	213
86293	Freyschmidt	Templin	VIII	234
85294	Hemeyer	Strickherdicke, heute Fröndenberg, Krs. Unna	VIII	67
85295	Herzig	Neundorf, Krs. Bunzlau/Schlesien	VIII	277
85296	Hosemann	Belzig/Mark Brandenburg	VIII	290
85297	Jockenhövel des Stammes Engelenkemper	Herzfeld, heute Lippetal, Krs. Soest	VIII	296
85298	Mohaupt	Kachel, Krs. Trebnitz/Niederschlesien	VIII	379
85299	Kirchert	Plönitz bei Neustadt an der Dosse	VIII	307
85400	Niedenhoff	Mülheim a. Rhein	VIII	113
85406	Tissot	Fiera di Primiero/Italien	VIII	127
85412	Büsch	Thebenberg bei Asbach, Krs. Neuwied	VIII	35
85414	Franke	Schwachhausen, Krs. Celle	VIII	231
85419	Heinzerling	Wichte, heute Morschen in Hessen	VIII	65
85426	Muser	Mühlstein b. Nordrach/Ortenaukreis	VIII	111
85429	Sauter	Emmendingen	VIII	119
85437	Bordewisch	Wehdem, Gem. Stemwede, Krs. Minden-Lübbecke	VIII	27
85442	Hensel	Groß-Strengeln, Krs. Angerburg/Ostpreußen	VIII	69
85443	Klassert	Fürstbistum Lüttich	VIII	87
85467	Pfützer	Mannheim-Käfertal	VIII	115
85469	Schulenburg	Braunschweig	VIII	123
85470	Schulze ten Berge	Epe, heute Gronau/Westfalen	VIII	467
85473	Müller	Schiefbahn, Stadt Willich	VIII	387
85474	Hippler	Noßberg, Krs. Heilsberg/Ostpreußen	VIII	283
85477	Eschenauer	Langenschwalbach, heute Bad Schwalbach, Untertaunuskreis	VIII	45
85478	Fresenius	Dorf Itter, Krs. Frankenberg/Hessen	VIII	49
85576	Mayer	Wessingen bei Hechingen	VIII	369
85582	Benz	Pfaffenrot, heute Ortsteil von Marxzell bei Karlsruhe	VIII	23
85583	Daimler	Pottiga bei Lobenstein	VIII	43
86007	Thesenfitz	Thesenvitz auf Rügen	VIII	499
86186	Brinkmann	Brüggen, Krs. Kempen-Krefeld	VIII	178
86305	Wirichs	Krefeld	VIII	520
86368	Herzberg	Weissenborn, Krs. Worbis/Eichsfeld	VIII	75